电力

新闻写作读本 第二版

Electric Power News Writing Reader

梁山 编著

Liang Shan

中国电力出版社
CHINA ELECTRIC POWER PRESS

内 容 提 要

本书作者根据自身20多年从事新闻工作的经验体会，辅以真实生动的电力新闻作品实例，向广大电力新闻通讯员介绍了如何写好消息、通讯、言论等新闻文体以及拍好新闻摄影图片的知识。为帮助电力新闻通讯员了解电力行业特点、撰写出更好的电力新闻稿件，本书还简要介绍了电力系统常识及相关的电力法律法规，并在附录中汇集了写作中涉及的相关标准及资料。

本书简明、通俗、实用、针对性强，对有志写好电力新闻报道的广大电力新闻通讯员有较好的参考、借鉴作用。同时，本书也可作为从事新闻写作人员的初级参考书。

图书在版编目(CIP)数据

电力新闻写作读本/梁山编著．—2版．—北京：中国电力出版社，2011.10（2023.3重印）

ISBN 978-7-5123-2095-6

Ⅰ.①电…　Ⅱ.①梁…　Ⅲ.①电力工业-新闻写作　Ⅳ.① G212.2

中国版本图书馆CIP数据核字(2011)第182038号

中国电力出版社出版、发行

（北京市东城区北京站西街19号　100005　http://www.cepp.sgcc.com.cn）

三河市航远印刷有限公司印刷

各地新华书店经售

*

2007年9月第一版

2011年10月第二版　　2023年3月北京第十四次印刷

710毫米×980毫米　16开本　29.25印张　514千字

定价 **52.00** 元

前　言

本书自2007年9月面世以来，得到了有关专家与同道的肯定，也受到了广大电力通讯员的欢迎，四年来，业已印刷四次，发行逾万册，这一切令我颇感欣慰。这也算真正了了我为广大电力通讯员朋友写成一本实用的电力新闻写作书籍的夙愿。

讲实话，本书面世后我的心一直是悬着的，因为我深知自己的综合修养欠缺，新闻功底不足，视野也远不够开阔，生怕自己的书中的观点多有离经叛道之论，甚至谬误多多，以致误导读者，贻害同道。当时，我的心境就像一名刚刚交了考卷的考生一样，热切期待着各位专家、老师、同道以及广大电力通讯员朋友们的评判。

十分感谢《中国电力报》、《国家电网报》、《中国电力企业管理》等几家电力新闻媒体的有关领导与编辑，感谢他们或是为本书撰写书评，或是专程打来电话，或是发表评论言论，给我以肯定与鼓励；更感谢他们诚恳地指出本书的欠缺，提出指导性修改意见。殷殷关切之情，使我铭感五内。

我还要感谢数不清的电力同道及广大通讯员朋友，或是当面鼓励，或是打来电话、发来短信表示祝贺。他们的鼓励与肯定，是对我的最好褒奖！在此，谨向他们致以深切的谢意！

对本书在此之前的每一次印刷，我都会与责任编辑一道，对书籍有关章节的内容进行调整、修订，力求更为贴切、实用。这次，利用本书的再版机会，更是用心做了较为深入的充实与修订。

本书再版除了对书中的一些字句进行了推敲、修改外，还重点补充调整了八个方面的内容：

一、对各章节题目的文字表述重新进行了订正。

二、提出了对新闻六要素应当总体辩证把握的观点。认为有的时候在个别报道中可能会只报道三个（或四五个）新闻要素，主张要具体问题具体分析，对六要素不要刻板僵化地理解、套用。

三、提出标题制作要注意防止“过”、“泛”、“套”、“炫”等四种不良倾向。

四、主张对于通讯标题引题、主标题和小标题的制作要统筹把握，并就具体文章标题的实例进行了分析。

五、在第六章中，增补了“新闻理念做统辖”一节，提出电力新闻记者、通讯员要确立系统的新闻理念，并以此统辖指导新闻写作。要做一名优秀电力新闻通讯员，必须坚持党的思想路线，坚持马克思主义的新闻观，从求实、求是、求快、求活、求情、求新“六求”入手，来确立真实性、客观性、时效性、公众性、人本与创新性六种新闻理念。并认为这六个理念具有系统性与完整性的内在关系，既相辅相成，又互为因果，必须完整把握，不可割裂分解。

六、在第六章第三节中，补充了“新闻写作的十六字经”，择要概述了新闻写作中应当把握各个方面的重点。

七、为提高本书的实用性，特意汇集了三位基层优秀电力新闻通讯员从事新闻写作的感受与体会，并以“借石攻玉增‘法力’”为题，在第六章单列了一节，期望可以为广大电力通讯员提供借鉴与启示。

八、对新闻摄影部分内容作了修订，同时对于摄影器材介绍作了调整与补充，还增加了对微型数码单反相机的介绍。

电力新闻事业是中国新闻大厦不可或缺的有机构成部分，它必将紧紧伴随着社会的发展、时代的进步而日渐蓬勃。如果我的努力对广大电力新闻通讯员朋友有所帮助，进而为电力新闻事业的发展略尽绵薄，我将备感欣慰！我将永远怀着感恩的心情，随时欢迎专家、同道与广大电力新闻通讯员朋友们的指导与批评。

谨向那些战斗在一线的电力新闻通讯员朋友们致以崇高的敬意！同时向拼搏在电力新闻前线的新闻同道们致以崇高的敬意！

梁　山

2011 年 8 月

第一版前言

这是一本写给电力新闻通讯员看的书。在我还是电力新闻通讯员的时候，就特别想找到一本专门写给电力新闻通讯员看的书，但是，寻寻觅觅总没找到。后来，我走上了电力新闻专业工作岗位，在工作中接触认识了不少电力新闻通讯员，了解到他们也大都有同样的愿望。于是，早日写成这样一本书就成了我的夙愿。经六年的努力，本书终于付梓，也算了了我一桩心愿。现谨以此作为自己从事近30年电力新闻写作生涯的一个总结，也是恭呈给广大电力新闻通讯员朋友们的一份心意。

电力新闻是新闻事业的一个重要组成部分，它与新闻既有共性，又有自己鲜明的行业特点，是一个值得电力行业的记者与通讯员同道们认真研究的课题。

本书由两编组成。

第一编为电力新闻写作篇。在这一编中，为帮助广大电力新闻通讯员了解和掌握电力新闻写作的有关知识，本着简明、通俗、实用、针对性强的写作原则，以讲述新闻写作的基础知识为基础，又结合电力行业的特点谈新闻写作，所举例文尽量采用电力新闻作品。本编主要内容是消息、通讯、新闻言论写作与新闻摄影拍摄。为有助电力通讯员总体准确把握新闻写作，本编中特设了一章“新闻写作方法谈”，结合作者的实际体会谈了如何做好新闻采访、如何准确把握新闻的写作规律。为了使本书更有针对性，又特意增编了一章“当好电力通讯员”。在其中，就如何研究报纸、如何发挥通讯员的作用、如何建立与报社编辑之间的联系、如何投稿等问题作了较为深入地探讨。

第二编为电力系统知识与法律法规篇。编辑目的是帮助电力通讯员初步系统了解电力知识和电力法规，内容包括电力系统知识与电力法律法规概览。电力系统知识一章概要介绍了电力系统的有关知识；

电力法律法规概览一章对有关电力的主要法律、法规，即“一法”（《电力法》）、“四条例”（《电力供应与使用条例》、《电力设施保护条例》、《电网调度管理条例》和《电力监管条例》）择要以简述的形式做了概述。

为方便大家在撰写新闻稿件时查阅参考使用标点、数字、文字的规定资料，本书在附录中汇集了有关写作中使用数字、标点，以及用字、用词的相关规定。

本书是参考了大量的新闻专著及许多报纸杂志，并结合作者多年从事新闻工作的实践、感受写成的。但愿它能对有志写好电力新闻报道的广大电力通讯员有所帮助。同时，该书也可作为有意了解电力行业特点、撰写电力新闻稿件同道的初级参考书。

梁　山

2007年8月

目　录

第一编

电力新闻写作篇

第一章

电力新闻写作综述

电力新闻说到底还是新闻，它必须遵循新闻写作的一般规律。当然，作为电力新闻它更具有鲜明的行业特色。要写好电力新闻，首先要了解新闻写作的原则、新闻有哪些体裁以及新闻语言的特点；要写好电力新闻，更必须对电力的法律、法规和电力专业知识有一定程度的了解；要写好电力新闻，尤其要研究它特有的写作规律和写作特色。

电力新闻报道事业是党的宣传事业的重要组成部分。一定要坚持正确的政治方向，深入贯彻落实科学发展观，为促进电力事业的改革发展，加速国民经济的快速发展鼓与呼；要积极主动地宣传党的路线、方针、政策，宣传有关电力的战略部署、重大决策与建设成就，树立电力行业的良好社会形象，争取社会的广泛理解与支持；要及时准确地宣传广大电力员工忘我工作、无私奉献的事迹与加强社会主义精神文明建设，促进社会和谐发展的高尚情怀。

电力新闻报道是为电力改革发展服务的，必须遵循新闻报道的规律，认真研究电力行业特点。广大电力新闻通讯员身在本行业，更应深入实际，结合行业特点，不断学习专业知识、提高新闻写作技能，充实与丰富自己的知识体系，才能掌握做好工作的主动权，更好地为电力的改革与发展当好宣传员。

电力是公用性行业，是现代文明社会的基础工业，与国民经济发展和人民生活紧密相连。电力工业包括发电、输电、变电、配电、用电五个重要环节，是一个庞大的现代工业体系，电力生产还具有发、输、变、配、用同时完成，发供用要随时保持平衡的特点。作为电力系统重要构成部分的农电系统，特色独具，连接全国广大城乡，与农村、农业的经济发展息息相关，与占全国人口80%的广大农民兄弟生活质量息息相关。

当前，我国电力工业已进入高速发展阶段，电力体制改革深入开展；广大电力企业大踏步地走向市场；现代科学技术的广泛应用，促进了电力事业的持续进步。这一切，同时也为广大电力新闻通讯员搞好电力新闻写作、发挥聪明才智、展示才能风采提供了广阔平台。

时代在召唤，责任在召唤，让我们共同奋斗！

第一节 新闻由来与定义

据考证，“新闻”一词最早出现在唐朝。《新唐书》中载，唐中宗神龙年间（705～706年），文人孙处玄对大臣拒绝采纳他的条陈不满，气愤地说：“恨天下无书以广新闻。”之后，唐懿宗咸通四年（863年），段成式著《锦里新闻》三卷问世。唐末，尉迟枢著《南楚新闻》面世。在曹雪芹的《红楼梦》中，新闻一词更是多处出现，仅在一、二回中就有四处。当时的“新闻”含义多为“新鲜事”的意思。

那么，今日的新闻含义应当是什么呢？目前有多种表述：

“新闻是现在新的、活的、社会状况的写真。”（李大钊《在北京记者同志会上的演说》）

“新闻，就是广大群众欲知、应知而未知的重要事实。”（范长江《记者工作随想》）

“新闻的定义，就是新近发生的事实的报道。”（陆定一《我们对于新闻学的基本观点》）

“新闻是新近变动的事实的传播。”（王中《论新闻》）

其中陆定一的定义，得到了新闻界的普遍认同。王中（复旦大学教授）的定义引入了传播的概念，值得重视。《新闻写作》一书对新闻的定义提出了更为准确的阐述：“新闻是对新近已经发生的和正在发生、或者早已发生的却是新近发现的有价值的事实的及时报道。”诚然，新近发生或发现的事实，不一定都值得报道，应该报道的事实必须是典型的、新鲜的、有报道价值的事实。另外，诸定义中谈到的“报道”和“传播”，后者的含义要比前者的外延大。它不仅包括文字报道、图片报道、电视报道，甚至应当包括网络报道和电话、短信、口语传递等。

其实，大家对于新闻的约定俗成的理解，不外是——人们想知、应知而未知的新鲜事。至于这个新鲜事是以什么方式传播，大家并不在乎。但是，对于一名担负有传播新闻责任的记者和通讯员来说，必须了解什么是新闻，如何发现并写好新闻，还要逐步研究与掌握新闻报道、传播的规律。

本书要探讨的新闻报道，主要是以文字和图片形式传播的电力新闻报道。

第二节　新闻写作五原则

本书要研究的新闻，是具有社会价值的电力新闻。所谓其价值是指新闻适应社会需要的功能。新闻从其自然属性讲，是一种传播媒介；从社会属性讲，是一种舆论工具。前者体现新闻的信息价值，后者体现新闻的宣传价值。两者的统一即体现为新闻价值。信息量和宣传度的统一决定新闻价值的尺度。

新闻作为适应社会需要的传播媒介和舆论工具，必须履行它传播信息、引导舆论、宣传政策、指导工作的职能。

为保证新闻的社会价值和职能实现，必须坚持五个基本原则，即真实性、思想性、时效性、新鲜生动和用事实说话的原则。电力新闻自然也不例外。

一、真实性——新闻的生命

“人无信不立”，一个新闻媒体也一样，必须真实可信，才能受人欢迎。在我国，大家为一个问题发生争论，往往有人以“报上是这么说的”作为论据，对报纸真实性的可信度由此可见一斑。而报纸的真实是由一篇篇报道的真实所构成。任何一点的失实都有可能影响一个新闻媒体的形象，自然也势必会影响作者的形象。

维护新闻真实性的原则，同时也是维护党的实事求是的思想路线在新闻事业上的具体反映。新闻的真实，体现为多层次的真实。第一，新闻的具体事实必须真实。也就是说构成零件必须真实。即新闻报道的时间、地点、人物、事件、原因、过程、结果，以及报道人物的语言、行动、细节描写都必须符合客观实际。一是一、二是二，决不能“合理想象”，也不能“大概如此”、“基本这样”。第二，新闻报道对事实的概括必须真实。即新闻中对须概括报道的事实也要准确全面，不可以偏概全。第三，新闻报道的事实和这类事实的总体要一致。世界是复杂的，每天发生的新闻事实是大量的，不能有闻必报，必须选择。既不可只报喜不报忧，又不可只报忧不报喜。正确的态度是应当选择那些能体现客观事物的整体形象、反映事物本质的新闻事实进行报道。

应当说上述三个层次的真实是统一的。无论是记者还是通讯员都必须维护新闻真实性的原则，客观、准确、真实地反映新闻事实，这是一个不容置疑的原则问题。在这个问题上，广大电力通讯员来不得任何的疏忽大意，有时采访得不够深入、分析得不够全面，都可能影响报道的真实，甚至会造成严重后果。

对此，必须时刻谨记、认真坚守。

二、思想性——新闻的灵魂

社会主义的新闻与文化一样，同样也要坚持为人民服务、为社会主义服务的“二为”方针。以正确的舆论引导人，应当是它的根本任务。导向是否正确是衡量一个新闻媒体的最根本的重要标准，具体到一篇新闻稿子也是如此。导向要正确、旗帜要鲜明，是对新闻的基本要求，是新闻指导性的具体体现，是社会主义新闻与资本主义新闻的根本分界，也是电力新闻必须时刻遵守、不可须臾违背的重要准则。

新闻的思想性是新闻本身所蕴涵的。对其开掘、体现的是否到位，作者的功力、新闻敏感性、政策水平起决定作用。因此，电力通讯员在采写新闻时，要善于透过现象看本质，能够敏锐地发现新闻事实所体现的时代意义，深入开掘它的新闻价值，充分体现新闻事实的思想性。但是，千万要注意，新闻作品中不可堆砌说教，罗列套话、空话，做表面文章，要善于将思想性蕴涵在新闻事实的陈述中。

三、时效性——新闻的关键

新闻姓“新”，这个“新”包括了两层意思：一是指时间要新，二是指事实要新鲜。其中时间的新就是指新闻的时效性。一般说来，新闻事实发生的时间与新闻报道之间的时差越短，新闻的时效性就越强。

新闻的时差越来越短，新闻的传播越来越迅速，新闻越来越新，这是一个不可逆转的大趋势。新闻的时效性不仅决定着新闻的成败，而且直接体现着新闻的价值。随着现代科技的进步，新闻传播的手段进一步现代化，新闻时效性的竞争愈见激烈。

新闻的时效性，集中体现着新闻采写者的智慧和责任感，能否抢到新闻，要靠新闻敏感性；能否迅速写出新闻，要靠扎实的功力；能否及时地把新闻传到报社，要靠只争朝夕的精神。

电力新闻所面对的新闻传媒是多种多样的，但是大致可分两类，一类是社会新闻传媒，另一类是本系统的新闻传媒。面对这两类传媒，坚持新闻时效性的原则应当是一样的。要快上加好，只争朝夕。切不可因为系统的传媒是周报或周二报就可以慢慢腾腾。在全国电力好新闻的评比中规定，只要有一篇新闻的时间表述是“最近”、“近日”、“前不久”、“日前”的，一律不得评为好版面，文章则不得评为好新闻。此举颇值得称赞！

但是，提高新闻的时效性必须建立在真实、准确的基础之上，不可“萝卜快了不洗泥”，更不可舍本逐末。

四、新鲜生动——新闻的魅力

新闻要新鲜生动，引人就读，这是新闻魅力的集中体现，是新闻媒体受读者欢迎的重要因素，同时也是新闻报道能否起到良好的宣传效果的基础所在。毛泽东同志曾经说过，办报“切忌死板、老套，令人看不懂，没味道，不起劲”。把新闻写得新鲜生动，言之有物，生意盎然，应当是所有的记者和通讯员要下大气力努力追求的目标。

新闻之所以成为新闻，应当有三层意思：第一，时间新。这一点前面已经讲过。第二，事实新。即新闻报道中的事实，应当是现实生活中新近发生、发展、变化的新人、新事、新气象、新情况、新问题、新经验、新成就。这个新是新闻的核心所在。第三，角度新。这是新闻魅力的重要体现，是揭示新闻价值、强化宣传效果、体现新闻思想性的重要方面。上述三个方面的关系应当是：时间新是前提，事实新是核心，角度新是关键。时间新要靠高效，事实新要靠锐眼，角度新要靠一个有思想的头脑。善于不善于调度报道新闻的角度，集中体现了一个新闻记者或通讯员的功力与悟性。

电力新闻从业人员与通讯员的新闻写作要面对两种媒体，即内部媒体与社会媒体。一定要注意根据不同的报道内容，针对不同的媒体需要，进行区别对待。对业内媒体，报道要求深、求活，要着力挖掘新闻事实的行业价值，不能出现技术性的低级错误，不可违背电力生产的行业规律；对外报道，要力求通俗、准确、生动，要着意开掘电力新闻事件的社会价值，满足社会读者的阅读、关注需求，要善于从社会读者的角度观察并解构电力新闻，不可罗列过多的专业名词，以免让读者一头雾水、不知所云，影响传播效果。

在写电力新闻报道的时候，还要注意求新求变，要能够多角度、多侧面地观察问题、报道新闻，不可一成不变，形式雷同，千文一面，令人生厌。

新闻的生动，包括了语言的生动、形式的生动、细节的生动，当然它的基础是新闻事实的生动。

新闻语言、报道细节生动的前提是要具有深厚的文字功底和深入细致地观察能力；表现形式的生动，基础是扎实的新闻功力和富有开拓精神的创造力。

但是，电力新闻的生动必须符合电力行业的内在规律，遵循新闻写作的规律，符合新闻题材的特点，切不可因文华而失实，为求生动而故弄玄虚，也不可为求活而拖沓累赘、枝蔓横生。

务必切记，新鲜生动的前提一定是要真实、准确、合度。

五、用事实说话——新闻的基础

新闻是事实的记录、事实的反映，必须坚持用事实说话。用事实说话，就是要把作者的观点和意见寓于事实的叙述之中，让读者从报道的事实中得出应有的结论。国外对用事实说话有一句很形象的话：记者的舌头是缩在后面的。这就是说，记者一般不应在消息里发表议论，或者就新闻事件妄下结论，新闻报道应当客观。

没有事实的“新闻”不是新闻。

不善于用事实讲话的新闻不是好的新闻。

不善于用事实说话的记者和通讯员不配称为好记者、好通讯员。

（一）用事实说话的方法

中国人民大学教授汤士英在《新闻通讯写作》中介绍了六种方法：

1. 筛选事实

在新闻中只报道那些最新鲜、最生动、最有意义的事实。筛选事实的过程，就是突出真正的新闻事实、提炼和表现新闻主题的过程，也是解决怎样用事实说话的过程。

2. 以小见大

选择典型事实材料说话，借用小事说明大道理。如：1956年新华社发表的《上海最后两辆人力车进了博物馆》一文，就是借这一看来微不足道的小事，说明了新社会劳动人民生活发生了大变化这一大主题的。

3. 对比衬托

用过去的情况衬托新形势的巨大变化；用过去的数字对比衬托现在的数字、比例的增多；用落后对比衬托先进等等，可以明显地增强宣传效果。

4. 点面结合

用事实说话，要将具体材料（事例）同概略的事实材料相结合。具体的材料反映点上的情况，说明报道事物的深度；概略的事实材料反映面上的情况，说明报道事物的广度。两者的有机结合就能使新闻既有骨头又有肉。

5. 场景再现

用作者亲眼所见的典型场景说明问题，用作者亲历的事件说明新闻事实，是用事实说话的常用表现手法。

6. 画龙点睛

新闻并不绝对排斥议论，但是这个议论必须是在叙述事实基础上的恰如其分的议论。议论务须准确精练，方能收画龙点睛之妙。

（二）用事实说话的技巧

吴鸿业先生综合了中外记者的成功经验，总结概括为五种技巧。

1. 一般使用第三人称，以示客观公正

提倡用第三人称，并不否认新闻可以使用一、二人称，也不反对“我”、“记者”、“笔者”等字眼在新闻中出现。有些个人经历性很强的报道、现场目击记等类新闻，“我”出现在新闻中会增强可信度、真实感。有些服务性的新闻用第二人称，会显得亲切。总之，用第三人称符合读者的阅读心理，有助公允。用其他人称要合度，准确，应以是否有利于提高报道效果为标准。

2. 不轻易发表感想和议论

新闻是靠事实说话的，观点应当隐含在事实的陈述中。西方新闻理论主张，“意见要与新闻明确分开”，“新闻不能包含没有出处的评论”。我们要学会用事实来发表评论和感想。要注意，编造别人的话语，即使是合理的想象语言，也是造假行为，与用事实说话的原则是背道而驰的。

3. 注意新闻的全面和公正性

不要报喜不报忧，不要夸大与偏颇。在一条新闻中，要顾及问题的正反两个方面，要真实、客观、准确。

4. 重要消息、有争议的消息要注明来源

5. 掌握藏的艺术

要坚持用事实说话的原则，记者的思想观点倾向都不能裸露在新闻中。“愈是好的新闻，就愈善于在内容上贯彻自己的意见，也愈善于在形式上隐藏自己的观点。”那么，怎样隐藏呢？有四种办法：一是“藏”在幕后，点到为止；二是借人嘴巴，藏在新闻角色的口中（这些话，必须真实，当是深入采访所得）；三是藏在背景材料中，借背景材料的客观性，体现笔者的倾向性；四是藏在对整篇新闻的精心组织中。

由孙春昊先生主编的《新闻写作》一书中概括地提出了新闻的四点深层本质和功能：

1. 新闻是人类生命最鲜活的本真状态的呈现。

2. 新闻是心灵沟通的手段。

3. 新闻是现在进行时态的历史。

4. 新闻是一种社会批判的工具。

这些观点十分精到，它从一个更高的层次上揭示了新闻的本质和功能。

作为一名电力新闻记者或通讯员，必须深刻认识新闻的这些本质和功能，以高度的历史、现实责任感，忠实准确地记录和报道电力行业的新闻事实，充分发挥电力新闻报道现实、陈述事实、见证时代、引导舆论、记录历史的重要作用。这里需要强调的是，电力新闻作为电力行业发展的见证与进行舆论监督的工具，必须要坚持以科学的发展观为统领，坚定不移地站在时代的高度，站在正确的立场上，以充分的事实和到位的说理去宣传电力政策、树立行业形象、报道先进典型、传播管理经验、赞扬优秀人物、展示建设成就、揭示存在问题、深入释疑解惑、引导社会舆论、沟通社会各界，从而确保发挥好电力新闻宣传的稳定鼓劲作用、纽带桥梁作用和舆论监督作用，为构建和谐电力、营造电力发展的良好舆论氛围发挥重要的保证作用。

电力新闻媒体、电力新闻记者和通讯员一定要坚持以正面报道为主的工作原则，勇于承担历史与现实责任，努力工作，准确、积极、合度地做好新闻报道工作。

第三节 新闻语言当锤炼

新闻报道是通过语言来表达的。对于新闻语言的基本要求，有着多种表述。准确、具体，简洁、明快，生动、通俗，应当是其基本的要求。

一、准确、具体

语言的准确是新闻准确的基础 。新闻语言的准确，首先来源于严肃认真、一丝不苟的态度；也来源于扎实的语言修养。准确的新闻语言必须合乎语法、合乎逻辑、恰如其分。

准确地使用新闻语言，有的人主张注意三点：

一慎用形容词，适当地选用动词。“要像挑选宝石和情人一样挑选形容词。”“只有懒惰而又蹩脚的记者才会在报道中堆砌形容词。”这是因为形容词往往带有较强的感情色彩，对它的使用一定要慎之又慎，力求恰如其分。

二善于引用“直接引语”和概括间接引语。要注意，所引的话语和概括的语言，一定要准确、可信，力求是原话，切不可穿靴戴帽，编造粉饰。

三少用含糊不清的、笼统夸大的词语。尽力不用“不久前”、“长期以来”、“最近”、“日前”等含糊的时间概念；尽量不用“许多”、“极少”、“广大群众”、“很快”等笼统语言；尽量不用“大概”、“也许”、“可能”、“差不多”等模棱两可的语句。

新闻要生动，主要靠新闻事实的具体表述。只有具体翔实，才能让人感到真实可信。要把新闻写得具体，就要注意少用概念化的语言。

例如：

概念化的语言	具体化的语言
风很大	风力达到五六级
掌声雷动	掌声持续了 3 分多钟
他跑得快	他跑百米仅用 11 秒多

把新闻写得具体些，还可以采取多用子概念、少用母概念的技巧。母概念与子概念是形式逻辑中的名词。母概念的外延大、内涵小；子概念的外延小、内涵大。一般讲，越是小的子概念，就越具体；越是大的母概念，就越抽象。

例如：

他是电力职工，热爱本职工作，技术过硬。

他是变电运行工，天天长在站上，对各种设备很熟悉。

萧林是张村 11 万变电站的值班员，忙起来几个月顾不得回一次家，他对站上的数千件输变电设备了如指掌。

再如：

一个人在劳动。

一个农电工正在检修电气设备。

农电工汪锋正在更换变压器的跌落保险。

比较一下，不难看出哪一种表述更具体、更有魅力。

还有一点须注意，新闻语言的具体要求，并不意味着繁杂、累赘、拖沓，也不反对准确的概括，总之应以生动、准确、适度为宜。

二、简洁、明快

评价好新闻的标准尽管有多种说法，但是“短”却是其中不可缺少的标准之一。新闻语言的简洁明快是新闻实现短的基础。随着现代社会生活节奏的日渐加快，新闻短些、短些、再短些已经成为一种趋势。《中国电力报》规定，消息一般500字左右，通讯一般1000字左右。胡乔木曾建议，（报纸上）新闻（消息）要4/5是500字左右的；通讯和副刊稿件4/5是1000字左右的。

新闻报道只有短了，广大读者才能在紧张的生活、工作之余从报纸上了解更多的信息。短是和简洁紧密相连的，但是简洁不是简陋，而是要言简意赅，尽量以经济的语言表达丰富的内容；要既简洁明快又生动贴切，绝不能繁杂平冗；要实现简洁明快，就要宁用短句不用长句，宁用简单句不用复合句，多用白描少来粉饰。

请欣赏几条导语：

“欧洲大战于昨天拂晓爆发。”

“日本投降了!”

“人类今天登上月球。”

“今天，最后一个美国兵离开了越南。”

多么简洁生动，言简意赅。

有些新闻写得不够简洁，往往是因为作者写了一些多余的话。新闻尤其是消息的写作，主要是陈述事实，一般交代清了事实，文章就应当自然收束。但是有些通讯员总是习惯加上一些不言而喻的话，造成文章的拖沓累赘。

电力新闻面对的读者，基层职工占绝大多数，他们没有时间去读那些冗长、费解的文字，把新闻写得简洁、明快、准确、具体就显得更为必要。是否坚持简洁、明快的写作文风，从根本上来讲，是一个对待广大电力读者的态度问题。

应当努力坚持，可写可不写的话一定不写，“画蛇添足”的东西一定不要。

另外，新闻写作不可为了简洁而简洁。要知道简洁的目的是为了增强宣传效果。有的记者或通讯员为了精简文字，编造一些半文半白的语言，艰涩难懂，结果适得其反。

为了实现新闻语言的简洁明快，要注意对写出的稿件进行精心修改、反复推敲，坚决将可有可无的字、句删去。

三、生动、通俗

新闻语言的生动，不同于文学语言的生动。它必须建筑在真实准确的基础上，在简洁明快的前提下追求生动。它要求使用具体的语言，表述生动的情节和细节。

使新闻语言生动起来，可以运用以下几种技巧：

（一）使用形象化的新闻语言，使新闻报道“镜头化”，强化现场感

形象化的新闻语言的要点是要精确描绘客观事物的本来面目，不可过度，不可有丝毫的“合理想象”、联想与夸张。

例如：

刚刚还是烈日当空，转眼却是大雨倾盆。南营房127线路在猛烈的雷声中突发故障，导致该地区一片黑暗。傍晚18时28分，95598被阵阵急促的铃声淹没，记录故障涉及区域、派单、打开配网故障自动应答系统、点击停电语音模板、录制停电故障语音信息……一切都在紧张而忙碌地进行着。一边是焦急的市民、一边是辛苦的抢修师傅，95598的话务员们用电话线将爱和信任传递着。

（《形象在画里　功夫在画外》李芳艳，
《国家电网报》2006年9月29日）

（二）使用白描手法，使新闻逼真、可信、鲜明

运用白描手法，要抓住事物的主要特征，用简洁的文字，进行不加渲染、烘托的朴素描写，鲜明地勾勒事物的形象。其中，准确地抓住新闻事件或人物的特征是关键。它的基础是深入细致的观察。

例如：

黝黑的皮肤、健壮的身体、灵动的眼眸，一身休闲服的李胜祖还带着点娃娃气。年仅25岁的他，从一个发配电专业毕业的学生到如今的带电作业尖刀兵，所付出的努力和汗水可想而知。

李胜祖是个不服输的人，用他自己的话来说就是：“喜欢尝试新事物，越难越想琢磨它，越想掌控它。”也正是这种好奇、探索、不服输的心理让

他选择了带电作业。

“参加工作6年以来，年年都未落空过。”看着桌头放着的一摞奖状，李胜祖难以抑制地表现出了自豪的神情。

（《李胜祖：尖刀上的舞者》刘冬、毛佳，
《湖北电力报》2006年10月24日）

（三）多用动词，少用形容词

准确地使用动词，尽量少用形容词，是使用新闻语言的一个重要法则。

动词在现代新闻语言中是最生动、最活跃的因素，是使文字新闻在读者心中活起来的最重要因素。有的新闻专著特意规定，新闻报道中每句话至少应有一个活跃的动词，这个动词，应当是句子中最重要的文字。使用动词的原则首先是准确，一定要在准确的前提下多用动词，离开这个前提去多用动词，只会适得其反。

对于形容词的使用，不少新闻专著中都主张尽量少用。

“选用形容词要特别当心，要尽可能少使用形容词。”

“形容词是动词的死敌，是新闻的死敌。”

“一旦消息中形容词过多，必然会使读者怀疑其真实性。”

一位著名的外国教授还说了这样一段话：

“不要醉心于那种华而不实、铺张的描写，要挤掉水分，因为这些除了证明记者善于使用陈腐的语言和手法外，不会有任何效果。”

之所以应尽量少用形容词，是因为形容词具有不确定性，不适当地使用形容词与新闻要尽量准确描述事实的要求相悖。

尽量多用动词和尽量少用形容词，关键在适度、准确。这个度的把握，具有很强的实践性。切不可为求生动，不顾真实准确。

新闻语言通俗性的要求，是由其传播性的特性决定的。新闻面对的读者是大众，它必须把让广大读者都能读懂放在首位，作为电力媒体既要想着它的最基本的读者群——电力职工，也要想着它面对社会的传播功能。换句话说，就是要有全民观念，要有读者观念，必须让新闻语言通俗易懂。

作为一个兼有行业特点的社会传媒，电力报刊既要使用不少行话，把事情交代清楚，别让内行笑话；又要想法让它通俗易懂，能让业外的读者明白。这个结合点的把握，需要功力，需要付出艰苦的锤炼语言的努力。

让新闻语言实现通俗化，除了心中要有读者之外，还可以使用一些技巧：

1. 活用口语

人民群众的口语，语汇丰富，生动活泼，通俗质朴，富于表现力。活用口语，有利于把新闻写活，有利于新闻的生活化、通俗化，为广大读者所欢迎。

例如：有一篇新闻故事《好马吃了回头草》，说的是一位农村电工辞去电工做买卖，后来重新又成为好电工的事。

开头是这样写的：

> “人常说‘好马不吃回头草’，可我吃了。”

结尾是：

> “有人说我侯眉生为了面子扔了票子，可我觉得票子再多也买不了面子；也有人说我侯眉生是吃了回头草的孬马，可我觉得不管吃了什么草，只要能行千里就行。”

纯用口语，生动通俗，极具真情实感，读来让人感到亲切、信服。

2. 巧用“顺口溜”

民间流传的“顺口溜”朗朗上口，言简意赅，通俗易记。在新闻中恰当的妙用，可收画龙点睛、增添文采魅力的功效。

如：《河北电力报》在报道河北省电力公司组织阜平扶贫战役的文章中，多次使用了当地流传的“顺口溜”：

> 反映当地光棍多的——“光山秃岭毛毛草，只见哥哥不见嫂”；
>
> 反映当地生活困难的——“初一朝(当地的村名)、初一朝，咸菜疙瘩萝卜条”。

这些顺口溜的运用，使新闻报道的可信度、亲和力、感染力明显增强。

通俗、朴实、简洁的新闻语言、群众语言，比华丽、夸张、雕饰的文学语言更有力量，传播效果要强得多。

第四节　新闻体裁须熟知

新闻报道的体裁、形式是多种多样的。有人开列的报道形式达上百种之多，还有一本书叫《新闻报道形式大全》，列举了60种，总之是形式众多。其实，新闻报道的形式基本是四种：消息、通讯、新闻评论、图片新闻。其中，最基本的是消息，其他一切新闻报道形式都是它衍生出来的。深入了解这几种报道形式是广大电力新闻通讯员掌握所有报道形式的入门之道。

下面采取分类简述的方法介绍各种新闻体裁，以帮助大家对各种新闻形式有个概略的了解。

（1）消息类。消息是以简要文字迅速报道新闻事实的一种新闻体裁，也是一种最广泛、最常用的新闻体裁。

消息按长短和形式分有：①快讯和简讯；②短消息和长消息；③答记者问；④述评消息；⑤特写消息。

按报道内容分有：①事件消息；②人物消息；③会议消息；④经验消息；⑤预告预测消息。

（2）通讯类。通讯是运用多种表现手法，比较深入而又详细地报道客观事物的一种新闻报道体裁，是新闻报道诸体裁中非常重要的报道形式。

通讯依报道形式分有：①记事通讯；②访问记；③小故事；④速写；⑤特写；⑥侧记；⑦记者来信、采访札记；⑧巡礼；⑨散记等。

依报道内容分有：①人物通讯；②事件通讯；③工作通讯；④风貌通讯；⑤调查报告；⑥深度报道等等。

（3）新闻评论类。新闻评论是依据新闻事实进行议论说理的一种文体。新闻评论针对现实生活中典型的新闻事件和群众普遍关心的重大问题，直接阐明编辑部或作者的立场和态度，反映和引导舆论，从而影响读者的思想和行动。

新闻评论的主要种类有：①社论；②评论员文章；③短评；④编者按（编前话、编后话）；⑤专栏评论；⑥述评等等。

（4）图片新闻。图片新闻是运用新闻照片和文字相结合的一种报道形式。具有现场感强、实证性高、生动可视的功效。其报道形式有：①单幅图片新闻；②新闻组照；③图片故事；④专题图片报道等。

下面，把消息和通讯的几种主要形式的内容和写作要求作一扼要介绍。关于言论与摄影的有关形式，将在下面的相关章节介绍。

一、消息

1. 快讯与简讯

快讯与简讯是简短快捷的动态消息。一般不超过百字，不用说明新闻事件的详细过程，不交代新闻背景，没有导语，不用分段落，交代清事情要点即可。

2. 动态消息

动态消息是报道已经、正在或接近发生的大小事件或活动的新闻，它的文字简约，能迅速及时地反映现实生活中不断涌现的新事物、新情况、新问题、新成就、新动向，是报纸上最常见的新闻报道体裁，也叫“纯新闻”。它最鲜明、最集中地体现了新闻的特征与优势。它的特点是强调时效性、简明性，着眼于动态，表述直接简洁，严格用事实说话，短小精练，反映面广。动态消息篇幅虽短，但报道的内容应是新鲜的、典型的、能启发读者、体现政策精神的新闻事实。

3. 经验消息

经验消息也叫非事件性消息、典型消息。这类消息的重点在于通过反映新情况、新问题并从中提炼经验，从而起到对现实工作的指导作用。它的写法通常是交代情况、介绍做法，通过用事实说话反映变化与效果。它的篇幅一般较长，容量比动态消息大。在写法上一定要注意保持消息特点，不能写成总结汇报。

4. 综合消息

综合消息是围绕同一主题对多个同类或相近的事实所作的综合报道。它不限于一时、一地、一事，时间、空间跨度大。它通常只报道事情的进展情况、工作的做法，不具经验性质。交代事实要求有点、有面，要把概括的叙述与具体的事例结合起来。

5. 新闻述评

新闻述评是介于新闻和评论之间的一种新闻体裁，是夹叙夹议、边评边议的新闻，侧重新闻性，即可归入新闻类；重在议论，即可归入评论类。新闻述评依据的是事实，着眼的是议论；它要求新闻事实的叙述要概括、扼要，议论要精辟入理；在写法上要就实论虚，就事论理，虚实结合，以理服人。这类文章的选题一般比较重要，它的针对性、指导性也较强。

6. 新闻特写

新闻特写是一种再现典型事件、人物或场景的形象化报道。它以描绘为主要手段，现场感强。篇幅一般短小，事件、人物、场景单一，一般有情节、有细节、有故事。

二、通讯

1. 事件通讯

事件通讯是报道典型的、具有新闻价值的新闻事件的通讯。报道的题材广泛，文章形式多样。在写法上一般要完整地介绍新闻事件，有头尾、有情节、有细节，但要防止写成流水账。选材要注意大中选小，小中见大。

2. 人物通讯

人物通讯是以报道人物为主的通讯。这类通讯着重写人物的精神面貌，通过写人物的先进事迹反映人物的先进思想和体现时代特色的精神境界，从而感染人、鼓舞人、教育人。写作时，要通过人物的行动和语言来表现人物，要通过矛盾和冲突来表现人物。注意不要把先进人物写成超人，写成高大全的人；也要注意不要把文章写成好人好事；细节、语言都要力求真实可信。

3. 工作通讯

工作通讯是记叙和分析当前的实际工作、问题，从中提炼和揭示规律，用以指导工作、解决问题的一种新闻文体。它可以通过各种典型事实，宣传各单位贯彻党的方针、政策以及做好当前重点工作的具体经验和做法；还可以反映实际工作中需要解决而尚未解决的各种问题，或对一些新的问题进行探讨和研究。写工作通讯，首先要善于抓住具有普遍指导意义的内容，对于提倡什么，反对什么，要旗帜鲜明。写工作通讯要开阔视野，广泛选题，心中要有读者，力戒呆板死气的八股调，力避作一二三四式的总结式排列。要深入采访、深入分析，不可浅尝辄止、言之无物。

4. 风貌通讯

风貌通讯是记叙和反映现实变化的通讯。它可以反映一个地区、一条战线或一个单位发展变化的新气象、新风貌；它可以报道重要工程、地点的风姿与内容；它可以赞颂革命历史文物、名胜古迹，反映社会现状和风土人情。采写时要认真观察、抓住特点，可以叙议结合、情景交融，可以旁征博引、文采飞扬。在风貌通讯中，针对不同的内容，可以采取不同的形式，如：写作者所见所闻用“见闻”；写作者现场观察的新情况、新变化用“巡礼”；既写作者的现场感又写与之有关的场外事用“侧记”。

5. 访问记

访问记是以第一人称写的，对读者感兴趣的单位或个人进行采访的文章。文章多以提问式的形式向读者展现访问内容。写这类文章要注意选择适当的场合，提出读者想知而未知的问题，适当的穿插当时的场景和背景材料，并写出味道来。

6. 小故事

小故事是以短小精悍、生动活泼的形式，记叙和反映现实生活的一个片段。要有情节、有起伏，但不可场景过大、人物过多、情节过繁。

7. 速写

速写以快捷的简笔勾勒，记叙事情的经过或片段，不用曲折的情节和精致的描写，极少议论抒情，但要求抓住事情的要点和特征。

8. 特写

特写细致集中地记叙某个事件的要素或片段，它要求生动深入、形神兼备，再现特定事件中读者感兴趣的“横剖面”，让读者不仅知其然而且知其所以然。相当于电影中的“近镜头”。

9. 侧记

侧记是抓住事物（事件）的一个侧面，反映一个有意义的主题，取材自由，不用反映全貌或全过程，但要求抓住特点，回答读者关心的问题。

10. 记者来信、采访札记

记者来信、采访札记在调查研究的基础上，提出问题，一般为一事一议，抓住社会或读者普遍关心的问题，或现实之中没有解决、没有引起注意的问题，或大家比较有争议的问题，提出自己的见解，启发思考。可大声疾呼，可娓娓道来。文章要求有真知灼见。

11. 深度报道

深度报道是在报道新闻事实的同时，对事实作出解释和分析，努力阐明事件之间的因果联系，并力图对其发展趋势作出准确预测的一种报道形式。深度报道的根本特性是“深”，即对新闻事件的认识要深、开掘要深。它的写作要求是要力求做到“五性”，即：题材重大性、思维主体性、认识深入性、导向明确性和形式手法多样性。

12. 调查报告

调查报告是记者或通讯员，对于某一新闻事件、某项工作、某一社会问题，进行深入调研，深入思考，把调研成果写成文字并通过新闻媒体向广大读者进行汇报的一种文体。调查报告的选题可大可小，篇幅也可长可短。它可以就一个专项工作进行调查研究；也可以就一个具体问题进行调研。深入准确地调查，尽可能全面地掌握事情的由来、发展、反响、结果，并进行准确深入地分析，得到工作启示，形成观点，提出见解，是写好调查报告的必不可少的重要基础。

新闻报道事业是一个不断发展的事业。新闻报道的形式也一定会不断地丰富、发展的。同时，新闻形式的分类也是一个比较复杂的问题，有的文体很难分清一定是属于消息或者通讯，比方说“新闻述评”、“现场短新闻”、“速写”、“特写”、“新闻故事”等，究竟应当算是消息还是通讯，有时还真不好讲清楚，在评选好新闻时也屡屡为此观点不同。对此，作者不必太拘泥，尽可放笔写来，只要写得生动、真实、准确，有好的传播效果，到底算是消息还是算作通讯并不很重要！有的时候模糊处理也不失为是上策。

目前，新闻报道的领域也在不断的扩展，报纸、杂志、广播、电视之外，现在又有了互联网，每一种媒体上又都负载了各具特色的报道形式，细分起来报道形式、体裁简直不计其数。当然，这已不是本书要探讨的课题了。作为一名电力新闻通讯员，重要的是要掌握最基本的新闻文体的写法。

第二章

消息写作述要

第一节　消息定义且评说

消息：消——消失；息——生长。两者合起来即表示事物的发展变化。

新闻传播中的消息，按1993年版的《新闻学词典》中的表述是："以最直接、最简练的方式报道新闻事实的一种文体，是最经常、最大量运用的报道体裁。"

消息是广大的新闻传媒中最广泛、最常用的新闻体裁。它以简要的文字迅速报道新闻事实，受众最多，影响最大。

对于消息的定义，最核心的是要把握住其"简要"与"快捷"的特点，即简明扼要，讲求时效的体裁特色。力求做到一事一文，及时报道。掌握消息的写作技巧，是广大电力通讯员、记者、编辑做好工作的最重要的基本功。

一提到消息的写作，人们往往会想到五个"W"、一个"H"，即事件(What)、时间（When)、人物（Who)、地点（Where)、原因（Why）和结果(How)。5W+1H也称新闻六要素。一篇新闻报道中读者最关注的是事件本身，其他五个要素都是围绕事件的叙述、说明与展示。

在现实中，有些新闻是没有结果的，比如预报性消息、系列报道的单篇消息等。所以，在消息写作中，1H有时有，有时没有。在有的事件性消息报道中，是不涉及人物的，故而人物（Who）这个W也可以没有。但是，请千万注意，对于这里讲的"何人"，不可轻易减省，不要狭隘地去理解，它应当是对新闻事件行为主体的一个概括性的指向，在一定的意义上，它还可以理解为"何单位"、"何组织"、"何部门"等。再者，消息报道有时不一定必须交代事件发生的原因。综上所述，在有的报道中可能只具备三个（或四五个）新闻要素。大家对于六要素之说，应当总体辩证地去把握，应当具体问题具体分析应用，不应当刻板僵化地理解、套用。

对此，还必须强调，五个"W"和一个"H"，之所以称为"要素"，应当是不可以轻易缺少的，记者与通讯员要在可能的情况下，尽量完整交代。对于重要消息的报道，如果当时实在无法得到原因、结果，可以只报道时间、地点、事件、人物（或单位），其他情况在其后合适时机再做报道。

通讯员朋友们掌握了新闻写作的要素，也就把握了新闻写作的基本规律，在新闻写作中就应当知道如何写出一篇完整的新闻报道。希望大家一定要记住下面这四句话：

新闻诸要素，
事时人地因，
有果必写清，
及时又精准。

在传统的新闻教科书中，一般都要求在写消息导语时要五个“W”齐全，随着时代的发展，现在的新闻实践，业已突破了这一刻板的规定。在消息导语中完全可以根据需要只突出一两个新闻要素，而将交代其他要素的任务放到新闻主体中去完成。这一变化，是由于人们生活节奏的加快进而导致阅读习惯的改变而发生的。在西方，把导语的这些变化分别称为第一代导语、第二代导语、第三代导语。对此，本书将在具体陈述导语的写法中进一步说明。

通讯员同道还应当了解，消息写作的基本要求是：采写发稿要迅速及时，新闻要素要齐全准确，叙事要直截了当，语言要简洁明快，篇幅要精悍短小。新闻消息的基本特征是：①反映客观事实迅速、准确；②叙事简洁，寓理于事；③篇幅短小，方便阅读。

第二节 消息结构详探究

要写好消息，不可不研究消息的结构。

研究消息的结构，可以从两方面入手：一是研究它的整体结构；二是研究它的内部构成结构。

从消息的整体结构看，其基本形式有五种：倒金字塔结构、金字塔结构、倒正金字塔结合式结构、并列式结构、自由式结构。

从消息的内部构成结构看，它一般是由标题、新闻头、导语、主体、背景、结尾六部分构成。

下面分而述之：

一、消息的整体结构

（一）倒金字塔结构

倒金字塔结构就是把最重要的、最新鲜的事实摆在最前面，并按照这一原则依次递减的安排材料，可用符号“▽”表示。这一结构是新闻传播方式不断进化的产物。是新闻最普遍、最常用的结构。它的根本特点是追求新闻的新、短、快。

这一结构的另一特点是便于编辑灵活地处理稿件，可以从后向前根据需要整段的删节，而不影响读者了解新闻信息。因之使这一结构形式具有旺盛的生命力，常用不衰。

例如：

本报讯　我国第一座由微电脑控制的农村35千伏小型变电站，在河南省泌阳市沙河店建成，于4月28日移交生产。这是水电部和河南省的重大科技项目之一，是由驻马店电力公司的科技人员和清华大学自动化系的教师共同研究设计安装的。

这个站的控制部分由于采用了微处理机硬件软件处理系统和体积微小的CMOS集成电路，把原来用于控制保护和中央信号的电磁式设备全部省去了，还增加了很多自动功能。过去出现接地故障后，要人工一路一路地拉闸检查，动作慢，影响用户生产；现在只要一按键钮，六秒钟之内，计算机就能把所有线路检查一遍，查到原因立即采取措施，并同时发出报警信号。

这个变电站占地面积只有一亩六分，比同类型的变电站占地少一半以上，造价也比同类型变电站减少8万元左右，建设工期也相应缩短，为农村变电站向自动化、小型化方向发展，加快农电建设，开辟了道路。

（《电脑第一次走进我国农村变电站》于连魁，
《中国电力报》1984年5月17日）

这篇消息的开头第一段（导语）即将新闻眼交代了出来，接着说明项目的重要性、项目的研究设计者。

第二段，交代这个站的特点，并运用对比手法，形象地说明其先进性。

第三段，进一步运用对比手法说明该站的其他特点，并指出了它的意义。

这篇消息重点在前，层次分明，写得干净利落，是一篇比较典型的倒金字塔结构的消息。

（二）金字塔结构

金字塔结构也叫积累兴趣结构，特点是新闻中的事实一段比一段具体。事情的结果要到最后才显示出来，可以用符号“△”表示。它的特点是一般没有单独的导语，作者自自然然按事情发生的顺序来写，事件的头尾就是新闻的头尾，这种写法多用于故事情节较强的事件新闻，也称为编年史式。它具有亲切、自然引人就读的魅力，也有人将其称为“新闻故事”。

例如：

两名大学生玩命

北京晚报1月24日报道 1月22日下午7时，北大分校物理系18岁学生吴某，与3名女同学到学校附近的铁路边散步。吴对女同学说，国外曾有人趴在路轨中间，火车过后安然无恙。

这时一列火车正巧从西直门方向驶来，吴和一女同学欲亲身一试，他们迎着火车趴在路轨中间。

火车司机发现后，立即采取紧急制动措施。车头和一节车厢从他们上面驶过之后停了下来。

女同学从车下爬出，侥幸留下了性命。吴某却没出来，他的颅脑受到严重损伤，已经丧生。

这一写法，有如层层剥茧，逐步深入，生动引人。正如美国的一位大学教授所言：“有时为了抓住读者的情感，或寻找独特的角度，把突出之点置于篇末，效果更好。”

在各电力媒体上，金字塔结构的消息较为少见。下面的消息也可视为金字塔结构，遇到较为合适的题材不妨这样写一写：

带电盗缆 造成居民短时停电
抢修及时 重要客户未受影响

本报讯 （韩炳义 张燕宏）3月28日1时40分，河北区581线路DK842开关站10千伏电缆遭到不法分子非法盗割，导致10千伏线路接地，造成周围一带1600余户居民停电近半小时。

城东分局接报后立即派人赶赴现场查找事故点，并及时向公安部门报警。该分局查明事故原因后立即进行倒路操作，经过半个小时的紧张处理，将遭到破坏的10千伏线路所带客户全部倒出，恢复正常供电。

另外，由于城东分公司及时启动预案，工作措施得当，581线路所带的天津市第四医院、天津二中等重要客户为双电源供电，此次短时停电未对它们造成严重影响。

目前，公安部门正在调查侦破此案。

（《天津电力》2007年4月9日）

（三）倒正金字塔结合式结构（也称双塔式）

导语突出最重要的事实，正文按事情的发展顺序写。可以用符号“▽△”。这一结构形式，兼具开门见山与具体、完整的双效，是一种常见的消息结构。

例如：

挖掘机危及电缆　巡线工奋勇护电

本报讯　（申军　宋志刚）一位普通的巡线工，危急时刻用身体拦住了正在施工的挖掘机。以身护电的河南省鹤壁供电公司运行工区巡线工王向阳，在面对记者的采访时却说：“这是俺分内的活，以后再遇到这样的事，还得这么做。”

这件事发生在3月21日。那天，全国春季农业生产工作会议正在鹤壁市迎宾馆召开。按照保电措施要求，王向阳等人担负着向迎宾馆供电线路的特别巡线任务。当王向阳巡查到泰山路与黄河路交叉口处，发现在黄河路的施工现场，一部挖掘机正在挖掘土方，施工的正下方就是鹤壁供电公司通向海河110千伏变电站的10千伏地下电缆，如果再向下挖掘30厘米，多条地下电缆就会遭到破坏，直接影响到全国春季农业生产工作会议的安全用电。

从事多年线路巡视工作的王向阳马上意识到了问题的严重性，他当即一边给工区领导电话汇报，一边极力劝阻施工单位停工。然而，施工方根本不听劝阻，仍然继续施工。眼看挖掘机的铁爪就要落地，王向阳顾不得多想，一个健步跳到挖掘机前，用身体拦住了这个庞然大物。随后，工区负责人及时赶到。施工方在与供电部门僵持了一个多小时后，终于承认了自己的莽撞行为，接受处罚。

王向阳的事迹被当地媒体披露后，在鹤壁市民中引起了强烈反响。鹤壁供电公司作出决定，号召全体员工向王向阳学习，把该公司正在开展的“讲正气、树新风”活动引向深入。

（《国家电网报》2007 年 4 月 18 日）

这则小消息利用倒正金字塔结合的结构，运用情理交融的手法，把一位普通的巡线工奋勇护电的事迹交代得活灵活现，且文笔洗练、层次清晰。

（四）并列式结构

并列式结构是一种把主要新闻事实罗列起来写的新闻结构。常用于会议、公报、经验式新闻消息的报道。它和有些新闻专著中提及的“提要式报道”有近似之处。

并列式报道在报纸上颇为多见。诸如：《×××就×××问题答记者问》、《××届××次会议发布新闻公报》、《×××会议召开》等。

它的具体形式：如是会议报道，开头为概括性的导语，接着是，会议认为××××；会议指出××××；会议强调××××。如是经验式报道，第一段为提要式导语，接下来是，一、二、三、四。因此也有人叫这种报道是“一二三四式报道”。

（五）自由式结构（散文式结构）

随着时代的发展，新闻结构的方式越来越灵活、自由、多变，呈现了多姿多彩的景象。许多“四不像”的新闻形式接连出现，“镜头化”、“散文化”、“口语化”等表现形式接连见诸报端，并受到广大读者的欢迎。探索新的报道形式与掌握基本的新闻结构形式，应当是辩证统一的关系。了解和掌握基本的新闻结构形式是创新的基础，但又绝不能囿于传统的报道形式和结构，刻板地去套用，形成新闻八股。撰写此类新闻时，一定要注意不可为求“新”而伤“本”，为求“散”而“伤神”，要努力做到形式新、事实准，文式散、精神凝。

下面请看几篇颇具“自由”色彩的消息：

一份急件急了 398 天

本报讯 1985 年 2 月 27 日，湖南省电力工业局收发室将一份急件再次送到办公室。根据来文时间计算，时间已过了 398 天。

这份文件的发文单位是：水利电力部。发文号码是：水电部（急件）

[1984] 水电生字第4号。文件的标题是：《关于做好1984年水电厂防汛工作的通知》，发文的时间是：1984年1月27日。秘书组秘书批：请×××同志批示。以后此文一直没有下落。直到1985年2月27日这份文件沉睡了398天以后，才又转回了办公室。

一份急件急了398天。若如此责任心，如此效率，怎能加速四化建设？有感于此，笔者特发此不伦不类的消息。

（高正润，《中国电力报》1985年3月17日）

这篇短消息的标题《一份急件急了398天》近乎幽默，暗含谴责。正文的前两段叙述事实的笔法近乎白描，客观、准确，只是“沉睡”两字微露批评之意。结尾一段一句议论，“若如此责任心，如此效率，怎能加速四化建设？”虽只有18个字，却振聋发聩、满含谴责，义正词严 、恰如其分。最后一句“有感于此，笔者特发此不伦不类的消息。”收束全文，又幽了一默，但令人震动，更使人为作者的新闻敏感性和责任意识所折服。全篇行文流畅，叙事简洁，议论得当，看似“自由”，实则章法精到，是一篇奇文。

例如：

产后中华鲟 携子归长江

11月1日上午，葛洲坝中华鲟人工繁殖研究所首次将产后的亲鱼一雌二雄三尾中华鲟放回长江。同时投放的还有它们的“子女”30万尾幼鲟。

这天，葛洲坝下游30千米处的古老背江段阳光灿烂，运送中华鲟的专用汽车和运载幼鲟的汽车披红挂彩鱼贯而至。人们首先把幼鲟一盆盆倾入江中，这些离开母体才十多天、长2～3公分的幼鲟状如蝌蚪，入江后毫不拘谨，欢快活泼地四散游弋，令观者顿生“得其所哉”的感触。

三尾大鲟是用吊车吊入江中的，雌鲟长3.1米，重约150千克，二尾雄鲟均长约2.3米，重约100千克。雌鲟是20多天前从长江捕获的，在鲟科所人工授精和催产后，幸运地成为第一尾安全离开‘产房’，并与‘子女’一道回归长江的产后亲鲟。鲟科所负责人告诉记者，这是该所科技人员完善中华鲟排卵技术的结果，它结束中华鲟在繁殖中因排卵不彻底而被剖腹致死的历史。

这三条系有绿色标志的健壮的大鲟入江后，迅速潜入了深处。

（柳克谋，《中国电力报》1990 年 11 月 23 日）

这篇现场短新闻，文笔流畅，颇具文采，更由于写得情景交融，着实令人有身临其境之感，是一篇消息散文化的典型之作。

二、消息的内部结构

新闻消息一般是由六个部分构成，即：标题、新闻头、导语、主体、背景、结尾。

（1）标题。消息的题目。其基本写作要求是准确、简洁、新颖、生动。标题是消息的眼睛，精心制作好它，是新闻记者和通讯员的重要基本功。

（2）新闻头。每篇消息的正文前“本报讯”或“据新华社报道”、据“新华社某月某日电”等字样就是新闻头。它是消息体裁的标志，作用是标明消息的来源，是消息不可缺少的构成部分。

（3）导语。是消息的开头一段，也叫帽、引子。它的作用是开门见山地告诉读者最重要、最新鲜的事实。特点是着眼于新、简明扼要、讲究技巧。

（4）主体。是新闻的主干，是对导语提出的事实的展开。写作要求是：排列有序、详略得当、段落宜短。

（5）背景。是新闻事件发生的原因、历史环境的说明，为烘托和揭示新闻主题服务。作用是突出主题、阐明起因、交代历史、介绍知识。

（6）结尾。一般可自然收束。亦可根据不同的新闻内容采用小结式、评论式、号召式、展望式等结尾形式。

上述六部分，并不是所有的消息都必定缺一不可。比如简讯只需一段话，没有导语，有的简讯连标题也没有；有的消息可以不交代背景；相当部分的消息可以不刻意的经营结尾，说完就完，自然收束；编年史（金字塔）式的消息只有开头，没有导语。

第三节　标题制作讲技巧

每篇文章都有标题。消息的标题具有自己独有的特点。

标题是新闻的眼睛，精心制作好消息的标题，直接关系消息的传播效果，关系稿件的命中率，是一件值得下大工夫做好的事情。

遗憾的是，在不少新闻专著中，大都忽略涉及标题的制作问题，认为新闻标题的制作是编辑的事，不少的记者和通讯员也都这样认为，这实在是个误解。俗话说“秧好一半谷，妻好一半福，题好一半文”，又说“人靠衣裳，马要鞍装，文靠题妆”。电力新闻记者、通讯员决不可以忽略标题的制作工夫。

一、消息标题的结构

消息的标题根据报道的需要，可以是一行题，也可以是两行、三行题。下面以三行题为例标示它的结构。

例如：

（肩）新增强大动力缓解上海用电紧张形势

（主）我国首台90万千瓦火电机组并网

（副）韩正周禹鹏杨雄亲临现场慰问参建人员

（《华东电力报》2003年12月25日）

（一）肩题

位于主标题上面的标题是肩题，也叫眉题、引题、上副题。它是主标题的先行官，负有辅助说明主标题思想的作用，多为一行文字。其功用是交代背景、说明原因、揭示意义、烘托气氛或化短长句。

例如：

交代背景：（肩）热浪袭三秦　凉气入万户

（主）陕西省电力职工力保群众消暑用电

（《中国电力报》2000年8月3日）

说明原因：（肩）值班打瞌睡　醒后又抽烟

（主）萍乡电厂罚你没商量

（《中国电力报》2000年8月10日）

（肩）搭车收费　官帽不保

（主）正阳县8名村官栽跟头

（《河南电力报》2003年10月10日）

揭示意义：（肩）适应形势需要　做好中介服务

（主）北京电力行业协会成立

（《中国电力报》2000 年 8 月 12 日）

（肩）理顺体制　共同发展

（主）怀化大小电网握手世纪之交

（《中国电力报》2000 年 8 月 12 日）

烘托气氛：（肩）服务好了　职工笑了　票子赚了

（主）南昌电厂后勤改革立竿见影

（《中国电力报》2000 年 8 月 10 日）

化短长句：在句式特别长的情况下，可以采用分解法，化解标题，使主题缩短。

（肩）年工业用电超 30 亿 安全生产 1700 天 电费连续 8 年结零

（主）三个数字凸显诸暨电力发展

（《国家电网报》2007 年 2 月 16 日）

（二）主标题

肩题下面副题上面就是主标题。主标题的作用是标明报道的主旨，交代事实的要点，揭示报道的意义，从而吸引读者阅读。它是标题中字号最大、最显眼的部分。消息的主标题一般以实题为主。常见的是消息的主标题要标明新闻六要素中的何人、何事。但是对于一些要揭示意义的、表达感情的、作出结论的可以主标题虚作。

例如：

以实题作主题：（主）低压改了　电灯亮了　电工少了　负担降了

（副）赞皇县网改带来大变化

（《河北电力报》2000 年 9 月 2 日）

以虚题作主题：（主）用心点亮“海上花园”

（副）厦门电力工程公司昼夜施工使鼓浪屿用电更可靠

（《华东电力报》2003 年 12 月 25 日）

（主）让爱心成就梦想　让梦想放飞希望

（副）省公司举办 2006 年“金秋助学活动启动仪式”

（《山西电力报》2006 年 8 月 30 日）

（三）副题

也叫子题、辅题或下副题。位于主标题之后，一般对主标题起补充、解释、印证作用。副题一般为实题，尤其在主标题为虚题的情况下，副题更要是实题。一般副题的字数较多，有时也可采用多行题。

例如：

副题补充：（主）选个外村人当电工 咋样？

（副）栾城县北辛庄对用电异地管理效果好

（《河北电力报》2000 年 7 月 15 日）

副题解释：（主）理论入脑　情感入心

（副）河南火电一公司思想政治工作坚持“三深入”

（《中国电力报》2000 年 8 月 3 日）

副题印证：（主）打造电力财务公司的航空母舰

（副）中电财务公司吸收合并西北、华东、华中财务公司

（《中国电力报》2000 年 8 月 10 日）

二、消息标题的制作原则与技巧

消息标题写作的基本要求是：准确、鲜明、生动、简洁、新颖。其中准确的要求是由新闻真实性的原则所决定的；鲜明的要求是由新闻导向性的功用所决定的；生动、简洁则是新闻传播效能的体现和需要；新颖是新闻展现魅力，征服、吸引读者的体现。

（一）消息标题的制作原则

上面所说的消息标题写作的十字基本要求，实际上也可以看作原则，是制作消息标题要守的规矩，在一些新闻专著中也有这样的表述。在新闻标题写作专著《新闻标题制作》（彭朝丞著，中国广播电视出版社出版）中，谈到消息标题的制作原则是三项：突出新闻价值；体现宣传价值；文辞精粹。下面结合实例作一概述。

1. 突出新闻价值

新闻价值的一般要素是，新鲜性、重要性、接近性、显著性、冲突性、趣味性。在消息标题的制作中，着意突出其中的一项要素，往往就能收到诱发读者阅读兴趣的好效果。

（1）新鲜性。是新闻标题集中体现消息新闻价值的亮点，是标题制作需要着力开掘的重点所在，也是吸引读者阅读的要点。能否以精练的语言，准确概括消息的新闻点，体现其新鲜性，是标题制作是否成功的重要标准。

例如：

（主）交费击键网上行

（副）扬州市民足不出户可完成电费交割

（《江苏电力报》2003 年 11 月 25 日）

交电费上了网络，市民交电费实现了足不出户，这实在是当时全国少见的新鲜事，充分反映了电力行业服务的深化。标题以动感十足的形象化语言，突出了这一新鲜事，自然引人注目。

（2）重要性。消息的新闻价值与其重要性是统一的，标题准确提炼概括消息的重要性，必然会有效提高表现力、吸引力，进而提高传播效果。

例如：

（肩）特高压工程建设序幕全面拉开　曾培炎做出重要批示

（主）四川—上海 800 千伏特高压直流输电示范工程奠基

（副）2011 年建成　将创造 18 项世界第一

（《国家电网报》2007 年 5 月 22 日）

这则消息以肩题、主题、副题组合的方式概括突出了它的重要意义，必然广为社会关注。

（3）接近性。受众总是关心自己所熟悉的地方发生的新闻，总是希望了解自己熟悉的人和事物发生的新变化，制题时必须充分利用这一心理，这便是新闻的接近性。这一接近性包括地理上、心理上、感情上、性别上、职业上等多方面内容。

例如：

（肩） 宝珠寺水电厂发电部班组奖金分配有了新办法

（主）不搞大锅饭　工分说了算

（《西南电力报》2003 年 4 月 24 日）

这则标题就是利用了人们的心理接近因素，用人们熟悉而又形象的名词“工分”唤起共鸣，读来颇为亲切，很有感染力。

（4）显著性。利用著名的人名、地名做标题，自然会引起读者的关注。

例如：

尧帝故里电灯明

（《人民日报》海外版 1994 年 12 月 28 日）

当年周王烽火台　点起三冬烽火来

（《湖北电力报》1990 年 2 月 1 日）

上面两则标题，有的点明“尧帝故里”、有的巧借“周王烽火台”，这些人名、地名几乎尽人皆知，自然会引起读者的关注，提高消息的传播效果。

（5）冲突性。即是开掘消息中的对比、变化、矛盾因素，强化反差，以彰显新闻价值，引起读者注意，吸引读者阅读。

例如：

（主）肇事车辆撞杆逃跑

电力职工子夜抢修

（《河北电力报》2004 年 2 月 28 日）

这则消息标题是运用对比手法来结构标题的，通过陈述两者面对责任采取的截然不同态度，鲜明地体现了电力职工践行“人民电力为人民”的高度责任感。标题用“撞杆逃跑”和“子夜抢修 ”两个形象而又对比的动词，强化了新闻标题的对比性与冲突性，活化了新闻的感染力。

（6）趣味性。所谓趣味性，即指某些能引发人们某种感情的因素，或使人愉悦、感到有意思，或能感染人、教育人、打动人，能引起注意的因素。

例如：

（主）农网改造敲响得胜鼓

（副）合肥农民可减轻负担 500 万元

（《华东电力报》2003 年 12 月 18 日）

（主）线损率：挤干“水分”压住“翘尾”

（副）川电公司要求各电业局严格执行抄表收费时间

（《西南电力报》2003 年 11 月 27 日）

上述标题中“得胜鼓”“水分”“翘尾”的象征意义，“敲响”、“挤干”、“压住”的动感意味都为标题增加了趣味性，提高了标题的表现力。

2. 体现宣传价值

宣传价值是凝聚在新闻事实中的特殊的价值因素，它反映着传播者的主观意愿，是决定新闻导向性的关键因素。在新闻标题中，在体现新闻事实的前提下，体现传播者的目的性，是一个不能动摇、必须坚持的原则。

彭朝丞认为，新闻标题制作水平的高低，取决于它的综合价值的高低。综合价值即是新闻价值、宣传价值、文化价值，这“三值”都包括在新闻事实之中。在标题制作中使“三值”实现巧妙结合，才能充分体现综合价值。

充分体现新闻标题的宣传价值可从三方面入手：

一是就事成理，注意体现党和政府的方针、政策、要求；二是旗帜鲜明地讴歌真善美，鞭挞假恶丑；三是寻根究底，尽可能地表现新闻事实发生的背景、原因、作用和社会意义，发挥新闻的指导性和警示作用。

分别举例如下。

（1）就事成理，宣传政策的。

例如：

（肩） 夜间蓄冰冻三尺　白日融冰凉一天

（主）我省节电又辟新径：冷冻蓄电

（《湖北电力报》1995 年 8 月 18 日）

（肩） 提高用水效率　改变用水方式

（主）兴泰公司倾力打造“节水型企业”

（《河北电力报》2005 年 10 月 26 日）

（2）旗帜鲜明歌颂、鞭挞的。

例如：

（主）湖北居民告别缴电费“排长队”

（副） 15 种缴费方式可供选择

（《华中电力报》2007 年 7 月 27 日）

（主）生命音符工地失声

（副） 淮北矿业违章施工酿惨祸

（《华东电力报》2003 年 12 月 11 日）

（3）寻根究底揭示背景，警示或指导的。

例如：

（主）太原重机厂欠费不交供电局依法停电

（肩） 山西省彭致圭副省长严肃指出“供电部门依法对欠费户采取措施没有错”

（《华北电力报》1996 年 12 月 12 日）

（主）“责任田”种出积极性

（副）张集供电所农电工“薪情”看涨

（《湖北电力报》2003 年 12 月 19 日）

3. 文辞精粹

制作消息标题要根据表达内容的需要，重视句式和词语的锤炼。锤炼句式和词语，必须做到以下四点：准确精当、用语规范；精心铸字、含义丰富；具体形象、化静为动；句式简洁、语气相宜。

（1）准确精当、用语规范。这是新闻标题制作锤炼词句的基本要求。其中要注意标题制作必须以新闻事实为依据，遣词用字必须准确、到位，经得起推敲，不得有歧义。

例如：

（肩）贪污受贿　流氓成性

（主）原吉林省总工会副主席入狱无期

（《山西工人报》1994 年 10 月 30 日）

“入狱无期”的表述显然不能代替“被判无期徒刑”。另，该标题未标犯罪者的姓氏，也是个失误。

（2）精心铸字、含义丰富。制作新闻标题选用的词句应既有高度的概括力和表现力，又有丰富的含义，启人联想，引人阅读。

例如：

（主）河南公司：打出节能发电调度“组合拳”

（副）大力实施“差别电量”计划，稳步推行“以大代小”机制

（《国家电网报》2007 年 4 月 24 日）

这则标题形象生动，以打击“组合拳”代推出新措施，富于动感又概括精当，增强了标题的趣味性与吸引力。

（肩）力争年内完成 80 亿建设投资

（主）四川电网建设快马加鞭

（《国家电网报》2006 年 9 月 8 日）

这一标题语句平实，“快马加鞭”一词通俗形象又富有动感。

（3）具体形象、化静为动。在标题的制作中，应坚持三多三少，即：多用准确语言，少用模糊语言；多用子概念，少用母概念；多用动词，少用形容词。这是因为准确语言、子概念和动词的指向性都比后者要具体、确定。

下面摘几个标题请读者体会：

（主）天津电力躬身奋举大负荷

（副）同时制定紧急措施，确保医院、药品生产单位用电

（《华北电力报》2003 年 5 月 22 日）

以“躬身”“奋举”两个拟人化的动词，生动的刻画了天津电力在“非典”时期，力保重点单位用电的高度负责的社会责任感。

（主）雅砻江水电群雄崛起

（副）流域开发全面启动 21 级梯级电站再造 1.5 个三峡

（《西南电力报》2003 年 11 月 16 日）

以“群雄”喻电站之多，以“崛起”活化动感，生动异常。

（主）济宁市农用变压器穿上“防盗衣”

（《国家电网报》2007 年 4 月 20 日）

以变压器喻人，以防盗器喻衣，趣味横生又动感十足。

（二）消息标题的制作技巧

读者如果在读上面的“消息标题的制作原则”一节时，用心体味，就已经能够明了一些标题的制作技巧了。其实，至高的技巧是无技巧，是一种自然而然的流露。但是这个境界的达到，必须是在对于那些技巧的较为深入了解的基础上，下过相当多的苦功夫的前提下。另外，对于技巧的追求，不可过度。应当承认，新闻作品，尤其是消息的写作，往往是急就章。因此，消息标题的制作，应当在快的前提下求好，不可磨磨蹭蹭，影响了时效性。当然这也不是说可以马虎成题、萝卜快了不洗泥。平时练好基本功，是既快又好的制作标题的诀窍。

另外应当了解，制作好标题是一个永无止境的追求，新闻事实的层出不穷，制作技巧的浩繁，求新求变的需要，难以穷尽。

标题的制作技巧可概括为“六求、十二要”。

一求准，要言之有物、要重点突出；
二求短，要言简意赅、要长于表现；
三求新，要标新立异、要启人联想；
四求信息，要虚实有度、要平实通俗；
五求味，要望文生趣、要情真意切；
六求美，要节奏感强、要文化感浓。

1. 求准

这是标题制作的最重要要求，背离了准确，其他一切技巧都是空谈。准确精当地概括新闻事实，是标题制作最基本的技巧与原则。

（1）要言之有物。

标题是新闻事实的概括与浓缩，必须言之有物有内容，切忌空泛、笼统。毛泽东主席一向非常重视新闻的写作，亲自动手撰写了不少新闻稿件，包括撰写、修改了不少的标题。并作过“凡新闻，标题必须有内容……无内容，不能引人注目”的批示。

这里所说的标题内容，就是存在于新闻中的最有新闻价值的事实。不少通讯员在标题中常用夸张、概括词，诸如“进度快”“效果好”之类，空泛乏味。他们不知道，应当把标题具体化，究竟是否快、好应当让别人去判断。

例如：

往日有钱唱大戏　如今有钱办电力

（《河北电力报》1993 年 8 月 16 日）

这则标题以平和的叙述、口语化的语调、对比的手法，平静地陈述事实，准确地概括了农家走出愚昧、向往现代的观念与追求发展、渴望新生活的变化，用语精当又生动具体，张扬着鲜明的时代气息。

（2）要重点突出。

一篇新闻报道，往往不只反映一个问题、一件新闻事实，往往具有多个角度。这就要求作者要善于捕捉最具新闻价值的要点，选择最有新闻价值的角度，进行报道。标题制作自然应当着意突出这个要点。

在标题制作中，一定要善于把最有新闻价值、最典型的新闻事实拎出来，尽量用简明的、个性化的语言予以概括表述，使之在新闻标题中成为亮点，做到重点突出。

例如：

（主）何时停电　客户都知道

（副）重庆石柱供电多渠道发布供电信息

（《华中电力报》2006 年 3 月 31 日）

桐城农电“裁军”求发展

（《国家电网报》2007 年 4 月 10 日）

前一标题准确概括了发布供电信息的作用，形象地反映了供电部门优质服务的深化；后一标题生动地反映了新形势下农电体制改革中，强化农电工管理带来的新变化，而且以“裁军”喻精简很是生动。

2. 求短

求短应当是对新闻作品的共同要求，当然也应当是对标题的写作要求。短必须建筑在准确的基础上，精到的概括是实现标题短下来的根本。

（1）要言简意赅。

以极简要的语言反映新闻要旨、概括事实精髓，是标题制作的重要方法。言简意赅的要求决定了不能面面俱到，必须重点突出。标题主要的是要意到，可“举一事于句中，反三隅于句外”，只概括最重要的新闻点，不计其余。要言简，还要做到“意尽文止”，一切围绕新闻点，不涉其余，不多费一字一句。能少一个字就少一个字，能用一行题绝不用两行题。

言简意赅的制题方法，在会议消息的报道中多用。不少的会议内容繁多，照盘托出，会令读者生厌，在标题中抓住最重要的新闻点予以强调，往往会收到较好的效果。

例如：

（主）群众支持　难题不难

(副) 霞浦一处坟茔让位220千伏岚后变电站建设

(《华东电力报》2007年3月15日)

(肩) 龙口镇的新鲜事

(主) **农民降电价　政府奖三千**

(《湖北电力报》1996年11月22日)

两则标题简洁上口，以简练的语言准确概括了新闻主旨，言简意赅又让人回味。概括，关键在当。有的记者、通讯员在标题制作中或用错成语、典故，或随意组词、用字，产生歧义、造成笑话，应当引起重视。

(2) 要长于表现。

所谓长于表现就是说要运用修辞、对比、动感等手法去强化标题的表现力，力求打破四平八稳、程式刻板的老套路，从而让标题亮起来、活起来。

例如：

(肩) 国家质检总局公布电线电缆质量抽查结果

(主) **大企业过硬　小企业闹心**

(副) 天津市鑫鹏电线电缆厂等八家企业产品质量较差

(《中国电力报》2004年1月15日)

标题准确地概括了事实，且使用“大”、“小”、“过硬”、“闹心”两组对比鲜明又十分形象的词语，增加了动感，增强了主标题的表现力。

例如：

(主) **烧“荒”烧倒输电铁塔**

(副) 导致武汉两区县大面积停电

(《湖北电力报》2006年3月14日)

烧荒竟然烧倒了高耸铁塔，何其荒唐，又多么应当引起高度的注意。标题以主标题陈述事实、副题揭示后果的组合形式，加强了标题的表现力，也扩大了标题的信息量。

3. 求新

求新是新闻的本质特征，新闻标题的新则是新闻新鲜特征的集中反映和高度概括。争取用最精炼的语言、最新鲜的表述方式概括新闻事实，是新闻标题制作的方法之一。

（1）要标新立异。

可以使用多种方法去标新立异。追求形式的新、突出内容的新，都是可以采用的方法。出新其实就是要与众不同而已，用心探求，反复推敲，来点创造。小有不同，就会效果迥异，大有收益的！

例如：

市委书记三挥笔　天津电力解难题

（《中国电力报》2004 年 1 月 15 日）

这条标题其实只是把天津市委书记关心电力建设，三次作出批示，解决了电力建设难题的新闻事实，巧妙地予以强化动势，概括为“三挥笔”，而且注意了语言节奏的组织，就使得这一新闻标题新意即出、魅力顿增。假如把这一标题按常规处理，做成“天津市委书记三次作出批示，有效解决了天津电力的难题”，则是何等乏味，魅力何存！用心制作标题与仅按常规操作平平写来，效果真有天渊之别。

（2）要启人联想。

新闻标题能做到启人联想，是达到了标题制作的高标准。它首先需要标题的制作者能深入把握新闻内容，有到位的深入思考，而且要善于把新闻点“拎出来”，并予高度概括。

例如：

（主）同是建电站　花钱不一样

（副）一个是：一分钱掰成两个花

一个是：招待费花掉 30 万

（《中国电力报》2001 年 10 月 9 日）

这一标题主标题以口语化的形式平和地摆出新闻事实，副标题用对比的手法，回答了“如何不一样”。看似平静的陈述，却富含了赞许、谴责、启示与思考。标题既有新意，又有思想含量，不用苦心是做不出来的。

4. 求信息

新闻的本质是新鲜的、有意义的信息，没有信息含量的新闻不能称其为新闻。新闻标题应当是这一信息的集中之地、浓缩之地。没有信息的新闻标题，必定不是一个好的新闻标题。

(1) 要虚实有度。

一般的消息标题制作理论，是主张主标题写实的。在实际中却未必都是如此。新闻标题要整体把握实作，至于是主标题还是副题、肩题实作，要视具体情况而定。主标题为求生动、提高传播效果，完全可以虚作。重要的是要做到虚实合度。

例如：

（主）“高姿”入市场“俯身”赢客户

（副）菏泽电力成为经济发展的助推器

（《山东电力报》2004 年 2 月 3 日）

这篇报道说得是菏泽电力局一方面加大电网建设投入，提高了供电质量和供电可靠性；另一方面致力于建立优质服务的新体系——包括强化各专业的配套联动、建立与配网运行管理配套的信息支持系统，有效地提高了服务的快速反应能力的新闻事实。主标题用“高姿”和“俯身”两个形象的动词，概括服务的姿态，虽是虚作，却活化了新闻标题的感染力；副标题实写菏泽电力支持经济发展，以实释虚。两者虚实相生，相互映衬，丰富、扩大了标题的信息含量，也加强了标题的吸引力。

(2) 要平实通俗。

平实通俗是新闻群众性要求的具体体现，也是确保其传播效果的规律性要求。口语化入题是实现新闻标题平实通俗化的一条捷径。

例如：

（主）技术高吃香 业务精光荣

（《河南电力报》2003 年 12 月 6 日）

（肩）火电燃煤告急

（主）今春用电还得过紧日子

（《西南电力报》2004年2月5日）

两则标题以群众化、口语化的语言“吃香”、“过紧日子”，形象地表明了鼓励学习技术，倡导研究业务的引导态度；通报了电力吃紧的严峻形势，传播了明确而重要的信息，鲜明地体现了平实通俗的特点。

5. 求味

讲究新闻报道的味道对于作者来说是一种追求，也是一种享受；对于读者来说是一种需要，一种期盼；对于媒体来说是一种发展要求，一种社会责任。作者能生产出有味道的佳作，需要有扎实的文字基本功，有丰富的知识储备，有广泛的联想能力，更需要有对读者负责的态度，有求新的创作激情。

（1）要望文生趣。

运用联想、拟人的手法是制作此类标题的“诀窍”。

例如：

（肩）四川电网六成水电机组检修完毕

（主）强健体魄静候“桃花水”

（《西南电力报》2004年2月8日）

（肩）求真务实　狠抓管理　潜心经营

（主）让晋中供电分公司“咸鱼”翻身

（《华北电力报》2004年2月5日）

前一标题以机组喻人，以强健体魄喻检修质量，以静候“桃花水”喻服务意识，整个标题静中有动，形象鲜活，生趣盎然；后一标题以“咸鱼”翻身，实证经营管理的效力，也隐含了绝处逢生的欣喜之情，富有动感，读来令人回味无穷，增添了新闻的感染力。

（2）要情真意切。

世间“唯有真情最动人”，适当地给标题注入情感因素，是制作新闻标题获得成功的一个好方法。

例如：

（主）你来落户 我开绿灯

（副）涟水供电所为用户服务不打折扣

（《华东电力报》2003 年 12 月 25 日）

标题娓娓道来，令人如沐春风，如饮甘露。以富于情感的话语，活现了涟水供电所为用户提供优质服务的精神面貌。

（肩）川电公司 17 支党员服务队日夜巡逻在社区

（主）春节期间 到处都有最美的脸

（《西南电力报》2004 年 2 月 1 日）

标题描绘了一个多么美丽的画面，想一想心里都舒坦。这样的新闻有谁不爱看呢?!

例如：

内蒙古武川县农电

为老区百姓写春意

（《华北电力报》2004 年 2 月 5 日）

标题的一个“写春意”，使其顿生动感又富于感情。要作出体现“春意”的标题，首先是新闻内容要富含“春意”，作者心中要生出“春意”。

6. 求美

爱美之心人皆有之，给人以美感的新闻标题自然也是备受欢迎的。新闻标题制作求美可谓手段多多，讲究节奏感、追求文化味、诗词典故入题、讲求韵律美、探索奇异美，不一而足，尽可放手一试。只是要注意不要过度、不要怪诞、不要失实、不要歧义。

（1）要节奏感强。

相同元素的重复就形成了节奏。在新闻标题中这个元素可以是数量（字数）

的，可以是韵律的，节奏会产生美感，美感会增加魅力。

例如：

施工野蛮　半月间六次断电源
政企联手　一日内三方治隐患

（《国家电网报》2007年4月17日）

（肩）选用材料不包办　一切客户说了算
（主）临沭县电力工程不搞“拉郎配”

（《中国电力报》2001年7月7日）

（主）“老大”搭台“老乡”招财
（副）原平局与乡站联手开展多种经营创利百万元

（《中国电力报》1994年2月17日）

第一则标题上下两句的对仗、数字的呼应、较强的节奏感，都提高了标题的表现力；第二则标题，肩题两句字数相同，韵律一致，形成了鲜明的节奏，给人以美的享受；主标题巧妙地嵌入“拉郎配”的俗语，使之趣味顿生，两者相加增强了标题的美感；第三则标题中的“老大”与“老乡”的呼应，“搭台”与“招财”的动感，形成了节奏，营造了韵律感。

（2）要文化感浓。

新闻标题文化感浓的基础是作者要有深厚的文化修养。诗词、典故、谚语、名言入题是最常用的方法。

（主）欲识庐山真面目“以电代煤”解阴霾
（副）庐山将在2002年底前成为“无烟山”

（《中国电力报》2001年5月25日）

有诗云“不识庐山真面目，只缘身在此山中”。上面的标题一改其意，用“欲识庐山真面目”代之，并别出心裁地用“‘以电代煤’解阴霾”续之，给人以别样的美感，颇具文化味道。这一做法值得借鉴。

（三）消息标题的制作要注意防止四种倾向

让标题这个“眼睛”明亮起来，以提高新闻报道的传播效果，“做功”很重要。坚持“准确、鲜明、生动、简洁、新颖”的10字制作原则，应当贯穿新闻标题的整个制作过程。但与此同时，也要注意防止一些不良倾向。这些倾向概括起来有四种，即“过”、“泛”、“套”、“炫”，下面分别论述如何防范。

1. 防“过”

制作标题的目的是为了提高新闻报道的“关注度”，但“做功”不可过。这里所讲的“过”就是失度，其主要表现为过大。过大的表现又有以下三种：

(1) 题目夸张，内容过大，文题不符。标题制作原则中的“准确”要求，既是说要准确地概括新闻事实，也包括了文题相符的含义。唯恐读者不重视，而去作不适当的夸张，使用过大的概念、过度的语气、过激的言辞来制作标题，都会背离准确概括的原则，造成题文不符。另外也要注意，短文章不宜制作很大很长的标题。

(2) 构成复杂，动辄三行，拖沓累赘。大家应当知道，使用三行标题的消息，往往是那些新闻事实非常重要、内容较为复杂的消息。一般的消息没有必要制作三行题，较为重要的消息，一般两行题即可。动辄制作三行题，既拖沓累赘，还会空耗气力。对于这一点，通讯员朋友一定要注意。

(3) 字数太多，洋洋数十字，影响阅读。在电力新闻通讯员中，有不少人做过秘书工作，他们为领导写惯了讲话报告，制作消息标题往往也习惯用报告讲话味道，一写就是数十个字。既不讲究制作技巧，不去追求报道的新闻味道，也懒得去提炼报道主题，甚至有的会议报道标题只是会议大标题的简单照搬，洋洋二三十字，叫人读来生腻，直接影响了传播效果。如何让消息标题短起来，是这部分通讯员要下工夫解决的课题。要知道，读者是喜欢短标题、短文章的，一般标题最好不要超过十几个字，这样才适合人们的阅读习惯。还要注意，一般消息的标题不要使用号召性的、社论味道的标题，消息标题一定要标明新闻事实，同时要力求简洁明快。但是，在防“过”的同时，大家也要防止走到另一个极端，这就是“欠”，也可以说是过于简单，它是“过”的另一种表现形态。过于简单的表现形式是，将本来应当制作三行题、两行题的重要新闻标题，简单直白地制成一行题。对于这一倾向，同样应当引起编辑、记者和通讯员们的共同注意。

2. 防“泛”

这里所讲的“泛”，主要是说“平”的意思。有的通讯员制作标题漫不经心，不求精到，不出新意，往往一写就是“效果好”、“进度快”、“受好评”、“收实效”，既无个性，又无魅力，而且多年不变，既叫人无奈，又令人总弃之不忍。解决之道是请这部分仁兄，打起精神，下下工夫，深挖一下报道事件的内涵，力求写出“这一篇”题目的个性来，别总是依照自己的思维惯性作题目。

3. 防“套”

这里所讲的“套”，是说用“套话”的意思。讲套话反映了思维的僵化。有的新闻记者、通讯员，不善于使用鲜活的群众语言，习惯使用官话、套话来结构文章或标题，比如“作贡献”、“铸辉煌”、“及时雨”、“无私奉献”等。大家应当知道，即使是些“好词”，用得滥了，也就没了新鲜感，变成了新套话。比如一说改革创新就是“问渠哪得清如许，为有源头活水来”，一说努力、奉献，就是“亮剑”、“无私”，令人读来十分倒胃口。摒弃套话，不去拾人牙慧（即便是那些看似还算漂亮的牙慧），学会使用读者喜闻乐见的群众语言、口语，让新闻标题真正鲜活起来，需要大家的共同不懈努力。

4. 防“炫”

炫，灼目之感也。这里所说的“炫”，是指标题做得过于华丽、诡异，以致失真、伤意。曾见到一篇稿件，内容是说经过加强制度管理，提高了工作效能，标题叫做《把软的捏硬》，读来会让人哭笑不得、产生歧义。

一些标题之所以会令人产生歧义，往往是由于借喻不当所致。准确借喻，是制作标题的很好的技巧。曾听人说一篇报道关于人才使用的文章，标题叫做《送走“飞鸽”，引来“凤凰”，打造“永久”》，借三种自行车品牌来比喻三类人才，精妙之极。借喻合度，标题会顿生光彩，借喻失度则顿生歧义，会给准确传播带来障碍。对此，不可不察！

标题制作是写好新闻报道的重要着力点，坚持“准确、鲜明、生动、简洁、新颖”的10字制作原则，并且不可偏废，不可舍本逐末、画蛇添足，不可只图华丽生动而不顾准确简明。

这里讲对于消息标题的制作一定要重视，既是一个技术层面的问题，更是一个方法论方面的问题。新闻标题制作得好，可以明晰撰写者的写作着力点，可以彰显新闻的主题，可以提升新闻的“含金量”，可以增加新闻的“关注度”，可以升华稿件的“成功率”，实在“好处”多多！有的作者懒得下这个工夫，甚至认为新闻标题可以（或应当）由编辑去改、去定，因而往往信笔写来，只求省劲、只图能交代清楚即可，这种做法实在错误，甚至可以说“糊涂至极”！

第四节　写好导语收益多

导语，是新闻的重要组成部分。是消息类新闻开头的那段话。在通讯体裁的新闻里，这段话被称为“开头”。在这个意义上来讲，导语是消息类新闻中开头的专用名词，它往往是消息里以简短、精要的文字揭示新闻要点、吸引读者阅读的第一段文字。

导语，在国外新闻界被称为“展示新闻杰作的橱窗”。它是读者阅读文章第二眼所在，是编辑挑选稿件、判断价值的第二眼所及（第一眼是标题）。导语撰写的优与劣决定着编辑与读者对报道文章的取舍，决定着稿件的命运。

新闻界对标题与导语的重要性有多种说法：“题好一半文”、“写好导语相当于写好了消息”等。还有一种说法是说标题加导语抓住了编辑、吸引住了读者就是获取了成功，主张记者、通讯员要下大力气写好导语，充分发挥好它的“一见功效”。

应当指出的是，不少通讯员在撰写消息时，不大注意在写好消息的导语上下大工夫，致使存在着消息导语平平常常的多、深刻讲究的少；文落俗套的多、新奇诱人的少的倾向。甚至，有的初学新闻写作的通讯员不知导语为何物，一篇报道文章，极少分段，从头一气写到尾，叫编辑很难处理，也影响了自己文章的成功。

下工夫，甚至下大工夫写好导语，让自己的文章增添魅力，征服编辑、读者，应当是电力通讯员的一个重要基本功。

我国有个女记者名叫樊云芳，为了把导语写得更好，有时“一连写出十几个导语”，从中进行比较，苦心推敲，直到写出别出心裁的好导语为止。这种做法值得学习。

一、导语的产生与发展

任何事物都有一个产生、发展的过程，导语也不例外。

（一）第一代导语

1865 年 4 月 15 日晚，美国总统在华盛顿遇刺。当时美联社的一名记者拍发了一条只有 12 个英文单词的消息：“总统今晚在剧院遇刺重伤”，这象征着人类在报道中第一次正式拥有了导语这一形式。

1889 年 3 月 30 日，美联社记者约翰·唐宁在自己的报道中写了这样一段话：

萨莫亚·阿庇亚 3 月 30 日电　南太平洋沿岸有史以来最猛烈、破坏性最大的风暴，于 3 月 16 日、17 日横扫萨莫亚群岛。结果有 6 条战舰和 10 条其他船只要么被掀到港口附近的珊瑚礁上摔得粉身碎骨，要么被掀到阿庇亚小城的海滩上搁了浅，与此同时，美国和德国的 143 名海军官兵有的葬身珊瑚礁上，有的则在远离家乡万里之外的无名墓地上，为自己找到了永远安息的场所

（见王春泉编著《实用新闻写作》第 157 页，西北大学出版社，1995 年 12 月）

其问世标志着第一代导语的诞生，这种表明了时间、地点、人物、何事、为何、如何新闻六要素的形式，被奉为当时新闻写作的“金科玉律”。

（二）第二代导语

随着历史的发展，人们认为第一代导语虽然完整、具体，但却拖沓、主次不分、节奏慢。这种导语被形象地称为“晒衣绳式”导语，不能让人一下子见到最主要的事实。于是第二代导语产生了。

第二代导语的特点是归纳式导语。它把新闻事实加以浓缩，从中提炼最引人注目的事实，可以一语惊人，吸引读者的注意。

与第一代导语相比，它虽然只报道了消息的一个或两个要素，但魅力却更为突出。可以比较一下。

今晚大约 9 时半，在福特剧场，当总统正同林肯夫人、哈里斯夫人和罗斯本少校同在私人包厢中看戏的时候，有个凶手突然闯进包厢，向总统开了一枪。

（《纽约先驱论坛报》1865 年 4 月 15 日）

肯尼迪总统今天遭枪击身亡。

（《纽约时报》1963 年 11 月 22 日）

两者相比较，显然是第二条导语更有力度。

两则导语虽不像第一代导语要素俱全，却有着引人就读的巨大魅力。

（三）第三、四代导语

新闻写作是一个不断出新的事业，它不断呼唤更多的新闻表现形式。在导语的创新与发展中，一、二、三、四代导语的出现表明了新闻创新的繁荣进步。但它却不是一个出现、消灭、替代的关系，而是根据不同的报道内容的需要，各取所需的过程。

第三代导语成为一种现象，表现为传统的五要素（或六要素）俱全的导语被大量的非一律化的形式所打破，这些形式在比较多的时候表现为“一句话导语”。

第四代导语目前已颇为流行，它不仅不再满足完整地表达五六个要素，甚至体现了更多的现场感、思辨性。它更加注重于新闻的吸引力。它不再仅以概括全部的新闻事实为目的，而是努力提出其最具吸引力的那个点，着意集中读者的注意力。例如，前面提到的樊云芳记者的两则新闻导语是这样写的：

> 你遇到过这样的差等生吗？入学考试语文和美术两门功课的总分仅有17分；你见过这样的中学生吗？差生面竟达80%以上。
>
> 如果你面对这样的差等生，你能爱她吗？如果将你分配到这样的中学任教，你有足够的爱来改写那个令人心情沉重的百分比吗？
>
> 八年前，竖在武汉市粮道街中学教师们面前的正是这样一个严峻的问号。

> 中国活梭子蟹已不再是冰冷僵硬而是神气活现地出现在日本市场上，日本商人称赞经长途运输的福建活梭子蟹十有九活，真是奇迹！

读了上面的介绍，大家会对导语的改革与特点有个初步的了解。这对于写好导语会有一些帮助。其实，在撰写消息导语时，大可不必在乎是使用哪一种导语，最重要的是要准确、快捷地写好消息，完成报道。导语哪种形式合用就用哪种，甚至可以根据报道内容的需要去创作性地撰写导语，全然不必去顾及什么几代导语，但求好的报道效果。但是，了解导语的有关种类与写作要求、技巧对于大家写好导语却是十分有帮助的。

二、导语的种类

按照不同的分类标准，导语可分为多种。

（一）按文字表现形式分

按文字表现形式，导语可分为叙述式、描写式、议论式、提问式四种。

1. 叙述式导语

即用叙述的方法，简要地写出新闻中最新鲜、最重要的事实。

这一写作方式，是新闻导语中最基本、最常用的表述方式。在动态新闻的报道中被最大量地采用。这也是广大电力通讯员最应当掌握的写作导语的基本方法。它坚持用事实说话的新闻写作原则，具有简捷、平实的写作特点。多用于主题严肃、内容庄重的动态性、经验性消息报道。

撰写叙述式导语要坚持及时性，着意揭示新闻的实质，力求出新，要准确地写出事物的特色。

例如：

9 月 10 日凌晨 1 时，随着第四个高危时间点的平稳度过，全国电力系统 YZK 联合测试宣告全面结束。此次历时 10 天的测试，经过数万名参试人员的共同努力，达到预期目的，获得圆满成功。

（《全国电力系统 Y2K1 联合测试圆满成功》陆文辉，
《中国电力报》1999 年 9 月 17 日）

2000 年 12 月 31 日，在新世纪钟声即将敲响的前夕，地处燕山山脉深处的承德市隆化县的招素沟村、平房村鬼脸子沟、四道营村的小沟村和何三屋村的村南沟等几个 10 户以上的无电自然村相继通了电，那里的乡亲们一片欢腾。这标志着河北省全部 10 户以上的无电自然村彻底结束了无电史，以一片光明迎来了新世纪。

（《河北省 10 户以上无电自然村通电》梁山、冯岳太，
《河北电力报》2001 年 1 月 10 日）

上述两则新闻导语从不同的角度，报道了当时的相对重大的新闻事实：全国电力系统抗击千年虫胜利；河北省 10 户以上无电自然村通电。导语以平实的语言，准确地叙述了新闻事实，引人就读。

2. 描写式导语

描写式导语也称见闻式导语，也是当前比较多见的一种导语形式。它是以简洁形象的语言，对消息的主要事实、事物的一个侧面，进行描写，以再现现场的氛围。

描写式导语生动而富有现场感，具有较强的新闻感染力，能给读者以身临其境的感觉。

例如：

11 月 27 日上午，江苏省睢宁县汤刘村 13 岁的李炎望着明亮的灯光，高兴得手舞足蹈："噢！这下可好了，从今以后有电灯做作业喽！"说着说着便蹦蹦跳跳地跑出家门。此时李炎的父母亲也打躬作揖感谢电工庆安乐为她家带来了光明。

（《书桌前电灯明亮》曹克敏、夏夫强，
《华东电力报》2003 年 12 月 18 日）

这则导语，以简洁生动的描写再现了新通电农家的欢乐场景，让人感觉仿佛置身现场。

撰写描写式导语，可以运用多种写法为读者提供生动的场景、再现生动的形象；可以用准确传神地描写辅以解题式话语引出新闻主题。

例如：

"啪"的一声，绝缘软梯刚挂上导线，一个身穿屏蔽服的小个儿电工便顺着软梯往上攀。转眼间他已在导线上系好安全带，开始与塔上的同伴配合，带电更换 22 万伏输电线路的绝缘瓷瓶。

人们翘首望去，只见蓝天白云，铁塔银线，高空健儿，英姿飒爽，构成一幅简洁明快而又充满阳刚之美的画面。

这是湖北电力系统首次带电作业技术表演赛中的一组镜头。

（《湖北电力系统首次带电作业技术比武在汉举行》岳巍，
《湖北电力报》1990 年 12 月 30 日）

在描写式导语写作中要注意三点：

(1) 形象式的描写导语不可滥用，一定要有度的把握，只有那些具有形象性的新闻事实，才可以考虑使用描写式导语。描写一定要与用事实说话的新闻原则相统一，要以描写为消息增色，而不能是画蛇添足。

(2) 描写要简洁，要用白描的手法，不可过度描写，不可为描写而描写，不可影响新闻事实的准确报道。

(3) 描写与开门见山是统一的，不要把新闻式的描写与文学的描写相混淆。不可臆造，要真实准确；不可空谈妄加议论，要言之有物，精炼概要。

3. 议论式导语

这类导语往往采取夹叙夹议的手法，评述和报道新闻事实，引出下文。

议论式导语具有鲜明的导向性，可以有效地突出报道新闻事实的意义，鲜明地表现报道的倾向性与导向性，具有很强的指导意义。议论式导语可让记者直抒胸臆，也可以借用新闻人物发出的议论。

例如：

"一个亿不是个小数目，老百姓省吃俭用拿出这么多钱来办电，如果我们管不好，用不好，那将是对人民犯罪"。12月4日，河南南阳市电业局发出动员令，要求务必于12月底前完成网改农民出资贷款的专项监察审计和整改工作。

(《南阳专项审计网改农民出资贷款》王应宗，《中国电力报》2000年12月18日)

国务院发展研究中心研究员、著名经济学家吴敬琏3月15日接受本报记者采访时说，电力改革的根本出路在于打破垄断，强化竞争。电力垄断经营应收缩到天然垄断部分；电网建设的投融资改革势在必行。

(《吴敬琏论"电"打破垄断强化竞争》程洪瑾、曹琰，《华中电力报》1999年3月19日)

评论式导语的写作，要力求论点正确一语中的，导向鲜明。这就要求作者要掌握政策，提高认识，要善于透过小事情揭示大道理。没有较高的政策水平，没有对电力改革发展前瞻性的认识是写不好评论式消息导语的。

写好评论式导语要求记者、通讯员除对政策了然于心外，还要深入采访，要到位思考，要对电力事业的改革发展有高度的责任感；采访中还要力求全面、力戒片面，不可在对新闻事实还没有深入了解前就妄发议论，防止出现重大的导向失误。这一点务必慎之再慎。

4. 提问式导语

提问式导语也称悬念式导语。

提问式导语是先提出问题，以引起读者的兴趣或注意，之后再以新闻事实回答提问的一种导语写法。

提问式导语是一种可以有效提高读者阅读欲望引人就读的一种写作形式。

提问式导语所提的问题应当是读者关心的热点、与读者群众密切相关的问题、读者有着强烈的知晓欲望的问题、读者有着模糊认识的问题等。

对于导语中的提问，正文一定要给以令人信服的回答，以使读者释疑解惑。

例如：

哪个有志青年不想接受高等教育？但是，一个企业应让什么样的人去读大学？对此河北局作出了明确回答——选送优秀生产业务骨干优先上大学，接受学历教育。此举在河北电力系统广大职工中受到欢迎。

（《河北局选送生产骨干上大学》梁山，
《华北电力报》1994年7月28日）

（二）按新闻内容和展开方式分

按新闻内容和展开方式，导语可分为两类——直接式导语和延迟式导语。

1. 直接式导语

直接式导语也被称为硬导语，它的特点就是开门见山、直入主题，用最简洁的语言高度概括地告诉读者新闻事件的核心内容。

它往往不事渲染，不设悬念，单刀直入，以新闻事实本身的力量吸引和打动读者。是新闻导语中使用较多的一种形式。

直接式导语适用于突发性新闻、重大新闻及时效性较强的新闻。

例如：

辽宁省电力有限公司正在为辽宁省老工业基地全面振兴和“五点一线”

沿海经济带开发开放开足马达。今年辽宁公司计划投资 67.58 亿元，加快电网建设步伐。

（《电力驱动辽宁"五点一线"战略》傅长儒，
《国家电网报》2007 年 4 月 11 日）

能否写好直接式导语体现着作者的新闻写作能力，是对作者迅速提炼新闻核心事实的考验。

2. 延迟式导语

延迟式导语也被称为间接式导语、软导语。它的特点是往往采用以情节刻画、现场描写、展示细节、引用引语的方式，吸引读者的兴趣、拨动读者的心弦、调动读者的求知欲，从而增强新闻的吸引力，提高新闻的可读性。

例如：

1 月 16 日，荆州市沙市区风台坊的 18 盏路灯重新点亮，这个居民小区的夜晚又恢复了往日的喧嚷与热闹：刘记副杂门口又围满了家长里短的聊天的人，张姨妈的夜酒摊又飘出了炖猪蹄的香味，"荆州五香卤鸡蛋喽……"韵味悠长的吆喝声响彻小巷深处。

这是荆州电力局路灯分局今年对中心城区居民小区实施"补光工程"之后出现的场面。

（《荆州市井灯火晚唱》马鑫、亚芳、郑江，
《湖北电力报》2003 年 1 月 21 日）

使用延迟式导语的前提是新闻事件或人物要有情节、细节、有特色语言或生动的现场可资刻画或展示。还要明确，延迟是为了更好地报道新闻主题服务，而不是故弄噱头、哗众取宠、卖弄文采，延迟之后还是要尽快切入主题。

三、导语写作的要求

谈到导语的写作，请读一下美国明尼苏达大学教授丹尼斯的一段话，他说：

"好的导语可以简洁而明快，可以细细道来，将读者徐徐引入正文；也可以热火朝天，气势汹汹。导语可以产生悬念，也可以蓄力而发，导语应当适应稿件的特殊需要。它之所以重要不仅因为可以传达信息，而且可以为稿件确定情绪与基调"。

丹尼斯教授的这段论述为大家撰写导语确定了原则。

导语的写作要遵循准确鲜明、精炼短小、讲究修辞、生动形象并富有创新性的写作原则。

（一）准确鲜明

导语是一篇消息的头，在这开头里它应当也必须准确地概括新闻事实中最重要的部分，鲜明地体现消息的主题。不可含糊不清、莫衷一是。

（二）精炼短小

不知是谁说过段落与句子一样，越短越有力量。导语亦然，读者可以鲜明地感受过“日本投降了!”“肯尼迪总统今日遇刺身亡!”一类短句导语的力量。

有外国记者说过：“导语不能长于四行”。据说，美联社有关于限制导语长度的要求——句子要控制在25个单词之内。这些都是表达了导语要短的意思。

在新闻写作中一定要从头到尾力求遵循“短些，再短些”的写作原则。要使自己的作品适应现代社会快节奏的社会现实，适应人们快节奏的阅读习惯。不管是采用何种导语形式，一定不要像一位年老的祥林嫂，唯恐别人听不明白、记不住，喋喋不休地讲那些令人生厌的套话。要相信别人的悟性，力求把消息写短些，把导语写精炼些。

（三）讲究修辞

讲究修辞不是力求华丽，这里的讲究是用心的意思，用心一定要围绕新闻事实转，而不是搜肠刮肚地去罗列好词语。文章的力量往往不在用词的华美而在于心的贴近。

这里的用心，就是为读者着想，为读者更好地了解新闻事实服务。为读者之心长存，消息的写作、标题的制作、导语的写作就找到了一个万能钥匙，就能激发创造性，写出好的导语来。

（四）生动形象并富有创新性

女记者郭玲春在《我是这样写新闻的》一文中谈到导语的写作时说：“导语中站出一个‘我’”。

笔者认为，她的意思是主张用自己的独特视角去观察报道新闻，力求写出自己的视角，自己的思考，自己的特色来。

新闻的最本质的生命是新，是体现新闻事实的新。导语的写作要服务于体现这个新字，每一篇都要力求不同，力求出新；要常存超越之念，常怀创新之心；要克服惰性，克服按照常规完成任务式的一挥而就，向樊云芳学习，导语不新不罢手。有了这种精神，不愁导语写不好。

下面看一则导语：

1 月 18 日，华中电力集团工作会议开会时，台下的记者们惊讶地发现：台上一不见省长，二不见部长，三不见市长。莫非这次会议不重要？

记者认真打听，方知由于各级政府转变了领导职能，为企业排忧解难在平时，政府官员不必来陪会了。

（《新鲜：华中电力会议不见政府官员　可喜：放权百分之百忧难解在平时》李聚民，《中国电力报》1994 年 1 月 29 日）

这则导语以设问句开头，以记者的“打听”结果作答，生动地反映了政府转变职能之后出现的新气象。可谓设计精巧，富有创新意味，是“导语中站出一个‘我’”的好范例。

前面分两类列举了六种主要的导语写作形式，要详细列举还可以讲出一大串来：对比式、引喻式、混合式、概要式、启示式、点时式、设想式、象征式……不一而足。更有不同的观点、不同的分类法，简直能令人观之茫然。

其实，大可不必研究如此繁杂的××式，只要把握主要的导语写作形式与基本要求，坚持一切从更好地体现新闻事实的原则出发，从当前的文章需要出发，并能坚持灵活运用、用心开掘、创新表现，就可以不断写出富有特色的好导语来。

第五节　主体结尾慎运筹

主体与结尾是构成一篇新闻的重要结构。新闻主体也叫正文。主体是新闻的主干，是新闻的展开部分，是新闻最基本、最重要的组成部分。

新闻主体需要作者花主要精力进行材料的筛选、组织、排列。它对准确到位的揭示新闻主题有着关键性的作用。

结尾是消息末尾的那段文字，在消息写作中，结尾也有着重要的作用。

对新闻正文与结尾的写作必须给以高度重视，切不可因为强调了消息标题与导语的重要作用而忽视了正文与结尾的作用。否则，就一定会严重影响消息的写作与传播效果，带来非常严重的后果。

一、主体的功能

主体的功能是用令人信服的典型事实，正确、准确、深刻、充分、生动地报道新闻事件，体现新闻主题是主体需要完成的任务。

谈到消息主体的重要功能，中外新闻学者都有生动的阐述：威廉·梅茨在其所著的《怎样写新闻》一书中写道：

> "导语提出了最重要和最有吸引力的事实，消息的主体部分则进一步展开阐述和解释导语。导语中的任何陈述均须由下面段落中的事实予以支持，尤其在导语中写到了引起争论的因素时更应如此。"

学者姚里军在《新闻写作艺术与技巧》一书中则说：

> "从新闻的内容说，新闻主体是对导语的展开和补充。"
>
> "从读者对象说，新闻主体需要满足读者了解新闻翔实内容的欲求，而这种新闻欲求往往是由吸引读者的导语激发出来。"

谈到新闻的主体功能，学者王春泉在其所著的《实用新闻写作》中作了这样的表述：

> "新闻主体的功能……不外有：第一，注释导语，使其更清晰；第二，补充导语，使其更完善；第三，满足受众，使其消费欲求得平衡；第四，利于分段，组织有序；第五，运作阅读方向，"反映"主体指示。"

在实际中，导语越简短，需要主体承担的任务相对就越重。在导语中只有一、二个要素时，新闻主体一定要负起既交代清导语提及要素的详情，更要交代清其余导语中未提及要素的结果，这是必须要注意的。

请看下面这篇报道。

农网改造“吹散”袅袅炊烟

夏履镇掀起“厨房革命”

本报讯　延续数千年之久的袅袅炊烟正在浙江绍兴县夏履镇上空消失。到目前，5600户夏履镇农民中有70%用上了电饭煲等新型炊具。山清水秀的夏履镇也因此变得更加美丽了。刚刚完成不久的农村电网改造在夏履镇引发了一场前所未有的“厨房革命”。

夏履镇有21个山村，5600户山民背靠6.4万亩青山。然而，沿袭了数百年的“靠山吃山”、柴火做饭的老习惯，每年都要吞噬大量的山林资源，对生态环境造成了很大破坏。自该镇1997年被列为“全球环境500佳”后，镇党委、政府十分重视保护林业资源，多次派出工作组下村入户开展宣传教育，强化村民的环保意识。该镇还采取了封山育林、禁止乱砍滥伐等多项措施，并鼓励农民以煤代柴，保护森林资源。然而，大多数村民难以改变砍柴做饭的老习惯，因而收效甚微。

但自从去年5月该镇完成农村电网改造后，低廉的电价一下子激发了村民的电力消费欲望，许多家庭纷纷购买电饭煲、电炒锅、电水壶等电炊具，全镇上下掀起了一场“厨房革命”。家住叶家山村的一位妇女说：“过去，我们家用木柴烧饭做菜，由于火候掌握不好，火苗时旺时弱，烧出来的饭不是夹生的，就是焦煳味浓浓的。今年春节，我下山到镇上买了一个电饭煲和一个电炒锅，用起来挺方便，而且支出又不多。”

据不完全统计，到目前，该镇已有70%的农户用上了电饭煲等新型炊具，生活方式正悄悄地发生变化，形成了一副“人与自然和睦相处，生活与生态良性互动”的美丽画卷。进入夏履镇，仿佛置身于如画的风景区，树木葱茏，青山环抱。今年前5个月该镇居民生活用电量同比增长23.44%。

（徐正贵，《中国电力报》2001年6月17日）

读罢这篇报道，大家应当能比较清楚地了解新闻主体对导语的注释、补充作用和满足读者知情欲求的作用。

这篇报道别开生面地反映了农网改造引发的“厨房革命”，使夏履镇的农民们一改“靠山吃山”以木柴做饭的古老传统，揭示了电力发展促进了“人与自然和谐相处，生活与生态良性互动”这样一个深刻的主题。导语的描述生动、概要，主体的展开条理、翔实，交代了背景、介绍了“厨房革命”产生的由来、形象地描绘了“厨房革命”带给夏履镇的可喜变化，是导语的详尽注释与有机补充。

二、主体部分的常见结构与写作要求

（一）主体部分的常见结构

主体部分写得好坏，直接体现了消息的写作质量，也是作者写作功力的体现。要写好消息的主体，在撰写导语时就要谋篇在前，换句话说导语写作要和主体写作统筹安排，不可脱节。

中国人民大学出版的，由汤世英教授等编著的《新闻通讯写作》中介绍了三种常规的消息主体结构形式：

1. 按重要程度，先后有序地组织材料，也即倒金字塔结构

本书在本章第二节“消息结构当明了”中已经谈到了这第一种形式，在此不再赘述。

2. 按事件发展的时间顺序组织材料

上面列举的例文《夏履镇掀起“厨房革命”》，是按事件发展的时间顺序组织材料的典型报道。

文中导语采取了倒叙手法，点明了最典型、最重要的新闻事实即——70%的夏履镇农民用上了电器炊具，农网改造使得夏履镇农民实现了“厨房革命”。主体完全是以时间顺序来组织材料的，层层推进地说明了文章的主题。

3. 按逻辑顺序组织材料

一位老学者海稜在他的著作《深入采访改进写作》一文中指出：

> 按事实的逻辑来安排事实就是要求按照事物的内部联系，特点和规律，事物的本来面貌说明事物，阐明事物的意义。事实是怎样就是怎样，不能歪曲；事实是怎样发生发展的就承认它是怎样发生发展的，不能颠倒。按事实的逻辑来安排事实，就是要按照科学思维的原则和方法来说明事理，有根据、有条件、有层次、有分析，前因后果，交代清楚，合乎科学。

“以事实的逻辑来安排文章的材料”，可以较好地反映事物的内在发展规律，揭示事物的意义与本质，所以会产生很强的说服力。

这种形式在非事件性新闻消息，如经验消息、综合消息、述评性消息中较为多见。

例如：

低电价魅力无穷

东中部高耗电企业移师贵州

本报讯 受贵州电力价格低廉、服务优质的吸引，我国东部、中部电价较高省市的高电耗企业，出现了向西部贵州转移的趋势。4 月 22 日，贵州省电力公司营销会议提供的不完全的资料表明：近两年已有来自我国东部和中部约十余个省市的多家黄磷、铁合金、铝锭等生产企业落户贵州。

由于贵州省电力公司很早就开始控制发输电工程造价，控制内部发供电生产成本，贵州的平均电价属全国最低已是不争的事实；加上省电力公司的优质服务等多种促销手段，对省外的高电耗产品生产具有极大诱惑力。贵州省的铝、磷、铁合金等产品的矿藏极为丰富，这些产品生产成本中 60％～70％是电力，贵州的低电价自然吸引东、中部高电价省市的高电耗产品企业向贵州转移。

来到贵州罗湖的这些高电耗产品企业，既有上海、北京等地的国有大型、特大型企业，如首钢、宝钢等企业下属的铁合金厂；还有不少个体业主投资到贵州兴建高耗电产品企业。

在贵州省电力公司营销工作会议期间，遵义供电局副局长毕强同地方政府完成首钢在当地建设三万吨合金厂的选址和供电方案确定等事宜后，来不及参加完这个会议，立即又飞赴江苏，与江苏澄兴磷化工有限公司商议其三万吨黄磷生产线移至贵州的事宜。铜仁供电局局长也因到湖北与中天集团商议其高耗电企业移址贵州生产的事宜而赴会。贵阳市北供电局息峰分局供电范围内，目前在建的来自东部和中部的企业规模最大，总投资约 13 亿元，两家生产铝锭、硫酸、乙胺等产品的企业，分别由辽宁一家大型乡镇企业和湖北某个人投资建设。全部建成后，预计年用电量将近 8 亿千瓦时。4 月底，贵州省电力公司副总经理朱远春来到即将投产的息峰铝厂，检查供电设备安装情况，以确保该厂第一台 1 万千伏安的铝锭生产设备如期投产。

（张军焰，《中国电力报》2000 年 5 月 20 日）

（在这里有一点需要说明，由于当前国家实施节能减排政策，以今天的眼光来重新审视这篇文章，已经与现行政策不符。我们以此文为例，主要意在说明写文章应如何以逻辑顺序来组织材料，如何把握会议的要点，要能够跳出会议写新闻。）

这是一篇按事实的逻辑来安排材料的新闻佳作。

这是一篇跳出会议写会议的好文章。

它紧紧地把握住事物发展的内在规律，文章的主体深刻而具体地回答了东中部高耗电企业纷纷“移师”贵州的问题。

第一自然段导语，提出由于贵州电价低廉，服务优质，大批东中部高耗电企业“移师”贵州。

第二自然段，说明贵州电价低的原因、介绍了其推出电力促销优质服务措施、交代贵州对中东部的高耗电企业具有强大吸引力的缘由。

第三自然段，说明了到贵州的是哪些高耗电企业。

第四自然段，现在仍有大批的高耗电项目即将入黔，当地供电企业正以新的积极姿态迎接他们的到来。

这篇报道以逻辑为纽带，层层递进地组织安排材料，使文章浑然天成，极具说服力。

这一写作手法，值得大家借鉴。

消息主体的结构形式虽然有以上三种基本形式，但是在实践中却一定不要拘泥于此，而去照搬照抄。在谈到这一点时，汤世英先生用了一个非常妙的词——“大体须有，定体却无”，堪称精到。大胆的突破模式，勇敢地创新发展，才是应取的态度。

（二）主体的写作要求

主体的写作要求是材料集中，排列有序，详略得当，段落精短。

1. 材料集中

消息的主体写作首要的就是要材料集中。材料集中的关键是坚持围绕新闻的主体选择材料、决定材料的取舍。材料集中、具体、丰富，是新闻是否鲜明有力的基础。

2. 排列有序

材料排列有序，是消息层次分明的关键。前面介绍了主体结构的三种常规形式：一是以事实的重要性结构材料，二是以时间顺序结构材料，三是以材料的内在逻辑结构材料。以这些形式来结构主体、安排材料，就能做到材料的有序排列，从而保证文章的主题突出。

3. 详略得当

详略得当是写文章的基本要求，更是撰写新闻消息稿件组织材料的重要要求。决定材料取舍，以是否有利于突出主题为度。有利于突出展现主题的材料可详，与突出主题无关的就要坚决舍去，与突出主题关系不是太大的材料则要略写，点到为止。

消息的篇幅一般较短，材料的详略得当是新闻能够短下来的关键所在。

请读一读约翰·钱塞勒和沃尔特·米尔斯关于选材原则的一段论述：

> 每一个词汇，每一件实事，都必须精心选择。
>
> 经过第一次剪裁后没有写进导语的素材可能适用于第二、第三，或第十段。你必须一次又一次地做出取舍，直到结尾。
>
> 每一个句子都有它的用处，否则，就把它删掉。删掉后报道也许能写得更好些。
>
> ……
>
> 写好新闻报道不是为了凑数，要写的内容总是很多，而篇幅却很小，只有下笔时胸有成竹，写出的新闻报道才会有清新的内容和独特的风格。
>
> 记者在浏览笔记本、发言稿和选举结果报告时，还要做一系列困难的选择，也就是说要决定哪些材料需舍弃不用……
>
> 当一个记者坐下来开始写新闻报道的时候，他所掌握的新闻材料必须多于用500或1000字写出来的内容，如果个别材料没有用上，那不能说是一种浪费，因为他动手的时候必须对他所写的内容了如指掌，否则就会露出破绽。

（详见《实用新闻写作》P177～178）

4. 段落精短

段落短是为了便于读者阅读，从而提高传播效果。这也同时是消息这种主体短小精悍、简要明快的特点决定的。段落分得小，新闻就会眉目清晰，方便阅读。

短段落不但能使文章的阅读者减轻阅读的视觉疲劳和思维负担，而且短段落还能使版面的浓淡产生较多的变化，从而有利于版面的美化。

短段落是现代新闻传播的必然要求。以短段落结构新闻报道，是大受现代媒体欢迎的时尚做法。

三、结尾的作用与写作要求

（一）结尾的作用

一般的消息写作不一定非要有个结尾，这种观点是一般新闻教科书中的常规说法。

这一观点认为，新闻无结尾是由其写作的基本要求和特点所决定的，是新闻写作中特有的一种合乎规律性的现象。并认为新闻没有结尾，戛然而止，往往能够收到既有余味、含蓄不尽，又干脆有力的结果。

在新闻实践中确实有大量的消息是无结尾的，而且效果也确实不错。

但是，也有人主张消息也应当有个结尾，它应是完整新闻的一个正常的组成部分，它也担负着重要作用。

这种说法归纳了结尾的三点作用，在这里介绍一下，让大家有所了解：

（1）在整体上具有形式上的美学意义。

（2）丰富文气，摇曳生姿。

（3）是新闻的一个补充。

两种观点各有道理。在新闻的写作实践中，大家可结合需要灵活掌握。事完文止也好、结尾生姿也罢，尽可自由选择、各臻其妙。总之以能取得好的传播效果为佳。

（二）消息结尾的常规形式

1. 评论式结尾

评论式结尾，以夹叙夹议的方法，使新闻在结尾时得以升华。它观点鲜明，如同画龙点睛，深化了主题，从而能有效加深读者的印象，提高文章的传播效果。

例如：

中国水利水电工程局职工发扬任劳任怨、勇于奉献的主人翁精神，凭着丰富的水电建设经验和聪明才智，在小浪底工程中立下丰功伟绩……

（《小浪底截流圆满成功》李连存、杜平，《中国电力报》1997年11月7日）

2. 总结式结尾

它是一种与消息导语相呼应的结尾形式。它用总结结论式的语言收束全篇，强调新闻的主题，从而加深新闻的表现力。

例如：

实行“峰谷电价”，用户自愿削峰填谷，显示出比行政措施和技术手段更有效的作用。最感轻松的是政府职能部门和供电部门，现在再也用不着出动几部汽车跑企业压负荷了，那种既费力又不讨好的做法，前脚一走，用户自己又把刀闸推了上去，大家都难以接受。以往供电部门最感头痛的是确保城乡人民生活照明用电问题，如今这个矛盾也迎刃而解了，此举得到管、供、用三方称赞。

（《广汉市场欢迎“峰谷电价”》李向志，《中国电力报》1993年6月19日）

3. 启发式结尾

启发式结尾，对报道的事实记者不直接做是非的判断，而是借用群众语言、他人评说来表述倾向，可达余意不尽，启发读者思考的作用。

例如：

距县城50多千米的青官兰村，是霞浦县有名的蔬菜村。该村种植大户李国顺高兴地告诉笔者，他们喜欢这样的田间服务，它为农户春耕生产送上了一道“护身符”。

（《霞浦供电公司：田头“把脉”做足“农”字文章》孙勇，《国家电网报》2007年4月25日）

4. 描写式结尾

描写式结尾，以生动的形象留给人难以忘怀的记忆，可以有效反衬报道的新闻事件，收到言已尽而意无穷之效。

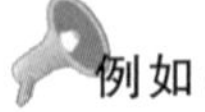
例如：

花城广州老百姓的生活离不了鲜花，春节期间几乎家家户户的厅堂都摆着花瓶插满鲜花。眼下除了遍布街头的花店和横街蟹香的花档外，许多农贸市场也增辟了鲜花栏。家庭主妇的菜篮子里往往添上一束鲜花；黄昏职工下班了，骑着自行车穿街而过，车头吊着鲜花，车尾绑着蔬菜，构成一幅羊城市井风俗画。

（《羊城家家插鲜花户户食有鱼》记者李沪，
新华社广州1991年2月10日电）

5. 展望式结尾

是在新闻事实表达完后，对其发展方向与结果作出预测的一种结尾形式。它可以给读者带来激励、感奋的情绪。

例如：

更高兴的是县电力局：1999年全县农村用电较上年增长23%。县电力局局长马一骏说："农网改造打了一个'双赢'仗。农村的市场很大，农民的劲头很足，创造一个好环境，农民的消费就会大大增加，农村就会成为新的经济增长点。"

（《念生意经火了临西电力》孙志军，
《河北电力报》1999年12月28日）

以上是消息结尾的几种常规形式，其实大可不必拘泥于这几种形式，尽可根据需要，灵活地写出合适的结尾。当然，也可以事完文止，不用结尾自然收束。

第六节　用好背景价值增

新闻背景是与新闻事件有关的历史社会原因、环境条件，以及相关知识，它是新闻事件的重要内容之一，是新闻结构中不可缺少的部分。有人把它比作戏剧中的布景，虽然有些相似但却不尽然。

新闻背景在新闻中比较自由，它可以存在在导语中、正文中，也可以在结尾中。往往在正文中较多，大多在导语之后展开的段落中。

一、背景的作用

背景的作用概括起来讲有四点，突出主题、阐明原因、交代历史、介绍知识。

（一）突出主题

这类背景往往用提供与新闻所报道的事件有关的对比材料，来衬托、烘托报道事件的价值，凸显报道的主题。

此类背景材料，对突出新闻意义、加强主题表达、表明作者意向、突出新闻价值等方面的作用很是重要，不可缺少。新闻报道坚持用事实说话的原则，离开对这类背景材料的运用，价值就会大打折扣。

例如：

省人大通过《江西省反窃电办法》

本报讯　我国反窃电地方立法工作取得历史性突破。10月23日，经江西省九届人大常委会第十二次会议审议，《江西省反窃电办法》终于获得通过。这标志着我国第一部反窃电地方性法规在江西正式诞生，我省反窃电工作将有法可依。

据了解，近几年来，由于缺乏有力的法律武器，江西省的反窃电工作形势严峻，各地窃电现象愈演愈烈，致使国有电力资产大量流失，据不完全统计，全省每年因窃电至少损失电量1亿千瓦时以上，严重干扰了正常的供电秩序。为有效打击窃电犯罪行为，省人大及有关部门把制定反窃电法规作为主要工作来抓，有关专业部门在进行了大量调研工作的同时，起草了《江西省反窃电办法》，并提交省人大进行讨论修改。

10月23日，江西省委书记、省人大常委会主任舒惠国与卢秀珍等54名省九届人大常委会现有组成人员有51人到会，符合法定人数。会议经过认真审议，最后以51票赞成的绝对优势通过了《江西省反窃电办法》。

省政府副省长胡振鹏，省人大代表、省局党组书记、局长胡德成及省高级人民法院、省检察院等有关负责人列席会议。

（孙目元、张腾、李洪明，《江西电力报》2002年10月28日）

这篇文章一共四段，第一段是导语，二、三自然段是消息的主体，其中第二自然段是消息的背景。

第二自然段陈述由于缺乏有力的法律武器，致使窃电现象愈演愈烈，国有资产大量流失，每年至少损失电量达1亿千瓦时。为有效打击窃电犯罪行为，由有关部门起草了《江西省反窃电办法》，并提交省人大。概括地说就是窃电严重的现实呼唤《江西省反窃电办法》的出台。

背景材料——窃电严重的背景，反衬凸显了《江西省反窃电办法》出台的必要性和重要性，突出了报道的主题。

（二）阐明原因

相当数量的报道背景材料是交代报道主题产生的原因的，即用背景材料来回答新闻事实“五要素”中“为什么”的问题，从而揭示因果，说明现象，使新闻的来龙去脉更加清楚，让读者一目了然。

例如：

大悟农村留守老少有了“电保姆”

本报讯 “爹爹，用电服务队的人来了，快去把他们请到咱家来吧！”10月22日，当供电所的用电服务队员又一次来到湖北省大悟县新城镇大畈村进行安全用电的检查时，同往常一样，受到了广大村民的热烈欢迎。村民们争先将队员请到家中进行现场指导，使自己能用上安全、可靠、优质的放心电。

随着常年外出打工的青年村民越来越多，仅老人和小孩留守的家庭全镇就有2167家。随着农村经济的发展和农民收入的提高，很多农户纷纷购置了家用电器。但如何正确、安全地使用这些家用电器，对于留守在家的老人和小孩来说颇为困难，急需专业人员的指导。

针对这一情况，今年初，新城供电所专门为全镇留守人员开辟了一条“用电绿色通道”，并成立了一支由37名职工组成的留守人员用电服务队。队员们为2167个留守家庭逐一建立了用电档案，并对老、弱、病、残等特殊家庭给予重点关注。同时，将印有职工手机、住宅电话号码的“新城供电所职工电话清单”，分发给每个留守人员家庭，24小时提供电力咨询与服务。截至10月22日，该所用电服务队已为全镇的留守人员家庭消除事故隐患上百起。

（罗斌，《华中电力报》2006年11月10日）

这篇消息是以背景材料（第二、三自然段）来结构主体的。第二段、第三段充分说明了“电保姆”产生的缘由、服务的效果，令人敬佩地展示了新城供电所贯彻“人民电业为人民”的服务宗旨，主动为农民兄弟提供优质用电服务的生动画卷。

（三）交代历史

历史背景，也叫事件背景。为了阐明新鲜事物的意义，需要温故而知新、今昔对比而知新，需要交代事情的来龙去脉、发展基础，这就需要在新闻中交代有关的历史背景。

例如：

山东新农村电气化建设有了“硬杠杠”

本报讯　（刘玉树　侯婷）电气化村什么样？山东已经有了“硬杠杠”。10月底，山东电力集团公司与山东省经贸委共同制定出台了《山东省新农村电气化建设（暂行）标准》和《山东省新农村电气化建设验收考评标准和管理办法》。政府、企业联手推进新农村电气化建设，这是山东公司继实现“户户通电”、农网和县城电网建设改造工程后，又一项惠及广大农民群众的工程。

新出台的《山东省新农村电气化建设（暂行）标准》，对电气化村、电气化乡镇、电气化县在供用电设施、供电服务、供电质量及降损、用电管理、用电水平等五个方面都作了具体明确的规定，比如电气化村供电设施标准要求低压配电装置完好率达到100%，其中一类设备达到95%以上，低压线路供电半径不超过0.5千米。设施先进、供电服务优质并不代表就达到了电气化村水平，《标准》对用电水平的规定也很有说服力，80%的村民家庭中有电视机、电冰箱、洗衣机等家用电器，生活电气化，这才是电气化村。

山东公司一直把服务“三农”作为电网企业的社会责任。早在10年前，山东在全国率先实现全省户户通电，为农民、为农业、为农村经济发展提供了强大动力。自1998年开始，山东又实施了“两改一同价”，投资178.68亿元实施了一、二期农网建设改造工程，农村电力设施焕然一新，让农民用好电、用上安全电。2002年4月1日，山东省实现了城乡居民生活用电同价，通过一期农网改造和同网同价工程建设，每年减轻农民电费负担近20亿元，让农民用上了舒心电。

贯彻国家电网公司“新农村、新电力、新服务”农电发展战略，山东公司明确提出了以推动农村经济建设为中心，促进农村全面进步为目标，加快农网发展，推进农村电气化建设，建立服务社会主义新农村建设的长效机制，努力实现“电网坚强，供电可靠，服务优质，经济环保，供用和谐”的农电发展目标。

为切实推进山东省新农村电气化建设，山东省经贸委与山东电力集团公司共同组成山东省新农村电气化建设考评小组，组织全省的新农村电气化县、乡（镇）、村的考评验收。山东将按照统筹规划、示范先行、分步实施的原则，制定实施方案，落实责任制，强化措施，扎实推进农村电气化建设工作。今年山东省有4个县12个乡镇65个村进行新农村电气化建设试点，并在年底前进行检查和验收。

（《国家电网报》2006年11月7日）

上面的消息第二、三自然段都是交代历史背景材料的。通过介绍山东公司一直把服务“三农”作为电网企业的社会责任，以及山东农电事业的持续发展历史，令人信服地展示了山东新农村电气化建设“硬杠杠”产生的扎实基础，使得这则新闻很有厚度。

（四）介绍知识

在经济新闻、科技新闻和社会新闻中，可以运用科技知识背景，把深奥的科技知识由浅入深地介绍给读者，从而把新闻写得通俗易懂、趣味盎然，同时也揭示了新闻的科技作用及其意义。

例如：

据报道，秦始皇兵马俑受到了法国前总理希拉克极高的赞誉。他不久前参观西安秦陵兵马俑博物馆时说：“世界有七大奇迹，现在秦俑的发现，可以说是第八个奇迹。”

他所说的“七大奇迹”，通常也称“七大奇观”。

世界“七大奇观”指的是：

埃及的金字塔；

巴比伦（伊拉克巴格达南部）的空中花园；

以佛所（土耳其境内）的阿苔密斯神殿；

奥林匹克（希腊境内）的宙斯神像；

哈利卡纳苏（土耳其境内）的摩梭拉斯陵墓；

地中海罗得岛上的阿波罗巨像；

亚历山大城（埃及境内）的灯塔。

（《世界八大奇观》，新华社北京 1982 年 1 月 6 日电）

二、背景材料的类型

研究背景材料的类型不是本书的使命。在这里借助有关资料为大家简要介绍一些按不同的标准区分的有关背景类型。

周立方先生在《新闻写作研究》一书将背景材料分为简单背景与复杂背景两种：

简单背景分为：

（1）地理背景。

（2）历史背景。

（3）自然背景。

（4）社会背景。

（5）经济背景。

（6）文化背景。

（7）政治背景。

复杂背景分为：

（1）说明来龙去脉的背景。

（2）烘托主题的背景。

（3）说明关联性的背景功能。

（4）引起联想性的背景。

洪天国先生在《现代新闻写作技巧》一书中，把背景材料分为：

（1）阐明意义交代前因的历史背景。

（2）详尽说明揭开真相的事物背景。

（3）提供资料开阔视野的知识背景。

（4）勾画概貌游人前往的地理背景。

（5）渲染环境横向比较的社会背景。

（6）证明身份详细介绍的人物背景。

从上面的介绍中可以看到背景材料确实名目繁多，但是，又不必感到茫然无措。其实，好多的学问讲究是由学者们总结出来的，不一定非都要去按图索骥、照猫画虎，更不可不假思索地照搬。正确的做法是，要善于从总体上灵活把握那些前人总结出来的规律、原则，坚持一切从实际需要出发，从面对的一个个具体的新闻事实出发，创造性地、自主地运用具体的背景。要在新闻写作的实践中自己做主，要体现自主创新能力，展现自己新闻写作的实力，展示“这一个”的独特魅力。有了这种信念和自信，就有了在新闻写作中的创新意识，也就一定会在新闻写作实践中不断地清醒向前，超越前人，也超越自己，尽享新闻写作的乐趣与成功。

三、运用背景材料的原则、要求

要使背景材料运用得当，就要遵循一定的要求与规律。

不同的学者对于新闻背景材料的运用手法有不同的观点，他们从各自理解的角度对此进行了阐述，几经比较作者还是认为中国人民大学的汤世英教授等在其著作《新闻通讯写作》中的观点最值得遵循。

下面结合理解作一介绍。

（一）根据需要因稿而异地交代背景

在新闻写作实践中，大家面对的每篇稿件都是不同的，有的事实简单，有的因果复杂；引发情况也有不同，有的配通讯刊发，有的配资料刊发，有的单独刊发。对不同情况下的稿件，自然也就该对背景材料作不同的处理。

对事实简单，配有资料、通讯同时刊发的就不一定交代背景材料；对事实复杂又单独刊发的就应当交代新闻背景，从而揭示新闻主题和突出新闻价值。

至于在不同的新闻中交代背景材料详略的把握，则也应当具体分析，视新闻内容、读者需要、报道意图的不同去区别对待。

（二）根据主题的需要，服从于表达新闻事实

新闻背景的使用一定要为主题服务，要坚持突出新闻事实。不可过滥过泛，不可喧宾夺主，杂乱无章。对于那些不言自明的背景材料要坚决舍弃。

在实际生活中，与新闻事实有关的背景一般较多，一定要善于精选那些与新闻事实联系密切、最具说服力、最有利于表达主题的材料。

例如：

获嘉供电刷卡让缴费变简单

本报讯　（刘俊海　岳怡）4月17日，是河南获嘉县城区客户缴纳电费的日子。笔者在获嘉县供电公司城区电力收费大厅看到，这里没有拥挤的人群，客户们排着队进行刷卡缴费。短短几十秒钟，一个客户就完成了缴费。

自2006年12月以来，获嘉县供电公司对城区一万多名客户开通了用电信息卡缴费系统，并免费发放信息卡。信息卡中储存着客户的姓名、地址、联系方式、用电性质、交费编码等信息。客户可以通过收费网点的激光扫描系统刷卡瞬间完成身份识别。有了信息卡，客户再不用为记不住户号而发愁，也避免了由于客户重名造成的差错，又大大缩短了缴费时间，方便了客户。

（《中国电力报》2007年4月24日）

消息的第二自然段都是交代背景材料的，用精练的文字说明了开始使用供电信息卡的时间、范围，介绍了信息卡的作用，及其给广大客户带来的诸多便利。从而反映了供电行业心系客户、千方百计方便客户的大主题，使这篇报道的新闻价值得以升华。

（三）交代背景要精练、不宜长而多

一定要明了每一篇消息的主要任务，是要报道当前发生的新闻事实。背景材料在消息报道中的地位是从属于报道新闻事实的，它是为服务主题而生。在分量上它不应当喧宾夺主（纯以背景结构文章的主体者除外）。

因此，对于背景的交代，一般要遵循点到为止的原则，把握恰到好处的运用。

例如：

巢湖供电公司“千里眼”折服大客户

本报讯 （赵育鸣 张宏生）“没想到现在科技这么发达，这个追补电量，我认了。”3月20日，安徽省巢湖市居巢区中埠长江建材公司负责人心悦诚服地接受了巢湖供电公司22673.4千瓦时追补电量。

3月19日，巢湖供电公司负控人员通过“千里眼”负荷管理系统，监测到中埠长江建材公司计量装置B相电流为零。该公司随即组织计量检查组对该户进行了突击检查，发现该户B相联合接线盒电流出线端子上段有明显的烧坏迹象，且二次导线绝缘发热膨胀，后经客户同意停电，做了导通实验，断定该故障点造成了计量装置B相失流。

问题找到了，但应该补交多少电量成了难题。按该户负责人的话说：无据可查。此时，巢湖供电公司计量检查人员建议，用“千里眼”负荷管理系统来判定实际使用的电量。在巢湖供电公司负荷控制中心，计量检查人员利用负荷数据查询到了该户的用电量明细。通过现场电量计算与比对，该户负责人终于欣然接受了供电公司确定的追补电量。

据悉，巢湖供电公司自行研发的这套负荷管理系统能实时监控用户负荷、采集数据等，通过对用电数据进行常规分析，准确计算出应补交的电量。该系统在抄表指数查询、电量的计算与比对、用电异常监测、追补电量等方面的作用日显突出。

（《国家电网报》2007年4月4日）

消息的最后一段是背景材料。它介绍了巢湖供电公司自行研发的负荷管理系统的功能与作用，为“千里眼”作了注脚，语言简洁、点到为止、恰到好处。

（四）以背景材料结构文章主体，交代新闻产生的原因及其演进，充分烘托新闻主题

在有的消息中，是以背景材料来结构新闻主体的。它往往是在消息的一开头首先交代新闻事件的结果，而后再交代事件的由来与发展。

例如：

群众支持　难题不难

霞浦一处坟茔让位220千伏岚后变电站建设

本报讯　“好墓一穴，黄金万两”，这是福建霞浦民间百姓的传统观念。3月8日，在220千伏岚后变电站的施工现场，这片昔日坟墓密集的山地上车辆来往，变电站区已顺利进入“三通一平”施工。群众的支持使岚后变电站建设得以全面铺开。

地处沿海经济开放中心的霞浦有着发展工业经济的良好区位优势。但该县电网运行的电压等级仅为110千伏，严重制约了当地的经济发展。去年10月29日，随着总投资1.3亿元的220千伏岚后变电站的开工建设，吸引了青岛啤酒等5家规模型企业前来办厂投资，这些企业固定投资规模累计逾3亿多元，建成投产后年总产值可达15亿元。

为确保该变电站早日投运，霞浦供电公司积极开展站区内规划的50亩土地征地和“三通一平”建设。但在征地过程中遇到了棘手难题，当地群众长期以来在这里用地建墓。墓主宗族嫡亲涉及邻村200多户居民。春节前夕，该公司党员干部分片挨户做动员工作。由于员工苦口婆心地做解释说服工作，得到了群众的拥护支持。如今，站区内的15座坟墓已按统一补助标准搬迁“让位”。65岁的岚后村村民林如水在获悉通知的第二天，便率侄儿前往墓地将上至曾祖父等9位已故宗亲的骸瓶迁至自家茶园。

（孙勇，《华东电力报》2007年3月15日）

这是一篇运用背景材料说明主题的新闻消息。新闻的主体同时也是新闻的背景，文章娓娓道来，介绍霞浦的特点与变化、讲述供电公司的努力、陈述霞

浦群众的理解与支持，有如层层剥茧，叙事条理、明晰、简洁、具体，既有大背景也有“小镜头”——“65岁的岚后村村民林如水率侄儿迁9位已故宗亲的骸瓶”。本篇消息运用背景材料选择精当、组织条理。

第七节 会议里面掘珍宝

会议报道是电力新闻报道的重要内容之一。正确地认识会议新闻，研究并写好会议消息，是电力行业的记者与广大通讯员不可回避的新闻课题。

一、正确认识会议及会议新闻

会议新闻大量地见诸我国的党报、行业报、企业报中，成为一种占消息较大比重的报道内容。

会议新闻汇集了大量的政策、法规及企业的新工作部署、新举措，成为各党政机关、企业管理者关注的焦点所在；也是广大读者了解政策走向和企业中心工作的重要途径；更是值得记者、通讯员下大气力写好报道的重点题材之一。

但是，不容讳言，现实是大量会议报道充斥报端，且有铺天盖地之势，而且相当的会议报道面目呆板、套路单一，标题千文一面、行文千文一式，读来让人生厌。这种现象已成为现代报纸、尤其是企业媒体的一大痼疾，是新闻改革的一项重点内容。广大读者也热切希望会议报道能够尽快呈现出新鲜的面孔。

每件事物都有不同的切入角度和价值取向。应当承认，会议是大量信息的汇集地，会议是储藏着大量资讯宝藏的黄金地，是记者和通讯员开采不完的宝库，是记者通讯员展示才华、增长才干的好平台。唯其存在不尽如人意，更需通过不断求索、不断实践、不断出新，去开拓会议报道的新天地。

研究会议报道，写好会议报道，让会议报道更好地为改革发展的大局服务，为企业健康发展尽力，是广大电力记者、通讯员的一项责无旁贷的重要任务。

说到什么样的会议应当报道，王春泉在《实用新闻写作》中提出了以“冲击力”为标准的观点。

他说：

> “会议在专业方向或社会进程中对人类生活之网的冲击力大小决定”是否应当报道。“凡具有震撼力、推进力的，即应报道。”

为此他列举了：

“大家关心程度高的会议；

讨论实际存在有为大多数人所关心问题的会议；

讨论明天发展蓝图的会议；

具有惊人意义的会议；

面向批判姿态的会议；

打破现行状态的会议；

造就新生秩序的会议；

……

一切打破自然进程的并与其有对抗色彩的会议均值得记者不遗余力地去探寻，去操心。”

他的观点值得了解。

对于电力系统的记者、通讯员来说，那些关系全局的改革与发展走向、关系企业与社会群众的利益、催生新的变化、带来新的资讯的会议均应在关注与报道范围之中。

关于如何进行有效到位的报道，则需不断思考、反复实践。

二、会议报道的方式与技巧

不同的会议需要不同的报道形式。大家知道，消息的写作有其固定的程式，会议消息的写作也有比较固定的程式。

这个程式一般是：

××月×日××××××会议在×地召开，×××在会上作了题为《……》的重要讲话，×××、×××、×××……出席了会议，×××主持了会议。出席会议的还有×××、×××、×××……

×××在讲话中说……

×××指出……

×××强调……

×××要求……

结尾。

大体如此。

重要的会议要做三行题，有引题、主题、副题。甚至还要有会议内容的中心内容提要。

重要会议还可能是通栏断版刊发并配大幅的图片，还可能要刊发领导的重要讲话。这些对于党报、企业报来说都是必要的。

随着新闻的改革，各家报纸在会议的报道上作了一些创新的尝试。他们或是在报道消息上把出席会议的人名后移，甚至放在报道的最后一段，重点在会议内容上着笔墨；或是一改常规会议的标题表述特点，以会议的主要内容作标题。

这些改革对于改善会议报道的呆板、乏味、令人读之生厌的弊病，起到了一定的作用。但是，并没有实现会议报道状况的根本改变。

大量地运用单一程式报道会议的文章仍然充斥报端。由于思想的僵化和行动的懒惰，一些记者、通讯员在会议报道中仍在套用模式、罗列讲话，而不注意会议核心内容的提炼，把会议的中心思想和富有新意的举措、富有价值的资讯，淹没在刻板的罗列中，淹没在没有任何激情的叙述中。

这样的报道文章令读者读之如坠云雾，影响了会议精神的有效传播。

王春泉先生谈到会议报道，讲了这样一段话：

> “会议新闻的采写必须考虑受众的兴味，因为它是担负着沟通任务的一座桥，是一种公务性报道。它的选题、信息必须从亲和受众来组织，大段大段摘讲话、决议、指示，是用会议新闻搞首长亮相，都是一种反阅读的现象”。

新闻传媒撰写文章要从受众的需要出发，会议报道也不应例外。

运用把会议的价值提出来、从受众的需要出发去写会议新闻、跳出会议写会议等写作方法，是写好会议新闻的有益尝试。

1. 把会议的价值提出来

每篇会议报道都有主题，其报道价值的体现是彰显会议主题。

一个会议为什么开，解决了什么问题，出台了什么新决议、新措施，其意义何在，是广大读者想知道的。读者和通讯员的任务，就是通过会议报道将大家关心的这些内容告诉大家。要善于从纷繁的会议内容中，提炼会议的价值，通过标题的突出、导语的引导，吸引人们的注意力，强化会议报道的价值，提炼会议报道的指导性。

2. 从受众的需要出发去写会议新闻

作为一名记者或通讯员能准确判断会议需要报道的点，需要有较高的综合素养与较好的新闻敏感性，需要对全局的情况有较为深入的了解，需要有对读者高度负责的责任意识。

具有这些能力，才能做好准确地突出报道会议价值，才可能了解读者的需要，从而选择合适的报道角度，写好会议报道。

作为一个市、县级电力部门的通讯员，作为一个身处基层车间班组的通讯员，具备这种能力就显得更为重要。

身在基层的通讯员，撰写会议稿件给省级电力报刊、甚至国家级电力报刊投稿、或为当地的党报投稿，一定不能套用会议的常规报道模式。一定要清楚把所报道的会议新闻放到全局去看，放到全区、全市、全国去看，是不是具有广泛的新闻价值；有无典型的、具有普遍意义的亮点；一定要考虑所投媒体的受众是否需要。离开了这些，盲目地去写会议报道，十有八九会是无效劳动。

请看一篇会议报道并试作分析。

水电智囊团谋划四川远景

本报讯　（记者毛绍清）“加快水电开发，促进经济发展，为把四川建设成为全国重要的水电基地作出新的更大的贡献。”这是9月16日在成都召开的四川省水力发电工程学会第六次会员代表大会上近200名与会代表的共同心声。

一位专家指出，四川是我国本土化的再生能源基地，目前全国在建的300万千瓦以上的水电站就有一半在四川。近年来，在省委、省政府的正确领导下，省水力发电工程学会围绕四川水电建设与生产运营，充分调动广大水电科技工作者的积极性和主动性，开展各种学术交流活动，为四川省水电资源的开发利用和经济社会发展作出了积极贡献。

四川省副省长王怀臣代表省政府对四川省水力发电工程学会第六次会员代表大会的召开表示祝贺。王怀臣说，近几年来，四川省水电产业取得了长足的发展。截至2005年底，全省发电装机容量达到2300万千瓦，其中水电装机容量1540万千瓦，比2000年净增440万千瓦，水电在全省电力装机容量的比重达到67%。目前经国家和省批准的水电在建项目达到2100万千瓦，开展前期工作的项目装机容量超过4000万千瓦，绝大多数项目将在“十一五”期间开工建设。

根据四川省“十一五”规划纲要的规划，到2010年，全省发电装机容量将达到4000万千瓦左右，其中水电装机容量将超过2600万千瓦；到

2020年全省发电装机容量将超过8700万千瓦，其中水电装机容量将超过6600万千瓦。

王怀臣强调，要加强水电建设和生态建设、环境保护的协调发展，最大限度地减少水电站在建设期间和运行以后对环境的不利影响。要重视水电建设的社会效益和环境效益，通过流域开发形成更加优美的生态环境，使水电建设有利于环境保护，重造秀美山川。

四川省水力发电工程学会第五届常务理事会理事长马怀新受第五届常务理事会委托，向大会作了题为《服务大局，开拓创新，为四川水电大开发作出新贡献》的工作报告，全面总结了学会过去五年来的工作，分析了当前面临的形势，并提出了今后五年学会工作的建议。

大会选举杨清廷为第六届理事会理事长，马怀新为副理事长兼秘书长，聘请王尊相为名誉理事长。

（《西南电力报》2006年9月21日）

西南电力报在头版头条刊发的这条会议消息，主题鲜明、重点突出、行文简洁，很有特色。这本来是四川省召开的一次水力发电工程学会的换届会议，作者却从读者阅读的需要出发，以“水电智囊团谋划四川远景”为题，着意强化了会议谋划发展的主题，并借助专家观点、领导讲话强化突出谋划发展的主题。对于换届只用较少的笔墨点明理事长作了工作报告、通报了新理事会的主要领导选举结果。这则消息没有搞出席会议的领导人名大排队、会议领导讲话一、二、三，是一篇比较简洁明快、主题鲜明、吸引读者的好会议报道。

3. 跳出会议写会议

著名记者郭玲春讲到会议写作有这样一句名言：“写会议，从场内又来到场外。”将它改动一下就是“写会议，要善于跳出会议写会议”。

这也就是说要抓住一个会议的亮点，着意去强化它，使之凸显会议的价值。

在前面谈到消息主体写作如何组织材料时，本书曾列举了一篇题为《东中部高耗电企业移师贵州》的消息，介绍说它是“一篇跳出会议写新闻的好文章”。这篇消息没有囿于一般会议消息的写作模式，而是另辟蹊径，跳出会议写新闻，在选择报道角度、新闻事实方面独具匠心。作者紧紧地抓住参加会议中发现的“闪光点”，深入采访，集中视点，深刻而具体地回答了东中部高耗电企业纷纷“移师”贵州的内在原因，却仅把会议作为新闻背景来写。文章报道了贵州省电力公司采取多种措施降低生产成本、大力实施优质服务等促销手段、平均电价属全国最低等开拓市场的有利条件，并翔实地列举了遵义、铜仁、贵阳等供电企业引企入黔的具体事例。这篇报道角度新颖、选材精当，大大深化了主题，让人充分感受到了用心把会议的闪光点“拎出来”的功效。

电力诸媒体在做好大型会议报道中，已经进行了有益的改革，他们或是编发会议的提要，或是配发专题的评论，或是分类刊发要点，打破了全部照抄、照转的常规做法，有效提高了会议报道的效果。但是，改革会议报道，提高会议报道的质量与效果，努力写好会议新闻，仍然是电力系统广大记者和通讯员需要不断作出持续努力的事情。面对的每个会议都是一道新的命题，需要认真对待、创新表现、慎重写来。

谈到会议报道中的引语问题，高国陆先生在《实用新闻写作》中出了这样的点子：

> “实在甩不掉大段大段的引语，那么就要千方百计地把导语和结尾写精彩，用两头来补中间”。

这实在是个好主意，不妨一试。

第八节　消息种类探究竟

消息家族是新闻大家庭的主力军，它的组成成员不少。本书在消息一章的开头已经简要介绍了主要成员的特点及基本写作要求。同时前面在谈到新闻写作时还介绍了新闻的写作原则、新闻语言的特点等。在消息的写作中同样要遵循这些原则，运用这些技巧。

下面主要对动态消息、经验性消息、述评消息、人物消息、简讯消息、新闻特写六类作一介绍。

一、动态消息

（一）动态消息的含义及特点

1．动态消息的含义

动态消息是以报道单一事实为主的，能够显示某一事物、某一领域的最新动态或发展趋势的一种消息类型。

动态消息是消息大家族中最重要的最常用的一个类型。

2. 动态消息的特点

动态消息因其具有的特点而区别于其他类型的消息。

(1) 及时反映事物变动状态，强调时效性。

(2) 反映事物的新情况、新趋势、新成就，凸显新鲜性。

(3) 坚持用事实说话，一事一报，报道单一性。

(4) 真实、准确反映事物，不加评论，恪守客观性。

(二) 动态消息的写作要求

1. 关注变化，抓住“动态”

动态消息顾名思义是报道变动的新闻事实的消息，动即变化，是其根本特征。能否抓住具有“动态”性的新闻事实，是写好动态消息的关键所在。

作为记者、通讯员写好动态消息是最基本的功课。

善于抓住动态消息，要求记者与通讯员具有高度的新闻敏感性，能够敏锐地发现周围事物变化中所体现的新闻价值，并能及时成文，尽快报道出去。

周围变化的事物，不仅包括重大事件的变化，如重要会议、重大发明、重大成就等，更包括虽是日常生活工作中的小变化，但却能反映、折射、体现大主题，具有重要的新闻价值和时代意义。能否见微知著，是很见功力的。

请读一篇短文：

丹江口农电工竞相承包“责任田”

本报讯　陈启红报道　3月26日下午，湖北丹江电力公司三官殿供电分公司会议室内座无虚席。该公司10千伏安龙线标段公开承包竞标大会在这里如期举行。会议现场，经过4名竞标者几番激烈竞争，最终农电工谭成仁以18.5%的线损率取得了安龙线1年的承包经营权。

推行线路台区竞标承包经营责任制，是丹江电力公司当前转换经营手段、提高经营绩效的一次有益尝试。该公司先将农网线路台区划分成若干个标段，经过仔细测算后，在全区范围内公开招标，以此来将农网线路台区承包给农电工个人。承包期内，农电工自负盈亏，盈利归己，亏损不补。这种改“相马”为“赛马”的做法，极大地调动了基层农电工的积极性和主观能动性，有利于提高农电工的工资水平，促进电力公司整体效能的增长。

据悉，该公司自元月份推行线路台区竞标承包经营责任制以来，得到广大农电工的积极响应，大家竞相角逐。截至3月下旬，已有75名农电工通过现场竞标获得了属于自己的“责任田”。

（《中国电力报》2007年4月3日）

公开以竞标的形式推行线路台区承包经营责任制，这一做法还真是少见。作者除及时地发现并报道了这条新闻，还拟了一条生动的标题，导语也写得很活，结构也层次分明。同时文章给了大家以启示——要时刻关注周围发生的变化，尤其是那些“第一次”，“第一次”往往蕴涵着较大的新闻价值；发现了有意义的变化，还应当用心去写好它。

例如：

北京送变电公司“爱心浴室”上一线

本报讯　通讯员刘锦报道　“如果收工之后能洗个热水澡，那真是件美事！”这样期盼了好多年的北京送变电公司一线职工，前两天他们的愿望终于变成了现实。公司建起了“爱心浴室”，让他们每天下班后都能舒舒服服洗上一个热水澡。

今年以来，北京送变电公司开展了“爱心你我他”活动。他们考虑到一线职工洗澡难的实际情况，将创建“爱心浴室”列入“爱心你我他”活动规划：在3年内实现一线所有项目部均配齐洗浴设备。为此，该公司拨出专项资金10万元购置了50台热水器。

新建成的“爱心浴室”不仅夏凉冬暖，温馨的洗浴环境更带给职工家的感觉。一线职工自编了这样的顺口溜：谁说工地洗澡难，“爱心浴室”上一线，容光焕发精神爽，职工企业把心连。

（《华北电力报》2006年10月19日）

一则小的动态消息写得如此鲜活生动。它抓住一线职工现场能洗热水澡这个看似小事，令人信服地说明了北京送变电公司开展“爱心”活动深入有效这个大主题。消息以职工盼望的心意开头，中间交代背景、做法，结尾用职工自编的顺口溜收束。行文流畅，首尾呼应，显示了作者高度的新闻敏感性、深入到位的采访功夫、扎实的文字功底。

2. 精选材料、巧选角度

在撰写动态消息时，通讯员一定要面对纷繁的世界，精心选择所需的材料，更要慎重地选择报道角度，切不可胡子眉毛一把抓，草率成文。

例如：

沙市热电厂激励机制有新措“大修功臣”度假得闲暇

湖北电力报　2003.10.10日讯，(苏国俊报道)，11月底，在亲友的祝贺声和同事的满目羡慕中，沙市热电厂陈磊、程传贵等8号机组“大修功臣”兴高采烈地踏上了赴南方度假的旅程。

总投资近2000万元、历时2个多月的该厂8号机组大修工程，涉及常规大修项目、科技项目共60余项，时间跨越8、9两个高温月份及社会用电高峰时节。该厂参战职工发扬“安全、高效、科学、拓新”的精神，严格遵循电力检修工艺规程、大修安全技术管理规范，在保证运行机组安全稳定发供电和社会用电需求的同时，圆满完成了大修任务，受到了投资方的赞许。据该厂机组大修运行调试评估报告显示，大修后机组新增发电功率1万千瓦，供电标准煤耗下降约13克/千瓦时，各项技术指标达到或超过同类型机组的国家标准。

据悉，对单项机组大修工程的有功人员，给予外出度假的奖励，在该厂尚属首次。

这篇文章的作者，敏锐地把握住了沙市热电厂首次给予单项机组大修工程有功人员外出度假奖励这件事，报道了该厂建立新的激励机制带来的新情景。所选材料精当，切入角度讲究，是一篇写得不错的动态消息。

会议消息也属动态消息，但因其重要性，前面已专节作了介绍。

3. 采用连续报道的形式反映新闻动态，适应事物发展变化的需要

动态消息家族在发展中，诞生了连续报道这个形式。

连续报道可以持续反映同一新闻事实的连续变化，多侧面、多时段地展示新闻事件的各个角度，具有扩大新闻影响，加深读者印象，拓展报道深度的特点，使新闻报道展示着更加迷人的魅力。

《中国电力报》早年曾推出《节电神州行系列报道》、《趸售县超编问题系列报道》、《老少边区行系列报道》，都是从不同的侧面观察、分析、报道同一新闻

主题的专题，具有信息量大、实证性强、说服力高、影响面广的特点。这些报道当时曾引起广泛反响，收到了良好的宣传效果。

《国家电网报》推出的《重走长征路，传承革命志》大型系列报道、关于“户户通电”的系列报道；《河南电力报》推出的《新农村，新电力，新服务（县乡篇）》系列报道都产生了重大的影响。《河北电力报》曾经先后推出反映农电“三为”服务的《走太行》系列报道，以及《“三新”服务走城乡》系列报道，达到了扩大社会影响，锻炼新闻队伍的双赢效果。

作为基层的通讯员，有可能会针对本单位重大典型、重要做法、经验撰写连续报道、系列报道，也可能被邀请参与媒体的系列、连续报道写作。平常应当注意多读一读有关作品，以获得启示、得到借鉴。

对于动态消息中的“连续报道”，也有人将其归于“深度报道”范围，这也不无道理。不过，在连续报道中，有的侧重于反映变化、报道动态，有的既报道变化又有思辨性的见解，这后一种归为深度连续报道似更有道理。

二、经验性消息

1. 经验性消息的含义

经验性消息是报道某一单位或部门在某些方面的成功经验的消息。

2. 经验性消息的特点

（1）经验性消息有别于工作总结和调查报告。与通讯类调查报告类主体比较，它具有用事实说话、相对单一、传播快捷的特点。

（2）经验性消息较动态性消息要长一些，但它不像通讯类那样要列出几条来，在经验性消息的报道中，报道的是事实性的做法，而不是抽象性的议论与总结。

撰写经验性消息要注意：把经验当新闻，以事实为依据。

在经验性消息报道中，报道的是成功的经验和做法，反映的是做什么和怎样做，陈述是事实性的而不是抽象的。

要注意两点：

1）要有较强的政策性和指导性。

经验性消息的陈述要体现较强的政策性支撑，其经验不可与现行政策相悖，要导向正确，有指导性和借鉴意义，有普遍的典型意义。

2）要有较强的思想性与说服力。

处于改革发展时期的经验性消息报道，一定要体现较强的思想性和说服力。要与当前电力的改革发展大势相合，要体现报道企业、单位部门的思考与创造性，要体现作者敏锐的观察力。

写好经验性消息要求作者一定要站到全局的高度去思考、判断、体现报道主题的新闻价值。这是写好经验性消息重要的基础条件。

例如：

念生意经“火”了临西电力

本报讯（李春华、司敬莉） 日前，一位供电所长因为两项经济指标没完成而被免职，这是最近发生在临西县电力局的新鲜事儿，可全局上下并未对此议论纷纷。“如今，以效益论英雄，就得能上能下，这样才有奔头。”早就在所内实行经济指标考核的县城供电所长李金科这样说。

以指标论奖惩，这对于垄断地位的电力企业来说，并不是件容易事。前些年，临西县电力局就一直吃着“大锅饭”，有事就找政府，通过行政干预推动，结果陷入“力气没少费、效益上不去、政府不满意”的怪圈。局长马一俊经过长时间调研，发现症结就在于没有按照办企业的规律来指导工作，只有念生意经，才能扭转这种局面。

问题找到了，措施也就有了。这个局每年都派出200余人次深入村辖企业征询意见，发现潜在需求。年初他们将指标分解到每一个人头上，“一把手”的奖金随全局效益浮动，副职接受全体干部职工评议，业绩好奖金就多；中层干部与供电所捆绑考核，年末述职，完不成指标立即免职；对一般职工则实行百分制考核，不合格就离岗培训。实行指标考核4年来，该局先后有6名中层以上干部因指标未完成而被免职或调整岗位，9名职工离岗培训或被辞退。

头上有指标，工作有路数。这个局的干部职工立足自身岗位，相继推出了进村校表、电话报修、低谷检修、便民服务箱、首问责任服务制等措施。过去，农民浇地如果变压器坏了，就得找电力局维修或更换，既误农时又少卖电。如今，每个供电所都有一两台备用变压器，农民一打电话来，就直接送到田间。严格的考核，提高了供电质量；优质的服务，赢得了百姓的称赞。现在，不论啥事开展起来都很顺利，老百姓非常支持。同时，电力局自身效益也提高了，政府也满意了，实现了“双赢”：今年头10个月，临西县电力局购电量为1.23亿千瓦时，利税为533万，同比增长17.8%、133%，全县新增乡村工副业140余家，大件电器4600余件。

（《河北电力报》2001年12月5日）

这篇消息介绍了临西县局按照市场规律来管理企业的经验，通篇坚持用事实说话，借做法讲道理，使经验蕴于事实之中。通过做法与事实的平实陈述也体现了企业管理者的思考与智慧，具有较强的思想性和借鉴意义，是一篇反映电力改革发展经验的好文章。

三、述评消息

1. 述评消息的含义

述评消息，也称新闻述评。是一种介于消息和新闻评论之间的、夹叙夹议、边述边评的新闻文体。它兼有新闻和评论的双重特色。从表现形式方面来说，它以叙述新闻事实及其背景为主，评论为辅，新闻事实是其基础和主干，在客观准确地叙述新闻事实的基础上，有感而发，就事论理，作三言两语、画龙点睛的评论。从内容和主体方面说，评论重于叙事。在这里，评论虽然所用的文字不多，但针对性强，力求以精辟的分析、正确的观点，鲜明而又深刻地揭示新闻事实的实质、意义及其发展趋势，从而可以指导和帮助读者理解和把握新闻事实，使新闻的价值得以充分地体现。

2. 述评类消息的特点

（1）既用事实说话，也用观念说话。

由于述评消息兼有消息与述评双重特色，所以它既可以用事实说话，又以评议部分亮明观点，体现作者的观点。

这是述评消息独具的特点，也是此类消息区别其他消息的根本之处。

在述评消息中，评论不是点到为止，而是频频出现的，在消息中占有相当的比重。但是述评消息的本质还是消息，以事实说话是它的根本特点。叙事在述评消息中占有最重要的位置，是第一位的，评议则是第二位的，两者的分量不可倒置。评论必须以事论理，不可自说自话。

在具体文章的结构中叙事与评论可以多种多样、灵活组合、不求一律。既可以夹叙夹议，也可以提出观点以虚释实；既可以据事出理，也可以事理相衬以理点睛。

（2）要观点鲜明，具有一定的理论色彩。

述评消息一般是相对重要的新闻事实的报道文章。反映的多是在电力改革发展中引人关注的热点焦点问题。写好述评消息，要注意紧贴电力改革发展的实际，有的放矢。要观点鲜明，具有一定理论色彩，有较强的说服力，有一定的前瞻性和导向性。在语言表达上，要生动，忌死板；要鲜明，忌含糊。要求做到新闻事实典型、评论透彻，能启人思考，催人奋进。

例如：

电力规划进行滚动调整 电价信号引导合理需求

“让市场的归于市场”，“让规划的回到规划”。这是多位参与电力“十一五”规划的专家们所提出的意见。

目前，国家发改委正根据全国人大刚刚通过的我国“十一五”规划纲要，组织相关机构对《电力中长期发展规划》进行“滚动调整”。“滚动调整”即根据电力供需形势和国家整体需要进行的调整。上述规划已于去年获国务院原则通过。

从2000年的“三年不上火电项目”到2004年的“批发”建电站，再到目前的“供需拐点”，电力行业一直在短缺与过剩之间摇摆。

“电力宁可过剩”

据国家电网公司预测，2007年我国电力供需将实现总体平衡，但“十一五”期间用电依然保持增长势头，年均增长速度在7%～10%之间。

相应的，我国电力工业“十一五”规划安排投产规模为1.65亿千瓦左右。投产大中型项目1.5亿千瓦左右（年均投产3000万千瓦）。

国家电网公司总经理刘振亚说：“十一五”期间电力市场供求形势将发生根本性的变化。

中国电力最近一次从短缺到富余的转换只用了三年。在电力装机方面，从2002年底全国电力装机3.5亿千瓦，到2005年底激增至5亿千瓦。仅2004年一年就新投产机组5100万千瓦，差不多相当于新中国头30年投产的总和。从2005年下半年开始，全国电力需求减速，连缺电最紧张的华东，也出现了电力装机过剩的声音。

一个最明显的标志就是，从去年起，全国所有装机在60万千瓦以下的火电机组，70%都在亏损。

有人据此预言第二轮电力过剩已经来临，而且“将持续三年”。

原能源部部长黄毅诚说：“电力是国民经济的先行产业，应该超前发展，电力过剩是有些损失，但远没有电力短缺对国民经济造成的损失大。电力发展还是要有长远的规划，在此基础上定期进行一些滚动调整。”

“‘十五’给了我们非常深刻的经验与教训。”国家“十一五”规划专家委员会成员、中国科学院院士周孝信认为，“不能完全根据国民经济的起伏来规划电力发展。因为国民经济受各种因素影响，电力供应的偏紧偏松是正常的，刚好配合很困难。既不能大面积缺电，也不能发电小时数降低太多，要保证稳定、超前，在统一规划指导下发展。”

周孝信院士说：“我们不妨大致算一下长远的电力需求。2050 年的电力容量要有 24 亿千瓦，因为那时中国 16 亿人口，人均容量 1.5 千瓦，不算高，只达到现在中等发达国家水平。我曾经算过，把各种能源的最大开发可能性综合考虑之后，尚有 6 亿～7 亿千瓦缺口，还要靠新能源来平衡。”

据了解，电力工业“十一五”发展的主要目标中，新能源发电安排投产 100 万千瓦。

电价信号引导“合理需求”

国家电网公司动经中心副总工程师蒋丽萍参与了“十一五”电力行业规划的研究工作。蒋丽萍说，规划只是给出一个思路上的信号，在现实中，还是要靠宏观产业政策来界定具体的负荷需求是否合理，除此之外，只能靠电价机制来进行调节，发挥市场配置资源的基础作用。

“现行的电力价格存在非经济因素，对于需求侧管理，对于节电不利，例如，现在成本高的民用电价格反而最低，商业用电的电价又太高。”国家发改委能源研究所所长周大地说。

要消除这种非经济因素，除了电价机制改革别无他路。目前，电力供需出现拐点，正是电价改革的良机。

专家们说，总体指导思想应该是：微观层面上，应充分信任市场配置资源的基础作用，通过电价改革，尊重每个市场主体理性决策的权利，让市场的归于市场。宏观层面上，则应着眼于长远，充分了解我国资源禀赋及国民经济可持续发展对电力的需求，从一时的供需波动中有所超脱，让规划的回到规划。

（程洪瑾、薛惟，《经济观察报》2006 年 3 月 18 日）

这是一篇着眼我国电力供需全局的述评，它的高起点、大视野，是电力通讯员们所难以企及的。但是，认真地品读它，大家一样可以得到启示与滋养。它紧贴电力改革发展的实际，直击电力改革发展中的焦点问题。针对电力市场的供需变化现实，列举翔实的数字资料，精当陈述了国内权威专家的观点，其中“电力规划进行滚动调整”“电价信号引导合理需求”的观点，具有较强的理论色彩和很强的说服力，同时这也使得文章具有了较高的前瞻性和导向性。

编著者曾就如何写好述评消息与一位电力新闻战线的资深编辑进行探讨。她认为，新闻述评不一定只是由作者针对新闻事实发表议论，还要善于借用专家以及权威人士的观点，以增强文章的影响力与指导性。对于这一观点，编著者深表赞成。同时，她还认为随着新闻改革的深化，使得有关新闻体裁界限日渐模糊，以致有的时候新闻述评与深度报道的划分成为困难。对此，编著者也深有同感。其实，在新闻写作的实际运作中，相当多的时候完全可以不去顾及什么文体的规定，尽管写去，只要能够准确地说清新闻事实，深刻地体现报道主题，就是好文章。但是，就电力新闻通讯员来说，还是应当对于各种新闻体裁的特点有所了解、有所遵循。不可一开始就率意写来，不顾规矩。这有点像学书法一样，要先从楷书入手，而后行书、草书，一定要先守法度，把基础打扎实，再去破规矩、图创新。

要写好述评文章（或者是深度报道），还是要有较为充分的材料积累、较为深入的政策理解、较为扎实的理论准备、较为深刻的独立思考、尤其是对于全局情况的较为明晰的前瞻性理解，离开了上述这些，很难写好述评类消息。

四、人物消息

（一）人物消息的含义和特点

1. 人物消息的含义

人物消息是以消息的形式报道新闻人物，反映某个特定人物事迹和行为的一种新闻体裁。它是新闻媒体运用较多的报道形式，是新闻家族中不可或缺的一种文体。

2. 人物消息的特点

(1) 人物居于消息的中心，新闻事件围绕人物展开。

**例如：**

危急时刻一声吼

沧供退休老工人刘春忠一人勇斗三劫匪挺身相救四女孩

本报讯（记者刘焕杰） 居住在河间黎民居乡豆庄村老家的沧州供电公司退休工人刘春忠，在素不相识的打工姑娘险遭不测时，这位前年刚得过冠心病的瘦弱老人关键时刻大吼一声，挺身相救，虽然遭到 3 个年轻歹徒伤害，但却救了 4 名过路的女孩……11 月 7 日下午，沧州供电公司党委书记高永利、副书记杨会堂等带着鲜花、慰问品和 1000 元慰问金看望了这位刚转到市二医院的见义勇为老人。

11 月 2 日上午 9 点多钟，从景和变电站退休回到河间市黎民居乡豆庄老家居住、年已 66 岁的刘春忠老人，自己骑着三轮车到洼里去拉玉米秆。当他正在地里干活的时候，突然听到有个女孩变了声调“啊啊啊……”地喊叫，回头只见六七十米外一个骑摩托车的年轻男子追上一个飞跑的女孩后，将她一脚踹倒在地。他感到那个骑摩托车的人肯定不是什么好东西，便立即放下手中的活快步走了过去，边走边向那男子吼道：“干什么?”女孩一见刘春忠就立刻跑到老人身后，老人连忙问姑娘是怎么回事，惊慌失措的女孩已吓得说不上话来，只是结结巴巴说：“劫，劫……”骑摩托车的男子见状欲掉转车头走开，刘春忠一挥手：“站住。”而此时，又一辆后面带人的摩托车疾驶而来，车还未停稳，坐在摩托车后边的年轻人跳下车就从腰间抽出一把一尺多长的刀子，挥刀向老人头上砍去，边砍边恶狠狠地说：“叫你管闲事，叫你管闲事。”另外两个歹徒也掏出刀子一拥而上挥刀刺砍，老人左闪右挡，但刀子还是接连砍到身上，老人被砍倒在地。原先被刘春忠呵斥的那个歹徒拿刀照着老人腿部连扎带砍 4 刀，鲜血立时淌湿了老人裤子。3 个持刀歹徒行凶后骑上摩托车仓皇逃窜。过了片刻，险遭歹徒伤害、并遭到抢劫的另外 3 个女孩走上前来，坐在地上不能起来的刘春忠老人叫女孩赶快到村里报信。村里人闻讯立即来到现场，将刘春忠老人扶上摩托车送回村里，对伤口进行了紧急包扎。原来，歹徒在持刀抢劫 4 个女孩时，一个带着手机的女孩瞅空子撒腿就跑，一个歹徒骑上摩托车就追；另外两个歹徒抢了耳坠正要对 3 个女孩搜身时，看到有人搭救女孩，便恼羞成怒，抛开 3 个吓坏了的女孩过来报复见义勇为的刘春忠老人。后转院到沧州市二医院的刘春忠在检查中发现，除腿部 4 处刀伤、两个肩膀红肿外，左侧 12 肋骨被刀砍成骨折，而最长的一道伤口达半尺多长……

当日下午，险遭不测的 4 个女孩的家长带着礼物来到黎民居乡豆庄村刘春忠老人家里谢恩，被救女孩的父亲何俊峰激动地说：“你救了俺闺女，俺这一辈子也忘不了!”当家长们要放下一些钱给老人治疗养伤时，被深明大义的刘春忠婉言谢绝。据悉，被搭救的 4 位女孩在沧县某玻璃厂打工，当天上午领取了工钱的 4 位女孩结伴回家，抄近道走在人少、洼大、村稀的乡村小路途中时，突遭歹徒抢劫和欲行不轨。在危急时刻，沧州供电公司退休老工人刘春忠挺身相救，使身处险境的 4 个打工女孩化险为夷。

（《河北电力报》2005 年 11 月 8 日）

本篇人物消息，人物始终占据消息中心，以大量具体的细节再现了刘春忠见义勇为、勇斗歹徒的感人壮举。对刘春忠临危不惧的风采、三个歹徒的暴虐、被救少女的惶恐，刻画得准确传神。没有对当事人的深入采访，没有对现场情况的细致了解，是决然写不出这样精彩的消息来的。

（2）表现形式直截了当，不忽视细节刻画。

人物消息是一种便捷、迅速有效地报道人物的新闻手段。它不严格要求像人物通讯那样对人物有较多的情节与细节的刻画，只要求突出人物事迹的主要方面，表现形式直截了当，篇幅短小精悍。

人物消息在报道中也需要有细节的刻画，这种刻画也是白描式的，不必追求华丽花哨。

在消息的实际写作中，对于上述特点的把握，要根据具体情况、具体人物来机动组织材料、结构报道、把握分寸，不能也不必刻板地严守“规矩”，一切以及时、准确、简洁、鲜活的报道标准为度。

（二）人物消息与人物通讯不同

（1）人物消息着眼于“新”的刻画，往往选择新闻人物的一两个闪光侧面，选择新鲜而有特点的典型事例。语言力求简洁平实。

人物通讯强调情节、结构与语言的艺术感染力，要求有准确、生动、具体的细节刻画，力求全面生动地报道一个人的事迹。

（2）人物消息侧重用叙述事实反映人物的思想，即“以事写人”。

人物通讯常采用叙述、描写、抒情、议论等多种表达方式，刻画人物的性格、思想与精神。

（3）人物消息与人物通讯相比，更加要求中心突出，主题集中。这些就是人物消息与人物通讯的不同之处。

五、简明消息

（一）简明消息的含义及特点

1. 简明消息的含义

简明消息也叫简讯。它是各种媒体大量使用的一种报道形式。简讯其实就是篇幅短小的动态消息，通常只有百字左右，有时甚至只有几十个字。

简讯虽短，却是一种不可忽视的新闻体裁。为扩大信息量，各种媒体越来越多地刊发简讯。写好简讯也是广大电力通讯员重要的新闻基本功之一。

2. 简明消息的特点

简讯的特点一是精短，二是快捷，可以当即成篇，迅速见报，是名副其实的快讯。

（二）简明消息的写作要求

（1）文字简明扼要是简讯的最基本特色，撰写简讯是否到位，是以能否交代清新闻事实为标准的。达到减一字不可的程度就算真正写好了。

（2）结构不要求完整，事完文止。简讯不要求像一般消息那样从标题到主体、结尾齐全。一般为一段文字，不分导语、主体，不必有结尾。一题一文，结构简单。

（3）要素不必完备。不必完全具备“五个 W 一个 H”，只交代清何时、何地、何事即可，不必交代背景。

（4）简讯一定要有信息含量，不可只是罗列没有内容的虚话、套话。

例如：

“千户走访”活动受欢迎

本报讯（张文杰）10 月份以来，鹿邑县电业局对全县用电户开展“千户走访”活动，受到客户的好评。本活动采取发放客户意见征集卡、座谈、询问等形式，征求客户的意见和建议。截至 11 月 3 日，该局整理意见和建议 200 多条，与客户座谈 600 余人次，收集意见和建议 200 多条。

（《河南电力报》2006 年 11 月 8 日）

秦皇岛公司“企业文化问卷”收关

本报讯（田昶）10 月 12 日，秦皇岛电力公司企业文化建设办公室邀请基层单位党支部书记举行抽奖活动，80 名参加企业文化知识问卷答题活动的职工获得幸运奖，至此，该公司历时两个月的企业文化知识问卷答题活动结束，共回收试卷 1812 份。

（《华北电力报》2006 年 10 月 19 日）

上述的两则简讯，较好体现了简讯的写作要求，标题准确简明，行文简洁条理，新闻要素齐全。

有的通讯员在撰写简讯中，存在标题太大、太虚，行文拖沓、啰嗦，简讯不简的毛病；也有的存在缺少新闻要素、新闻事实不清的问题。对此，应当尽快予以纠正；还应该纠正那些认为写简讯小意思，一挥而就即可的错误观念，明确树立写简讯也是写文章的认识，把它写准确、写精到。

六、新闻特写

新闻特写或者说是特写类消息，它是游移在消息与通讯之间的一种文体。强调时效性就是消息，强调文采情节性就是通讯。特写还有不少的形式诸如人物特写、场景特写，有的再换一下名字就叫现场速写。

在新闻写作实践中有时含糊一下也未尝不可。在这里姑且管特写叫作新闻特写。说新闻特写是新闻体裁的一种，应当不会有争议。

确实，管它到底划在消息里还是划在通讯里，能收到好的宣传报道效果，就是好东西。

1. 新闻特写的含义

新闻特写，是借鉴了摄影的基本特点（强化摄影人或物的局部）而形成的一种新闻文体。它以聚焦的方式，截取新闻现象中最具鲜明特征的一个片断，形象地再现，从而给读者以较强的印象。

有人做过这样的比喻：

“如果以新闻写作比作画人物，消息就是速写，通讯就是肖像画，特写就是画眼睛。”

还有人概括地说：“消息是速写，特写是素描。”

2. 新闻特写的特点

（1）讲求时效性，是对新近发生的新闻事件（或新闻人物）的纪录。

（2）真实准确，不可有夸大想象人为地使其圆满完美，是真实场景、事件、人物的现场再现。

（3）讲究文采，可充分发挥语言的魅力，以白描手法形象刻画。

（4）讲述细节，这个细节是现场情景的再现，是作者观察的产物。

（5）篇幅一般不长。

有人概括说，新闻特写是“新闻事件的焦点加文采”，笔者赞同这个观点。

3. 新闻特写与文学、通讯的区别

在了解新闻特写特点时，还应当了解它与文学的区别，了解这种文体与通讯的区别。

（1）新闻特写与文学特写和报告文学的根本区别是在新闻性上。新闻特写是新闻，而文学特写与报告文学是文学体裁；新闻特写必须遵循新闻写作的根

本原则——真实性，不允许也不能够有夸大臆造、想象的成分。有无新闻性，新闻性体现得是否充分，是新闻特写与另两种文体最根本的区别。

（2）现场性。是不是现场真实地记录，是不是现场准确形象地记录，是新闻特写区别于文学特写、报告文学的区别。

（3）时效性。新闻特写的时效性一般比通讯更强一些。

4. 新闻特写的写作要求

（1）及时成篇。这是由新闻特写的时效性特点决定的。记者、通讯员亲历了新闻事件后要及时撰写、及时发出，才能确保其时效性。

（2）“聚焦”特点明显。选择的点、聚焦的片断要是事件、场景、人物的典型、出彩之处，而不是一个随意的片断截取。这个点或片断要能反映事件的本质，是值得大家去注目的焦点。

（3）要有细节。要再现现场、再现新闻事件中的人物，要求作者准确到位地观察细节，并作尽可能的详尽记录。只有这样特写才能引人注目，具有真实的感人力量。

（4）要有文采。语言要讲究，刻画要形象生动，但不可有想象、加工，要准确传神。

例如：

智 能 巡 检

8月10日上午，江苏省常州市，政平换流站。记者见到运行人员喻春雷、舒志海时，他们正在交流场进行日常设备巡检。

只见他们每人手持一个类似“大哥大”的仪器。在一台交流滤波器设备箱前，喻春雷将“大哥大”顶部的一个大“纽扣”对准设备箱上一个一元硬币大小的按钮，“大哥大”的液晶显示屏上立即出现了一组数据：设备名称：交流滤波器；设备编码：5623ACF。喻春雷边操作边解释：“这就是智能巡检器。”

上海超高压管理处书记彭广才介绍说，为了最大限度发挥巡检的作用，2004年，政平换流站在全国率先应用了这套智能巡检管理系统。政平站共设有110个巡检点，每个巡检点都装有巡检按钮，这些按钮里面存储了相应设备的位置信息。运行人员进行现场巡检时，只需将巡检器对准按钮，巡检器的屏幕上就会自动列出对应本次巡检的具体项目。

“有了智能巡检器，我们再也不用拿着厚厚的巡检记录本进行巡检了。”舒志海边说边开始了下一个巡检点的操作。

“智能”的妙处仅限于此吗？上午的现场巡检完毕后，记者怀着好奇跟随喻春雷、舒志海回到办公室。打开计算机，将智能巡检器放到与计算机相连的红外通信插座上，用鼠标点击桌面上的智能管理系统图标，进入操作界面，再点击菜单中的“上传数据”，上午巡检的各种数据立刻输到了计算机里。喻春雷熟练地进行着操作，面对记者探询的目光，他笑着说：“就这么简单。”

据介绍，智能巡检管理系统会将巡检人员、时间、地点、设备状况等信息有机地结合。比如，针对设备情况，它可以进行数据查询、异常情况统计、结果趋势分析、多点比较、月度查询等十几种操作，而且所有统计和分析结果都能以报表和图表等形式打印出来。

智能巡检为政平站立了大功。去年夏天，运行人员对两台换流变压器的阀侧套管六氟化硫压力数据进行分析时，发现数据曲线呈下降趋势。经进一步检测发现，是传感器坏了，由此避免了一次大事故。

其实，智能巡检管理系统只是政平站众多科技应用中的一项，更多的科技应用渗透在工作的点点滴滴之中。从 2003 年 6 月投运以来，政平站共进行了大大小小 18 项技术革新和设备改造。

（火雅琳，《国家电网报》2006 年 9 月 9 日）

一篇看似平常的文章，一篇平静叙述的特写，它以不足千字的篇幅款款道来，既平和又周到。它形象准确地交代了智能巡检器的模样、测试方法、作用以及“智能巡检为政平站立了大功”的“辉煌历史”；还交代了政平站的“家底”和智能巡检的诸多“妙处”。

这篇特写对人物的刻画，使用了“简笔勾勒法”，以几乎“吝啬”的用笔来刻画人物：仅用几句话就活化了两位既敬业爱岗又精明阳光的一线电力职工形象。

在特写中，对现场测试和将数据输入计算机过程的叙述和描写，使用的是繁笔，具体而细腻。这也使文章具有了较强的聚焦感和现场感，体现了特写的味道。

在文章的结尾，作者不动声色地运用背景材料，显示了政平站科技应用工作的“厚度”，同时也升华了文章的价值。

第三章

通讯写作述要

第一节　通讯消息话异同

通讯是综合运用叙述、描写、议论、抒情等多种手法，较为详尽地报道具有新闻价值的人物、事件的一种新闻体裁。

它以新闻性区别于文学作品，又以故事性、形象性区别于消息。

通讯由"通信"演变而来。最初的新闻以电报信函的形式传递。电报传递简洁明了，一般可称消息。信函传递得相对详尽，有较多的议论与描写，相对电报生动、详尽，是最早的通讯雏形，叫做"通信"。随着时代的进步，电报容量加大，用信函传递稿件，也改为电报传递，人们随之将"通信"改为"通讯"。于是通讯文体正式诞生直至今日。

通讯是新闻大家庭中种类最为丰富的兵种，随着新闻事业的发展，新的通讯文体形式不断涌现，在反映、推动改革事业发展方面建立了卓越功勋。

写好通讯，是广大电力记者和通讯员的最重要的基本功之一。

一、通讯的特点

对于通讯文体的特点，汤世英教授在《新闻通讯写作》中作了这样的概括：

1. 通讯是一种新闻报道文体，它遵循新闻报道的基本原则，具有新闻报道的基本特性。

2. 通讯是一种详细深入的报道。

3. 通讯是一种具有多种表现方法（叙述、描写、议论、抒情）的新闻文体。

除上述的概括外，编著者下面试做进一步的描述。

1. 通讯具有容量大、表现力丰富的特点，可以多侧面反映新闻事件（或人物），为读者提供更为详尽的报道内容，满足读者深入了解新闻事件的阅读需要。

2. 通讯在报道新闻事件时，注重细节的刻画、情感的表露，注重借助典型情节表现人物、突出主题，因而具有以情动人的魅力。

3. 通讯相对消息而言，可以更充分地展现作者的观点，抒发议论，因而具有鲜明的导向性、较强的思想性、充分的说理性。

王春泉先生是一位颇具文采的新闻理论家，在其所作《实用新闻写作》中谈到通讯，他这样表述：

“通讯的世界丰硕深邃，它是时代的镜子，读者由此可观照风貌，倾听回声；它又是真理追寻中的利器，可以由艺术展呈而拥有批判的精神。”

由此可以引出它的另一个特点：

4. 通讯报道紧贴时代，具有鲜明的时代精神、批判精神，通讯是张扬精神文明的重要新闻文体。

以上诸点，姑且算做对于通讯文体特点概括的一家之言，仅供广大电力通讯员参考。

二、通讯与消息的区别

谈到这两大文体的区别，不同的新闻教科书有着多种不同的表述。本书在这里借助刘海贵、尹德刚在《新闻采访写作新编》一书中的表述，他们认为，消息与通讯的区别在于（在这里把新闻换称消息——编著者）：

1. 外表形式。消息的开头，通常注以“本报讯”或电头之类，通讯则无。

2. 表现对象。消息主要写事，通讯主要写人（实际并不尽然——编著者）。

3. 表现方法。消息要求概括性强，要求一事一报，简洁明快，主要以叙述为主；通讯则要求具体、形象，比消息更详尽、完整地报道人物（或事件——编著者），因此叙述、描述、议论、抒情“四大笔法”综合运用，兼而有之。

4. 表达口吻。消息采用第三人称；通讯则除了第三人称，有时记者进入“角色”，用第一人称表述。

5. 结构形式。消息的基本结构形式为倒金字塔式；通讯则通常按时间顺序、逻辑顺序、事件与逻辑顺序相结合等组合结构。

6. 篇幅长短。消息注重报道事物的概貌或某个侧面，因而篇幅较短；通讯往往反映事物的过程、人的思想活动及具体情节等，因而篇幅一般较长。

7. 采写发稿时间。消息多半反映动态，因而偏重迅速，更讲究时效快；通讯则更强调事态的发展过程及蕴涵的思想性，因而偏重时机，即通常所指的火候。

还是王春泉先生，他满怀深情地说，通讯“是一种真正的心灵之歌”。他还认为“消息是泥瓦匠，它砌砖；通讯是水泥工，浇灌混凝土”。这一比喻别致、新奇，可谓对通讯写作推崇备至。

三、通讯结构及要求

1. 通讯结构

通讯的结构就是根据主题的需要对报道的材料进行组织，构成报道作品的结构方法与形式。换言之，就是安排材料、合理布局的形式方法。

2. 通讯结构的基本要求

（1）通讯的结构布局要为突出主题服务。

（2）通讯的结构常见的有纵式、横式、纵横结合三种。

1）纵式结构。按时间顺序、事物的发展顺序或作者对报道事物认识发展顺序安排材料层次。

这种结构的特点是便于读者了解事件发展的全貌，条理清晰。

本书在其后的例文《滞销的蜡烛》就是采用的纵式结构。

2）横式结构。用空间变换或按照事物的性质安排材料。

这种结构形式的特点在于概括面广。

本书在后面的举例中有一篇《九江决口合龙目击记》就是以变换空间的横式结构来结构文章的。

3）纵横结合结构。

这种结构形式往往以时间顺序为经，以空间变换为纬，两者结合运用。

采用这一结构形式的通讯往往报道事件多，时间跨度长，地点范围广，需要作者有很强的驾驭能力。这一结构方式往往适合篇幅较长的通讯。有一篇很有名的通讯报道文章《为了六十一位阶级兄弟》，就是采用纵横结合式来结构文章的，大家有机会不妨找来一读。

（3）首尾呼应，文气畅达。通讯文章要讲究味道，开头、结尾作为其构成的重要部分，一定要首尾呼应。所谓凤头、豹尾、猪肚，就是说开头有韵律，结尾意无穷，中间部分厚重丰富。要做到文气贯通、浑然一体。

（4）文无常式，不拘一格。通讯这一报道形式，是新闻报道各种文体中最富魅力的文体。它既有写作章法的要求，又无定法，为发挥创造力提供了广阔的平台；结构形式可随报道的事件、人物，创造性的设计，匠心独运的经营；可在遵循真实性的报道原则前提下，力求文势起伏、引人入胜。

四、通讯与消息的共同点

（1）通讯与消息作为两大主要的新闻文体，必须遵循新闻的根本写作原则——真实性原则，这一点是不容置疑的。通讯尽可以匠心独运，追求味道，讲究构思，但真实的报道新闻事件（或人物）的原则决不能违反。

(2) 通讯与消息都是新闻报道，作为社会主义的各种媒体，不能随意不加选择地有闻必报，必须遵循正确的导向性原则。一定要坚持报道那些张扬正气，传播文明，促进发展的好经验、好典型和好的事例、人物。这个方向，不能怀疑，不可含糊，更不能是相反的。

(3) 坚持深刻的思想性原则，是通讯与消息写作应当共同追求与着力体现的。

(4) 时效性也是两者必须共同遵循的原则，只不过两者相比消息时效性的体现相对更突出一些。

总之，消息与通讯都必须遵循真实性、导向性、思想性、时效性四原则。

第二节　通讯标题求味道

通讯的结构要件即标题、开头、主体和结尾。每一部分都具有通讯文体的特色要求。除主体将在下面的章节另作介绍外，本节将重点介绍通讯标题、开头、结尾的写作要求及特点。

一、通讯的标题

通讯的标题制作与消息标题有很大的不同。消息的标题有比较固定的模式，通讯的标题制作虽然也有一些基本的规矩，但是它可实可虚、可长可短、可庄可谐，可以紧扣新闻事件，也可以尽展文采，没有定规，为作者发挥创意开辟了广阔空间。

通讯标题的制作要求一般的是主标题虚作，是写意的；副标题是主标题的补充，一般是写实的。主副题结合起来就概括了通讯的主题。

还有的通讯在题目之前有概括内容或抒发作者感受的一段文字，它与标题浑然一体，扩展了主标题的感染力，提升了文章的思想性，吸引读者就读。我们姑且管它叫做引题或引子吧。

长篇通讯的小标题，也是通讯题目的有机构成。它划分了通讯的报道层次，形成了通讯文章的起伏节奏，升华了通讯的宣传魅力，是不可忽视的构成要件。

二、通讯标题的制作方法

通讯标题比较讲究文采、味道。

这个味道有点石成金之功，一篇好的通讯标题可以升华通讯的感染力，可以提升传播功效，确实不可小瞧，必须予以重视。

（一）直述新闻事实

有人说“最高的技巧是无技巧”，颇有意味，通讯标题中那种不事雕琢、直述新闻事实的标题自有其独特的魅力，仿佛在不经意间，可以打动读者的心扉。

例如：

万燕盘旋谢官兵

（《中国电力报》2000 年 8 月 24 日）

商业部长买鞋上当记

（新华社北京 1990 年 9 月 11 日电）

金钱撼不动的操守

（《国家电网报》2007 年 4 月 11 日）

三篇通讯的标题简洁明了，直接陈述了新闻事实，但又都意犹未尽，让你不得不读下去。仔细品味，如嚼橄榄，余味无穷。

（二）提出问题引人思考

这类标题，多以设问句为题，这类问题或许是生活中的热点，或许是日常的小事，但它的提出往往能触及你的感悟，唤起你的共鸣，引起你的关注和思考。

例如：

谁来养活晚年的你

——写在《电力行业职工养老保险制度改革试点方案》实行之际

（《中国电业》1996 年第七期）

怎样解开这个困局

（《中国电力报》2003 年 8 月 10 日）

上面两个标题的前一个是报道电力行业职工养老保险试点实施的情况与思

考的。它直接关系广大电力职工的切身利益，以设问作题，既亲切而又拨动人的心弦，自然也会提起广大电力职工的阅读兴趣。第二个标题是一篇报道在国家能源政策调整后，郑州热电厂全部老机组都要退役，郑州新力电力公司将接管热电厂2800名职工中的1400名。在电力体制改革中，如何处理好老电厂的出路，解决好老厂职工的就业与生活问题，是一个必须要面对的问题，也是一个带有普遍意义的现实问题。这篇文章以一个不容回避又十分沉重的话题作为标题，让人读了为之一震，是一个可以扣动人心弦的标题。

（三）设置悬念

在标题中设置悬念，会引起读者的强烈关注，是一个值得尝试的标题制作方式。

例如：

我是不是让你有点烦

（《中国电力报》1994年4月12日）

SOS电煤！电煤！！电煤！！！

（《中国电力报》1988年12期）

看了头一个标题，你一定会惊诧莫名，疑问顿生，这是说的什么问题？你为什么会烦？想一探究竟。其实这是中国电力报暗访各单位总机值班员的一篇实录文章的标题，报道的是各个不同单位的总机值班员在面对客户询问时的不同态度。标题巧布悬念，引力十足。

第二个标题悬念强烈、动感强烈，是有关电煤供应的一篇深度报道文章的题目，颇有引起读者关注兴趣的力量。

（四）双关比喻

比喻手法在标题制作中的运用会使标题更见生动、鲜活。

例如：

汩汩清泉入心间

（《国家电网报》2007年4月3日）

擦亮城市的“眼睛”

（《中国电力报》1996 年 9 月 29 日）

米少巧为炊　款款爱农情

（《河北电力报》1995 年 2 月 20 日）

小鱼吃大鱼靠得是什么？

（《华北电力报》1995 年 11 月 30 日）

电流浇绿了一片新土地

（《华北电力报》2003 年 5 月 22 日）

在上面的标题中，以“清泉入心”代农业排灌电网建设改造带给农民群众的感受；以“眼睛”喻城市的照明；以“米少”喻电力供应紧张；以“小鱼”、“大鱼”代表大小电力三产企业；以电流喻水流，借“浇绿了新土地”来形象地活化优质服务给农家带来的新变化。读来生动鲜活、趣味横生，提高了通讯标题的感染力。

（五）引用口语

（1）直接引用新闻人物的语言制作标题，体现文章的主题，揭示报道人物的精神，是一种常见的较好的制作通讯标题的方法。

例如：

“我的事业在群众之中”

——记全国劳动模范朱家源

（《中国电力报》1990 年 7 月 17 日）

“你提一点建议，我们会做得更好”

——任县局开展供电服务走访调查小记

（《河北电力报》2000 年 10 月 20 日）

“我的事业在群众之中”是全国劳模韩庄发电厂厂长兼党委书记朱家源的一句名言。原话是：“党的事业在我心中，我的事业在群众中，没有群众的支持，我浑身是铁也打不出几根钉来。”这篇通讯节选其中的一句作标题，揭示了朱家源依靠群众、根植群众、为了群众的崇高情怀，同时也体现了文章的主题。

“你提一点建议，我们会做得更好”这句话，是任县电力局坚决落实“人民电业为人民”的宗旨，执行“优质、方便、规范、真诚”供电服务方针的真实写照。通讯以此为题，朴实无华、真诚动人，自有一种感人的力量。

（2）运用通俗、口语化的方法制作标题。运用口语化的口吻，平实地陈述新闻事实，通俗易懂，亲切自然，使标题具有亲和力。

例如：

有这么一个学校

（《中国电力报》1990 年 8 月 3 日）

潍坊工程让你不能不服气

（《中国电力报》1993 年 11 月 25 日）

公开不公开就是不一样

——石家庄局承装公司推行厂务公开小记

（《河北电力报》2001 年 2 月 24 日）

上述三则标题，以口语化的语言概括、提炼新闻事实，平白但不平庸，它或肯定、或陈述，既平实又给人几分神秘，具有吸引读者阅读兴趣的力量。

（六）鼓动抒情

采用鼓动式的通讯标题，态度鲜明，富有动感。一般其所报道的新闻也具有较强的指导性或号召性，通讯的内容有较强的感染力，能拨动读者的情感之弦。

例如：

修造企业，你该换个活法

（《中国电力报》1995 年 6 月 1 日）

还是大电网延伸合算

（《中国电力报》1992年6月13日）

搏击市场勇者胜

——河北电建一公司河波电厂二期工程纪实

（《河北电力报》2001年1月10日）

万人送别哪般情

——记山西河津市供电局长王彦清

（《华北电力报》2001年6月7日）

上述的标题前三条为鼓动式标题，他们分别陈述了面对竞争的市场修造企业要转变观念、转换机制的紧迫性；大电网的发展优势和搏击开拓市场一定要“勇”的改革发展方向，体现出了一种强烈的导向动感，有号召的力量与说理的力度。

后条标题以“万人送别哪般情”的设问，体现了群众对一名献身电力建设事业的基层局领导的深深怀念，具有催人泪下的情感力量。

（七）创造求新

制作通讯标题的平台广阔异常，手法层出不穷。作为一名作者要从展示文章主题、提高传播效能、吸引读者注意的需要出发，充分发挥创造力，力求不断出新。

诸如：

（1）巧用数字符号，追求节奏味道。

沉甸甸的“?”与“!”

——水利水电闽江工程特大受贿案纪实

（《中国电力报》1995年4月29日）

路漫漫　往前走　闯难关　莫回头

——葛洲坝工程改革见闻录

（《中国电力报》1988年10月28日）

(2)引用歌词。

天不刮风 天不下雨 天上有太阳

——记湖南宁乡县农电员工户籍的变迁

(《中国电力报》1995年6月11日)

(3)警示出奇。

深夜，在吞噬电

(《中国水利电力报》1987年8月1日)

(4)运用对比。

"软科学"提升"硬实力"

(《国家电网报》2006年12月2日)

小人物与大效益

(《华北电力报》2001年4月26日)

有形服务赢来无限风光

(《国家电网报》2006年10月14日)

(5)动感气势。

冬来风乍起 捐衣暖人心

(《浙江电力报》2006年12月11日)

光照巴山 情暖渝州

(《国家电网报》2006年12月8日)

集大海之气 成伟业之举

华能玉环电厂国内首台百万千瓦超超临界机组建设纪实

(《中国电力报》2006年12月26日)

制作通讯标题的办法还有很多，不再一一陈述。但是，请大家一定要记住八个字“准确、鲜明、生动、简练”，这是制作通讯标题的总体要求。在这个基础上，尽可能发挥创造力，争取把标题做得好些、活些、深些。

三、关于通讯引题和小标题的制作

通讯标题除了主题外，与消息不同的是有的还会有大段的引题和把通讯划分成几个部分的小标题。

它们同样是通讯标题的有机构成部分，与主标题相互呼应，相得益彰。

（一）关于通讯引子（引题）的制作方法：

通讯的引子不同于消息中的导语，而是特指通讯标题前的那段话。有引子的通讯多是较长一点的通讯。

通讯的引子虽然不是题目，但它仍是题目的有机构成部分。写好引子对于增强标题的感染力，提高文章的可读性具有重要作用。通讯标题之前的引子与消息标题的肩题（引题）的功能一样，具有交代背景、说明原因、揭示意义、烘托气氛、引出主题的作用。与消息肩题的不同是，它的容量相对较大一些、写法也更灵活一些。

例如：

（1）交代背景。

一个小小的县电业公司，十几年来，打着滚亏损，到去年初，负债达2700万元，而其资产只有3100万元。债主们吃惊了，让其用办公楼作抵押。山东电力集团公司代管该公司后，仅用一年便使企业奇迹般地扭亏为盈。请看来自山东庆云县的报道——

亏损“雪球”是这样融化的

（《中国电力报》2000年4月18日）

（2）说明原因。

面对一家家住户搬进新居而无法安装空调的尴尬，面对一条条电线乱横街头的情景，专家指出，按照常规，住宅设计应考虑未来20～30年家庭用电需求的变化。对此，如果缺乏必要的超前意识，那么今日的新居很快又会成为明天的陋室——

住宅设计勿忘与电同行

（《中国电力报》1996 年 7 月 13 日）

（3）揭示意义。

电力企业运行岗位，被称为“半壁江山”，它形象地揭示了这项工作在电网中的重要作用。从某种含义上讲，“半壁江山”是否牢固，直接关系到社会的稳定与人民生活的安宁。当前运行岗位的状况如何，如何确保“江山”牢固？请看记者来自湖南的报道——

“半壁江山”面面观

（1996 年 11 月 4 日《中国电力报》）

（4）烘托气氛（制造悬念）。

挂在电力企业中的安全纪录牌大多是四位数，可是，吉林省白山电业局临江变电所的安全纪录牌四位数的前面却多了一位数。请看——

四位数前加“1”的启示

（《中国电力报》1995 年 11 月 23 日）

今年夏天，居民关心最多的是天气，而最关注的是电力。在享受清凉电力的同时，他们纷纷致信各大媒体、有关单位，表扬电力。这不，刚一入秋，老王又给《北京晚报》写稿，反映电力的好人好事。编辑们说，您老看看，不久前的一段，那上面都登出来了——

近日电力上头条

（《华北电力报》2002 年 8 月 29 日）

大家可以从上面的例子中体味通讯标题之前引子（引题）的味道，感受它的作用，有所借鉴。实际上引子的形式与作用应当不止上面几种、几点，新闻写作实践天地广阔，尽可以根据每篇文章的情境与传播需要，写出更为丰富多彩的引子来。但是，也要防止画蛇添足，没有必要篇篇新闻加引子，一定要力求恰到好处地把握运用。

（二）通讯写作中小标题的制作

通讯中的小标题，也叫分题、插题。它是通讯中某一段落主题或内容的概括，是通讯的有机构成部分。它的作用是帮助读者在阅读较长的通讯文章时感到眉目清秀、条理明晰。

小标题也是所在段落的“小主题”，它较多是一行题，也有时是两行、多行。在一两行的标题制作中要求讲究文采，力求格式统一，要简洁醒目，讲述节奏味道。多行题的信息容量相对较大，有采用引语、日记、评说等多种形式。

1. 小标题的制作手法

制作小标题不以长短论优劣，不以文采见高低，关键要看是否贴切。

（1）长短合度。

短：有的小标题只有几个字，也有只有一行题，但只要做得好，也会令人回味不已。

例如：

《中国电力报》两篇写人物的通讯，《陈刚：百炼成钢》、《公家人》的小标题制作得简明精练：

关于比赛

关于得奖

关于训练

关于教练

关于公司——

（《陈刚：百炼成钢》《中国电力报》2001 年 2 月 26 日）

作者以看似不甚经意的笔调制作了“关于××”的标题，从比赛、得奖、训练、教练、公司五个角度，较为充分地展示了一位全国焊工技术比赛冠军的事迹与情怀，客观地揭示了主人公成功的奥秘。小标题形式整齐，用语简洁，颇有嚼头，很见功力。

26 年与 50 年
一专与多能
平凡与不凡

（《"公家人"——记全国电力特等劳模向应宏》
《中国电力报》1995 年 3 月 26 日）

三个小标题形式整齐，用语简洁平实，让人一见不忘。标题用 6 个带对比性的名词活画了特等劳模的几个侧面，于平实中体现了不平常的魅力。

长：有的作者制作小标题用较长的文字。小标题概括了文章主旨，是一个较详细的提要，读来另有一种别样感觉，效果也很不错。

《华北电力报》2000 年刊发了一篇报道内蒙古呼伦贝尔电业局扭亏为盈的通讯，从引题到小标题制作讲究，内容丰富，文采飞扬，浑然一体。

引子：

内蒙古呼伦贝尔电业局，一个有着近万人的大型国有企业。在连续 20 多年亏损后，凭着一种对自己近乎残酷的磨炼，在新世纪前的最后一年终于摘掉了亏损的帽子，实现赢利 228 万元。伴随呼盟电业人欢庆的五彩礼花和泪花，冒着零下二三十度的严寒，我们来到冰雪连天的呼伦贝尔，细听了一段曲调淳朴、情真意切、令人慨叹、令人深思的——

翻 身 道 情

（以下是各段的小标题）：

● 可控费用一下砍掉 80 万，厂长说"这样砍还讲不讲理?"全局工资 100%变成浮动工资，局长、党委书记自费订报；一个电厂就一部外线电话；供电局的书记为省电话费谎称电话坏了；出差乘飞机的领导干部即便经过批准，也要自负 100%的飞机票钱；职工把家中的旧衣物拿到厂里当擦机布。"病来如山倒，病去如抽丝"。为了减掉压在身上山一样的亏损包袱，呼盟电业人把该想的办法都想了，该做的事都做了。

● 托管五个煤矿，办了六个农场，开了电器设备制造厂、电力设施安装公司，建立了秀水山庄、明珠宾馆，还有造酒、养猪、磨豆腐、轧粉条、绑墩布等小作坊。在多种经营企业实现盈利（产值超过主业）中，帮了企业大忙，解决了社会之需，成全了待岗职工。这种把资源合理配置，实行低成本有效扩张的做法，为呼盟减亏翻身，发挥了至关重要的作用。

● 女收费营销员把身患绝症的孩子扔在家去收费；丈夫伴着妻子夜晚出行叫门催电费；供电局长带头把家里的煤气灶换成电磁炉；干政工的下班后还在商量第二天查窃电的活怎么干；搞电的却想着法为水泥厂做推销。面对不利的外部环境，他（她）们把心血、汗水和泪水融于“翻身”大计之中。

（《翻身道情》方冠军、赵琳、王作英，
《华北电力报》2000 年 2 月 24 日）

三个长长的“小”标题（如果还算小标题的话）令人信服地展示了面对严峻形势呼盟电业人如何“虐待”自己；如何实行低成本扩张；如何实行售电量承包，全员一心忙售电。在小标题中排列的大量富有动感、体现意志与信心的事实与措施，强化了标题的文势，吸引着读者的阅读兴趣，堪称是制作较好、很有读头的别样“小”标题。

（2）追求文采、形式整齐。

在小标题制作中，如果可能的话还要讲究一些文采。有的则要注意文字的节奏把握，讲求整齐的形式。

例如：

起步与衰荣
新生与整饬
机遇与腾飞
责任与希望

（《纪念重庆有电 100 周年》何润生，
《国家电网报》2006 年 8 月 12 日）

幸福生活电为源
小康之路电为桥
“光棍”“结婚”电为媒

（《“广阔天地”荡笑声》《中国电力报》2002 年 6 月 10 日）

咬住青山不放松
心底无私天地宽
一枝一叶总关情
要留清白在人间

（《乡村路上立起大写的人》《中国电业》1994年第九期）

上面三篇文章的小标题形式整齐、节奏鲜明，而且颇具文采。尤其是《乡村路上立起大写的人》一篇的小标题以几句脍炙人口、颇有影响的诗句为题，可谓文采飞扬，也为通讯增色不少。

（3）追求创新，巧用数字、符号。

远景：振奋人心
准备：着眼长远
运行：重任在肩

（《上海——三峡电力让明珠更璀璨》火雅琳、武星，《国家电网报》2006年9月9日）

一个最佳支点
一种企业行为
一些特色活动

（《最佳结合点》《中国电力报》1996年7月9日）

注：此文为报道上海电力局创建文明单位的通讯

量才巧用走活车马
“严”＋“实”管出大安全
“细”＋“小”等于全出力

（《“两不变”何来“三级跳”》《华北电力报》2003年1月23日）

1000 元车费的故事

三改试验计划的故事

2600 台变压器的故事

340 个家庭书架的故事

（《为党旗增辉的故事》《华北电力报》1997 年 10 月 2 日）

几个小标题或用数字或以标点入题，制作颇具匠心，形式富有新意，读来节奏鲜明，内容颇值回味。

2. 小标题的表现形式

小标题有多种表现形式，如叙述归纳式、评议分析式、引语对话式、描绘抒情式、悬念启迪式、创新求奇式等。

下面对小标题主要表现形式作举例说明。

（1）叙述归纳式。

吃喝请不动

金钱买不动

人情说不动

（《黑脸局长孙志杰》丁蕾、张晶杰、任树宝，
《黑龙江电力报》2000 年 6 月 7 日）

小标题从人物的三个典型特点作叙述的高度归纳概括，简洁准确又为“黑脸局长”作了注脚，互为例证。三个连续的“不动”，既形成了节奏美，又强化了局长的“黑脸”特质。

（2）评议分析式。

●黑发与白发，相距咫尺间。居安思危，我们不能不考虑明天。

●如何让今天的职工在下一世纪安享晚年，在回答这个问题时，我们不能隔断历史，不能不展望未来。

●对于今天的我们，唯一可行的选择是：部分积累——社会统筹与个人账户相结合。

●新的形式在于，养老由国家、企业、个人共同承担，每个人都要为自己的明天操心。

●市场经济发达，竞争越激烈，就越需要发展保险业。羊毛出在羊身

上的保险也是一种文明和进步。

（《谁来养活晚年的你——写在〈电力行业职工养老保险制度改革试点方案〉实行之际》,《中国电业》1996 年第七期）

五个小标题从面对养老危机，职工晚年养老的沿革，今天如何应对，发展趋势，大力发展养老保险业概括了作者的评议观点与结论，层层递进，文势畅达，入情入理，让人信服。

（3）引语对话式。

运用主人公或相关人物的语言，结构制作小标题，具有生动引人与实证性强的效果。采用新闻人物日记的形式来展示他的不同的侧面形象和情怀，与使用引语的形式具有异曲同工之妙。

● “如果说巴顿将军是为战争而生的，那么，高安泽就是为工作而出生的”。

● “凭着超过一般人的强烈的事业心，干出了常人所不能干出的事业。”

● “高安泽不仅是廉洁勤政的好领导，还是可敬的兄长。”

（《实践诺言——记电力部水利水电规划设计总院院长高安泽》，《中国电力报》1995 年 6 月 24 日）

上述的例子以高安泽的领导、战友对他的评价作为小标题，从不同的侧面展示了他的感人事迹与精神境界，具有很强的说服力与感染力。

●当记者是个苦差事，有时候真想超脱一下，睡上几天。但每每看到稿纸变成报纸，心里又感到很甜。我愿意当一辈子记者。

——摘自郝心才《我愿意当一辈子记者》

●新闻的生命在基层，当记者必须离开会议室、扩音器、茶水缸，深入实际、深入一线，这样才能把握时代脉搏，写出有价值的新闻。这是记者的责任。

——摘自郝心才《立足本职当好驻地记者》

●我人生的路已走到尽头。这些年来，福芝对我的写作支持很大，但我不是一个好丈夫、好父亲。我的后事一切从简，不要开追悼会、不要送花圈，不要给组织上提任何要求。

——摘自郝心才的“遗嘱”

（《超越生命的追求》李聚民、汪超英，《中国电力报》1996年6月18日）

再过十年重读《超越生命的追求》，仍感到震撼。读到从河南记者站副站长郝心才的文章、遗嘱中选摘的小标题，仿佛可以触摸到他的灵魂，这应当便是采用日记、引言来制作此类标题的力量吧。

（4）描绘抒情式。

可以是对当时现场实景的描绘与感慨，可以是借诗句、名言的写意处理。

清泉自爱江湖去　流出红墙便不还

江南二月多芳草　春在蒙蒙细雨中

滟滟随波千万里　何处春江无月明

芳菲歇去何须恨　夏木阴阴正可人

山高自有客行路　水深自有渡船人

（《敢问路在何方》戴长军，《湖北电力报》1999年5月28日）

这篇报道电力学校毕业生就业的深度报道，几个小标题连在一起简直就是一首富有韵味的诗。它以整齐的句式、抑扬的节奏，给人以浓浓的美感。它分别对不同的就业状态，进行了概括与描述，将抒情与感慨隐在了字里行间，有言已尽而意无穷之感。咀嚼回味，余韵悠悠。

（5）哲理启迪式。

对于报道的事实进行高度地概括和提炼，以其揭示的道理与给人的启迪作标题。

体制是强企之策

营造机制是富企之宝

建品牌是树企之信

（《破茧成蝶自高飞》《华东电力报》2003年12月4日）

主标题形象地借“破茧成蝶”来比喻多种产业的变化与发展，用“高飞”喻势头的强劲，动感十足。在小标题的制作中，则提炼了不同角度的颇有深度的警示性语言，主副标题的结合浑然一体，互为印证。

（6）创新求奇式。

打破正常的语式结构，追求一种全新的表现形式，从而给人以新奇的感受。

奇　神出鬼没的流动炼钢厂

惊　深夜灯火映红半边天

险　繁华街边爬着窃电线

怪　娱乐巨人却是用电侏儒

（《艰难的较量——目击张家口市区分公司反窃电行动》原婧、贵海、王波，《华北电力报》2006 年 9 月 28 日）

这篇通讯的小标题，以“奇”“惊”“险”“怪”作开头来结构标题，以新颖的语式给人以新鲜感，而且烘托了主标题较量的“艰难”，是一组制作精巧、匠心独运的好标题。

在通讯标题制作中，各种手法丰富多彩不胜枚举。同理，在小标题的制作中，也是如此，只要功夫下到了，就一定会大有收益的。

四、通讯标题引题、主标题和小标题的制作要统筹把握

较长的通讯，在标题构成上会比较复杂，既有引题，又有主标题，还会有小标题。对此，一定要整体统筹把握，统一策划推敲，力求使之浑然一体。在味道的追求与节奏的把握上，都应当紧紧围绕报道主题，着力使之准确、齐整、协调、鲜活。其实，统筹通讯标题的过程，也是提炼报道文章主题、安排文章节奏的过程。一旦这个程序完成了，文章的主题也就明晰了，报道的“大模样”也就有了。当然，即使是文章写完，作者也还可能会再行对引题、主标题和小标题进一步推敲修改，使之更臻精到。但是，这个修改的目的，一定不要违背统筹把握的原则。

在一定意义上，可以说长篇通讯的引题以及大小标题综合制作所展现出来的合力味道，较为集中地凸显着这一篇通讯报道的思想力、品味度与吸引力。要写好较长的通讯报道，综合制作标题的功夫必须得好好练上一练。

下面，试对一篇文章的引题、主题和小标题综合做一分析。

2010 年 10 月 12 日，《国家电网报》在第 5 版《管理周刊》的头条刊发了报道厦门电业局实行用人制度双向选择改革的报道文章。文章的引题、主标题和小标题如下：

引题：

刚刚过去的国庆长假，福建厦门发展策划部的刘荆芹，几乎把整个假期都泡在了工作上。“我是想利用这次难得的长假，好好熟悉一下新的工作岗位”。刘荆芹在国庆节前两天刚刚到新岗位履职，而此前她还是基层部门的一名资产管理员。刘荆芹的岗位变化得益于厦门电业局推行的一场机构规范设置和本部用人制度的改革。这场被认为是厦门电业史上“最痛快”的一次改革，有效解决了长期以来该局在人事制度上存在的种种“老大难”问题，在厦门电业局上下引起强烈反响。

主标题：

一场痛痛快快的改革

三种必须作出的选择

小标题：

● 本部员工：

换岗，还是不换——一道让人棘手的“风险题”

● 基层员工：

参选，还是放弃——考量的不仅仅是胜选

● 本部负责人：

要他，还是不要他——感情和理性的博弈

（徐福兴，《国家电网报》2010 年 10 月 12 日）

这篇通讯的三部分标题，从微观切入，宏观展开，层层推进，巧设悬念，逐步释疑，形式齐整，节奏明快又浑然一体。读者只要读一读这篇通讯的三部分标题，报道的主题、文章的引力就已跃然纸上了，读者他怎么能不急切地读下去呢?!

引题以一位员工——刘荆芹面对人事改革走上新岗位的积极态度切入，引导读者注目厦门电业局推行用人制度的改革及其引起的“强烈反响”。

主标题以“一场改革”、“三种选择”准确概括了改革的全貌，容量丰厚。其“痛痛快快”、“必须作出”的修饰与指向，看似直白，却极富动感，态度鲜明。上下句既相对呼应，又互为因果。

三个小标题回答并展示了“一场改革”与“三种选择”的内涵，分别展现了本部、基层员工与负责人面对改革的态度与思考，也为进一步展开报道，从而对文章主题条分缕析起到了提纲挈领的作用。而且，小标题从句势上抑扬起伏，一咏三叹，既设问又作答，颇有意趣，堪称佳构。

对通讯的引题、主题与小标题整体把握、统筹制作，是制作通讯标题的重要技巧与准则。大家当可从对以上文章引题、主标题与小标题的综合分析中，感受到这一制作准则的重要与必要。

第三节 凤头亮丽豹尾劲

这里说的凤头豹尾指的是通讯的开头与结尾。

通讯作为一个表现力丰富的新闻文体，其开头、结尾丰富多彩，不拘一格。

一、通讯的开头

谈到具体的通讯开头形式，不同的教科书有着不同的表述。未可尽述。

上面谈到消息导语的写作中介绍了四种手法，即叙述式、描写式、议论式、提问式。通讯的开头语导语写作在原则方面有相近之处，不同点是通讯的开头更为灵活，更为讲求对味道的追求，天地也更为广阔。

按照记叙文的开头写法，可归纳为直起式和倒起式两大类型。直起式即平常所说的开门见山式，直接切入新闻事件，直接叙及新闻人物，直接对新闻事件或新闻人物发表见解与议论等。倒起式则是采取迂回手法，先叙及其他，造势铺垫，而后再切入正题。

下面将不单独介绍以上的开头方法，而是将其隐含在以下 12 种开头的写法的介绍中，供大家借鉴参考。

（一）描述式

这类开头多以叙述描写环境或人物的行动入笔，渲染气氛，再现场景，从而给人以身临其境之感。

例如：

薛兵是辽宁凤城农电局用电科科长。初次相见，言语不多，他带着一副眼镜，脸上挂着淡淡的微笑。虽然已过而立之年，但薛兵看起来更像一个腼腆的“大男孩”。

（《薛兵，我服你了》刘洋，《国家电网报》2006 年 5 月 17 日）

夜色深沉，漫步华西“空中不夜城”，歌舞厅中乐声悠扬。俯视万家灯火，静听村巷深处，却又是机声滚滚。电，赋予这“天下第一村”特有的生命韵律，为华西人铺就了一条致富的光明路……

（《华西光明路》刘辉，《中国电力报》1993年7月6日）

（二）惊叹式

起首惊人，第一句从最抓人的新闻事实入手，吸引读者眼球，而后引出文章主题。

例如：

这是一场震惊全国的灾难。

4月26日11时22分，贵州乌江渡大黄崖960高程300米的水平巷洞内，突然传出低沉的爆炸声，一股强大的冲击波带着刺鼻的硝烟呼啸而出，正在安放70多吨炸药，准备对危崖实施第三次爆破的水电八局乌江分局工人和民工240多人，不幸葬身洞内……

面对这突如其来的灾难，首先应救别人，还是顾全自己？在大黄崖下展现了强烈的反差。

（《大黄崖下的强烈反差》张军焰，《中国电力报》1989年7月4日）

（三）对比反差式

利用对比，制造反差，以引起注意。这类开头也往往以此来制造悬念，从而吸引读者注意，引起大家的阅读兴趣。

例如：

3岁，就人的生长期而言，尚处于幼年；对于一般企业来说，也正处于起步阶段。黑龙江电力股份有限公司却在“3岁”时创造出了令人刮目相看的佳绩。

（《企业制度创新带来的启示》黎鹰、耿桂英，
《中国电力报》1996年6月23日）

（四）突兀式

古人曾说“起手贵突兀”。意思是说赋诗作文时开头开门见山的好。所谓开

门见山就是有啥说啥，开头就直奔主题，不绕弯子，不作铺垫，放笔直取。

例如：

孙志杰不但长得脸黑，工作中较起真来脸更“黑”。在哈尔滨香坊供电局内，不少客户称他是“黑脸局长”。他到底“黑”不“黑”，读过这篇报道你就知道了。

（《黑脸局长孙志杰》丁蕾、张晶杰、任树宝，
《黑龙江电力报》2000 年 6 月 7 日）

（五）设问悬念式

通过叙述引出问题，通过设问造成悬念。

例如：

今年，肃宁县电力局关闭了自办的糖厂，开办了育英中学，成为我省第一家投资开办教育产业的县级电力企业。此举引起了社会的广泛关注，运行三个月来更在肃宁县获得了一片好评。那么，这一切是如何发生的？它带给我们什么启示呢？

（《糖厂缘何变学校》梁山、蒋飞才，
《河北电力报》2001 年 12 月 15 日）

撰写悬念式的开头，也可以运用描述或叙述式手法，不一定必须采用设问方式。

例如：

曾经辉煌的郑州热电厂，由于国家能源政策的调整，全部机组已经退役；随着电力体制改革的深化，郑州热电厂归属已经发生变化，与郑州新力电力有限公司的合作关系出现变局；郑州热电厂 2800 多名职工面临着新的工作选择……

迷茫、彷徨、喜悦、失落——也许有太多的情感交织在一起。但 8 月 5 日，对被誉为“河南电力工业摇篮”的郑州热电厂（下称“郑热”）的 2800 多名员工来说，都注定将是一个难以忘却的日子。

（《怎样解开这个困局》张长浩，
《中国电力报》2003 年 8 月 10 日）

（六）对话式

对话式的通讯开头颇为少见，但却新颖活泼引人，是一个很值得尝试的手法。

例如：

"同志，你搞颠倒了，报上经常登着某某举行'记者招待会'，哪有招待记者会呢?""不，没有搞错。是确实的'招待记者会'，而且开的别开生面，热闹非凡"。

这是一篇题为《"招待记者会"纪实》通讯的开头。新鲜、奇巧，读来令人眼前一亮，真是别有味道。

（七）时间、地点式

用重要事件发生的日期与时间开头，具有强烈的实例性。

例如：

1998年8月12日，备受关注的长江九江段大堤决口，经过上万名解放军和武警官兵连续五昼夜的奋战，于18时30分胜利合龙，本报记者在大堤决口处目击了这一壮举。

（《目击九江决堤合龙》王冬、李洪明，
《湖北电力报》1998年8月15日）

（八）抒情式

通讯的特色之一是抒情，有的通讯的抒情往往从一开篇就开始了。记叙人物事件的通讯，以抒情的笔法开头的不在少数。

例如：

你要了解王建只能在工地上。在工地上采访王建，你只能追上他的背影。王建像是一阵风，追逐着时间。

你要了解王建，工地上的每一个人，不管多忙也愿意暂时停下手中的工作，给你讲一讲王建的故事。王建像一首歌，被众口传唱。

（《只争朝夕的人》张德武、周宏，
《华北电力报》1997年5月1日）

（九）引语式

以引用权威人士、新闻对象以及主人翁的语言作为通讯文章的开头，可以体现高起点、真情怀与深思考，可以顺势并令人信服地引出报道主题。

例如：

“天灾不由人，抗灾不由天”这是东北电网有限公司总经理卢健在2006年4月19日内蒙古通辽地区遭遇历史罕见的大风雪袭击后，对电网员工说过的一句话。

（《阳光总在风雨后——东北电网着力提高抗灾能力》
张真，《中国电力报》2007年5月9日）

以普通人物的话语、感受引出涉及的事件、做法、经验，也是一个不错的做法。

例如：

“今年春灌浇地啥也不愁，供电服务非常满意！”这是3月22日，河北省栾城县栾城镇西东铺村村民郝庆子接受记者采访时说的一段话。”

（《汩汩清泉入心间——河北省电力公司农排用电状况调查》
王自智、高文昌，《国家电网报》2007年4月3日）

（十）评论式

以评论式开头的通讯，相对少见。这样的通讯往往倡导一种精神，张扬一个典型，指出一个趋势。写好评论式开头需要功力扎实，思想到位。但切不可故作高深，板起面孔，要言之成理，令人信服。

例如：

谁都知道“船小掉头快”，但在广阔的海洋上，小舢板却很容易被浪头打翻。而有了科学的设计和规划，航空母舰能够实现精确的操作和运行，承载重任，乘风破浪。

对一个特大型企业而言，科学的体系架构价值就在于此。

（《应时顺势　体系自成——国家电网科技创新系列报道之四》
姚雷、房晓童，《国家电网报》2006年11月14日）

（十一）肖像式

以形象刻画新闻人物肖像、生动概括新闻人物特点开头，生动自然，亲切引人，是写人物通讯开头的常见手法之一。

例如：

白净皮肤，一双笑起来弯弯的眼睛，说起话来时不时会腼腆地低下头，完全是一副温柔贤淑的邻家女孩模样，这就是王蓉给我们留下的第一印象。日前，我们在石家庄电业局营业大厅采访时，听营业班班长王卫讲了很多感人的故事，而营业员王蓉为工作几次哭鼻子的事引起了我们的兴趣。终于我们见到了这位姑娘。

（《王蓉：在平和中成熟》火雅琳、梁山，《河北电力报》2001 年 12 月 19 日）

（十二）概括提炼式

这类开头多见于工作通讯，在开头概要介绍工作情况，提炼其特色经验做法，以引出下文。

例如：

在国家电网公司发布的 2006 年创一流同业对标评价报告中，上海市电力公司再次被确定为综合管理标杆单位。上海公司回顾近几年走过的企业发展之路，有一种感悟：唯有创新才是企业立基之本。

（《用创新打造标杆企业——上海公司创新管理纪实》华彬、徐红，《国家电网报》2007 年 3 月 28 日）

还是那句老话，其实通讯的开头远不止这 12 种，仅就教科书资料提到的就还有比喻式、诗词格言式、设问式、叙述式等多种。

上面述及的 12 种开头只是供大家参考，但愿广大电力通讯员能举一反三，创造性地实践，写出更多属于自己的好的新闻作品来。

二、通讯的结尾

在写作的专著中，对文章的写法有“凤头豹尾猪肚”之说。豹尾之意是要把文章的结尾写精彩，应如豹尾凌空，力道十足。

通讯的结尾写作亦应如标题、开头一样不拘一格、精心设计、精彩收束。

通讯的结尾可以见好即收、事尽文止，也可以余韵无穷，刻意追求“言已尽而意无穷”的效果。

（一）常见的通讯结尾的六种形式

1. 总结性结尾

就是在结尾处归纳通讯文章的主体，作出结论性评价，以“卒章显志”。

例如：

电力需求侧管理既是应对电力供需矛盾的重要举措，又是实现电力可持续发展的战略需要，更是电力企业建设节约型社会的一项重要工作。在需求侧管理这只“看得见的手”的指导下，公司系统今年的迎峰度夏战役紧张而不激烈，供需双方都成了这场战役的赢家。

（《看得见的手更有力》火雅琳、韩冰，《国家电网报》2006年10月10日）

没有市场意识的企业，当然是不成熟的企业。

市场真是一位最好的老师，它以真实的疼痛警醒市场中人，并让人们在这其中写出了最生动的教材，即使这是一堂迟到了的补习。

（《忽闻疏雨打新荷》邹平、周得胜，《湖北电力报》1997年7月24日）

2. 点睛式结尾

所谓“画龙点睛”。此类结尾与总结式结尾相近，最后点题，使读者能加深印象，从而使主题得到更充分的表现，令人深思。

例如：

从稀罕用电，到拉闸限电，到拉闸断电，再到现在放心用电，供电公司做广告卖电，京城百姓经历了不平凡的用电四部曲。电桑拿、电热膜、家庭中央空调、电热炉，这些从前听也没听过的东西如今登堂入室；曾经一天也离不了的煤油、煤球，现在扫地出了门；煤气、天然气也不再是当家能源。在未来生活中，电器将更多的加入到居民家庭中。清洁、方便、高效的电，正以它卓越优势让京城百姓须臾难离。

（《四合院里说用电》刘扬，
《华北电力报》2001 年 4 月 5 日）

3. 展望式结尾

这类结尾通过概括新闻事件、任务，指出它们或它的发展趋势与希望，给人以鼓舞与促进。

例如：

鲁迅先生说过："什么是路？就是从没路的地方践踏出来的，从只有荆棘的地方开辟出来的。"沧海横流，方显英雄本色。河北省电力勘测设计研究院在市场经济的大潮中，不畏险恶形势，敢于做市场的弄潮儿，勇立涛头舞红旗，开出了一条属于自己的光明之路。宏图无疆，富于挑战和进取精神的设计院人，必将在市场经济的风浪中不断搏击壮大，创造出更加光辉灿烂的美好明天。

（《勇立涛头舞红旗》梁山、时国利，
《河北电力报》2002 年 9 月 8 日）

4. 号召式结尾

这类结尾，有着较强的感情色彩，常见于一些倡导、鼓励某种作为的通讯。能给读者以鼓励，号召大家共同进行一种行为，认同一种主张。

例如：

历史翻开了崭新的一页，领跑民族发展的火炬传到了我们这一代人手中。在全面建设和谐社会的时代主旋律中，我们供电人肩负责无旁贷的使命！建设一个坚强的国家电网，为经济发展提供坚强后盾是我们的主要任务，为每一个用电客户提供优质服务是我们义不容辞的责任。在现代化建设的新长征中，我们将努力超越，追求卓越。

（《见证长征路上的璀璨灯火》王艳华，
《国家电网报》2006 年 10 月 24 日）

5. 启发式结尾

这类结尾要精心设计，它看似不经意，但往往能引起读者的思考，给人以引导，有耐人寻味的作用。

和往常一样，赵大庆在车上给家人打了个电话，报个平安。

大街上，爆竹声声，黄色的电力抢修车箭一般地穿梭在夜色里……

（《赵班长七年听“春晚”》朱文，
《国家电网报》2007 年 2 月 28 日）

这篇报道说的是电力抢修班的赵班长因为忙于工作，连续 7 年除夕都没能看成“春晚”，只能在车上听“春晚”。报道最后以简洁的场景概括，既渲染了现场的气氛，又以“黄色的电力抢修车箭一般地穿梭在夜色里……”体现了很强的动感，启人联想，意味深长。

6. 自然式结尾

自然式结尾就是通常所说的无结尾，辞尽意尽、戛然收束、干净利落。

《河北电力报》曾刊发过一篇题为《生日饺子送到工地上》的通讯，说的是枣强县电力局工程队长刘忠山为搞城网改造忙得忘了自己的生日，妻子入夜把生日饺子送到还在工地上忙碌的丈夫那里，而丈夫却让饥肠辘辘的队员们把饺子吃了个精光，妻子看到丈夫一个生日饺子也没吃上，满心委屈地回了家，当忙完工地上的活，丈夫回到家里，文章的结尾这样写道：

晚上 9 点，安排完第二天工程任务的刘忠山带着一身的疲惫回到了家，等着给爸爸过生日的女儿早已在沙发上入睡，满脸怒气的妻子一句话也没跟他说。刘忠山自知理亏，当看到还热在锅里的饺子时，急忙端到妻子面前，一口气吃了六七个饺子。逗得妻子笑出了声，轻轻给了他一拳，这场感情“官司”就这样解决了。

（郑汝标，《河北电力报》2004 年 11 月 24 日）

这样的结尾自然顺畅，干净利落，没有一句多余的话，却又感人至深，意味深长。

（二）通讯结尾四忌

通讯结尾这“四忌”是：啰嗦重复、随意草率、花哨卖弄、画蛇添足。

一忌啰嗦重复：结尾忌讳将全文再作复述，将大家本已知道的事再说一遍，了无新意，会令人乏味生厌。

二忌随意草率。在不应当的地方结尾，事情没交代清楚，意思没说明白，突然结尾，草草了事，会令人不着边际，不明就里，是结尾的大忌。

三忌花哨卖弄。结尾故作高深，不适当地罗列诗词、名言；或硬充高大全，高喊华而不实的口号；或生硬拔高做不合度的评价；有哗众取宠之意，无实事求是之心，都是结尾的忌讳。

四忌画蛇添足。横生枝节，本来事情已交代清楚，却习惯于摆出唯恐别人不知的架子，作多余的姿态，硬添尾巴。

希望大家在写通讯结尾时，千万要注意不要犯以上“四忌”里提到的毛病。

第四节　通讯写作五要求

通讯不同于消息，这一点前面已经有过阐述。在下面共同来探讨通讯的写作，还将进一步对通讯与消息的差别进行研究。

如果把消息比作电报的电文，那么通讯就是书信，内容更丰富，容量更大一些。如果用五个“W”来作比较，消息中的五个“W”都是相对简约的，通讯中的五个“W”则是展开的。以其中的一个“何人”来说，“何人”在消息中是叫什么、是何身份、干了什么；在通讯中就要涉及此人是何面目、有何个性、甚至什么性格情感、干了什么、为什么等等。

在这点上来讲，可以说通讯大于消息。通讯较消息有更多的信息含量、有更多的情感含量、有更多的思想含量。而这些特点又都会关系、决定着通讯的写作特点、写作手法以及写作的要求。

通讯的写作要求概括说来有五点：一是选准题材，深入采访；二是主题鲜明，思想深刻；三是人物鲜活，体现个性；四是情节生动，细节准确；五是语言讲究，叙议结合。

一、选准题材　深入采访

消息与通讯虽同是新闻文体，但是能写消息的素材，不一定适合用通讯来表现。反之，可写通讯的素材，不一定能用消息的体裁来报道。二者在采访的深度上、选材的角度上都有不同。

（一）选准题材

通讯的选材与消息选材的共同点，都是要选择有报道价值的新闻人物、新闻事件。但二者在选材上又有些不同。

1. 时代精神明显、思想性深刻

通讯选材应当关注那些对工作有较强的指导性，对观念有明显的倡导性，对精神有一定的鼓舞性的题材。

工作通讯、调查报告、深度报道，典型人物是通讯写作的重头题材。但是，能反映生活本质的凡人小事，也是应当关注的方面。

2. 情节性体现充分，有引人的故事性

这类题材应当是广大读者想知欲知而未知的，能调动人们的阅读兴趣。可以是人们关注的热点、重要事件，也可以是一个能折射时代本质、新的思想的小人物、小事情、小水珠，但必须事迹感人，相对的典型不凡。

3. 感情含量高，有感人的力量、动人的魅力

通讯与消息相比更具有感情含量高、能以情动人的特点。要精选生动感人的新闻人物事迹、富有时代特色的新闻事件进行报道，以求感染读者，传播精神。

例如：

老婆来短信了

王林去抢修电力线路，临走时趴在妻子李永丽耳边认真地说：“老婆，我去抢修线路，估计晚上回来。后天咱就去旅游。”睡梦中的李永丽半信半疑，迷迷糊糊地嘟囔着：“哼！哄人都不打报告……”话音未落，只听见“咣当”一声门响，李永丽一骨碌从床上爬起来看时，丈夫已经没了踪影。

2006年11月2日凌晨，平舆县西洋店乡高压线路被大风刮倒的大树砸上后停了电，平舆县电业局安装公司高压班班长王林匆匆忙忙从家赶到单位，带领班里的职工又马不停蹄地赶往出事地点。

今年，李永丽被所在学校评为优秀教师，学校给她10天带薪休假的奖励。好不容易闲下来的李永丽，早早就和王林商量：“结婚这么多年，今年你也申请几天公休假，咱们到青岛海边玩几天。”王林满口应允。可这事一拖就是近两个月，王林总说忙，一气之下，李永丽非要向丈夫讨个说法，王林没辙，答应妻子10月底休假。

10月27日，李永丽请了假准备去旅游。可王林一直没有闲下来的时间。10月30日，李永丽说：“再不去，我可真去不成了。”王林觉得对不起

妻子，便答应妻子 11 月 4 日出行。

11 月 2 日中午，李永丽拨通丈夫的手机，关心地问："忙完了吗?"丈夫的回答只有两个字："快啦!"到了晚上，李永丽又和丈夫联系，得到的答复是 4 个字："真的快啦!"

11 月 3 日一大早，心急如焚的李永丽怎么拨打丈夫的手机都无人接听。到了中午，怒气冲冲的李永丽给王林发去一条短信。

午饭时，司机王继峰发现王林遗忘在后排座位上的手机，王继峰咧着嘴大声对电线杆上的王林喊："班长，你老婆来短信了!"王林不假思索地应道："快念念!""深更半夜老公溜出去，加班；包谷地里老公趟来趟去，抢修；电线杆上老公爬高摸低，架线；空房之中老婆彻夜难眠，想你——我亲爱的大海!"

小王还没有念完，围上来的几个人全都笑弯了腰。

（张攀、陈凯，《河南电力报》2006 年 11 月 8 日）

一篇妙趣横生的小通讯，宛如一颗熠熠生辉的小珍珠。充满浓厚的生活情趣，有着鲜明的时代气息，以其生动感人的故事情节，令人信服地展示了电力职工热爱本职、奉献社会的高尚情怀。没有深入生活、深入采访的责任感，没有善于发现新闻、选准题材的慧眼与敏感性，没有对群众语言的表达、驾驭能力，是写不出这样的好文章来的。

（二）深入采访

采访是写好新闻通讯的基础，是获得通讯写作素材的最直接的途径。没有采访的深入、具体、到位，能写好通讯是根本不可想象的。

选准题材之后的深入采访，是需要"咬定青山不放松"的精神的。做好深入的采访，需要把握好以下三个方面。

一是提高新闻敏感性，提高自己的新闻观察力，时刻保持对新闻捕捉的欲望和激情。做到这点，基础是功力，是责任感，更重要的是要不断努力提高政治理论素质、对电力改革发展全局及趋势的准确把握能力，还要努力打牢自己的新闻功底。

二是深入调查、深入采访，力争大量的收集占有丰富的基础素材。在采访中一定要注意细节的认真观察和捕捉，更要注意对典型事例、特色语言的深入探究与记载。

三是深入地思考。写好通讯，要有深刻的思想基础，在采访中要随时注意通过事例、语言的发现，不断深化、丰富与调整自己初定的意向，注意向深入的方向开掘。通讯写作的深入，首先是思想认识的深入，这个过程应当早在立意之初就已经开始，并在采访撰写中不断深化。其中，采访过程中的深入思考相当重要。对于揭示事物的本质，彰显事件、人物的时代特征和典型意义非常重要。

二、主题鲜明，思想深刻

主题是通讯的中心思想，它直接决定着通讯的新闻价值。主题正确鲜明，思想深刻厚实，是通讯写作的一个重要的着力点。

（一）主题鲜明

作为通讯的中心思想，主题首先要正确。通常说的舆论导向正确，实际是由一篇篇有着正确思想的新闻文章构成的。一篇通讯思想不正确，或者说导向是错误的，就从根本上丧失了它的价值，背离了宣传宗旨，不但起不到鼓劲的作用，反而会添麻烦。这一点是广大电力新闻从业人员、广大通讯员务必要重视并坚持做好的。

一篇通讯的主题只是正确还是不够的，还必须做到集中鲜明。要让人们一阅即知。不要没有条理、层次不清、横生枝蔓；不得喋喋不休、漫无边际、惹人厌烦。一篇通讯一般只能有一个主题思想。要做到鲜明，即是通讯主题对所报道的人物或事件一定要有一个明确的态度，不可模棱两可、含含糊糊，叫人不知所云，摸不着头脑。

通讯主题的深刻，一定是要建立在思想正确鲜明基础上的深刻。

通讯主题是深刻，还是浮浅，首先是对作者的考验。这个考验既是对作者综合修养、政策水平的考验，更是对作者责任感、工作态度与新闻功力的考验。

没有对电力政策、法规，对电力发展形势的正确认识，没有扎实的政策理论修养素质，没有对全局中心工作的深入把握，是不可能写出具有前瞻性、思辨性，思想深刻，有分量、有新意的好通讯来的。这个观点，本书已经反复陈述了多次。

再者，面对一个采访题目，没有高度的责任感，没有严谨求实的工作态度，势必不可能扎实深入地掌握采访素材。即使得到了够用的素材，也必须经过反复思考、提炼、升华，才可能产生深刻的主题。而这些都要求有严谨的工作态度，有扎实的新闻功力。

请重温先贤的教诲：

毛泽东主席说：

“一个正确的思想，往往需要经过由物质到精神，由精神到物质，即由实践到认识，由认识到实践这样多次的反复，才能够完成。”

这一重要论断应当对我们提炼通讯的主题有深刻的启示。

元代戴师初说：

“凡作文发意，第一番来者，陈言也，扫去不用；第二番来者，正语也，停止不用；第三番来者，精意也，方可用之。”

这段话形象地揭示了提炼文章主题思想的过程与原则。

（二）思想深刻

思想深刻是通讯写作体现主题的高标准要求，同时也是通讯写作本质特征的一个高层次体现。

与消息写作相比，通讯文体在思想深刻的体现上占有优势。

通讯主题要达到思想深刻，就是说不能停留在罗列现象、平铺直叙上。它要求作者一定要面对报道的事件、人物有自己深入的感悟和思考，要能透过表面现象去揭示事物的深层本质和内部规律，要能通过由表及里、由此及彼地深入思考给人们以启示和引导。让思想之花结出精神之果，升华通讯文章的新闻价值。纵观新闻发展史，不乏这样思想深刻的佳作。

《东方风来满眼春》这篇长篇通讯，充满感情地报道了改革开放的总设计师视察深圳的情境，通篇都充满了深刻的思想力量，对改革开放的深入发挥了重要的舆论指导作用。

每一个重大的典型、重要的先进人物的树立，都伴随着一篇能昭示深刻思想力量的长篇通讯报道，这是大家共同见证的现实。

其实就是一篇短小的通讯作品也可以体现深刻的思想。只是看你是不是能够发现亮点、选准角度、开掘够深。

例如：

安全管理“斤斤计较”

3 月 14 日上午，湖北荆门供电公司变电部办公楼前一台商务车整装待发，这台车将前往该部所属的220千伏长林变电所执行综合工作检查任务。

“哎，这不是称东西用的电子秤吗？怎么在这车上？”

“是啊，谁带上这东西？要干什么呢？”

正在上车的检查组成员，突然发现车上有个“异常”物品，大为惊讶。

在大家环顾的眼光和纷杂的询问声中，最后上车的安保科彭科长说话了：“这是检查用具。”

原来，这电子秤真是一件安全检查用具。根据湖北省电力公司2007年新出台的《安全生产违章处罚实施细则》要求，变电所存放的二氧化碳灭火器，必须定期进行称重检查，定期进行数据对比，以确定灭火器的气密性完好，确保其保持在安全可用状态。

“电缆层3号灭火器，11.59千克。”

“蓄电池室8号灭火器，11.52千克。”……

看着安监人员和站所负责人认真地称着一只只灭火器的重量，一项项地做着记录，笔者不禁感叹：现在的安全管理真的是“斤斤计较”啊！

（李琳，《国家电网报》2007年4月4日）

这篇报道，篇幅短、字数少，实属“豆腐干”式的“小报道”，却行文流畅、现场感强、主题突出。它通过对一个小小的电子秤引出的话题与故事，以看似小事情——定期严格用电子秤称量灭火器重量，反映出——精细化管理和安全第一的理念，已经在湖北荆门供电局得到认真地贯彻执行的大主题。有谁能说它的分量轻呢?!

三、人物鲜活 体现个性

按着教科书上的表述说：“通讯是对具有新闻价值的人物和事件的详尽报道。”

详尽是通讯对人物和事件的特色体现。这里所说的详尽是相对的，它首先对消息的简约而言。如果说消息中对人物的报道是速写，那么通讯中人物刻画就是素描。做好这个素描的标准应当是八个字“人物鲜活 体现个性”。

（一）人物鲜活

人物的鲜活主要不是指概括人物面貌的鲜活，主要是指提炼人物事迹的鲜活，体现人物要通过过程实际来表现。没有事迹，没有行动，人物长得再顺眼，也就没有了报道的价值。

在人们有记忆的通讯中一个人物，首先是由他们的行动而鲜活起来的。欧阳海勇拦惊马救列车、黄继光为了胜利堵枪眼、孔繁森在藏区中奔走、焦裕禄在兰考的奋斗、王铁人在大庆的奉献，他们正是以自己的行动，体现了伟大的时代精神，感染了一代又一代的青年。

其实行动不只在英雄和名人身上，在一个个普通人的行动中也会闪烁着高尚的光彩。只要用心留意，就一定会发现在身边的同事们、在一线的职工们行动的闪光点，准确地记录下来、条理地表达出来，说不定就是一篇好的人物通讯。

下面来看一篇通讯：

“马背电工”葛春

晨曦初放，新的一天开始了。葛春备足了水和食物，为他的马也备足了“午餐”。他骑上马，带上绝缘拉杆、腰绳、脚扣子和收电费的皮兜向工作辖区走去……

辽宁省彰武县的阿尔乡地处内蒙古科尔沁大沙漠边缘，1972 年彰武县农电局把电送到了这里。通电后，彰武县农电局在阿尔乡设立了供电所，负责全乡 3 个村 13 个自然屯 1752 户的供电服务。供电所 9 名职工中有农村电工 5 人，葛春就是 5 名农村电工之一。他负责阿尔乡镇北甸子屯等 7 个台区共 594 户的用电服务。当年 23 岁的葛春，负责这个村的抄表、收费和线路维护。这份工作他一干就是 30 多年。

自费买马助工作

每当阿尔乡马家屯的村民听到远处传来的马铃声，就会高兴地放下手中的活儿，迎接“马背电工”葛春，有的村民准备好电费，有的赶紧作好家电修理准备，有的煮好了奶茶。葛春在这里走家串户，一忙就是一整天，直到傍晚时分才骑上马离开。

人们说阿尔乡地区一年刮两次风，一次 6 个月。大风刮起来飞沙满天，人难行，车难走。在这里的两个台区，现代化交通工具很难派到用场，葛春就和老伴儿商量买匹马。骑着马进村抄表、收费和进行线路维护解决了交通困难。从 1983 年至今，葛春已经先后换了三匹马，每匹马的价钱都在 2000 元以上，他从来没向所里提过自费买马的事儿。葛春认为，为了工作，值得。

客户需要就是出发令

葛春说，只要客户有需要，就是我的出发令，不管路途有多远，时间早晚，随叫随到。每次接到客户的电话他总是以最快的速度赶到故障地点进行抢修。葛春的妻子李国萍非常支持丈夫的工作。葛春整天在外面忙，妻子就成了他的专职值班员，哪个屯的供电线路出了故障，哪家的灯不亮了，她保证在接到电话问清情况后，马上打电话给葛春，告诉他故障地点，使他尽快到达故障现场，及时排除故障。

30年来，不论是春种秋收，还是亲戚朋友有事，葛春从不因自己的家事而延误为用户服务。2002年夏天，儿子正在办结婚酒席，葛春突然接到马家屯用户打来的报修电话，说该屯前街有十几户人家没有电。葛春二话没说，不顾亲戚朋友的阻拦，放下酒杯，跳下炕，骑马就奔向故障现场，等他处理完故障回到家中已过了4个多小时，亲戚朋友早已散去。

一次，葛春骑着马去拆避雷器。刚出村马突然受惊，他从马背上摔下来。有人发现时，他已不省人事，大家把他抬回家。他苏醒后对老伴说：不行啊！我工作任务还没有完成，我还得去呀！大伙儿把他送到甘旗卡医院，结果他勉强住了3天后，又带着伤痛到辖区收费，也没有和所里的同事提起他摔伤的事。到现在他胸部还留有条条伤痕。

多来几次算个啥

抄表每月一次。葛春负责的辖区共594户，其中48户的马家屯和28家的好保起屯条件最艰苦，也是葛春去得最多的地方。虽然屯小户少但居住分散，一天时间逐家走不完。他说，抄表容易，收费难，他背着兜子牵着马在村子里收费。碰上困难的农户得来收四五趟。葛春说，多跑几次算个啥。

这里沙漠化严重，春、秋风大沙打脸，使人睁不开眼，走一步得退半步。夏天炎热，人走在沙地上，脚板都会烫得起泡，就是骑马代步，人骑在马背上热得也很难受，而且走多远也没有一棵树。每天在这样的路上跑上四五趟，工作难度可想而知。但是，葛春从没有叫过苦、说过累，年年的电费回收率都是100%。他还严格执行电价政策，对贫困户特别照顾。阿尔乡镇西屯村民苑军说，“马背电工”葛春对老百姓是个热心肠，电价、电量公开，从来不多收一分钱。有的用电户特别困难暂时没有钱，他就用自己的工资给垫上。

镇长李颜文深有感触地说，农村电工来源于群众，心里装着群众，直接服务于群众，葛春是他们的好代表。阿尔乡砂矿矿主曾想聘他当专职电工，薪水比现在高一倍，葛春婉言谢绝了。他说，我是在农村电工的岗位上成长起来的，我希望能给乡亲们办更多的实事。

（傅长儒、赵忠实，《国家电网报》2006 年 11 月 1 日）

农电工葛春自费买马巡线，而且二十多年来，连续换了三匹马，确保了年年电费回收率 100%，事迹特殊而感人。通讯中关于葛春离开儿子的婚礼宴席为乡亲用电抢修，落马昏迷对同事保密，镇长、乡亲对他的评价以及骑马收费的艰辛叙述，充分展现了一位“马背电工”对电力事业的高度责任感以及他坚韧不拔、热心为民的高尚情怀，也使通讯具有了感人的力量。

（二）体现个性

通讯对人物的刻画一定要突出体现个性，即一定要写出“这一个”的特点。

世界上没有两个完全相同的个体。作为人物更是每人一面，人人都有与他人不同之处。对人物的刻画不可肤浅，不能概括化，不可有悖情理地把先进人物或新闻人物描写成不食人间烟火的怪物、不懂人情世故的超人。一定要注意对新闻人物人性化、生活化、真实化的个性描写刻画。如陈景润的“痴”和“迂”，王铁人的“刚毅与拼命精神。”

请读一篇小文：

老　甄　的“道”

在河南省禹州市顺店镇南袁庄村，好多人都说，供电所的农电工甄国欣平时有点“怪”。比如，他无论是骑车还是走路，两只眼睛不停地向路两边看，东张西望的；还有，他一到刮风、下雨时就神色紧张，经常行色匆匆地从家往外跑……可熟悉他的人都知道，这些都是他多年养成的工作习惯。

老甄平时经常说这样一句话：“干什么都讲个道，做电工也有这一行的道!”他的“道”是什么呢？用老甄自己的话说，“乡亲一叫，马上就到；用户有难，热心去办；胆大心细，处理彻底；苦点累点，没有关系；大家满意，就是目的”。平日里，无论谁家因为用电上的困难找他，不管什么时间，不管自己正在做什么，老甄总是二话不说，跟着就走。1 月的一个雪夜，袁庄村一家筷子厂的工人正在为完成一批合同加班加点，突然厂里断电。凌晨时分，厂长拨通了老甄的电话。老甄毫不犹豫地爬起来，骑车赶到现场，打着手电筒，冒着严寒，仔细查看故障。考虑到可能是因用电负荷过大造成跳线，他又顶着刺骨的寒风爬上电杆……供电及时恢复了，老甄却被冻得大病了一场。

收电费是很多电工头疼的工作，可老甄干电工13年了，从来没因为收电费而犯过难，村里也从没有出现过关于电费、电价的纠纷。有人向他打听电费结零的“秘籍”，老甄又摆出了他的“道”：替人着想，乡亲不忘；踏实干活，群众配合；自己带头，收费不愁。村里一位五保户说：“国欣把别家的事看得比自家的还重要，从来没让俺这孤老头为用电操心，咱咋好意思不交电费！”老甄常常感叹：只要多为大家着想，替大家多办实事，乡亲们不会不交电钱。而且，每个月他总是把自家的电费第一个交上，还把每户的用电量、电价等清清楚楚地写在村头的黑板上。

提到他的“怪”，性格耿直的老甄说这些已经很难改掉了，走路时不观察线路他就不习惯，兴许这就是别人说的“职业病”吧。老甄说，他一点儿都不因有人说他“怪”而心里别扭，相反，他因为这些习惯而感到踏实，“咱是电工嘛！”

（高卉，《国家电网报》2007年4月24日）

通讯生动传神地描写了老甄的“怪”与“道”，活化了一位个性鲜明、责任感强的好农电工形象。

四、情节生动　细节准确

（一）情节生动

情节生动是关于新闻人物与新闻事件通讯的一个重要的写作特色要求。

这类通讯以其较大的容量能够展现有关人物、事件相对多的情节。这些所谓情节，是由人物与人物、人物与事件、时间与环境之间的联系与矛盾构成的。

通讯写作的特点之一是用情节展开新闻人物或新闻事件的丰富内容，反映现实的工作与生活，从而揭示报道的主题思想。选择情节的原则是一定要精心选择有助于表现新闻人物的特色，凸显新闻事件的价值的情节。这些情节应当是有头尾、真实、具体、生动曲折的。缺乏了生动情节通讯势必平淡无味。

一句话，生动、曲折、丰富的情节，对深化通讯的主题思想，增强通讯的可读性，强化通讯的引导性，具有十分重要的作用。

请来看一篇作品：

滞销的蜡烛

涿州市东仙坡乡常店村的李得山老汉可是个精明人，常店村低压整改头一天，他就从支书家摸到了信息，他连夜去了城里的批发点，给自己的小卖店进了500包蜡烛。老汉得意地跟儿子拨拉起他的小算盘，“低压整改可是个大活计，要让这‘电老虎’们给咱们干，少说也得干一个月，这一个月咱们的蜡不一定够卖。”

涿州市电力局东仙坡供电所的低压整改施工队6月23日进入常店村开始施工，他们起早贪黑，加班加点，只用15天就完成了低压整改任务。这10来天工夫，供电所的电工们白天施工停电，晚上恢复供电，李得山小卖店的蜡烛没卖出几包。

就在常店村的群众敲锣打鼓，燃鞭放炮庆祝低压整改完工的时候，李得山又骑着三轮去城里进货了，这回李老汉又进了500包蜡烛。儿子不解，李得山就跟儿子解释：“供电所的电工们给咱村里整改可没从村里吃一顿饭，几十根新电杆立好了，几千米新电线架好了，没跟咱收一分钱，整改完了，供电所进村直接管电，你瞧着吧，从前不是7毛钱一个字吗，下月一个字一块四也挡不住，羊毛出在羊身上啊。这电费要是真到了一块四一个字，你说谁还敢使电，这1000包蜡烛进多了吗?”

7月10日，常店村低压整改后的第三天晚上李得山老汉遇到了点麻烦，小卖店停电了，李老汉着急了，要是等到明天修，这么热的天，冰箱里的冰棍全都化了，这可咋办?他忽然想起供电所赵士启所长给他家里送过的一张明白纸，李得山翻箱倒柜找出那张明白纸，看着纸上的服务电话，再看看墙上的表，他又犯犹豫了，这可都9点半了，这么晚还能有人，即使有人，他能来?没办法，李得山硬着头皮，按响了服务电话，电话刚响两声，那头就有人接电话，老汉一阵窃喜，他把冰箱坏了的事一说，那人就说能来，20分钟以后到。放下电话，李得山点着一根烟，半信半疑地站在门口等，20分钟刚过，供电所的电工司刚就到了，时间不长，就把电送上了，临走李老汉硬要塞给司刚一盒烟抽，司刚死活没要，还说有事您就打电话。

8月20日，是供电所管电的第一次进村收电费，村委会的大喇叭早上8点就开始通知交费，李得山看着小库房里那一大堆蜡烛心里得意，他慢悠悠踱到村委会之后，却吃了一惊！怎么交电费还要排队？他拉住刚交完电费的赵春河，抢过手里电脑打的电费通知单，李得山差点喊了出来，怎么才6毛钱一个字？赵春河乐了："6毛钱还多呀？"李得山老汉悄没声儿地在墙根的一把椅子上坐下来，看着眼前交费的队伍，他心里想的却是家里那一大堆蜡烛。

（李成均、孟英杰，《河北电力报》2000年9月13日）

这篇通讯作品情节可谓一波三折，生动丰富，充分展现了通讯的魅力，细细品读，反复体味，从中当可以得到享受与收益。

（二）细节准确

细节，是构成情节的基本元素。它是细腻地描绘人物个性、事件、发展、社会背景的最小组成单位。它是展现人物个性、精神世界的闪光点，是报道新闻事件的新闻眼所在。

细节的特点是具体、细致、形象。真实、新颖、深刻和富有感染力的细节，可以以"小"见大，以"一滴水折射出太阳的光辉"；可以耐人寻味，增加通讯的感染力量。

能否做好细节的刻画，在一定意义上体现着通讯的价值高下。一个报道人物、事件的通讯，离开了细节描写，人物的性格情感特征就难以充分体现，事件的细部特征就会模糊不清，文章的综合影响力势必会减弱。

要做好细节描写，一定要基于深入地观察与采访，要具有新闻慧眼，才能在纷繁的采访素材中，准确地捕捉住能体现人物个性与特色，展示新闻事件本质特征的细节。没有捕捉细节的专注与执著，没有成熟深刻地思考，发现并准确地展现细节是不可能的。

前面介绍的《老婆来短信了》一文仅开头一段文字就用了"趴在妻子李永丽耳边认真地说"、"睡梦中的李永丽半信半疑，迷迷糊糊地嘟囔着"、"只听见'咣当'一声门响，李永丽一骨碌从床上爬起来看时，丈夫已经没了踪影。"三个传神的细节描写，使得文章一开头就抓住了读者，引起了读者浓厚地阅读兴趣，同时也展现了主人公王林的人物特色。

在前面的范文《滞销的蜡烛》一文中也有诸多生动的细节描写，对于刻画人物形象，揭示文章的主题起了重要作用。其中对主人公李德山老汉"半信半疑地站在门口等"、"慢悠悠踱到"、"抢过手里电脑打的电费通知单"，以及"悄没声儿地在墙根的一把椅子上坐下来”等细节的描写，活化了一个自以为“能不够”的农家老汉由“得意”到“着急”再到“懊丧”的过程。从一个侧面为电力行业搞好低压整改、真心服务为民提供了很有说服力的实证，也提升了这篇通讯的感染力和新闻价值。

五、语言讲究　叙议结合

（一）语言讲究

通讯的文字语言与消息的语言相比，相对自由、生动，更富有情境色彩，更具有形象特色。它虽然也应当遵循多用动词、少用形容词的新闻语言原则，但是它不拒绝形容。这个形容是基于新闻事件、新闻人物的具体形容；它不同于文学语言那么发散，是可以随作者思绪飞扬的形容。如果能试着给它一个界定的话，可以说通讯的形容描写是一种理性的、准确的、拒绝夸张的适度形容描写。通讯语言风格应当是朴实、准确、理性且富于情感的。

（二）叙议结合

叙议结合是通讯写作的一个基本特色，也是通讯语言的一个基本特色。

通讯的议论是作者基于新闻人物表现、新闻事件发展阐述自己的观点与感受，它与言论的评议有所不同。它不像新闻言论的评议那样层层剥茧、条分缕析。而是基于新闻的形象与事件的情节发展变化，展示作者的情感与思考，具有更多的感情与感悟色彩。谈到通讯写作叙议结合的特点，有一本教科书曾作了 16 个字的概括，这就是“即事生情，缘情见理；画龙点睛，言约意丰”。

（1）即事生情。就是作者因自己所报道的新闻事实的影响而产生强烈的感情。这种感情成为推动作者满怀激情地投入写作的动力，也是作品感染读者的前提和基础。据作者的写作感受就是，你想写出感动读者的作品，自己首先要被感动；想让读者落泪，你自己首先要在采访与写作的过程中，感受到心灵的震撼，具有落泪的经历。通讯写作是基于新闻人物和新闻事件的写作，尤其会如此。

笔者曾经在 20 世纪 90 年代初期写过一位因查窃电被窃电人打死的农电工，他的名字叫于恩池，通讯的题目是《一颗不该陨灭的小星》。在采访过程中，面对其家人、乡亲们的哭诉、陈述与怀念，作者几次落泪。这种深切地感受，也带到了通讯报道中。文章发表后，有的记者、通讯员说报道有催人泪下的力量。

（2）缘情见理。这讲的是通讯中的议论成分，多数并不只是单纯的理论判断，而往往是以抒情的形式出现，表现为亦抒、亦议，亦情、亦理，不是作者仅凭自己的臆想空发感慨、议论。

例如：

“如果说优秀的设计、精湛的设备和完美的施工为鹅城换流站成为世界一流的换流站打下了坚实的基础，那么完善的管理是让这个换流站实现一流运行的核心。”

“优美的环境不仅是因为有美丽的景观，而是包含着深厚的文化底蕴。”

（《惠州—三峡电力为南粤添动力》赖少明、王志，《国家电网报》2006年9月12日）

（3）画龙点睛，言约意丰。通讯中的议论，一般都精练简约，极少长篇大论，这些议论虽少，虽简练，却有画龙点睛深化主题之力。

通讯中的议论作用十分重要，它可以阐释本质，深化主题；可以明辨是非，鲜明地表明态度，倡明大义；可以剖析缘由，点明事物的发展规律，强化作品的引导性。

通讯中的议论可以议人、议物、议事，但一般都要议在关键处，要言简意赅，恰如其分。

通讯中的议论是通讯写作中的精华所在；是通讯体现思考深度，闪耀思想光辉的焦点所在；是作者政策水平、思想实力的集中体现；是需集中精力、深入思考、努力锤炼才能做好的。议论一定要理缘事起，议由事生，深思熟虑，不可随意顺口而作空泛白开水之议。

通讯写作的上述诸点写作要求可以说是非常重要。但是更重要的一点是作者一定要有置身其中的态度，要在客观的叙述中，体现文章鲜明的导向性，体现作者鲜明的倾向性。不可只沉醉于写作技巧的体现和卖弄中。当然，不掌握娴熟的写作技巧是当不好新闻记者的。但是真正让人感动的文章，首先并不是它的写作技巧，而是作品中所展示的感人事实，是作品中所负载的鲜明的爱憎，是作品中所反映出来的激情与情感，这些才是最根本的更重要的东西。

没有激情是当不好新闻记者与通讯员的。面对新闻事实不激动写不出让人激动的文章；不落泪写不出叫人掉泪的作品；不深思写不出叫人有所感悟的报道。他们应当具有冷静的思维，但是，冷静不等于冷血，感愤一定要呐喊，要用文字作准确呐喊，用事实作理性呐喊。

第五节　通讯文体品种多

通讯作为新闻的一个重要体裁，具有丰富的构成品种。诸如：专访、侧记、札记、巡礼、散记等，可谓名目繁多。下面主要依一般的分类法介绍五大类型：人物通讯、事件通讯、工作通讯、风貌通讯、调查报告。对于也属于通讯大家族的深度报道，本书单设了一节，另作重点介绍。

一、人物通讯

人物通讯是通讯家族中的重要兵种。它是以新闻人物为报道对象的通讯作品；是通过一个或一组人物新近的行动来反映时代特点和社会面貌的一种报道形式。

人物通讯在历史的进程中发挥过并正在发挥着张扬时代精神、树立时代楷模、倡导一代时风的重要作用。

从《县委书记的榜样——焦裕禄》到《领导干部的楷模——孔繁森》、袁隆平、吴吉昌、蒋筑英、郑培民、李素丽、任长霞等，一个个闪光的名字，人们大都是通过通讯这种形式与他们相识并为之鼓舞的。在我们的电力系统，也涌现了大量的劳模与先进人物，如李庆长等，报道他们事迹的通讯同样激励着一代又一代电力新人茁壮成长。

人物通讯是广大电力通讯员离不了、而且必须下苦功掌握好的一种重要文体。

（一）人物通讯的类型

人物通讯有多种写法，其主要类型有四类。

1. 传记式

传记式的人物通讯多以重要的典型新闻人物为对象。他们一般都有突出的感人事迹，是较为重大的先进典型。传记式通讯一般篇幅较长，影响相对较大。其特征是较为完整地记录新闻人物的一生主要事迹，如报道雷锋的传记式通讯《伟大的战士》。

电力系统中的先进人物如中国电力报刊载的《超越生命的追求》，报道中国电力报驻河南记者站副站长郝心才献身电力新闻事业的事迹文章，也是属于这类的传记通讯。

2. 特写式

抓住新闻人物的一人一事或一个侧面，进行深入刻画报道的通讯叫特写式通讯。

特写式人物通讯在通讯中占有很大的比重。

例如：

紧急救护150分钟

3月5日晚8时左右，安徽阜阳农电公司伍明供电所员工巩汝中的手机突然响起。电话刚一接通，听筒中就传来一个妇女的哭喊："我是艾庄！你快来呀！有人触电啦！"情况紧急，巩汝中立即叮嘱对方断开电源，让触电人平躺在地上不要挪动，随后跨上摩托车奔向艾庄。

原来，艾庄村民刘桂田晚间喂牛时，牛棚的电灯突然烧坏。在换灯泡的过程中，刘桂田由于手上沾有水而触电。一旁的妻子顿时吓得六神无主，但是很快她想到了经常为他们服务的电工巩汝中……

艾庄离巩汝中家有两公里路程，天已经黑了下来，路也不太好走，但巩汝中仅用4分钟就赶到了。当时，刘桂田已经没有了呼吸，脉搏也停止了跳动。巩汝中迅速采取措施。由于供电所经常组织职工学习触电急救常识，所以巩汝中非常清楚该怎么做。他做了一会儿人工呼吸后，让刘桂田的儿子协助再做心脏按压。在场的村民都焦急地等待着。但是30分钟过去了，60分钟过去了，刘桂田还是没有呼吸，巩汝中已累得满身大汗。

90分钟过去了，在场的村民已经开始有人低声哭泣，刘桂田的妻子也忍不住放声大哭，哭声使现场的气氛更加紧张起来。但是巩汝中不愿放弃，他不断对自己说："我怎么能放弃？怎么能让这个正值壮年的生命就这样轻易离去？"2个小时过去了，他依然在努力坚持着……

夜里将近11点，刘桂田的喉咙处忽然"吼"的响了一声，接着头也摇了一下。"活了！活了！"刘桂田的儿子喊了起来，哭声随之戛然而止，现场又是鸦雀无声。

看到了希望，巩汝中更加努力抢救。又过了15分钟，刘桂田终于从死神手里被抢了回来。150分钟的紧急抢救，巩汝中累得瘫坐在地上。

临走的时候，刘桂田的妻子双手捧着一沓钱对巩汝中说："俺全家都忘不了你的大恩大德，这算是俺的心意……"巩汝中说："心意我领了，但钱万万不能收。"

事后，有人问巩汝中："发生事故的时候，刘桂田的家人为什么先想到的是你而不是120急救?”巩汝中笑着说:“我前年也救活过触电的人。平时谁家有困难打一个电话咱就去了,村民们对我可能比较信任吧。”

(武星、郑邦杰,《国家电网报》2006年4月14日第3版)

这篇特写通讯集中写了一件供电员工抢救触电者的事,它有始末、有起伏、有对话、有动感、有细节、有心理活动,可谓声情并茂。镜头味道很足,读后有身临其境之感。语言虽简洁、平实,却活现了一名富有责任感,充满爱心又细心、执著的好电工形象。

3. 群像式

群像式的通讯多以报道一个群体为对象,它可以是一个集体中的一群人,也可以是不同时空的几个同类人。编著者本人写的通讯《这里有个起重班》,对河北省电建一公司的一个起重班的班长、专工、班员们不怕艰苦磨炼、献身电力事业的感人事迹作了较为深入的刻画,就是一篇群像式的通讯报道。

这里有个起重班

——记河北省电建一公司“全国青年文明号”热机工地起重班

“大吊车,真厉害!成吨的钢铁,它轻轻地一抓就起来……”上些岁数的人几乎都熟悉,甚至能哼唱现代京剧《海港》中老工人马宏亮直抒胸臆的这段著名唱段。

其实,比大吊车更厉害的是人。

是那些给大吊车装上头脑、注入灵魂、赋予意志的人。

河北省电建一公司起重班长、共产党员王昌军和他的战友们就是这样的人。

在每一个电厂的建设工地,你首先看到的是有着伟岸身躯、长长力臂的一座座巨型吊塔。它们矗立着,给工地带来了几分壮美,给明天带来了几分希望。在国华定洲电厂建设工地,有两座吊塔格外引人注目,这就是傲立在一号锅炉钢架旁的国产4000吨米吊塔和号称“神州第一吊”的日产650吨巨型履带吊塔,循着它们的身影你一定可以找到王昌军和他的战友们。“王昌军青年文明号”就是指挥这两座巨型吊塔,在中国的电力建设吊装史上,演绎出了一幕幕前无古人的壮美剧目。

苦 乐 篇

说起建电厂，人们都说起重这个工种很重要。确实重要！锅炉钢架每一根钢材的吊装，每一台锅炉、汽机、发电机等重型设备的就位，离开起重班的指挥是不可想象的。

人们同时又说起重工作是电建工地上最苦、最累、最危险的活计，这同样是不容置疑的。

见到王昌军和他的那帮兄弟，给我们最强烈印象的是他们的黝黑肤色，那种泛着金属色彩的黝黑透红的肤色一定会让你过目不忘；那种有着憨厚、真诚笑意的黝黑面庞一定会深深植入你的记忆之中。

是啊，想一想。一年 365 天，天天在阳光的直接照射下，在旷野里，在高达 50 至 80 多米的钢架上，沐浴着或温暖或暴烈的阳光的关照，多么白的肤色也会变为黝黑。那令人沉醉的黑红色的肤色，记录着他们数不清的辛苦与奉献。

不光阳光，还有风雪寒暑。

起重工作要求一旦起吊必须完成才能算了。中间停工，规程不允许。这个特点决定了它工作的连续性。也决定了在野外作业的王昌军和他的起重班，一旦开始吊装，无论是风和日丽，还是狂风袭来；不管是艳阳高照还是雨雪骤起，也要把设备就位才能停工。用他们的话来说，“就是下刀子，也得干完。”顶风冒雨作业，伴随着他们十几年的工作生涯。

偏偏，国华定洲电厂的所在地是个气候多变的地域。那里风多，今年雨水又多。于是风浴、日光浴、雨水浴成为王昌军他们的家常便饭。

8 月 4 日，是国华定电一号汽包起吊的日子。当 280 多吨的巨型汽包在起重班的指挥下，刚刚吊到 40 多米时，突然骤雨袭来。狂暴的风雨令在场的所有人们猝不及防。狂风卷走了谁的安全帽，暴雨让在场的几位领导的手机彻底报废。几十米的钢架，高高地无遮无挡，人们只有抱住钢架才能稳住身形。但是，起重班的小伙子倪吉平、张建立、王占良等几个人却冒着被风雨卷下悬空几十米高的汽包的危险，迅速地固定液压保护装置，用塑料布遮好起升装置，人人都淋了个透湿。

更难过的是盛暑和严冬。

近些年的老天，变得脾气莫测。厄尔尼诺现象屡屡光顾华北大地。夏天动辄热到 40 多度。烈日下的高空钢架，每根钢梁、起吊的设备表面温度都在60度以上，坐在上面谁受得了。可起吊中的设备钢架要穿螺丝固定，坐上去是“规定动作”。为了扛热，王昌军为大家制作了30多个厚厚的海绵垫，可那热力好像具有穿透力，还是一个劲穿过垫子，与烤得你头晕的太阳一起上下发威。大件的固定往往需要几十分钟甚至一两个小时，他们就只能这样工作着，汗水一遍又一遍把他们的工装浸透，滴滴汗水滚过他们的精壮的身躯，从几十米的高空洒下，渗入托起钢架的大地。

严冬，对于王昌军和他们的战友则是另一副面孔。

刮肉一样的西北风，打得人脸生疼，纷飞的大雪常常与他们为伴。一不小心摸在零下十几度冻透了的钢架上，手都能沾掉一块皮。更要命的在高空几十米走过那悬空的，只有半尺宽的，上面结了一层薄冰或白霜的钢架，那危险，那难度，要超过普通的杂技演员多少倍，堪与新疆走钢索的“高空王子”阿迪力媲美。坐在钢架上，作业时厚厚的棉裤挡不住那股钻心的冷。

还有吃饭的问题。

不说因为连续工作的特点常常误了饭时，就是送饭到了工地，人往往也下不来、吃不上。有时好不容易下来了，可饭早凉透了。夏天还好，那冬天呢?!

去年冬天，为抢工时赶装4000吨米的吊车，他们记不清多少次是从高高的塔臂上用绳子把饭提上去的。长此以往，起重班里30多位汉子有不少患有胃病，班长王昌军正是其中之一。

记者采访时问王昌军和他的伙伴们，工作这样苦、累、危险，你们有什么感觉？他们的回答尽管表述不同，但意思都是一样的：我们习惯了！有一天不干活还难受呢。苦点累点，望着那一天天长高的钢架，一座座建成的电厂，想想那里有俺们出的一把子力，有俺的汗水，感觉值！心里那叫美！

创　造　篇

巧得很，王昌军的两位副班长名字都带军字。粗壮的像铁塔一样，黑黑的面庞的叫房海军，稍瘦些、唇上长着几许胡须的叫张永军。3个人都是高中毕业的农家子弟，几乎是同时参加的工作，1991年王昌军当班长时，另两军就是班里的干将。王昌军说这两军是他的左膀右臂。记者在采访中戏称他们是“三军”，那么他们创造的业绩就可以概括为“座座电厂建成后，电建‘三军’尽开颜”了。“三军”的起重班，确实创造了和正创造着不少令世人称颂的光辉业绩。

河北电建一公司这支电力建设的铁军，进入20世纪90年代，建造了西柏坡电厂，得到了全国“状元工程”的美誉；进入21世纪，又建造了华北最大的合资电厂邯峰发电厂，赢得了建造600兆瓦机组质量全国第一的评价。在这两个可以说是载入共和国电力建设史的工程中，起重班同样在中国的起重史上写下了精彩一笔。

邯峰工程中重达286吨的一号炉汽包，是电建一公司第一次承担的最大起重吨位设备部件，在国电电力吊装史上也属于吊装吨位高、难度大的吊装项目。为完成这次吊装任务，在公司、工地领导的支持下，王昌军和几位班长、技术员廖建翔反复比较，深入论证，严密计算，设计了“两车一机”的起吊方案，但是却遭到了外方供货商的强烈反对，外方力主从国外进口或租用大吨位的卷扬机和滑轮组。为节省大笔外汇，坚信起重班能稳定起吊，一公司领导最终不顾外方“不承担出事后果”的威胁，毅然采用了起重班的起吊方案，结果仅用了2小时40分钟就达到了外国起吊同类汽包使用“钢绳液压起重装置”得需20多小时才能完成的同样效果。

邯峰电厂的锅炉钢架顶部最重要的平衡钢梁共有三套。每套钢梁长44米，高7米，重达194吨，由上下两根组合，被外国专家称为“虽然不是世界上最大的，但的确是世界火电厂中最大的板梁。”面对这个从来没有承担过的艰巨任务，他们抓紧学习刚刚购来的日产650吨履带吊（即神州第一吊）有关资料，反复设计拟定了“双塔同起吊板梁”的起吊方案，奋战5天，就使三套6根板梁严丝合缝地安装就位，创造了电力吊装板梁新纪录，引起了在工地现场的美国、德国专家的惊叹。

对大面积的多组水冷壁实现软体吊装，是王昌军一直参与操作，现已使用纯熟的吊装技艺。这一技术，王昌军的前任班长，现任热机工地书记刘立民是设计者，王昌军是参与设计者和实践者。据说这一实践是从西柏坡工程开始的，在一公司负责施工的邯峰、定洲等电厂建设中得到广泛应用。

9月17日，记者赶到定洲电厂采访时得知一块面积约450平方米，重58吨，由16片水冷壁组成的巨型水冷壁后包墙已经吊起，于是急忙爬上70米高的钢架，去看现场。后包墙正在调整就位中，整体一直在缓缓摆动，硕大的墙体是那样壮观。墙脊上5位起重工正在忙碌，拽钢缆，调位置。

墙体升高中轻触钢架就会发出巨大的回响，声势惊人。听刘立民说王昌军运用这一技艺已到了炉火纯青的程度，而这一技术据了解国内目前尚无另一家电力建设部门能够熟练掌握运用。负责监理的上海监理公司的彭工，看到这一壮观现场，连声惊叹说从没见过，在现场拍了不少照片。软体吊装这一吊装工艺实现了水冷壁大片组吊，工作效率提高几十倍，安装精度提高，费用也大大降低，是河北电建一公司起重班一个光辉的创造。

在定洲工地起重班目前只有30人，承担着相当于邯峰工程120人的工作量，而且还确保了网络进度，并连创佳绩。他们一进定电就打了一个漂亮仗，创造了25天组装好一座4000吨米巨型吊塔的纪录，而正常是需要40天的。为确保应业主要求提前15天起吊定电第一钩的任务完成，他们倒排工期，昼夜奋战，在零下十几度的严寒里组装吊塔，终于保证了需要，为电建一公司树立了良好的市场形象。

目前，他们仍在致力于创造。

他们要在实现业主的“创建世界一流电厂”的目标中注入自己的热汗与智慧。

希　望　篇

“王昌军文明号”全体现有30人，平均年龄30岁。20多岁的人不到三分之一。他们是把王昌军开创的事业不断推进的希望。

起重班的技术员叫廖建翔，28岁，毕业于葛洲坝水电学院，学的是起重专业。另一个技术员叫牛玉飞，23岁，毕业于华北电院。还有几位年轻的中技生，一名叫方翔，一名叫阎谭森，一名叫杨耀辉，都是20多岁。记者问起他们在这个班的感受，他们的共同回答是，和王昌军这样的班长在一起干活顺心，相处舒心，工作有劲头。

方翔，一个全身透着精明，有几分文弱的小伙子，刚来时多次哭鼻子，现在女朋友刚刚吹掉，听说一个重要原因是嫌电建职工成年不着家。但方翔毫无悔意，他认为总会有好姑娘爱自己的，干起重工作尽管危险，尽管辛苦，但过瘾。他说，怎么也不能离开起重班。他想的是还要跟着王昌军好好练技术，在将来的起重工作中能独当一面。他认为自己尽管已踏踏实实地学了5年，练了5年，但还“嫩着呢”、“想学的东西还多着呢”。他想干更多的大工程。

阎谭森，刚在悬在70多米的水冷壁后包墙上作业完下来，问他参加工作几年的感受和心情。他说："怕，刚一上那么高，几十米，谁能不怕?!现在都习惯了。一辈子能赶上干这么大的工程，全国数得着，指挥那么大的吊车——'神州第一吊'，爽!"

技术员廖建翔是在电话中接受记者采访的，他的话语平和实在："和王昌军等师傅们相处，我学到的东西很多，他们朴实、真诚，综合素质高，实践经验丰富，技术全面。他们丰富的实践不断充实着我的理论知识。置身在这个班组里，五年来跟他们干出了不少值得记住的业绩，我很有成就感。王昌军和起重班的师傅，无论多苦多累，从不抱怨，心地纯洁、善良，我愿意和他们共事，在这个班里工作是幸福的。将来，全力干好我的本职工作，不出差错，争取参与建更多的大电厂。"

一个个小伙子那质朴的话语，袒露着"王昌军青年文明号"中堪称希望之星们的心扉，也为王昌军的起重事业注入了不竭的后劲。

平均30岁的起重班正值青年，明天的希望天地无限广阔；38岁的王昌军身体是那样健硕，经验日臻丰富。人们应当有充分的理由相信，起重班的更加辉煌在明天、在将来。

"王昌军青年文明号"的旗帜将在一座座电厂工地上长久地高高飘扬。

（梁山、杨国华，《河北电力报》2002年12月28日）

作者为撰写这篇文章付出了艰苦地努力，多次冒着夏日的高温攀爬70多米的锅炉钢架，汗水几次湿透衣衫，撒落在灼热的钢梁上；与起重班的师傅们倾心交朋友、话疾苦、谈人生，倾听他们的心声；在与他们的接触中，深深地被他们那乐观豪迈、豁达积极的性情与人生态度所打动。没有这些，是不可能有这篇报道的。文章发表后，得到广泛好评，并获得当年全国电力好新闻一等奖。

新闻通讯名篇《谁是最可爱的人》是作家魏巍的作品，它更是人物群像式通讯的经典之作。

4. 速写式

以快捷的简笔勾勒，记叙人物的事迹或精神，不用曲折的情节和精致的描写，极少议论抒情，但要求抓住人物的传神特点。

速写式的人物通讯是可以有着多种面目与写法的。它完全可以发挥创造性，灵活写来，不用拘泥一种表现方式。报纸上的人物通讯，大量的是速写式的短通讯。这类通讯，可以围绕一个人的一件事，写清发展始末；又可以多面用笔，集纳一个人的二三事；还可以用精练的文字、较短的篇幅，来表现多个人，写成一个小集锦。它不同于前面所介绍的人物传记、也不同于群像式人物报道，它没有那么大的容量，但又好像是两种形式的微缩版。

例如：

装表班的“金字招牌”

如今，在福建厦门，只要提起“郑聪明”这个名字，上至政府官员，下至普通百姓，都知道他是厦门电业局江头装表班的班长。

郑聪明何以成为江头装表班的“金字招牌”？采访过郑聪明的人民日报社记者余继军说：“这是郑聪明用真诚和汗水换来的。”

林先生是一位离休干部，家里经常因保险丝烧断而停电。今年3月，林先生试着给郑聪明打了电话。“没问题；一定帮您修好。”接到电话的郑聪明非常爽快地答应了。到了星期天，郑聪明如约登门服务，为老人家换上了空气开关。临走前，郑聪明还不忘叮嘱老人，以后有困难尽管给他打电话。

为了方便客户，郑聪明推出了“申请装表只需一个电话”的预约服务，并向社会公布了预约电话，让客户申请装表足不出户。他还带头做出“处理烧表不过夜”、“客户内线烧坏1米之内免费修好”的服务承诺。

不管是刮风下雨，还是烈日炎炎，人们总能见到郑聪明奔波的身影。在他的人生字典里，似乎找不到“疲倦”二字。

厦门市重点工程软件园二期项目准备投运，需要马上安装750个电流互感器、250块电表。在外地出差的郑聪明得知后，连夜赶回厦门。星期六一大早，他和同事出现在现场，连续奋战两天，提前完成了任务。现场项目管理人员冲着他们竖起了大拇指：“郑聪明装表班，好样的！”

今年4月，厦门电业局召开命名授牌总结大会，命名首批“郑聪明式班组”。福建省电力公司又以他的名字命名了一批“郑聪明班组”。

在装表这一行忙碌了26年，郑聪明丝毫不觉得乏味。他常说：“我适合干这个。虽然这是个苦活、累活，但我是一名共产党员，共产党员就是要能吃苦，不怕累。”

（林光华、徐福兴、林丽雅，《国家电网报》2006年7月1日）

一篇仅600多字的人物通讯讲述了一个人物、几件事迹，见真情、显境界，但却用语简洁、表述利落、简笔勾勒、线条明晰，颇具速写味道。这样的短人物通讯是大受各级新闻媒体欢迎的抢手货。

（二）人物通讯的写作要求

1. 写什么样的人物

写人物通讯，应当请谁来做主角呢？选择他当主角的标准是什么呢？

能否选准写作对象，直接关系作品的成败，关系传播效果的高低，也是作者境界、眼力、实力的体现。

大千世界，人物众多，先进人物、普通人物、后进人物、反面人物，熙熙攘攘，不是随手拉来就值得写上一番的。选择某人来写，他一定要具有与其他人显著的差异性，要在一定的意义上是典型，要让人读了关于他的报道有所感悟。其基本标准应当是：

(1)能体现时代精神，折射社会现状。

(2)事迹经历具有新闻性，有一定的复杂、曲折性。

(3)有较为鲜明的个性，与常人相比在某些方面有明显反差，具备突出的特质。

符合以上标准的，不管先进人物、英模、普通人、反面人物都可写入通讯，成为通讯的主角。比如，前面介绍的《滞销的蜡烛》一文中的李德山老汉，就是一个很有特点的普通人。文章采取了曲笔达意的写作手法，明写李老汉，实际上是反映农网改造给农家生活带来的大变化。

2. 人物通讯的写作要求

谈到人物通讯的写作要求，不同的新闻教科书有着不同的表述。

例如，人民大学出版的《新闻通讯写作》提到的要求是：

(1) 宣传先进人物，反映时代精神。

(2) 抓住人物特点，不要贪大求全。

(3) 坚持实事求是，做到真实准确。

这应是写人物通讯的原则。

谈到如何表现人物的手法，有的认为是：

(1) 注意表现人物的性格特异点。

(2) 在矛盾冲突中去写人。

(3) 借他人之口刻画人物。

(4) 借景写人。

有的认为：

（1）用人物的行动表现人物。

（2）用说话看出人来。

（3）以景写人。

（4）于细微处（细节）见精神。

（5）恰到好处地发表议论。

所有这些对于写好通讯都有很好的借鉴意义。

下面概括一下人物通讯的写作要求。

人物通讯的写作要求是：选择具有典型意义的事迹，具有新闻价值的新闻人物进行报道，要着意开掘其时代特征，展现其思想境界，努力实现鲜活的人物刻画与深刻的思想内涵开掘的统一。

具体要达到以下要求：

（1）要着力展现人物的思想境界，力避仅对人物作技术、业务性介绍。

要做到这一点，就是要注意抓住人物在关键时刻、关键事件或关键问题时的关键思想活动，去体现新闻人物的思想境界。

再就是要抓住最能体现新闻人物的事迹去写。力求把事与揭示思想结合做好，以事写人，以事衬人，从而揭示人的内心思想境界。

例如：

河北井陉县辛庄乡电管站站长赵发堂的故事

老婆找到站门上

在太行深处的井陉县辛庄乡电管站，我见到了45岁的站长赵发堂，聊起8月发大水的事，他就抑制不住激动，打开了话匣子：

“8月4日，山洪一下来就冲断了公路，站办公室里一下子进水一米多深。通往各村的输电线路都断了电，俺心里那个急呀！乡长关心咱，让俺们挪到了乡政府。”

“8月5日，俺家那口子找到站上，让俺马上去县城，说城里冲走了不少人，咱家儿子正在井陉中学补习，得赶快接回来。你说俺心里能不急?!可俺管着一乡的电，8月4日就有3个村电工冒着大雨赶到站上，咱一个当站长的能先顾自己？能耽误全乡24个行政村用电？俺就没去，老婆哭着走了。”

“6日这天，她一个女人家愣是翻山越岭地走了80里路，把一天多没吃饭、在姑姑家避难的孩子接回了家，不易呀！7日，俺安顿好站上的事，起大早翻了十几道山梁，趟了14条河赶到局里，汇报情况后，局领导叫俺组织力量尽快恢复供电。”

“当天俺就赶回站上，和从各村赶来的十多位村电工一起，涉水翻山，连续处理了12处倒杆，扶正了24根严重倾斜的电杆，接好了5处断线，天天从早干到晚，到12日11点45分，全乡24个行政村总算都通了电。乡党委、乡政府领导直夸咱们。”

“俺那口子这时又一次扯着孩子找上站门，指着俺鼻子说：‘孩子受难你不管，从今往后这孩子没你的份，不认你这个爹！’亏了乡领导，把俺没黑没白为乡亲们恢复供电的事告诉了她，还留她娘儿俩跟俺和乡领导一块吃了一顿团圆饭，俺家那口子这才笑了。”

“现在呀？早没事了！”

“啥？……别夸俺，俺是这个乡管电的，得尽自己的职责！”

（梁山，《中国电力报》1996年8月）

这是一篇有点“另类”的人物速写，在《中国电力报》刊发后，又被结集收入《讲述农电同行自己的故事》一书。在本文之后的评点中编辑这样说：

“言为心声”。该文最大的特点是几乎纯以主人公的现身叙说为文，在那平静的、不动声色的诉说中跳动的是一颗为农电事业全局置个人身家私利于度外的敬业精神。全文通俗活泼，不拔高，不虚饰，却自有一种感人的魅力。

(2) 力求把人写活。关键是要抓住能体现人物特点的典型行为进行深入刻画。

铁人王进喜的报道中有这样一段描写，铁人王进喜在井喷的关键时刻，跳入冰冷的泥浆池用身体搅拌。这一典型举动对刻画铁人精神堪称点睛之笔。抓住了这样的典型人物的典型瞬间，主人翁立刻会闪现出令人难忘的光彩。

(3) 力避脸谱化的写人物，要注意用人物的个性语言刻画人物。

通讯中的人物一定不要用公事式、鉴定式的话语进行定性的判断。用人物的语言或用他人对新闻人物的评价来刻画反映人物是一个很好的方法。

对体现著名先进人物精神境界的特色语言，大家多能倒背如流：雷锋“对待同志像春天般的温暖”；焦裕禄“吃别人嚼过的馍没味道”；王杰“一不怕苦二不怕死”；任长霞“承担职业良知”；李素丽“一辈子做好人”等等有许许多多。能把握这样的袒露心怀的语言，对写活人物大有裨益。

(4) 力避把先进人物“怪味化”，要还原他们有血有肉的常人形象，反对新“高、大、全”的刻画，反对神化的吹嘘。

其实，英模们都是“凡人”，与普通人具有相同的喜怒哀乐，有一般人的七情六欲。切不可把他们形而上学的、概念化的对待，夸大其词、编造拔高的“怪味化”；切不可把他们描写成不食人间烟火、不通人情世故的“铁面人”。

在那些“高、大、全”的描绘中，他们满心只有工作，不顾亲人的病痛死活；他们境界高远不羡利益、不贪私利、没有亲情、不讲情义，成为生活中的怪物。试问这样的“圣人”可亲吗，可信吗，会有人喜欢他们吗?!

要客观准确地去刻画新闻人物，不要臆造拔高。在报道他们境界高、有追求、乐奉献的同时，一定要防止偏颇与不近人情。

(5) 要注重情节描写的组织和细节的刻画。

关于通讯中情节与细节的作用，前面谈到通讯写作的要求时，已有过阐述。

人物通讯中情节与细节的作用与前述相同。它有助于展示人物事迹，突出反映新闻人物的精神世界，体现新闻人物的时代特征，深入揭示通讯报道的主题思想。

在组织情节、描写细节的操作中，要讲究写作技巧，精心组织材料，合理安排情节，适时展示细节。要努力做到有条理、有节奏。

做好这些，需要反复实践，不断推敲。

例如：

暗访访出一颗“星”

——记浚县供电有限责任公司矩桥供电所农电工王合军

人物小传

王合军，40岁，共产党员，浚县供电有限责任公司矩桥供电所农电工，从事农电工工作15年。2006年3月被评为该公司安全生产先进个人、优秀农电工。

王合军感言

“当农电工就是把农民用电的事办好，让农民放心用电。”

8月25日上午，一位叫王新福的农民将一封表扬信送到鹤壁供电公司领导手中，他说，这封表扬信是浚县矩桥镇王寨村全村村民委托自己送的，要不是王合军，村里的2000多亩玉米今年差点绝收……

农电工王合军真这样好？带着疑问，我们于8月26日到该村暗访，所到之处，村民随口就能说出农电工王合军的感人事迹……

村里有合军　用电不用愁

“合军的手机号村里人都知道，一个电话打过去，十分钟他准到。”村民李学军说，“王合军这个人，对村民的服务真是没说的。俺老院的电线因老化经常出问题，可由于俺10月份就搬新家了，对老院的线路也不愿再投资了，合军不嫌麻烦，用两个晚上就把老院的线路整好了，累得他满头大汗。俺媳妇过意不去，要请他吃饭，可他说是他分内的事，不用客气。”

“到俺新家瞧瞧，看王合军给俺布的线多整齐。”听说我们采访，村民王玉合把我们领到他新家。“俺家新盖了16间新房，王合军义务给俺家布线，一连干了5个晚上。有天晚上，他正在布线，村东头王成有打电话说家里没电了，等他处理完已经晚上10点多了，就这他还过来给俺家布线。”王玉合指着新房说，“俺搬新家后，也买个电磁炉好好感受一下电的优越性。”

一天两巡视　四季不间断

王寨村党支部书记王合喜向我们介绍：王寨村有316户、1300多口人，服务范围广，用电问题多。为搞好服务，王合军一天两巡视，四季不间断。王合喜说：“我们村有2000多亩玉米地，12眼机井，今年干旱少雨，机井老出毛病，可把王合军忙坏了，他跑了这头跑那头，修了这眼(机井)修那眼。村民的玉米地浇完水了，王合军也累瘦了。”

“俺承包机井十多年了，与合军打交道最多。合军啥时候都想着村民。”负责村里机井的王新福说，“今年春天，村里的3眼机井坏了，当时正是浇麦的时候，有的村民急得直哭。合军马上赶到现场，3个小时就修好了两眼机井，可另外一眼就是送不上电。合军仔细检查后发现，是机井抽水用的电动机启动补偿器和里边的线路烧坏了，重新买一个需要480多元。于是王合军就自己出钱买了配件，打着手电筒在机井房干到凌晨3点。最后机井出水了，可王合军的手却冻伤了。”

都是分内事 别给我照相

在矩桥供电所，我们见到了王合军。他个子不高，不善言语，听说我们要采访他，他显得很不好意思，一个劲地说：“我做的都是分内事，别给我照相，宣传我可受不住。外边还在卸货，我去卸货吧。”

面对王合军，我们真正感到了他的憨厚。于是就向他提出只采访15分钟的要求，如果超过15分钟可以拒绝采访。王合军这才说：“我嘴笨，说不好话，只知道干农电工该做的事。农电工服务的对象就是农民，干好了就是咱电力的形象，干不好就坏了咱电力的形象。何况农电工跟农民又都是乡里乡亲的，不就是多干一会儿活儿嘛，又累不坏人。”当说到他管辖的王寨村是全镇的电费邮政储蓄优胜村时，王合军只说了一句话：“只要你让老百姓满意，老百姓就会对你放心！”

村民王尚林说：“王寨村97%的村民都办了电费邮政储蓄。每逢月初，王合军都会通过广播给村民念一遍每家的电费金额和用电数，还把电费发票送到各家各户，你说这样的服务俺咋不放心！”

（申军、杨卫东、周峰，《河南电力报》2006年9月6日）

这是一篇朴实无华的人物通讯报道，它以村民送表扬信，支书、村民赞合军的形式，把一个令人敬佩的好电工形象生动地展现在人们面前。作者还借王合军实在质朴的语言，深入揭示了主人公一心为民的高尚情怀。

这篇人物通讯很好地体现了上述五条写作要求，文章的主标题《暗访访出一颗星》巧布悬念，三个小标题口语入题，读来亲切。整篇通讯布局层层推进，谋篇丝丝入扣，语言简朴亲切，细节深入具体，事例翔实感人，是一篇写得既成功又很有特色的人物通讯。

二、事件通讯

事件通讯是主要用来记叙有意义的、具有新闻性的事件的一种通讯体裁。

事件通讯与报道事件的消息相比，具有相对容量大的特点。对于重大事件来说，通讯是同题消息的放大与延伸。它一般报道的事件相对要详细、具体，从事物的来龙去脉到发展变化，都交代得较为清晰，有头尾、有情节、有细节、甚至有评价。即使篇幅较小的事件通讯，对事件的报道也会是完整清晰的。在这一点上来讲，通讯相对消息更能满足读者不但要知其然、更欲知其所以然的阅读要求，是一种十分受欢迎的新闻文体。

事件通讯所报道的新闻事件可大可小、篇幅可长可短，但必须典型，最好生动新鲜、引人入胜，必须具有新闻价值，必须通过对新闻事件发生、发展、结果的叙述与介绍，来反映社会的时代精神，弘扬正气，鞭挞丑恶，倡导新风。

（一）事件通讯的种类

事件通讯通常有四类，即全貌式事件通讯、择优式事件通讯、综合式事件通讯和现场式事件通讯。

1. 全貌式事件通讯

这类通讯是详细集中地对某一事件作全景式观察的一种通讯，它具有视野开阔，全景观察的特点，可以从事件的来龙写起，完整地记叙事件的发展、变化过程，并能从中给人以启示、经验。一般用于重大的历史事件的报道。其中最好能具有思辨性、指导性甚至创新性，能给人以启示和指导。

穆青等撰写的通讯《历史的审判》(见1981年1月27日《人民日报》)采取通过审判来揭示林彪、江青反革命集团如何由产生到灭亡的过程，并对教训作了阐述，这一通讯堪称为全貌式通讯的典范之作。

2. 择优式事件通讯

抓住能反映事件本质特征的片段来进行报道，使人能窥一斑而知全豹。写这种报道所选的片段一定要典型准确，是事件的“节骨眼”和“高潮”之所在，否则便不能达到良好的宣传效果。

例如：

赵班长七年听“春晚”

2007年2月17日除夕，安徽省合肥供电公司东区电力抢修班班长赵大庆与往常一样和同事们值班。这将又是一个不眠之夜……

今年46岁的赵大庆，已经连续7年没有和家人在一起守岁了。笔者和他聊起这事，他笑着说：“习惯了，既然干上电力抢修这一行，就要负责，就要干好。特别是大年三十，因为燃放烟花爆竹，电力抢修特别多，我们这个班一般要处理外破事故近20次。除夕夜突发电力故障，老百姓非常着急，有的在吃团圆饭，有的在看春节晚会，所以抢修一刻都不能耽搁。”

正说着，抢修班桌上的电话急促地响起来，合肥市东门唐桥小区一户人家突然断电，老两口非常着急。赵大庆看了一下表，23 时 30 分。“马上出发！”黄色的电力抢修车风驰电掣般向唐桥小区方向驶去……

路上，赵大庆告诉笔者，他已经 7 年没有看春节晚会电视直播了，在抢修车上听听广播，也蛮好！

和往常一样，赵大庆在车上给家人打了个电话，报个平安。

大街上，爆竹声声，黄色的电力抢修车箭一般地穿梭在夜色里……

（朱文，《国家电网报》2007 年 2 月 28 日）

这篇新闻选择了赵班长听“春晚”这一典型事例进行报道，深刻地反映了安徽省合肥供电公司电力职工心系群众、服务为民的高尚情怀。在文章的末尾部分点明赵大庆已经是连续七年在抢修车上听春晚了，使得文章主题更为强化。结尾一句“大街上，爆竹声声，黄色的电力抢修车箭一样地穿梭在夜色里……”余味深长。

3. 综合式事件通讯

这是一种把若干在不同时空条件下发生的新闻事例串起来的报道形式，是具有内在联系的事件的“集锦”处理。与单一事件通讯相比，它具有实证性、思想性、说理性，增强了宣传的势能，是一种可以尝试的体裁。

例如：

“春检”虽结束　爱心仍未了

5 月 31 日，鹤岗电业局历时 46 天的“春检”工作优质、高效、平安地结束了。鹤岗电业局开展的“爱心献春检”主题系列活动，使全局同唱“爱心歌”，共谱“平安曲”，爱心理念和平安理念在经意与不经意之间，融入了职工的心中。

一　件　棉　袄

初春的天气温差较大，明明早上开工的时候还太阳高挂，可没一会就刮起冷风。身材瘦弱的安检处专工付强，每天坚守在“春检”一线，穿梭于不同电压等级的停电作业区。衣着单薄的付强冻得直发抖，这一切让鹤岗电业局副总工程师、安检处处长庄绪义看在眼里。庄总快步走到了付强身边，将自己身上的棉袄脱下，递给了付强。

一车西瓜

进入5月，天气一下子热了起来，鹤岗局“春检”预试的战场也转移到了伊春。由于今年普遍干旱，一线的工作也更加艰苦。天上的雨没下，可鹤岗电业局工会的“及时雨”却来了，一整车溜圆的大西瓜从100多公里以外的鹤岗市运到了检修现场。随着“春检”作业的开始，鹤岗局上下就积极为一线职工忙活。这个局领导多次亲临一线帮助解决问题，机关处室深入包保单位全力协助开展“春检”工作，政工部门更是围绕“爱心春检”、“平安春检”做足了文章。

一份真情

张连明是市东郊一次变电所运行三班的值班长。5月23日，张连明72岁的老母亲因肺心脑病医治无效去世。5月27日，安排完母亲后事的张连明来到了单位，所长冯硕劝他多休息几天，可张连明执意要上班。他沉着地指挥全班人员倒闸操作、布置安全措施、办理开工手续，不知情的人根本看不出他刚刚经过巨大的悲痛。繁忙的“春检”工作在鹤岗电业局上下齐心、部门联动、奉献爱心、和谐平安的氛围中圆满结束了，可这其中的“关爱之歌”并没有停止，“爱心平安”的主旋律将会在鹤岗电业局久久传唱。

一件棉袄暖人心，
一车西瓜化绿荫。
一份真意感你我，
绵绵不了关爱情。

（刘涛，《黑龙江电力报》2006年6月22日）

4. 现场式事件通讯

这类通讯可以是重大新闻事件的现场一情一景的报道，从而反映重大事件的重要意义；也可以是虽不重大但十分具有新闻性、典型意义的一个事件的现场的几个典型瞬间报道，它虽然不重大，但应当能够反映时代精神、倡导时代风尚、唤醒人们的良知，能给人以启发与教益。

例如：

目击九江决堤合龙

8月12日，备受关注的长江九江段大堤决口，经过上万名解放军和武警官兵连续5昼夜的奋战，于18时30分胜利合龙，本报记者在大堤决口处目击了这一壮举。

8月12日，长江九江段水位达22.74米，比前一天低0.05米，已经连续19天高于历史最高水位。17时35分，记者从南昌赶到九江市，正赶上九江供电局副局长余柳宾要到江堤上去，我们搭上余副局长的车，直奔大堤。

18时整，汽车涉水来到长江南岸大堤8号闸口。南京军区某部的近百名官兵正用石渣袋围护堤脚。战士们身上红色的救生衣看不出本色，从上到下全是煤粉和石灰，从他们身边走过，老远就闻到扑鼻的汗味。

江面上停泊着几十条大大小小的船只，有货轮，也有客轮，指挥部就设在江申6号游轮上，九江供电局在这里安装了一台皮带机，可以把船上的石渣直接送到岸上，战士们飞快地背起袋子往决堤口跑。在四号闸和五号闸之间50多米的决口处，我们看到水势已经得到控制，但仍有哗哗的漏水从钢石混合的堤脚流出。在大堤和临时围堰之间，横着一条80米长的大煤船，据说船上的煤是九江电厂的，正是这条大船在堵口时发挥了关键作用。

越往前走，地上的官兵越多，说这里是一段血肉长堤一点也不过分。在大堤对面的楼房上，挂满了红底白字的大幅标语："有我忠诚卫士在，九江人民请放心"，"硬骨头六连与大堤共存亡"，"抗洪抗到水低头，堵口堵到水不流"。从标语就可以看出，大堤上的几千人来自不同的部队。

九江大堤之所以垮坝，是因为这里的大坝上面是黏土，底层是沙土，经过近20天的浸泡，很容易冒水决口。长江水面是平静的，战士们的精神也是平静肃穆的，但九江大堤时时处处都有可能发生险情。

在大堤内侧的煤船上，有一群肩挂"红军团"红色标牌的战士格外引人注目。记者问一位名叫罗胜的战士："你们是从哪里来的？""我们是南京军区的，我们部队最早是红军的一个团。""你们来了多少人？""总共多少我不清楚，我们连来了64人。""累不累？""我们已经在这里4天4夜了，每天只睡两三个小时，当然累。可灾区的群众也都一样累！我们的军长、副军长都在这里，副司令员也来过，跟我们一起干。这是我们的责任。”

在煤船与决口中间的钢管构架上，一位肩扛少将军衔的军人正和几位电力局职工抢修刚刚碰断的照明线路。九江供电局配电工区主任郑火林爬过钢架把电线拉向大堤，在龙口处接上主电源。

正在我们和电力职工答话时，大堤上突然响起了雷鸣般的掌声和欢呼声——合龙开始了！只见士兵们一字排开，一个接一个飞快地向堤外侧传递石渣袋。

不知是谁起的头，地上响起嘹亮的歌声：“团结就是力量，团结就是力量，这力量是铁，这力量是钢……”开始是几个人、几十人，后来就变成了几百人、几千人的大合唱。石渣袋还在飞快地传递，一袋、两袋、十袋、百袋……

从将军到士兵，从官员到百姓，只要还有感觉，就没法不激动。因为这是一场战斗，一场为了87万九江人民和699平方千米城区的战斗。在这一刻，人们参与了历史，参与了一场与本世纪最大洪水搏斗的历史。记者在无意中看了一下表：时针指向18时30分。

18时40分，大堤上开始静下来，堤外的流水越来越少，又有一拨战士去换班，合龙后的大堤正在加固。地方单位送来了快餐盒饭，战士们在船上、地上开始就餐。当然，就餐前照例唱了一首歌，有唱《一二三四歌》的，有唱《说句心里话》的。

在大堤上，我们遇上了几位慰问者，其中一位很文静的妇女说她是九江六中的胡老师，别人送的是吃的喝的，她送来了三条烟。她是同爱人一块来的。

19时02分，记者离开大堤，回来的路上，来慰问的人越来越多……

（王冬、李洪明，《中国电力报》1998年8月15日）

这篇报道堪称是一幅气势恢弘、生动传神、撼人心魄的《战洪图》佳作。报道的新闻事件虽已时隔8年多，现在读来仍然令人感奋激动不已。闭目凝神仿佛能清晰地看到军民同心合力抗击咆哮洪水的雄姿，仿佛能听到九江合龙现场的喧嚣，仿佛能嗅到抗洪勇士身上那浓浓的汗味……

文章主题突出，脉络清晰，详略得当，细节感人，富有鲜明的时代精神。

展示了作者感受、观察、把握现场的能力和驾驭文字的深厚功力。

（二）事件通讯的写作要求

事件通讯的写作一定要遵循通讯写作的综合要求，在此基础上还要做到以下几点。

（1）事件通讯的选材要具有典型性，事件要具有新闻性，相对其他通讯有着相对较强的时效要求；事件不论大小一定要典型、新鲜，有较强的思想性、导向性。

仅以前所举小文《安全管理“斤斤计较”》为例，用电子秤称量灭火器重量，这件事看似小事，却反映出精细化管理和安全第一的理念，已经在湖北荆门供电局得到认真地贯彻执行的大主题。

（2）事件通讯要巧妙构思，合理布局，不能像流水账，不加取舍地平铺直叙。

可以运用各种写作手法，打破时空的顺序，巧妙组合材料。

亦如前文《春检虽结束　爱心仍未了》，从纷繁的事情中，跳跃性地选择了一件棉袄、一车西瓜、一份真情，进行串联叙述，展示了在春检预试中的“绵绵不了关爱情”。

（3）事件通讯也不可忽视人的活动，要把握好“以事带人、以人衬事”的关系。

事件通讯是围绕中心事件进行选材的，它不以刻画人物为主要的着力点。但事总是离不了人去干的，通过事件中的典型人物和群体来刻画更好地展示事件的进程，衬托事件的意义、弘扬时代精神，是一个不可忽视的手法。

例如在《目击九江决堤合龙》一文中记者与一个叫罗胜的战士的对话、肩扛少将军衔的军人的举动、九江供电局配电工区主任郑火林爬过钢架接电源的行动、为军人们送来三条烟的文静的九江六中的女胡老师，所有这些对人物的简约描述，有力地深化了九江决堤合龙是军民团结奋战的必然结果这一深刻主题。

（4）事件通讯中一定要有细节的叙述。

正如一位作家所言“没有生动的细节描写，就没有很强的生命力。”通讯写作只叙述情节，而没有准确感人的细节，必然平淡无味。在前面的例文《目击九江决堤合龙》中对场景细节、动作细节以及对标语内容细致观察描述，强化了报道的可读性与感染力。

（5）事件通讯闪现思想的光辉，体现思想的深刻性与引导性，离不开基于人物、事件情节的议论。

关于这一点，前面已有论述，这里需要进一步强调的是，此类议论贵精不贵泛、贵深不贵平。议论一定要有的放矢、恰到好处，要有感而发、切中要害，要画龙点睛，引起读者的警醒与共鸣。切不可无病呻吟、空发泛论。

三、工作通讯

工作通讯在企业报中有着极为重要的地位，是各种通讯中很具有分量的兵种。

所谓工作通讯就是报道工作成就和工作经验，揭示和探讨工作中存在问题的通讯类型。由于其中经验类的通讯占有较大比重，也有将其泛称为经验通讯之说。另外，对报道工作成就或探讨问题的通讯也有叫成就通讯或问题通讯的，不过未成定论。

工作通讯是记者、通讯员常下较大力气撰写的文体，也是各级领导最为关注并重视发表、阅读的文章。写好工作通讯是广大电力通讯员重要的基本功之一，也是电力行业的报刊强化指导性、提高影响力的重任所在。

揭示存在问题、探讨解决方法的工作通讯，尽管所占比重较小，但是它却十分引人关注，具有重要作用，也是不可忽视的。

（一）工作通讯的特点

1. 具有较强的针对性与指导性

改革开放为我国方方面面带来了深刻的变化，电力改革的不断深化更是催生着电力战线的新事物、新成就、新变化、新发展。工作通讯作为一个重要的新闻体裁，理所当然地要围绕电力的改革发展这个主旋律，对重点工作、重要工程、生产成就、科研发展、企业管理、三个文明建设等方面的成就进行深入报道，因而必然具有很强的针对性。

工作通讯不应当是成绩的罗列、事情的堆砌、问题的集合。而应当是展示新变化、报道新成就、体现新思考、介绍新经验、解决新问题的利器，是具有深刻思想内涵的新闻文章，因而具有很强的思想性和指导性。

2. 理性认识寓于新闻事实之中

作为概括报道成功经验，展示建设管理成就，探讨存在问题的解决方法的工作通讯，其具体的观点、经验、认识，不是凭空而生或靠自我的思辨与推理产生出来的，必须是在叙述、总结、研究新闻事实的基础上，用准确概括而又简洁明白的语言表达出来。基于新闻事实而生、寓于新闻事实而发，是工作通讯中观点生发的一个不可违背的原则。

3. 工作通讯不同于工作总结

在写作工作通讯时，要注意将其与大多数通讯员熟悉并经常书写的工作总结严格区分；要牢记两者不同特点，防止把工作通讯写成工作总结。

（1）工作通讯与工作总结的相同点。

工作通讯与工作总结都是基于实际工作而产生的，是实际工作的反映。

（2）工作通讯与工作总结的不同点。

1）称谓不同：工作通讯是采用第三人称，即他或他们、××单位、××部门；工作总结则使用第一人称，我、我们、我单位。

2）表现的内容不同。工作通讯是新闻文体，从内容上注重“新”的变化，突出“新”的特点，着意表现新事物，反对面面俱到；工作总结不讲新闻性，注重思想性与系统性地描述。

3）写作方法不同。工作通讯强调主题突出，表达灵活，追求生动性、可读性，可长可短、写法多变、不拘一式；工作总结有一套写作定式，平铺直叙。

4）对象不同。工作通讯面向广大读者，力求准确生动，写作时要心中有读者，求平实，追求传播效果；工作总结面向上级领导，也有面向下级介绍情况的，要求的是准确条理。

在实际中，有些通讯员或是分不清工作通讯与工作总结的区别，常将两者混淆，投稿时寄来大本的总结，结果白费工夫；有的虽能区别二者，但由于懒惰，或投机心理作怪，也将总结作稿件用，再加上一大堆的好话和隔三差五的电话，给报社编辑带来不应有的工作量。

这两种做法都是不可取的。

（二）工作通讯的写法

写好工作通讯要注意做好四个方面，一是选准报道题材，抓住“三点”即热点、难点和关节点。二是分析要好。即基于新闻事实，寓事于理地进行分析。三是开掘要深。即能透过现象、把握本质，揭示规律、强化指导。四是写得要活。要做到语言活、结构活、形式活。

1. 选准题材，抓住“三点”

选准题材是写好工作通讯，体现其新闻价值的基础。

选准题材，关键是要抓住“三点”：

（1）热点。

热点是指人民群众普遍关注的问题。这些问题往往直接与人民群众的生活利益相关。具体说来，在电力行业电费、服务、用电可靠性都是社会广泛的热点问题。

(2) 难点。

难点是指在实际工作中迫切需要解决，而一时难以找到解决办法的问题；也还可能是大家都很关注，但观点不一，争执不休，难于取得一致认识的问题。

电力行业面对的难题不少，诸如社会理解度有待提高、施工进展受阻、电力设施外力破坏难以杜绝、收电费难、欠费问题严重、安全生产习惯性违章屡禁不止等。

(3) 关节点。

关节点是指事物发展中起关键作用的环节。这些关节点是多发生在改革的关键进程过程中，如电力体制改革、网厂分开之际，现在正面临的输配分开、主辅分开的问题，还有农电管理体制的理顺等。

上述"三点"都是在工作通讯写作中应当留意、注目的重点题材。

在这些题材上，发现典型、获得突破，是采访并撰写工作通讯的现实意义，对指导工作、鼓舞士气、推动改革将发挥有益作用。

2. 分析要好

对报道的工作进行寓理于事的正确分析，是写好工作通讯的特点与要求之一。

分析好的基础是记者与通讯员具备良好的政策理论素质，是对电力的全局与发展趋势的准确把握与理性判断，没有这些基础，对全局情况和发展趋势没有了解，分析好就是一句空话，而缺乏分析能力与分析力不强，就难以写出好的工作通讯来。

在这个意义上来说，坚持努力学习邓小平理论、"三个代表"重要思想，深刻理解科学的发展观；学习党的方针政策，学习有关电力的政策法规；学习电力重要发展战略，明了电力的管理经营理念、改革布局是何等重要和必须。

工作通讯中的分析，一定要是基于新闻事实的理性分析，要对新闻事实进行深入分析，弄清事物的发生、发展、变化与矛盾，了解问题的症结，认识事物的本质，坚持用事实说话的报道原则，发表议论要力求简洁、深刻，不可空泛、浮漂。

3. 开掘要深

所谓开掘要深是指要依据新闻事实，发掘事物规律，体现并揭示事物本质。

工作通讯开掘要深，要求作者能依据新闻事实，条分缕析，提炼归纳，要能从一般事物中提炼出具有普遍意义的东西，给读者以启示和借鉴。

在电力媒体中，开掘较深、富有现实意义的作品可谓异彩纷呈。

例如：

两“问”新制促超越

——石家庄供电公司推进管理机制创新纪实

一个誉满省城的特大型企业，需要不需要坚持创新的理念？一个在电力系统声名赫赫的一流企业，需要不需要探索新的管理激励机制？

石家庄供电公司（以下简称石供公司）用坚持改革发展、持续创新管理给企业带来的勃勃生机，回答了上面的问题。他们用新的管理激励机制——“安全问责制”和“管理问效制”挖掘管理潜力、焕发企业活力，证实了管理创新是时代进步的必然要求，是企业持续进步、长久保持鲜活生命力的动力之源。

源起：频发低层次错误，呼唤管理机制创新

石供公司是一个有着光荣传统和扎实管理基础的供电企业。1950 年，毛泽东主席曾经亲笔致信勉励其职工“团结一致，努力工作，为完成国家的任务和改善自己的生活而奋斗”。多年来，石供售电量在全国省会供电企业中名列前茅，变电站无人值班建设、社会服务承诺、员工道德建设等多项工作走在同行业前列，曾荣获全国文明单位、全国企业文化建设先进单位、全国创建文明行业先进单位、原国家电力公司一流供电企业等多项荣誉，连续 16 年保持省级文明单位称号。

然而，在全面建设“一强三优”现代公司的新形势下，石供公司在员工思想观念、管理的精细化等方面仍暴露出不少差距，特别是去年底和今年初的一段时间里，竟接连发生了多起不该发生的“低级错误”：

2005 年 10 月 13 日，某基层单位在 10 千伏线路改造前的操作中发生误拉柱上油开关事故；

2005 年 11 月 5 日，220 千伏安托站发生管理原因导致的电容器柜烧毁事故；

2005 年 11 月 25 日，某单位在 10 千伏线路改造工程中发生带地线合开关的未遂事故；

2005 年 12 月，某科室因技术鉴定印章管理不善与客户发生纠纷，被公司定性为“管理误操作”……

今年初，为扭转安全被动局面，石供公司组织了为期一个月的全员安规学习，并进行了考场纪律空前严格的考试：考试人员凭身份证入场，对考试进行全程录像并在办公网直播，公司领导亲自监考。考试的结果是：576名参考人员中有80人成绩不合格，达不到考核标准的单位高达10个。公司对这些人员全部给予扣发奖金或待岗处理，一名中层干部因不遵守考场纪律受到行政警告处分。

这次安规考试在公司上下产生了很大思想震动，暴露出的问题引起了普遍的讨论和反思。一名员工匿名于3月8日给经理李欣写信，指责他“对安规考试不及格人员的考核力度、处理办法过于严苛”、“不会安定人心”。

这一切意味着什么？刚刚到任的公司经理李欣和新一届领导班子决心深入调查分析原因，他们提出：要解剖低层次错误，查清企业管理中的深层次问题，制定解决问题的高层次方略。

石供公司通过领导与中层干部及员工会谈、典型问题调查、问卷统计、开通公司领导“直通信箱”等多种形式，开展广泛深入的调查研究。调查分析表明：公司的管理制度比较健全，问题是没有得到认真执行。发生“低层次错误”，出现“管理误操作”问题，表象在于当事人的责任心和现场管理措施不到位，深层原因是中层管理者履行管理职责不到位。

面对这些，李欣和他的同事们陷入了深深的思考。他们感觉，自己的企业就像一台设计精密的机器，由于种种原因，一些关键部位的运转出了问题，导致整体效率难以提高。因此，必须在关键点施加一个作用力，才能使整台机器高效运转起来。

经过深入探索，他们认为，企业的管理需求是在持续不断地变化中。在全面建设“一强三优”现代公司的新形势下，管理精细化是企业进步的必然要求。现代企业的管理必须强化效率管理，效率管理必须重视人本管理，着眼于人的责任意识。企业进步的过程，就是一个管理不断完善的过程。没有持续的创新，就不可能实现企业的持续进步。

于是，一个检验安全责任、验证工作效率的机制开始酝酿启动。

方略：以安全问责、管理问效强化管理层责任落实

实施管理机制创新成了公司上下广受关注的热点问题。那么，创新从哪里入手？石供公司的领导班子认为：管理机制创新关键在于落实企业管理层的责任，依靠机制建设加强管理；抓管理要从中层干部抓起，通过强

化他们的责任意识，从而提高全员执行力。

经过深入调研和论证，3 月 19 日，经职工代表组长会议审议通过，石供公司推出了“安全问责制”，实施这一制度的目的是：“落实各级人员的安全生产职责规范、强化领导干部的安全责任，增强领导干部的超前管理、超前教育、超前控制意识”。

“安全问责制”的实施对象是基层单位负责人，以签订《安全问责保证书》的方式，从七个方面对安全生产管理责任进行界定，并明确了小至行政警告、行政记过，大至降职、责任单位负责人引咎辞职等一系列考核、处罚措施，清清楚楚地画出了安全管理责任的“高压线”，迈出了安全责任落实制度化的关键一步。用石供公司领导的话说：“只要基层单位不触动这些‘高压线’，安全生产就能保持稳定局面。”

实施“安全问责制”不久，就有人碰到了“高压线”：3 月 31 日，某基层单位因施工现场安全措施不当，造成一起倒杆事故。安监部门当即按照“安全问责制”进行考核：两名相关负责人分别受到行政警告、行政记过处分。因为制度规定得一清二楚，被处罚的责任人心服口服。

相比之下，对职能部门管理效能进行评价、考核的难度就大多了。职能科室的工作任务各不相同，很难用统一的标准来衡量，以往也实行过不同的管理方法，往往是时间长了就流于形式，科室的自我评价“总是打 100 分”，即使出了问题，考核起来也是不痛不痒。针对这一难题，石供公司多次组团到先进单位考察学习，在吸取先进经验和充分考虑企业实际的基础上，决定实行“管理问效制”。

经过深入调研与综合权衡，“管理问效制”及考评办法制定实施了。“管理问效制”的核心内容是“科室干部的业绩由大家评说”。5 月 18 日，石供公司召开管理问效动员大会，明确提出：“实施管理问效制，目的是统一思想，强化管理，转变作风，提高工作效能，扩大工作效果，争取最大效益，推动公司更快更好发展”。

“管理问效制”以季度为时间单位，对职能部门领导干部的管理工作进行考评，实行综合排名考核。被考评人员包括：公司本部副总师，主业、多种经营职能管理科室和其他有管理职能的部门领导干部。考评成绩排名倒数第一到六位的给予经济考核和行政处罚。此外，对因管理失职造成公司年度重要指标未完成或发生严重违章违制现象的、本部门发生“管理误操作”现象的、因管理责任引起法律诉讼经济纠纷的干部也要进行考核。

7月16日，石供公司组织开展了“管理问效制”首次测评活动，通过计算机从职工名单中随机抽取产生的226名测评员，对53名职能部门负责人，从廉洁自律、工作作风、工作能力、工作效率、工作创新、协调配合、指导服务、工作贡献等八个方面进行打分测评。测评分数按照统计学通用方法、通过计算机和人工两种方式进行统计，力求准确与公平。考评结果以信函方式通知被测评人，考核排名、经济处罚情况不公开，充分体现了管理问效制的“人性化”设计。

推行安全问责、管理问效在河北电力系统尚无前例可循。石供公司为统一思想认识，确保顺利推行，收到管理实效，做了大量深入细致的组织动员工作。两个制度都是几易其稿，多次组织深入讨论，甚至逐句逐字反复推敲，公司领导班子也多次召开专题会议进行审定，力求严谨、合度、科学。

在实行安全问责制初见成效后不久，李欣经理针对给他写匿名信一事在局域网上发表了一封《致全体员工的公开信》，他写道：

“《安规》是‘保命规程’……为了保障全体员工的生命安全，安全生产工作‘宁听骂声，不听哭声’！……我们要用实实在在的措施来强化以‘严’字为核心的安全生产责任制落实机制，进一步强化责任意识，把上级要求和公司的工作真正落到实处”；

“为了企业的发展，要大力推行‘管理工作制度化、专业管理精细化、现场作业标准化、方法手段数字化’的管理理念”；

“正是因为坚决贯彻省公司的决策部署，才使我们进一步转变了观念，统一了思想，理顺了思路。现在，大家可以欣喜地看到：通过全体员工的共同努力，全公司正在驶入建设‘一强三优’现代公司的快车道。”

这封公开信为全公司员工统一思想认识，提高安全意识，坚定创新理念，发挥了重要作用。

成效：企业焕发活力，管理倍增动力

无论是“安全问责”还是“管理问效”，在石供公司的历史上都是“破天荒”的事。这两项制度的实际效果如何？记者就此采访了石供的多位员工。综合被采访者的意见，可以归纳为几点：

安全管理责任得到有效落实。公司安监科长魏占朝说：“基层单位负责人和员工的安全意识明显提高了，安全管理的主动性增强了，压力传递渠道畅通了，各级管理人员‘白天盯现场，晚上抓管理’，人人都在为安全生产操心”。石供公司上半年的安全生产势头良好，对生产现场的控制能力明显提高，实现两个年内安全生产长周期，连续安全生产超过300天。

机关科室工作作风转变、工作效率大幅度提高。实行管理问效后，用一些科室干部的话说就是：“科室的‘舒服日子’结束了，以后想不好好干都不行了”。干部们每季度都要接受员工测评，每天都有人在监督、评价科室的工作，因此，科室负责人都在想工作、找工作、办实事，“不用扬鞭自奋蹄”，“中间梗阻”现象减少了，“管理误操作”基本被杜绝了，基层员工到某些科室办事“门难进、话难听、脸难看”的现象成了历史。

出现了管理工作踊跃创新的局面。石供公司企业管理办公室一位员工说：“以前总感觉管理创新无从抓起，实行问责与问效制度后，不用谁动员，机关科室、基层单位都涌现出了很多新办法、新点子，感觉人人都在为自己的工作动脑筋。”据悉，一段时间以来，石供公司在现场标准化作业、变电站无人值班、供电“特色服务”、法律启动机制等多方面工作中都出现了“创新点”，多项工作被省电力公司作为典型经验予以推广。

形成了企业制度建设的“良性链条”。在公司“两制”的带动下，机关科室、基层单位的内部管理制度进一步健全和细化，例如：公司办公室先后制定了部门内部管理规章33个，在组织会议时，如何摆放桌签、如何让参会人员“按位就座”、如何提高会议效率、如何检查落实情况等都有章可循。井陉县供电公司实施了现场安全跟踪工作制度，建立“设备缺陷管理智能库”，成立供电抢修指挥中心，以签订合同的方式规范农电工言行，开展以“变安全压力为工作动力”为核心内容的安全文化建设，使安全生产、优质服务出现了前所未有的新局面。

供电企业的社会形象得到提升。在严格的管理制度约束下，员工为客户服务过程中的言行更加规范，发生服务质量事故、行风问题的概率大大降低。桥东分局紧急抢修班员工盖志峰说：“一线人员都感觉到了问责与问效制带来的变化，现在单位领导包括支部书记天天都要跑现场，安全学习、安全管理、优质服务越来越严，越来越细，客户对我们的夸奖比以前多了。”近期，《河北青年报》等新闻媒体针对安全问责、管理问效给省会供电服务带来的变化进行了专题报道。

今年7月，河北省电力公司经过调研后，在系统内大力推广石供公司的工作经验。省公司认为，石供公司制定并执行的“安全问责制”和“管理问效制”是一种管理创新。“安全问责制”强化了干部的安全责任，增强了中层干部的安全压力；“管理问效制”促进了管理体系的高效运转，提升了企业的管理水平。

在电力改革发展的大路上，石供公司怀着“努力超越、追求卓越”的精神坚定地前行，我们热切地期望他们坚持不断创新，事业步步登高。

（梁山、周国卫，《河北电力报》2006 年 10 月 11 日）

这是一篇开掘较深，有着自己的独立思考的工作通讯。它以两个设问句“一个誉满省城的特大型企业，需要不需要坚持创新的理念？一个在电力系统声名赫赫的一流企业，需要不需要探索新的管理激励机制？”开头，并紧接着概括了石家庄供电公司坚持创新管理机制的实践，提出了文章的主题“管理创新是时代进步的必然要求，是企业持续进步、长久保持鲜活生命力的动力之源。”

文章着眼于石供推出新的管理机制的现实，依次令人信服地展示了新制推出的背景、面对挑战一班人的深入思考、慎重出台新制并谨慎坚决地推行的做法、最后以具体的事例证明新制为石家庄供电公司的发展带来的五大变化。

文章内的点睛之笔是对管理创新意义的思辨性认识：

“他们认为，企业的管理需求是在持续不断地变化中。在全面建设‘一强三优’现代公司的新形势下，管理精细化是企业进步的必然要求。现代企业的管理必须强化效率管理，效率管理必须重视人本管理，着眼于人的责任意识。企业进步的过程，就是一个管理不断完善的过程。没有持续的创新，就不可能实现企业的持续进步。”

“实施管理机制创新成了公司上下广受关注的热点问题。那么，创新从哪里入手？石供的领导班子认为：管理机制创新关键在于落实企业管理层的责任，依靠机制建设加强管理；抓管理要从中层干部抓起，通过强化他们的责任意识，从而提高全员执行力。”

它揭示了文章的思想深度，也给管理者们带来了启示与思考。

4. 写得要活

工作通讯很容易写得干巴巴。

如何把工作通讯写活，是一个很值得探索的课题。

要写活工作通讯，首先要在深入采访的基础上，占有大量的材料；还要有深入的思考；更要在写作形式上下一番工夫。

在写作形式上下工夫，是写活工作通讯的一个关键着力点。它包括要精心制作好标题(包括大小标题)，要着力写好开头与结尾；要在材料结构组织上尝试多种组合，让刻板的程式呈现多种面貌；要尽力采用鲜活的语言(要善于借用涉及人物的话语)，力戒官话套话；要把握报道文章的起伏节奏，要有生动具体的典型事例，要有深刻到位的点睛议论；更为重要的是在工作通讯上要注入人的表现、人的反应、人的评价，注入鲜活的生命力。

请看一篇例文：

“并联”降“电阻”

山东淄博供电公司周村供电部客户服务厅负责着周村区用电新装、增容、变更等12项用电业务，仅一项业扩工程就包含着42个环节。他们依靠管理创新，将优质服务与其他工作“并联”起来，在高效运转的同时，降低了与客户、社会的沟通“电阻”，近日，将一块省级“青年文明号”奖牌抱在了怀中。

流程并联——来这里办事没有“电阻”

临近年底，周村朝阳社区主任在随同市、区两级人大代表到该服务厅巡视时，感慨地说：“咱服务厅不但有一流的服务设施，而且有一流的服务态度，就是没有一点‘电阻’，这里刚接火送电，那边就在签订供用电合同了，快得很。”

社区主任说的是服务厅为了加快客户送电速度，把42项业扩报装程序由“串联”改“并联”的事。他们针对业扩特性，编制了服务厅工作标准手册和业扩工作全过程流程图，将业扩工程中的设计原则、土建图纸、接线方案、计量设备、优质服务等涵盖其中，多项流程同时进行，原来需要一个月的业扩工程，现在缩短了7天以上，为客户节约了大量时间。

工期缩水质量不缩水，服务不缩水。他们实行每天班前“5分钟交流会”制度，联合工程公司等相关班组，利用上班前的5分钟时间，沟通工程施工、设备到货等信息，第一时间了解情况；解决问题。从源头入手，制定业扩报装方案会审制度、方案修订领导审批制度等，杜绝了设计随意性可能导致的纰漏。从受理申请到接火送电的全程服务、全程负责制，让客户的每一点疑问都能得到及时、满意的答复和结果。

在服务厅，他们设置了“满意度即时评价箱”，每位来此办理业务的客户都会接到服务人员的一张个人名片，然后根据自己的满意程度选择优、中、差三个箱口，结果直接与员工绩效考评挂钩。同时他们还推行“内部征求意见卡”，定期向各部门、班组征求服务中欠理顺的环节和需要提高的方面。多渠道、多流程的有机“并联”，没有发生一起延误送电现象。

道德并联——好的不只是服务

几天前，一家外地企业落户周村南郊，急需建设用电。但由于对当地情况不熟悉，其规划与一处农村配电室发生矛盾，线路施工受到村民阻拦无法展开。得知消息，业务主办刘丙山立即与供电所一起，将镇、村领导和客户请到一起，动之以情，晓之以理，事情圆满解决。客户感激地捧着锦旗送到供电部：“他们不光是服务好，还有一颗为用户着想的心。”这是客户服务厅将“善小”活动融入到职工职业道德教育和个人道德素质教育中结出的硕果。

一次收电费，服务人员发现客户杨伟夫妻双双下岗。他们立即开展了与下岗职工“一助一”结对救助活动，并将杨伟的情况反馈到公司领导。在通过正规的保安培训后，杨伟来到服务厅担任保安人员并兼做业务引导工作。他们还与王村镇陈家村残疾儿童王鑫磊结成对子，定期到孩子家中进行帮贫助困活动，使这个因车祸导致瘫痪又失去父亲的孩子感受到生活中阳光的一面。荣获省级“青年文明号”后，服务厅人员将所得奖金全部捐献给了“淄博市首届认亲会”。

各类活动的开展，把优质服务与社会责任“并联”在了一起，逐渐形成了以全方位服务社会、服务客户的“立体式服务”格局。今年以来，服务厅共收到客户表扬信6封，锦旗2面，真诚服务赢来了客户的好口碑。

业务并联——果实从里面先成熟

“青年文明号”的获得不是一日之功，同样，优质服务也不能仅靠一腔热情，有效提升扎实的基本功是关键。为了第一时间掌握客户相关资料、解决用电过程中随时可能出现的问题，他们决定将全部高、低压客户的合同、档案资料进行重新整理。为确保内容的准确性、合法性和严肃性，每一份合同都需要重新到现场核准线路名称、柱上设备、变压器容量、用电属性、计量配置等几十个项目，尤其在国有、村有、集体或私人资产并存的情况下，每一个产权和责任分界点的确定都至关重要。71 条线路，1000 余名客户，任务艰巨。经验丰富的刘丙山发挥特长，利用业余时间给新同事补课，现场考问。业务主办孙海英刚到服务厅一年多，凭着不服输的韧劲，成了供用电合同方面的"专家"。

他们建立大客户服务联系制度，定期与大客户进行联系和沟通，帮助强化需求侧管理，分析和预测客户用电长远规划，为客户提供精细化、个性化服务，从单纯营销管理型转向服务合作型。针对客户电工普遍匮乏，操作技能与新设备、新工艺有差距的实际，他们制定了大客户电工培训办法，上门传授客户设备的工艺流程、设备性能及操作知识。对双电源客户、重要保电客户制订事故发生黑启动方案，以预防为主使客户设备安全运行实现可控、在控，也保证了电网的稳定运行。

这些增值业务与优质服务的有效"并联"，让企业与客户间的"电阻"迅速降低，沟通变得通畅。

（李汉栋、远德亮，《华北电力报》2006 年 12 月 28 日）

这篇工作通讯，主标题新奇，小标题形式统一并富哲理，初见便给人眼前一亮的感觉。以电力专业术语——"并联"、"串联"、"电阻"入题，并巧妙地以物理特性喻机制特性，既生动又贴切，活意顿生；通讯开头、结尾用语简洁、流畅且首尾呼应；材料组织层次分明，事例选择典型、具体；借用人物评价语言简练贴切、不温不火，议论精炼准确、点到为止。所有这些，使得一篇工作通讯鲜活而生动，有效提高了它的可读性与传播效果。

只要工夫下到了，工作通讯也是可以写活的。

四、风貌通讯

风貌通讯也叫概貌通讯，是记叙和反映一个地区、单位、行业的基本面貌与风情变化的通讯。它主要侧重反映新成就、新变化、新面貌。

（一）风貌通讯的特点

1. 题材广泛

按照教科书上的说法是，风貌通讯是比任何其他通讯的报道范围更加广泛的一种通讯。天地万物、自然人文、社会各界、现实历史、建筑民俗、经济发展，都可以作为它的报道题材。它可以反映一个地区、一条战线或一个单位发展变化的新气象、新风貌；它可以报道重要工程、重要地点的风姿与内容；它可以赞颂革命历史文物、名胜古迹，反映社会现状和风土人情。在电力媒体上，风貌通讯更多的是报道电力给人们经济生活带来的变化。例如，《国家电网报》新开设的《走进电气化示范村》栏目、《河南电力报》开辟的《新农村、新电力、新服务·县乡篇》栏目都可以归入风貌通讯范畴。

2. 形式多样

风貌通讯的表现形式十分灵活多样、不拘一格。其名目可以开出一大串，见闻、侧记、走笔、扫描、速写、掠影等；它的写作手法更是异彩纷呈，写景、记人、叙事，散文体、日记体、书信体、游记体，均可应用。

3. 反映环境、着眼变化为主

风貌通讯固然可以有较多的题材与表现形式，但究其根本，它主要还是报道环境变化的。顾名思义风貌即为风情与面貌，它侧重的是反映社会进步给某地、某处带来的发展与变化。这些变化，可以是生活状况的、可以是文化方面的、可以是景观面貌上的、也可以是精神风貌层面的。风貌通讯的报道重点就是要把这些变化令人信服的展示出来，给读者以鼓舞、以阅读愉悦、以增广见识。

(二)风貌通讯的类型与写法

在风貌通讯中，针对不同的内容，可以采取不同的形式，如：写作者所见所闻用“见闻”；写作者现场观察的新情况、新变化用“巡礼”；既写作者的现场感又写与之有关的场外事用“侧记”。

采写时要深入了解、认真观察、抓住特点；要立足时代，善于运用对比手法写出变化、交代发展；可以结合变化叙议结合、情景交融、文采飞扬；可以旁征博引、谈古道今、传播知识，力求启人思考。在人民大学汤世英教授等编写的教科书《新闻通讯写作》中，概括了风貌通讯的四个特点：

1. 抓住特点写见闻。
2. 对比衬托画新貌。
3. 缘物寄情抒心怀。
4. 传播知识冶情操。

这一概括较为精到。在复旦大学的新闻教科书中，谈到风貌通讯的写作特点，用了四句口语：强调一个“跑”字；围绕一个“变”字；融进一个“情”字；兼顾一个“识”字。他们认为，“跑”——风貌通讯一定要多走多看，离不了用脚板跑路；“变”——风貌通讯的布局谋篇要围绕“变”字做文章，既要写出新风貌、新变化，又要精选素材，在写法上求新求变；“情”——风貌通讯主要写风土人情，在写作时要注意情景交融、物我相融，要善于融情入景、借景抒情、以情动人；“识”——风貌通讯要满足读者的求知欲，在叙述风情、报道变化的同时，要注意介绍相关的知识，并要力求科学准确，不可道听途说、不求甚解、马虎敷衍。

请看一篇例文。

喜看古镇新变化

核心提示

★鲁山县张良镇是河南省命名的中州名镇，因西汉名将张良曾在此屯兵而得名，目前是我国唯一以汉丞相姓名命名的乡镇，至今还沿袭着东营、西营等地名。

★张良镇有中华腰带第一镇和省级万亩无公害蔬菜生产基地之称。该镇拥有名贵特产张良姜，该姜辛辣芳香，百煮不烂，防心脑血管病，有养颜之功效。

鲁山县张良镇因西汉名将张良在此屯兵而得名，是目前我国唯一以汉丞相姓名命名的乡镇，至今还沿袭着东营、西营等地名。如今，古老的村镇被授予河南省中州名镇称号，镇区道路宽敞，绿草如茵，到处银线纵横，厂房林立，商贸发达，百姓乐业，无不焕发着勃勃生机，让人欣喜地看到一幅社会主义新农村和谐健康发展的画卷。

快捷服务助推企业发展

12 月 9 日，笔者走过张良石像和古朴的牌坊，来到该镇私营企业奔宝皮件厂。

走入工厂，近千平方米的车间井然有序，坐满了正在细心粘贴商标的姑娘，压铸车间 70 多台机床正在忙碌地冲压锌质带扣。厂长乔德感慨地说：“企业有今天，应该给供电部门记上一功！我们厂现有 1200 名富余农村劳动力，2005 年总产值 6000 万元。在生产过程中，铸件、制扣、制革，每道工序都离不开电，要是紧急停电，原材料就要报废，要出很多的废品、次品。”

对于此类企业用电，鲁山县电业局张良供电所职工主动深入企业，了解生产工序和特点，掌握第一手资料，为其安装专用变压器，架设专用供电线路，帮助其建设自备电源。该局投资10万元，安装电量无功补偿设备，使其每月降低生产成本2万多元。制定优质服务工作制度，所长定期到企业走访，为企业配备专职电工，不定期检查安全隐患，遇到系统停电、临时检修，做到早通知，早准备，心中有数，为企业生产提供电力支持和优质的服务。

“绿色通道”架起连心桥

近年来，随着新农村建设的发展，农业科技的进步和土壤、气候的适应性，张良镇被授予省级万亩无公害蔬菜生产基地，蔬菜产业成为该镇“绿色银行”。全镇共有蔬菜生产村19个，种植面积1.2万亩，年蔬菜总产量近万吨，远销山西、内蒙古、北京等地。

为服务蔬菜产业发展，张良供电所架设供电线路18千米，安装专用变压器7个、集表箱160多个，发放服务卡和联系电话卡，建立电力助农快速服务“绿色通道”，保证蔬菜大棚建到哪儿，电力服务就延伸到哪儿。

村民王庭欣筹资5万元，搭建了9个塑料大棚，2天时间就办好了用电申请、线路架设、电表安装、通电使用的手续。笔者问他供电服务如何，他高兴地拿出一张用电连心卡说：“只要用电方面需要帮助，打这个电话，他们马上就到。服务没说的。电力职工是咱农民的好兄弟。”

和谐社会奉献爱心真情

在张良供电所会议室，挂满了省电力公司优质服务示范窗口、“金桥工程”先进单位等奖状、锦旗和牌匾，这里无不述说着一个个感人的故事。

在小城镇建设中，为了给街道迁移线杆安装路灯，张良供电所职工从晚上8点，一直工作到凌晨3点，不停地上杆、拆卸、安装、运输，街坊邻居纷纷送来茶水，主动拿出手电筒、应急灯，为职工照明，表达他们的感激之情。

在西营村五保户张兰家，张良供电所的党团员服务队为其检修线路，打扫室内外卫生，陪老人聊天，并送去两盆盛开的红菊花。临走时，他们又捐资为其缴纳了150元电费，这位年近8旬的老人哽咽地说不出话来。

谈及电力为新农村建设服务的话题，张良镇镇长马源举说：“张良镇被称为‘中华腰带第一镇’，现有腰带加工厂33家，年产腰带1.8亿条，中、低档腰带年产销量占全国总量的40%，产品远销到韩国、南非、俄罗斯等国；蔬菜年销售额2.2亿元，菜农仅此一项，人均收入在2500元以上。供电部门是我们镇发展的先行官。可以说，没有供电部门的支持和帮助，我们就不会有这样的发展速度和规模，所以，在昨天的行风评议中，我们都郑重地投了供电部门的满意票。”

初冬的傍晚，张良镇街道华灯初上，流光溢彩，商铺热闹非凡，下班回家的青年男女结伴骑车而过，飘来一阵开心的笑声，一派新农村和谐生活的景象。回想当年，张良将军在此屯兵歇马之时，可否想到世事沧桑变迁，昔日的村落会有今日的文明、富裕和繁华？

（赵功勋，《河南电力报》2006年12月13日）

品读这篇风貌通讯，带给读者的是惬意和美感。它让人充分感受到，一个汉代古镇变为一座充满现代化气息的繁荣城镇，电力在其中发挥了很重要的作用。

文章的作者引领读者走进这个社会主义的新农村城镇，走入工厂、进入农家、参观蔬菜大棚，看变化、览新貌；听厂长、村民、五保户、镇长夸电力、赞服务，宛如亲临其境。整篇文章叙事条理、语言流畅、文字精练、点面结合、数字具体、详略得当、喜气洋溢。尤其是结尾一段文字，恰似展开了一幅活生生的精彩生活画卷。最后一句设问“回想当年，张良将军在此屯兵歇马之时，可否想到世事沧桑变迁，昔日的村落会有今日的文明、富裕和繁华？”设问新奇，引人深思。

通讯中还介绍了古镇的由来、特产，让人在品读古镇变化的同时还能获得知识的享受。整篇文章情景交融，较好地体现了风貌通讯“跑”、“变”、“情”、“识”的写作特点。

五、调查报告

调查报告也是通讯员们经常接触、应当掌握的一个重要新闻文体。它对于了解重大的新闻事件、推广经验、促进工作有着重要作用。

调查报告是记者或通讯员，对于某一新闻事件、某项工作、某一社会问题，进行深入调研，深入思考，把调研成果写成文字并通过新闻媒体向广大读者进行汇报的一种文体。

调查报告的选题可大可小，篇幅也可长可短。它可以就一个专项工作进行调查研究；也可以就一个具体问题进行调研。深入准确地调查，尽可能全面地掌握事情的由来、发展、反响、结果，并进行准确深入地分析，得到启示、形成观点、提出见解，是写好调查报告的必不可少的重要基础工作。

(一)调查报告的特点

1. 选题具有广泛性、典型性与现实性

调查报告的选题往往是大家广泛关注的、对现实社会有一定影响的、比较典型的问题。这一问题可以是关系电力改革发展的重大问题，可以是社会群众普遍关心的电力服务问题，可以是职工关注的生活、文化问题，也可以是关乎安全生产、企业管理、精神文明的成功经验或倾向性问题……在选题广泛性的前提下，必须注意它的现实性与典型性。要优先选择那些为电力职工、读者广泛关注、具有深刻的现实意义并比较典型的选题进行调研。调查报告选题的特点决定了它必然具有很强的针对性。

2. 材料翔实，具有很强的说服力

调查报告是在掌握大量的翔实具体事实的基础上形成的。它列举的材料来源明确、数字翔实、事例具体、反映客观，因而具有很强的说服力。

3. 有思想含量，具有较强的指导性

调查报告基于调查掌握的大量事实，进行深入思考并形成见解观点，这些观点往往揭示事件、问题的本质，总结规律性认识，提出解决问题的方法，对现实工作具有较强的指导性。

下面可结合例文体会调查报道的写作特点：

电通水畅乐农家

——河北省公司实施“井井通电、户户持卡”工程的调查

民以食为天。

种粮是广大农民兄弟的头等大事。

做好农田排灌用电的保证工作是非常重要、必须抓好的大事。

河北省电力公司贯彻国家电网公司“新农村、新电力、新服务”发展战略，把保证农民浇地用电需要作为服务建设社会主义新农村的重要措施，大力开展农业排灌电网的建设改造，实施“井井通电、户户持卡”工程，并取得了重大进展，惠及了广大农民。

前不久，记者就河北省电力公司实施“井井通电、户户持卡”工程的情况进行了深入调查。

责任——践行“三新”服务“三农”

近年，随着社会经济的快速发展，电力已成为农业发展不可须臾离开的重要保证。为更好的服务“三农”，河北电力对全省农业排灌用电进行了调研，发现诸多问题。

其一，河北南网农业排灌电力设施多为上世纪七八十年代投入建设的，经多年运行已老化严重；地下水位持续下降，使排灌机井电机容量大增，多数超负荷运行，线损率普遍较高。

其二，排灌设施多为村民集资建设，安全措施不到位，私拉乱接现象普遍存在，安全隐患严重。2005 年，南网发生与排灌电网有关的触电死亡事故 6 起，占到农村触电死亡的 50%。

其三，由于没有规范的出资规定，农排电力设施产权呈现多元化混乱现状，造成电力设施维护难以到位。

其四，农业排灌用电多户共用一井，使用不规律，难于按户计量。个人承包经营机井排灌，在不少地方程度不同存在，加收额外费用，加重了农民负担。

其五，由于产权关系不明确，致使发生触电事故及电力设施被盗后，责任难于认定，设施恢复经常延误，多发相关纠纷，由此引起的投诉、上访事件也时有发生，县乡政府十分头疼。

其六，农业排灌电力设施改造资金需求数额巨大，截止到 2005 年底，南网六市还有约 4 万眼机井没有通电，7 万眼机井没有抄表到井；要进行农排电网改造工程需新建改造 10 千伏线路近 3.3 万公里，新建改造低压线路 12.5 万公里；新增改造排灌配变近 9 万台，需进行电卡表改造的机井达 53.76 万眼。初步测算累计需投资 96 亿元，工程艰巨而浩大，资金额远超县供电企业承受能力。

面对农业排灌电网严峻的现实，河北电力认识到，迅速进行农排电网建设改造，是一项迫在眉睫、必须承担的历史使命与社会责任；是立足全面建设社会主义新农村大局，利民强农的重大举措；是为农村经济、农业发展提供安全、可靠、充足的电力保障，支持农村经济发展及社会发展的必然要求。

在今年年初召开的农电“三新”工作会议上，河北省电力公司党组明确提出，要勇于承担政治社会责任，坚决践行“三新”发展战略，全力推进农业排灌建设改造工程，到“十一五”末，保证实现农村“井井通电、户户持卡”的奋斗目标。“井井通电”是指通过电力设施的建设，使河北省所有排灌机井全部用上电，用好电；“户户持卡”是指通过安装使用预付费电能表方式，将原来的按井收费，改为按户收费，规范排灌用电秩序，杜绝管理加价现象，真正实现排灌用电的“四到户”管理。

推进——周密布局　负重开拓

实施农业排灌电网的建设和改造在全国是一项具有开创意义的事业，无经验可学，无成规可循。

实施农业排灌电网改造工程更是一项复杂的系统工程，它涉及政策、工程管理、资金、资产、安全等方方面面问题，任务十分艰巨，实施难度很大，必须克服重重困难，创造性工作，开拓推进。

积极筹措建设改造资金。河北省公司为全面推动“井井通电、户户持卡”工程，2006年共筹得1.8亿元，当年解决无电机井通电8256眼，完成抄表到井改造13341眼，完成计量装置改造43266套。组织各县筹措资金0.9亿元用于排灌电网配套设施改造。

推广预付费电能表，建立统一的管理系统。河北电力大力推广使用预付费电能表，针对产品质量参差不齐，技术性能、参数不统一，功能不适合要求，开发模式不统一问题，河北电力已着手建立河北南网预付费电能表管理系统，对电能表的技术标准、售电品质、抄表形式、密钥及售电管理系统进行统一。

开拓创新，积累经验，典型引路。在实施农排电网建设改造工作中，河北电力鼓励各市县电力部门因地制宜、大胆创新，开拓性推进当地的农排电网建设改造。各市县电力局积极争取当地政府的有力支持，以高度的政治社会责任感推进工作开展，使这项工作出现了异彩纷呈的好局面。

● 保定市清苑县：

清苑县电力局坚持试点先行，统筹规划，稳步推进农排电网建设改造工作。他们对工程推进的每个关键步骤实行严格把关，坚持与村两委会和乡镇党委政府的良好沟通与紧密配合；坚持严格工程质量管理、验收，合格后立即接管，并与各村签订“代管协议书”；建立各井的代管装置档案、出台了《预付费电能表管理办法》，在每井配备了《机井抄表手册》定期核查，保证实现收费到户、月月电费结零。

他们坚持因地制宜、改革创新。改低压架空线为地埋线，埋深80～100厘米，既防盗又节约占地、方便农民耕作，节约工程造价10%以上；与各村协作，统一规格修建小型“机井控制室”，既坚固好用、防盗，又有利用电安全。农民们称赞是建成了“地头用电保险柜”。

清苑县目前已完成农业排灌电力设施改造252个村，在96个村实现了“井井通电、户户持卡”。

● 保定安国市

安国市电力局在市乡政府的支持和各村委会的配合下，详细调研、认真评估，针对农村各台区的不同情况，将排灌用电设施划分为直接接管、全面整改接管与部分改造接管三个层次，筹资500多万元对1150多个台区的电力设施进行改造，直接接收了126个台区。在此基础上实现了对农村电力资产的全面代管，并投入530多万元进行了“户户持卡”改造，预付费磁卡表的安装率达到99.38%，全面实现了“井井通电、户户持卡”，农排电量上升38.68%，线损率下降为6.6%，低压维护费收入明显增加。

● 邢台市内丘县

内丘县地处丘陵半山区。在县政府的有力支持下，他们制定了《内丘电力局“井井通电”工程实施方案》和《“井井通电”工程施工标准》。在施工困难、道路不通车的部分村庄，全部采用人抬肩扛运输施工材料，加班加点、昼夜施工，全县3762眼机井都已实现了井井通电。

● 衡水市景县

景县局在政府的有力支持下，制定了《景县电力局农排改造优惠办法》、《景县电力局农排改造规划设计及预算方案》，筹措资金360万元，改造排灌机井9293眼，安装预付费电能表300块，其余正在继续推进中。

在2006年12月，河北省电力公司召开了“农业排灌电网建设改造推进会”，大力推广了清苑县、安国市的经验，并进一步提出了具体要求。

收获——成果可喜，前路尚长

河北省电力公司实施农业排灌电网的建设改造，已经取得了丰硕的阶段性成果。在2006年的计划项目完成之后，河北南网实现井井通电的县数已由2005年的53个增加到64个，实现抄表到井的县从上年的76个增加到了81个。实现了“井井通电、户户持卡”之后的农村，排灌用电实现了“四到户”管理，杜绝了“三电”（人情电、权力电、关系电）和“三乱”（乱加价、乱摊派、乱收费)现象，农民负担明显减轻；农排电网的健康水平明显提高，低压输电线路地埋，使其可靠性和防盗水平明显提高，同时也节约了耕地，方便了耕作；提升了电力企业优质服务水平和用电管理水平；农村电网结构更加合理、完善，从根本上改善了农村的灌溉条件，为农村经济的发展奠定了坚实的基础。社会各界对此给予了很高的评价。

在清苑县南辛店村的农田排灌现场，清苑县县长马志超深情地说，我代表全县的农民兄弟，谢谢电力部门为我们办了这件惠及万民的大好事，感谢你们为服务社会主义新农村建设送来了及时雨！

清苑县农村实现了“浇地省劲了，操作安全了，收缴电费到户了，搭车收费没有了，扯皮捣蛋现象不见了，耕地播种便利了，乡亲们开心了”七大可喜变化。白团西街村的农民阎房老汉说：“过去，地里密密麻麻都是电线杆子，耕地都不好弄。浇地要背着闸刀、带上电表，可麻烦了。现在盖了机井控制室，安上了预付费电表，磁卡一按水就来，方便极了。俺们从心里感谢电力局。”

栾城县电力局研发了“农业排灌预付费控制装置”，为1000眼机井进行了安装，方便了农民操控，减轻了农电工劳动强度。

大名县井井通电工程给农民带来了实惠，金家坛村的支部书记沙海山算了一笔账：过去用柴油浇地6亩地要花90多元，现在浇一亩地仅用4.59元，自家的6亩地算下来只花27.54元，日子长了，这钱可就省老了！真得好好谢谢电力局。

在调查采访中记者得知，在2006年的计划项目完成之后，河北还有38个县未完成井井通电，21个县未实现抄表到井。另外，绝大部分县还没有实现“户户持卡”。距离预定目标的实现，任务依然十分艰巨。

记者还了解到，在实施“井井通电、户户持卡”工作中，个别县供电企业存有畏难情绪。他们感到资金匮乏，难以解决。记者认为，这固然是一个事实，但是它不应当成为动作迟缓的借口。结合本县的实际情况，借鉴成功的经验，争取政府与社会各界的支持，以为农民负责、为社会经济发展负责的态度，克服困难，开拓进取，扎实推进“井井通电、户户持卡”工程，才是应取的正确态度。

记者在采访中深深感到，各级政府的强有力支持，是电力部门做好供电工作的重要保证，也是“井井通电、户户持卡”工程扎实推进的基础。资金严重不足确实是一个不可回避的矛盾，按照“十一五”规划，仅“井井通电、户户持卡”工程就需资金40亿元。各级电力部门能够自筹解决的款项约近二分之一，资金缺口巨大问题，亟待政府在政策、规定上给以强力支持。

推进“井井通电、户户持卡”农排电网改造工程是一个惠及广大农家，有利社会经济发展的德政工程，同时又是没有前例可循的新生事物，在资产归属、资产界限、筹资方式等一系列关键环节，都迫切需要政府有关部门给以政策支持。

河北电力同时也热切盼望，“井井通电、户户持卡”的各受益方——各乡镇政府与广大农民群众，能够给对此给以充分的理解与配合，与电力部门一起克服困难，开拓奋进。

“人心齐、泰山移”，只要政企同心，电群携手，什么样的困难也能克服，什么样的奇迹都能创造!!

我们坚信，“十一五”末河北南网“井井通电、户户持卡”的目标一定能全面实现。到那时，河北南网区域内农民兄弟的农田排灌劳作将全面跃上一个崭新的高度，夺取农业丰收将更有保障!

（梁山，《河北电力报》2007年1月20日）

这篇调查报告较好地体现了以上三个特点。一是选题典型并富有现实意义。进行农业排灌电网的建设与改造，是直接服务社会主义新农村建设的一件大事，也是关系农业发展、农村经济、农民生活的一件大事，在我国具有开创性的意义。二是报告列举了大量做法与收效，具有较强的说服力。三是报告在介绍做法的同时，进行了概括总结与深入思考，又使文章体现了深刻的思想性与指导性。

（二）调查报告的写作

调查报告的写法与工作通讯写法大同小异。差异主要表现在程式的略有不同。如果硬要细分，还可以说一是两者的表述不同，一个是通讯，一个开宗明义叫响是调查报告；二是从手法上讲，工作通讯较调查报告更自由一些，调查报告相对的要更遵守文章的程式规定；三是从新闻性上讲，工作通讯更强一些，调查报告与工作通讯相比，公文的特点相对多一些。这些认识纯是一家之言，仅供大家参考。

调查报告的写作要求主要有四点：

1. 深入调查研究，力求全面掌握翔实的材料

调查报告是针对某一问题进行深入调查而写成的书面报告，能否做到认识深刻、观点正确、真实可信，深入到位的调查研究是基础。这里面，调查对象的选择、调查手法的运用、公关沟通的能力、去伪存真的判断，都至关重要。

调查研究的关键在深入，要慎重准确地选择调研对象，认真到位的拟定调研提纲，真诚细致地与调研对象进行有效沟通，力求尽可能多地获得大量翔实的相关材料。对于关键人物、重点问题、典型事例、具体数字，一定要深入了解、准确把握、翔实收集。

调查了解要力求全面，不但要了解第一手材料，还要了解第二手材料(包括数据报表、工作总结、简报、经验汇报等)，更要注意收集听取有争议的材料与观点。

调查研究要做到点面结合，既要有对各个层面情况的了解，也要有对具体事例的掌握。

2. 对材料进行深入研究、分析、总结、提炼，揭示事物本质，形成报告观点

调查报告不仅要报告调查的事实情况，更要报告依据这些情况作出的判断和形成的观点。对经过深入调查掌握的材料，进行“去粗取精、去伪存真、由此及彼、由表及里”的深入分析研究，从而提炼出能揭示事物规律、指导现实工作的结论与观点，是写好调查报告的最重要环节，也是写出调查报告的根本目的。

在这个环节，能否依据事实、材料提炼出正确、深刻的观点，是对作者政治、业务的综合素质与逻辑思维能力的重要考验。没有对电力改革发展形势的深刻了解，没有对电力建设事业前瞻性的认识，面对充满生命力的新生事物，就可能不以为然、熟视无睹，甚至会缺乏判断力，作出错误的结论。

3. 周密布局，层层剥茧，做到材料与观点的互为印证、有机统一

调查报告按照常规，第一部分首先要做概括介绍，交代被调查的事件、单位的概况，指出调查的目的；第二部分，交代调查的经过与结果，这部分是调查报告的主体部分，重点是要说清经调查所得的主要事实；第三部分一般是结语，收束全篇、呼应开头，即提出调查的结论，陈述见解与观点。本部分是调查报告的核心，集中体现着调查报告的价值与指导性，是调查报告思想性的文字表述。

在实际写作中，作者要根据所调查的具体情况去结构文章。由于在电力新闻媒体上所刊发的调查报告，一般都是关系电力改革发展或社会广泛关注的重

点、热点、难点问题，往往具有较强的新闻性，报告的写法往往也灵活多样，不一定必须是上述的“三段式”。完全可以、也应当呈现多种面目，灵活地去安排文章结构、把握报道节奏。但是，无论如何变化，一定要注意做到调查材料与报告观点的互为印证与综合统一。既不能把调查报告写成流水账，也不能写成没有见解、思想苍白的材料堆砌。要努力做到事实真实详尽、观点深刻独到，既有可信性、可读性，又有思想性和指导性。

4．讲究技巧，在符合程式、逻辑清晰、叙述条理、客观准确的基础上还要力求新鲜生动，力戒刻板老套

在新闻媒体上刊发的调查报告，要讲究写作技巧。从文章的主标题、小标题到文章的结构、语言，都要有求新的追求，要善于把逻辑思维与形象思维有机地结合起来，在运用综合、提炼、概括表述的同时，要善于穿插鲜活的事例、生动的口语、富有生活气息的对话；甚至可以加入准确生动的场景与生动传神的细节。

对于生动的事例、鲜活的场景、传神的细节选择，要力求典型准确；在追求语言生动的同时，还要注意简洁、凝练，不可拖沓、啰嗦，更不能过多地使用刻板、僵硬的公文语言。一定要力戒把新闻调查写成公文，叫人不愿阅读，唯恐避之不及。

上面例文的主标题“电通水畅乐农家”富有动感和感情。副标题形式整齐、讲究节奏：“缘起——践行三新，服务三农；推进——周密布局，负重开拓；收获——成果可喜，前路尚长”。数字具体翔实，事例典型生动。其中，对于进行农业排灌电网的建设与改造给农家带来的“七个变化”以及两个农民的话语，概括准确，生动简洁，说服力强。

在事实翔实、分析透彻的基础上，提高调查报告的可读性，也是一个努力方向。

第六节　深度报道分量重

深度报道是在报道新闻事实的同时，对事实作出解释和分析，努力阐明事件之间的因果联系，并力图对其发展趋势作出准确预测的一种报道方式。

另有一种定义认为深度报道是“一种系统反映重大新闻事件和社会问题，揭示其实质，追踪和探索其发展趋向的报道方式。”

美国新闻学者形象地说，深度报道是“以今天的事态核对昨天的背景，从而说出明天的意义。”

有必要对深度报道的选题作出界定。首先深度报道所报道的新闻事实应当是社会关注的难点问题，选题一般应当是重大的，是可能对社会或企业发展带来较为重大影响的事件或问题；再者，其揭示的内容、预测的趋势、提出的观点，应当对指导当前的工作、解决存在问题有所启示与帮助。只有这样其“深”才有意义，其报道才有味道、有价值。

谈到深度报道的作用，程世寿先生在他所著的《深度报道与新闻思维》一书中作了这样的表述：

> “深度报道是开拓新闻领域、加强重大题材的重要途径，是能够洞察全局、预测未来的佼佼者。它为新闻报道走向生动活泼的形式开路，是报纸与广播电视竞争的重要报道形式，是深化新闻改革的丰硕成果。”

这一见地正确而深刻。

深度报道在电力新闻媒体中居于重要的地位、有着不可替代的作用。

电力深度报道，是电力媒介服务大局、高扬引导旗帜的主力军，是电力改革的冲锋号，是电力新闻从业人员、广大通讯员应致力制作好的高层次产品。

广大电力新闻工作者和通讯员要勇于自我加压，努力掌握深度报道的写作要点，争取写出一些有价值的深度报道来，这对于他们是一种挑战和责任，对于电力事业是一种需要和奉献。为此，电力行业的记者、通讯员一定要尽可能深入学习、深刻领会党的有关方针政策，学习电力新闻知识，丰富自己的学养，锻炼自己的脑力；要努力深入一线、深入实际、深入调研，增长自己的眼力；要树立高度的责任感，善于发现问题、研究问题、勤于思考、勇于探索，运用好自己的心力；要力争不断写出有见地、有创意、有思想深度、有指导意义、有时代价值的深度报道来，为电力改革与发展奉献出自己的心智与价值。

（一）深度报道的特点

华中理工大学教授程世寿先生系统阐述了深度报道的五个特点：

1. 主体思维具有立体感。
2. 题材具有重要性。
3. 内容、体裁、价值等具有综合性。
4. 报道具有详尽性。

5. 对报道题材的开拓具有深层次性。

下面就这“五性”的特点，结合电力的相关文章作一概述。

1. 主体思维具有立体感

在深度报道中，记者或通讯员应当运用立体的思维方式，对报道的对象进行立体的、动态的、全方位的能动反映，进行多角度的深入扫描。

具体一点讲，深度报道应当对所报道的事物进行多角度的深入观察分析。这个多角度可以是多时空的、多侧面的、发展的，而不应当是单一的、僵化的、呆板的观察分析。分析应当是深入的，即能由表及里、由此及彼的分析。

例如：

山西之变：变输煤为输电

看山西如何贯彻落实科学发展观

山西，全国第一煤炭大省也。不但产煤量占全国三分之一，输煤量也雄踞全国第一——每年输煤4.3亿吨，占全国省际输煤量的70%以上。

“产煤大省理所当然就是输煤大省嘛。”这似乎顺理成章，在计划经济体制下，山西人就这样把一列车一列车的煤运到省外去发电，而自己竟然一度成了缺电省！

今天，用科学发展观统领经济社会发展全局，站在更高的视野，用全面、协调、可持续发展的眼光重新审视山西的煤炭运输时，一个结论不言自明。那就是，变输煤为输电。

输煤变为输电，好处至少有三。

一是增效益。山西向外输煤，80%输的是电煤，即用于火力发电的煤。这些煤炭，无论汽车拉火车装还是轮船运，千里迢迢从山西到了北方、南方或者东部沿海，加上运价后其成本几乎高出本地价格50%甚至一倍。东部沿海每吨600元的煤发出的电，与山西本地每吨300元的煤发出的电，效益孰高孰低，岂非不算自明？

二是省运力。一年几亿吨煤呼呼往外拉，会给铁路、公路和海运带来多大压力！铁路修了一条又一条，却总是感到运力紧张。大凡晋煤外运公路，很快就会被重车压得伤痕累累，没几年就得重新大修。这些年，连年都在治超载，一调查，超载货车大半拉的是山西煤！

三是减污染。公路运煤造成沿途污染早已成为不争的事实，也是沿途环保一个久治难愈的头疼问题。有人曾不无夸张地开玩笑说，到山西呀，公路边撮几堆土回家也能点着了。

山西发改委的同志仔细算了算，变输煤为输电后，煤电成本、运力成本和治污成本三项加一块儿，综合效益起码可以增加三、四倍。

就地发电实际效果如何？记者来到我国最大的煤电联营燃用洗中煤坑口电厂——西山煤电公司古交电厂。这个厂使用的是洗选精煤过程中淘汰下来的劣质煤——洗中煤，一期装机60万千瓦的发电机组已投入运行，年可实现产值7.8亿元。西山煤电集团党委书记车树春介绍说，古交电厂每年燃煤量为180万吨，由于地处矿区中心，距屯兰矿井口仅800米，这里的煤几乎一出坑口就发电，花不了什么运输成本，所以，发出的电成本非常低，企业效益自然也非常好。

随着市场配置资源的基础性作用的发挥，随着科学发展观的日益深入人心，近些年尤其是最近两三年，在国家有关部门的大力支持下，山西利用当地资源优势就近办电的势头越来越好，这个全国第一外运煤炭大省也已连续三年成为全国第二外输火电大省。全省装机容量从1600万千瓦上升到2200万千瓦，“十一五”时期将会超过5000万千瓦。

谈到煤炭运输环节的这一深刻变化，省委书记张宝顺说：“变输煤为输电这个理念，在山西已经成为上上下下的共识。虽然基于历史和现实原因，从全国大局出发，山西现在以及今后相当长的一个时期都还会是也应该是一个输煤大省，但是，从单纯输煤到输煤与输电并重，这个大趋势已经越来越明显，它是符合科学发展观要求的，因而也是我们要为之不懈努力的。”

（詹国枢、刘存瑞，《山西电力报》2006年9月20日）

这是经济日报记者詹国枢、刘存瑞在2006年8月29日《经济日报》一版头条发表的通讯《山西三变》。《山西电力报》将这篇文章的有关部分予以转载。这篇报道突出报道了山西省委、省政府坚持用科学发展观统领经济社会发展全局，认认真真、扎扎实实地按科学发展观办事，用科学发展的眼光来分析和解决问题，使山西省近年来发生了一些可喜而深刻的变化。

文章深刻分析了变输煤为输电给山西经济会带来哪些变化，具有很强的说服力和思辨性，也从一个方面证实了国家电网公司发展特高压电网是顺应变化形势作出的重大战略决策。文章对现实具有很强的指导作用。

2. 题材具有重要性

深入报道所报道的事件和问题，应当是比较重要的。所谓重要，就是说这些问题应关系电力企业改革发展的大局，关系电力企业发展的难点问题，关系广大人民群众关注的热点问题，关系改革进程的关节点，关系广大电力职工正确行为理念的树立，关系电网企业实现“两个转变”的进程……

总之，它应与解决改革中面对的热点、难点、关节点有关；与人们广泛关注并期望解决的问题有关。例如报道浙江绍兴袍江供电企业为袍江工业区内各企业提供“优化用电方案建议书”的《“优化用电方案”解开客户心头“千千结”》（《国家电网报》2007 年 4 月 13 日）、西北人民面对 80 年代电荒时的思考的深度报道《电荒的困惑》(《中国电力报》1988 年 3 月 11 日）等文章。

3. 内容、体裁、价值等具有综合性

这里谈到的三方面具有综合性是说其内容上容量大，有多种新闻体裁可以用来写深度报道，可以体现较多的价值，如新闻价值、社会价值或学术价值。

深度报道的内容容量可以很大，可以跨时空、跨部门、跨单位，反映较多的问题。深度报道的体裁也可以是多种体裁的构成，可以用不同的体裁如消息、通讯、评论、图片专题进行报道。据此，也可以说它具有表现形式上的多样性 。

这里把它作为通讯范围里的一种写法介绍，其实它并不囿于通讯的形式表现，在一篇文章里可以运用不同的体裁特点来表现。

在一些重大的深度报道中，上述三个综合性的特点会较充分呈现出来。

4. 报道具有详尽性

一般深度报道都具有内容丰富、背景翔实的特点。它的基础必定是作者深入到位的采访、大量素材的有效收集。新闻素材必须满足报道追溯过去、展现未来的需要。程世寿在谈到详尽性时举出了十二项指标因素，十分具有可操作性。这十二项指标是：新闻事件、新闻背景、有关新闻事件的资料、说明、原因、意义、过程、分析、前景、时效、时态和建设性意见。

这十二项指标因素既是采访获得素材的着手处；也是深入思考、提炼认识、浓缩观点的着力点；更是文章达到详尽的标志点。

5. 对报道题材的开拓具有深层次性

深度报道的核心是“深”。如果客观报道的基本要求是“实事”，那么深度报道的本质要求就应当是“求是”。它既要讲清楚新闻事件的诸要素，还要回答产生新闻事件的缘由，更要揭示新闻事件所带给我们的启示，甚至应当预测新闻事件的发展趋势。这后几点是深度报道思想性的展示，更是深度报道文章价值的集中体现。

要做到这一点，能做到这一点，有赖于作者能够深入采访，深入分析，深入发掘，深入提炼；能对报道的事件作出由浅入深的分析，由表及里的开掘，由此及彼的联系，由过去、现在到将来的展望；能对事物进行本质的发掘，把事物所体现的内在规律和发展趋向提炼出来。

做到并做好以上诸点，是要以作者的思想性为基础的。思想性是深度报道的灵魂。作者有思想，能针对新闻事件深入实际和一线，深入采访，深入分析、思考，深入探究、发掘，才能使笔下的文章有观点、有影响、有启示、有价值，从而强化新闻报道的导向性与指导性，进而有效引导舆论，推动电力的三个文明建设。

作者的思想性来源于善于学习与汲取，来源于对党的方针政策的深刻理解，对电力政策法规的深入把握，对改革发展大局的深入了解。这一切是作者思想性的重要基石。

一名优秀的新闻工作者，一名高水平的电力新闻通讯员，应当同时是一位思想者、一位政治家。他应当有广泛的知识涉猎，应当视野开阔，大局在胸；他应当对经济学、政治学、哲学理论有一定的造诣；他应当对文学、艺术有一定的爱好与了解；他应当善于学习，勤于思考。只有具备了这些素质，他才能面对新闻事件，独具慧眼，能透过现象看到本质，能敏锐地发现新问题，写出具有思想深度、具有时代感与指导性的好新闻文章来。

做不到这些，深度报道绝谈不上“深”，也就难言有多高的价值。

（二）深度报道的类型

深度报道是一个新兴文体，但它却有相对丰富的类型。概括地分，它包括单项型和复合型两大类型及七个小的分类型。下面逐一作概要介绍。

1. 单项型深度报道

（1）解释性深度报道。

它是深度报道的常见类型。其基本特点是在报道新闻事件时，同时对它发生的原因、条件、背景进行深入的说明、解释，从而使新闻更具体、清楚，满足读者知其所以然的阅读需要。电力媒体对重要工程、重要人物的深度报道一般具有这方面的因素。

（2）分析性深度报道。

这类报道多见于关于改革发展、重要政策的实施过程中。它是在报道新闻事实的同时，运用分析、综合、比较的方法，预测新闻事实的性质、意义与可能的发展趋向，帮助读者认清、理解新闻事实，树立正确的观念，确立正确的认识。

（3）预测式深度报道。

电力媒体作为公用事业的公开媒体，作为经济活动的重要信息平台，刊载的预测式深度报道与行业担负的社会职责密切相关。对供电形势作出预测、对电煤供应作出预测、对电力市场的发展趋向作出预测，都是其做好深度报道的着力点。广大电力通讯员大多数没有处在关系全局发展的部门，对大的经济发展走势可能较难作出到位的预测。但这并不是说不能去写预测性深度报道，只要留意，只要有心，只要用功、到位、执著，善于发现问题、研究问题，一样可以见微知著，写出与实际工作相关的预测性深度报道来的。

预测性深度报道一定要建立在深入调查、分析的基础上，要掌握大量的事实和数据以供分析，要讲究严谨性与科学性，反对盲目性与随意性。

（4）调查性深度报道。

这是一种最常见的深度报道。它一般是针对大家较为关注的新闻事实（可以是突发的，也可以是发现的）进行深入调查采访，在掌握大量事实、数据、反映的基础上撰写成文，向广大读者进行过程结果的展示。从而有助于读者了解事实全貌由来，认识事物本质，获得知识与启示。

在电力媒体上关于典型经验、重大案件、重大事故的调查性深度报道散见于报端。这类报道具有很强的借鉴、警示、教育作用。前面介绍的调查报告《电通水畅乐农家》也可视为调查性深度报道。

（5）典型性深度报道。

典型性深度报道对于强化报纸的导向性、指导性、鼓舞性具有重要作用。它是选择具有典型示范意义或深刻教育意义的典型事例或人物，进行深入剖析，获得对某些规律性的深化认识，得到对发展前进的启示，从而有助于推进工作的一种报道形式。它是宣传先进人物、推广成功经验的利器。前面作为工作通讯介绍的《“两问”新制促超越》，介绍了石家庄供电公司创新管理机制，推行“安全问责制”和“管理问效制”的做法和经验，介绍条理，剖析深入，就是一篇这样的典型性深度报道。

2. 复合型深度报道

复合型深度报道有两种基本形式。

（1）进行性深度报道。

这种深度报道一般具有较强的时效性，它是以大家关注的重要事件或人物的发展变化同步推进的一种深度报道形式。

河北电力报在配合中心工作中组织过“阜平电力扶贫战役”的连续报道，它以时间为经顺序写来，较为深入地记录了电力扶贫带给老区人民方方面面的变化，是做好这类报道的一次有益尝试。

（2）系列性深度报道。

它不以时间顺序为链条，而是围绕一个核心选取不同的切入角度，分别从不同的侧面进行的报道。每篇文章不是一种递进关系而是事物的一个部分，是一种并列关系，集合起来才能完整展示事物的面貌与本质，从而充分体现思想深度。

例如，《中国电力报》策划发表了不少这样的深度报道，《能源危机与出路系列报道》、《老边区农电系列报道》、《责任南网》；《国家电网报》策划的《“重走长征路传承革命志”大型系列报道》之“电力篇”、“文化篇”，《电网技术改造系列调查》等；《中国大唐报》策划组织的《盘电之路系列报道》都属此类深度系列报道。

上述各家电力媒体的实践应当成为广大电力通讯员学习的榜样，他们的作品应当是大家借鉴的范本。

有的新闻教科书列举了深度报道的10种形式：①连续报道；②系列报道；③组合报道；④问题讨论；⑤专题新闻；⑥单篇深度报道；⑦分析性新闻；⑧解释性新闻；⑨问题性新闻；⑩述评性新闻。对此可作参考。

（三）深度报道的写作要求

深度报道的根本特性是深，即对新闻事件的认识要深、开掘要深。它的写作要求相对其他的新闻文体自然也就要高一些。概括起来讲就是要做到“五性”：题材重大性、思维主体性、认识深入性、导向明确性和形式手法多样性。

1. 题材重大性

相对其他的动态消息，动态的通讯而言，深度报道的题材相对重大，容量也相对较大。

如何体现重大，前面谈到的选材三点即“难点、热点、关节点”可以借鉴。

试用文字再概括一下：

（1）报道的新闻事件与改革发展的深入进行有关，是关系电力企业发展的重大原则问题。

（2）是社会各界关心、电力企业应当着力解决的焦点问题。

（3）是人民群众普遍关心并迫切要求解决的有关电力工作的热点问题。

凡属这样的问题，就是电力新闻工作者与广大电力通讯员应当努力去关注，并要力争写好的深度报道的选材方向。

2. 思维立体性

本书在前面谈深度报道的五个特点时，对作者的立体性思维运用作了概述，即“记者或作者应当运用立体的思维方式，对报道的对象进行立体、动态、全方位的能动反映，进行多角度的深入扫描。”

一名新闻记者、通讯员应当是一位思维的智者，他应当勤于思考、善于思想。没有思维的高度，就没有报道的深度。

程世寿先生对记者的立体思维作了这样的概括：

> “记者的立体思维是一种创造性的新闻思维，它是采用空间思维的方式，对于一个认识对象，进行多方位、多层次、多角度的思考和探索，力图真实地反映这个事物的整体以及这个整体和其他周围事物构成的立体画面的思维方式。”
>
> “他要求记者在进行新闻与采写时，要跳出点、线、面的限制，善于上下左右、四面八方去思考报道对象。因此，记者的主体思维也叫做记者的空间思维或记者的全方位思维。”

在进一步论述立体思维的特点时，程世寿先生又概括了“联动性”、“多向性”、“多维性”、“综合创造性”与“互为中介性”五个特点。有意深入研究的同仁可以去读一下程先生的专著《深度报道与新闻思维》（新华出版社出版），在这里不展开探讨。

总之，运用立体思维就要善于多角度、多层面、多侧面地去研究报道对象；能够进行由表及里、由此及彼的思考，着力从事物的联系与变化去思考问题；善于创造性地研究、开掘问题，认识事物的规律与本质。在新闻深度报道写作中立体性思维贯穿从立意到撰写全过程，必须坚持严格把握、始终运用。

3. 认识深入性

认识深入性是作者运用立体性思维的结晶，是深入报道的基本特性体现，是深度报道的重要价值标准判断。离开了认识的深入性，深度报道就失去了自身的价值。

认识的深入性是基于对新闻事实的深入理性分析，是作者对新闻事实本质认识的具体表现，是对新闻事实体现事物发展规律的准确把握。

认识深入性是作者写好深度报道的扎实基础，它与立体性思维的运用一样，必须贯彻深度报道的整个写作过程，直到文章的完成。认识深入性的要求是一个绝对过程的相对体现，它要求作者对于所报道的事物要不断地深化认识、不断开掘发现，尤其是要运用立体思维中最具活力的新闻思维创造性，不断拓展自己对事物本质及规律的把握，不断加深对新闻事物根本价值的认识。

要随时注意深入研究党的有关电力政策及涉及全局的中心工作在电力基层单位具体化的过程；要随时关注在落实党的政策和完成中心工作过程中出现的具体形势与问题。这样就会对全局了然于胸，就能在采访中独具慧眼、耳聪目明，迅速地发现新事例、新题目、新角度，而不至于面对宝藏熟视无睹、贻误时机、丢掉好题材。胸中有大局，笔下才会有好文章。

4. 导向明确性

深度报道的认识必须是正确的，其立场、观点必须是鲜明的，其态度必须是坚决的。

导向的明确性基于认识的深入性。电力的深度报道所揭示的事物本质，体现着这一事物的发展规律，它应当是积极的、富有建设性的。离开了导向的明确性，深度报道的价值就会大大降低。

导向鲜明的深度报道是电力媒体深度报道的主旋律，不乏佳作，仅从一些深度报道的文章题目中就可以感到其鲜明的导向性：

竞价上网，你准备好了吗？

（张冬梅、胡亮，《中国大唐报》2006 年 6 月 20 日）

城市流动人口用电不能失控

（黎小钢，《湖北电力报》1996 年 4 月 23 日）

超编：农民反对　县局反对　我们更反对

（李玉凤、刘辉，《中国电力报》1994 年 1 月 18 日）

5. 形式手法的多样性

深度报道是一个发展中的新兴文体，其表现形式已经呈现丰富多彩的态势，写作手法的运用更是没有定式，变化多端。可以运用消息、通讯、言论、纪实摄影等多种表现形式，也可以在一篇文章中同时运用多种表现手法，甚至可以作成“四不像”。总之在从事深度报道的写作中尽可根据现实需要，结合新闻事件与自己的写作特点，创造性地写开去。不要有固定模式的束缚，不要有故作高深的心态，只要能交代清楚、层次分明、认识正确、开掘深入、导向鲜明，尽可写开去。但请千万不要忘记要尽可能多地掌握材料，尽可能到位地深入思考，尽可能近地贴近工作实际和改革现实，尽可能灵活鲜明地去表现主题思想。一定要认真为文，严谨运作，力避信马由缰的放纵与随意。

最后，强调一点，深度报道的题材重大不是仅限于大事件，也可以是有大意义的小事情、小由头。但它一定要与改革的大方向相联系，能从小事件的开掘中，升华并悟出大道理来。这样的小事也可作出大文章、写出好文章来。

例如：

深圳供电局为何停了自家电

换位思考强化员工优质服务意识

9月5日19时，深圳供电局员工饶先生一家把香喷喷的饭菜刚端上桌，突然眼前一黑——停电了。

“自己就在供电部门工作，一直认为供电有保证，没有想过会停电。只能摸黑吃饭，刚做好的鱼也不敢吃了。”更令饶先生着急的是，由于空调、风扇无法工作，屋里变热，才7个月大的儿子开始哭闹起来。

当天晚上，深圳供电局人民桥片区2栋员工家属楼陷入黑暗之中，而周围的楼房则依旧灯火通明，没有受到任何影响。

原来，这是深圳供电局自己对本单位员工宿舍拉闸，有意让员工体验停电之苦，从而强化其优质服务意识。

“拉闸先拉局长家”

据了解，此次停电范围包括深圳供电局30多栋员工宿舍楼，涉及1400余户家庭。当日19时，除电梯外，深圳供电局水坝、岗厦、人民桥等片区员工家属楼分路电闸全部被拉下，住宅管理处开启了应急电源。为了防止发生事故，供电局派出几十名工作人员在各开关地点值守。

深圳供电局有关负责人接受记者采访时表示，供电局对本单位员工宿舍拉闸停电，是为了让广大干部、职工换位思考，切身体验停电之苦，从而强化其优质服务意识，激励员工以更加饱满的热情投入到全市的供电工作中去。

据介绍，今年以来，深圳市经济继续保持快速发展，电力需求旺盛，电力供应形势严峻，最高用电负荷达到882.1万千瓦，比去年高出134万千瓦。1月～7月，深圳电网供电量（不含蛇口）259.38亿千瓦时，同比增长12.06%，日最大供电量达1.69亿千瓦时，广东省中调对深圳电网共发布77次红色错峰预警信号，负荷缺口最大达185万千瓦。

为了贯彻落实南方电网公司董事长袁懋振提出的“老百姓的电，一户也不能拉”要求，深圳供电局局长金基民郑重承诺：“电力再紧张也尽量不停居民的电，实在要拉闸，先拉供电局员工宿舍的闸；员工宿舍拉闸限电，先拉局长家。”

迎峰度夏期间，深圳供电局围绕“保证供电、价格合理、办事便捷”三项要求，通过加快营业厅硬件建设、提高员工素质、创新优质服务，进一步提升服务水平，努力做到“缺电不缺服务，限电不限真情”。同时，也呼吁广大用户自觉错峰、避峰，做好节能降耗工作，共建资源节约型社会，同舟共济渡过用电难关。

“服务不只是笑脸”

城市的现代化程度越高，对电力的依赖性就越强，在我国改革开放的前沿——深圳，这一点表现得尤为突出。此次深圳供电局员工宿舍停电时间大约2小时，员工们就感到漫长难熬。家住水坝宿舍的供电员工刘先生当时急得满头大汗，因为电子锁无法工作，已经习惯不带钥匙的他只能在楼外苦等。

供电员工宿舍的一次短时间停电就为员工带来诸多不便，其他市民在遭遇长时间停电时的感受可想而知。一名供电抢修人员称，以往遇到供电抢修任务时，尽管自己行动迅速，但还是经常听到用户的怨言，令他难以理解。经历了此次停电，他终于切身理解了用户的不满，在以后的工作中自然会更多一份责任感，更多一份耐心。

在深圳供电局局长金基民看来，服务不仅仅是笑脸，更重要的是切实保证群众有电用，用好电。这就需要不断加大电网建设力度，正所谓“发展才是硬道理”。

深圳电网是广东电网系统的核心部分，是广东电网的第二大电力负荷中心，同时还是粤港联网的连接点，为香港、惠州等周边地区提供强有力的网络支撑，深圳供电局的供电量居南方电网五省基层供电局之首。

记者从深圳供电局了解到，今年前7个月，深圳市共完成电网建设基建投资14.6亿元，投产6项输变电工程，新建110千伏变电站4座，新增变电容量55万千伏安。今年。深圳电网建设投资总额将达42.38亿元。

按照深圳市电网规划，从2006年到2010年，深圳电网建设与改造总投资将达221亿元；新建变电站103座（其中500千伏变电站2座，220千伏变电站24座，110千伏变电站77座）；扩建变电站18座（其中500千伏变电站1座、220千伏变电站2座、110千伏变电站15座）；新增110千伏及以上变电容量2939万千伏安，新改建110千伏及以上线路2671千米。到“十一五”末期，深圳电网全网可实现输配网协调发展。

为打造一个坚强的深圳电网，电力部门与当地政府携手，共同努力。8月9日，南方电网公司董事长袁懋振与深圳市市长许宗衡会见时表示，要把深圳电网打造为现代化的、与现代化国际化大都市相适应和相配套的安全可靠电网。

（杨雅洁，《中国电力报》2006年9月29日）

一个新鲜的做法，一篇新奇的报道，一种深刻的感受，一场深入的思考。供电局首先停了自己的电，目的是为了让自己的职工亲身感受一下停电之苦，从客户的角度深切体会对电力的迫切需求之情，从而更深刻地体会到电力行业肩负的社会责任，进一步牢固树立优质服务意识。文章以饶先生家的停电现场描写与感受切入，依次详写了这次停电的范围（30栋楼，1400户电力员工）、停电的时间（连续两个小时）、停电的影响（员工感到漫长难熬，一员工被锁在外面两个小时进不了家）、停电的收获与启示（经历了此次停电，员工们切身理解了用户的不满，在以后的工作中自然会更多一份责任感，更多一份耐心。局领导认为，服务不仅仅是笑脸，更重要的是切实保证群众有电用，用好电。还要不断加大电网建设力度，坚持“发展才是硬道理”）。更叫人佩服的是作者还列举了大量的数字资料，说明了尽管电力发展迅速，仍然满足不了经济发展的需求。同时还告诉读者“十一五”电力将大力加快建设步伐，有更快发展的可喜前景。读罢文章一定会为其蕴涵的深刻思想力量所打动。这样的深度报道，是社会所广泛关注的，是电力媒体十分欢迎的，是广大电力新闻从业人员、广大电力行业的通讯员应当着力发现并努力写好的。

在这里还要强调一点，深度报道的思辨性体现不一定必须是长篇大论的议论，完全可以是精练的画龙点睛的高度概括；甚至可以是由叙述和报道事实里蕴涵着的能让读者体会到的深刻道理。

有的资料在谈到深度报道的要素时，列举了10条：①新闻事件（包括时间、地点、事件）；②背景；③相关事实；④说明；⑤原因；⑥意义；⑦前景；⑧分析；⑨过程；⑩时效、时态。对此，在写作时可作参考。

其实，具体到一篇深度报道，究竟应当采用什么写作形式，包括哪些要素，完全应当从具体问题出发，从实际的情况需要出发。切不可套用形式、僵化处理。但是，有一些原则是不可违背的，这就是导向性要正确，思想性要深刻，新闻性要突出；要能给人以新启示、新思考。

深度报道是求新的高层次，是一种高质量的新。它的来源是深入的采访、深刻的思考，是清醒的顿悟，是新闻事实在有思想的头脑中的升华之果。

深度报道的选题，就在身边。只要有发现的慧眼、有高度的责任感、有扎实的功力，就一定能写好深度报道，从而为电力的改革发展作出贡献！

第四章

新闻言论写作述要

新闻评论是一个新闻媒体的旗帜。它集中体现着这个媒体的方向，也是媒体指导性的重要标志。

我们党历来十分重视新闻评论的作用，党的重要领导人在各个不同的历史时期，都非常重视报纸的社论、评论，并亲自撰写、修改社论与评论。可以说重视媒体的评论是我们党的传统。

一个媒体的内容说到底是由两大部分组成，这就是新闻报道与新闻评论。新闻报道主要报道新闻事实，即通过对客观事物的真实报道，体现编辑部的思想倾向，它的主要特点是用事实说话；新闻评论主要是针对新闻事实与现实问题发表议论、讲明道理，即对客观事实进行分析论证，阐明并揭示真理，直接表明编辑部或作者的观点，它的主要特点是议论说理、倡明导向。两者相互依存、互为作用、有机统一，新闻报道是新闻评论存在的基础，新闻评论是新闻报道的提高与升华。

新闻评论有不少表现形式，社论、评论员文章是最具权威的评论形式，它直接代表了编辑部的声音，是一个媒体指导性的最重要体现。其余的表现形式还有言论、编者按语、编后话、记者述评、杂谈等。

由于本书面向的主要是广大电力通讯员，故对于新闻评论中的社论、评论员文章将不述及，只概要介绍新闻言论与编者按语的写法。

第一节　言论特点与作用

新闻言论相对社论、评论来讲，具有篇幅比较短小、形式更为灵活、写法相当自由的特色。它可以针对当前的现象与有关新闻事实鲜明地表达观点，深入地说明道理，明确地倡明爱憎，令人信服地评判是非，是广大电力职工、读者十分喜爱的文体，也是广大电力通讯员应当下工夫掌握的一个重要武器。

一位合格的电力新闻通讯员，应当成为新闻写作的多面手。除了能写好新闻报道外，也应当能经常写一写新闻言论。写出对一些新闻事实、社会现象、经营管理、安全生产、精神文明、企业文化、改革发展等方面问题的所思所感，磨砺自己的思维之剑，发出自己对电力建设和发展事业的见解与声音。

一、新闻言论的特点

新闻言论的特点主要有四点，即新闻性突出、导向性鲜明、说理性充分、群众性广泛。

（一）新闻性突出

新闻言论是以新闻事实为议论对象而发表的言论，所以突出的新闻性是其最重要的特点之一，也是新闻言论与其他评论最本质的区别。

电力新闻言论所提出与评论的问题，应当是电力三个文明建设中广大职工普遍关心、重视并需要进一步明确的问题。在这个意义上讲，新闻言论新闻性的体现使它具有很强的针对性。

仅从一些言论的题目上就可以感受到这一点：《责任制莫成“责任纸”》（李建强 刘洋，《河南电力报》2003 年 12 月 20 日）、《安全也应追求“零缺陷”》（《中国电力报》2004 年 1 月 17 日）、《小账也要算》（李克信 ，《内蒙古电力报》2006 年 3 月 31 日）。

新闻言论新闻性特色的另一层意思，就是要有较强的时效性，也就是说新闻言论一定要适时而发。这个适时可以在新闻事件发生之后，也可以在某项工作开始之前和进行之中。总之，要紧紧盯住将要发生、已经发生或正在发生的事件、工作去发表议论，倡明观点，予以引导。

例如，在半年工作总结之际，《江苏电力报》刊发了《“述职”不要“述功”》的小言论；针对即将开始的“安全周”，《湖南电力报》刊发了《安全监察人员要做只敬业的“猫”》的言论。

适时地对一些倾向或倡导的精神予以评论，可以发挥良好的导向与倡导作用。

（二）导向性鲜明

导向性鲜明是新闻言论的又一重要特点，也是其根本价值所在，是其本质属性的体现。

这里所说的导向性含有观点要正确、思想要深刻、态度要明朗几层意思。言论的观点体现的思想性要正确深刻，这是新闻言论发挥作用的最根本基点。没有正确的观点，新闻言论的价值也就从根本上不存在了，甚至还会添乱误事。这个道理应该是不言自明的。

观点正确应当是不太难做到的。一般通讯员写的言论，在导向性方面达到初级编辑标准——正确的观点，是较容易做到的。但是要做到思想深刻就不容易了。思想深刻的基础，是要有较高的综合素质，要有独立的深刻思考。

态度鲜明是导向性鲜明的体现。新闻言论必须鲜明地表明作者赞扬什么、反对什么、倡导什么，不可含含糊糊，不能模棱两可。

请看几个题目：《新农电需要新思维》(胡婧 张为龙，《国家电网杂志》2006 年第 12 期)、《安全生产需要人性化管理》(张世盛，《辽宁电力报》2006 年 7 月 14 日)、《电力渐宽裕 节能莫放松》(杨汉祥，《西南电力报》2006 年 6 月 22 日)。

三篇言论的观点与导向性在题目上已有明确的体现。

(三) 说理性充分

说理性充分是新闻言论文体特点的基本特点。是其区别于其他所有文体的根本特点。

以理服人是新闻言论说理性的具体体现。这个理首先要观点正确、富于新意，而不能是不言自明的理、尽人皆知的理。这个理一定要给人以启迪，给人以新鲜感。说理要有严谨的逻辑性、很强的针对性，要据事说理，论据充分，讲事实、摆道理，具有很强的说服力。

例如：针对忽视安全细微小事的倾向撰写的言论《安全积于细微》(王建勋，《中国大唐报》2005 年 11 月 15 日)，为说明论点，借用了古人的名言“天下难事，必做于易；天下大事，必做于细”；举出中国人与日本人做事的不同态度；介绍了海尔总裁张瑞敏“把每一件简单的事做好就是不简单，把每一件平凡的事做好就是不平凡”的感悟；列举了看似普通的倒闸操作，一旦忽视却常出事故等具体事例。针对性强，观点鲜明，说理充分。

新闻言论所说的理要以方针性、政策性、思想性为基础，也就是说出来的理一定是真理、是正理。理正是说理充分的基石。

(四) 群众性广泛

群众性广泛是新闻言论能广泛传播，受读者欢迎的重要特点所在。说新闻言论具有广泛的群众性，首先是它的选题大多来自广大电力职工群众关注的热点问题，有的甚至来自职工的平时议论的话题、来自职工身边的看似琐碎的事。

例如：

针对有的地方反事故演习流于形式的现象发表的新闻言论《演习不能成“演戏”》(吴军《甘肃电力报》2006 年 7 月 22 日)；

针对客户的“牢骚话”刊发的言论《多听听牢骚话》(刘易平，《甘肃电力报》2003 年 7 月 22 日)；

针对电力发展多经有的地方忽视主业生产的倾向撰写的言论《决不能

拆墙砌小灶》（晓理，《湖北电力报》1985 年 5 月 20 日）。

这些言论所议论的话题就在大家身边，读来亲切又富有深意。

新闻言论群众性的第二层体现是要通俗，让人一看就懂。说理虽深刻，但道理要平和、平易化。平易化就是所讲的道理不是板起面孔讲的理，也不是故作高深的“大道理”，而是真正让人入心、让人心服的好道理、真道理。

例如：

讲安全生产要有新思维，不要忽视身边的小事《从把梯子横放说开来》（李小娟、李聪明，《内蒙古电力报》2006 年 8 月 4 日）。

面对市场挑战，面对安全生产管理，倡导未雨绸缪的新闻言论《别等到下雨才买伞》（严海洋，《西南电力报》2003 年 12 月 4 日）。

两个言论从小处切入，用极通俗的标题和语言，说明了很深的道理，充分体现了新闻言论通俗性的特点。

新闻言论群众性特点还包括它们大都是短小精悍的。

文短理深是新闻言论的鲜明特色，它们多不足千字，却说理充分、论理深刻，不用多长的时间就可读完，又大都会给读者留下较深的印象。

正由于有了以上的特点，所以说新闻言论是电力媒体一个不可或缺的重要文体；是电力新闻工作者与广大电力通讯员应当予以重视，并要掌握写法、尽力多写的一种文体。

二、新闻言论的作用

新闻言论的重要作用与新闻评议的作用是一致的。

电力的新闻言论的作用就是以邓小平理论与“三个代表”的重要思想为指导，坚持科学的发展观，对电力三个文明建设中的重要问题或带倾向性的现象进行分析、论述，从理论与电力改革发展实践的结合上宣传党的纲领路线、国家的方针政策、电力的中心工作，动员组织广大电力职工建设“一强三优”现代公司，发展电力建设，更好地为社会经济发展与改善人民群众生活服好务，为构建社会主义和谐社会鼓与呼。

具体作用如下：

（1）解释新闻事实的本质属性，指明它的发展趋向，对其发展规律进行准确判断。

（2）针对新闻事实，阐明其因果与意义，指明它可能对社会生活、电力事业发展产生的影响。

（3）对新闻事实做出价值判断，表明其在政治上的正误、道德上的价值与影响观念的评价。

（4）通过新闻事实的分析评价，进一步表明与深化新闻报道的主题。

第二节　选题立论是关键

选题是新闻言论的最基础工作。

选题就是选择新闻言论要评论的事物和问题。它直接决定和影响着一篇新闻言论的立论和评论的方向。如果说一篇新闻言论是要有的放矢，选题就是在寻找“放矢”之“的"，也就是决定评论的目标和方向。选题是一篇言论立论的前提。

一、选题的方向

电力新闻言论的选题应当来源自电力改革发展的实践。

不少关于言论写作的教科书，谈到选题的来源有多种表述，概括起来不外认为，新闻言论的选题一来源于上面的精神，二来源于下面的情况，三来源于新闻报道。

电力新闻言论的选题应来源于五个方面。

（1）来源于中央与上级部门的重要精神与重点工作。比如党中央倡导的“八荣八耻”荣辱观，电力部门建设“一强三优”现代公司的努力方向，“人民电业为人民”理念的牢固确立，“三新”（新农村、新电力、新服务）工作的深入等，这些重大的、涉及全局的认识与工作部署问题，都可以而且应当成为发表评论、组织言论的着力方向。

（2）广大电力职工普遍关心，广大人民群众普遍重视的热点问题。具体讲，它可以是职工群众议论的话题，也可以是广大农民盼望的问题；可以是广大客户关注的问题，比如提高用电可靠性问题、电费收费难问题、牢固树立优质服务观念问题……可以是分配的公平问题、反腐败问题，还可以由群众最关心的问题谈起。只要你选得准、议得深，就一定能收到良好、强烈的反响。

（3）党的方针政策，电力的重要部署、规定的出台与贯彻，在现实中一定会遇到各种不同的情况，甚至误解、阻力。针对这些问题进行解疑释惑、倡明正确的观点，是新闻言论非常好的选题方向。

（4）电力改革发展中的新苗头、新创造。改革事业是一个创新发展的事业，正是有了无数的创新与突破，才有了改革事业的持续发展。作为以创新为生命的新闻事业、新闻言论，为改革创新发展鼓与呼是它最重要的职责。张扬新事物，支持新创造是新闻言论重要的着力点之一。

新闻言论对新生事物的支持与宣扬，一定要建立在科学正确的立论上，进行深入有据的说理。

(5) 针对具体新闻事件的评论。这类言论在新闻言论中占有较大比重。它针对具体事件分析原因、揭示意义、强化主题。这些评论、言论可以有多种表现形式，评论、言论、编后话、编前话、编者按都可担当这一任务。

二、新闻言论立论的要求

对于新闻的言论立论，各个不同的新闻言论专著都有着一致的观点。他们共同认为，立论的要求共有四点，即：有的放矢、富有新意、准确无误与高瞻远瞩。

(一) 有的放矢

这个要求强调的是新闻言论要有很强的针对性。

新闻言论的针对性强不强，现实性强不强，是决定新闻言论是否有新意、思想价值高不高的一个重要标志。自然也是电力新闻言论价值体现的重要标志。

强调电力新闻言论有的放矢，要包括三层意思：

第一层意思，新闻言论的立论一定要是针对电力改革和发展实践中迫切需要解决的矛盾和存在的问题，提出改进办法，发表有新意的议论。

第二层意思是要针对电力三个文明建设中应当提倡的做法、必须纠正的倾向以及针对新变化的疑虑给予深入的评议和正确的指导。

第三层意思，有的放矢的原则决定应针对电力改革与发展中出现的一些思想认识问题进行说理引导。不少有思想性的，涉及精神文明、企业文化、经营理念的言论都属这类的言论。

(二) 富有新意

这个原则要求新闻言论的立论与论断要出新，要有新见解，能给人以新启示，而不应当是老生常谈，甚至是只讲一些不言自明如白开水一样的大道理。

新闻言论没有立论、观点上的出新，就会魅力尽失，味同嚼蜡。

郑板桥有句名言叫“删繁就简三秋树，领异标新二月花”，经常被用来比喻写文章要出新，这在新闻言论的写作中也应是一个重要的标准。

文章领异标新才有魅力。在一篇新闻评论中，一定要给人以一些新的东西，这些新东西可以是一个新标题、一个新观点、一个新由头、一个新角度、一种新思想。

新角度是产生新鲜感、有所新发现的重要原因。观察事物与拍摄事物的道理是相同的。同一个事物，从不同的角度看上去，感觉是相当不同的，正所谓“横看成岭侧成峰”。所取角度的不同，就会产生认识的不同。善于从不同的角度去观察事物、提炼认识，一定会有更多的新闻言论选题可供选择，也一定会不断写出富有新意的好新闻言论出来。

请看一则例子：

不妨换个角度思“休”

每逢佳节倍思“休”。新春佳节，有很多人都要走亲访友或宴请宾客，这都需要充足的休息时间。这时候还在岗位的人员思“休”的念头可能尤为强烈——这是可以理解的。对此，笔者建议：不妨换个角度思“休”。

英雄气短，儿女情长，逢年过节思念亲人是人之常情。但话又说回来，我们的工作就是为客户供电的，换个角度想想，正当我们一家人欢欢喜喜团团圆圆的时候，电忽然停了，我们会有什么样的感受？电话打到供电局，十几个电话还听不到人接听，翘首盼望了老半天，抢修人员千呼万唤还没出现，我们又会有什么样的感受？假如我们是一个企业家，看着寂静的车间，想想到期的订货合同，盼电的心情想不憔悴也难。

有一首小诗我始终记在心里：“不要你承诺，不许你寂寞，只要你幸福，也许会是我今生最大的快乐。”以客户之乐为乐，以客户之忧为忧，这就是服务的境界。思“休”的时候，想一想自己肩上所担负的责任，我们就会从思“休”的情绪中解脱出来，把思“休”之情化作为企业增光添彩的力量。

（谢应辉，《中国电力报》2004 年 1 月 20 日）

这篇言论巧妙地主张电力职工在过节时要能从客户的需要考虑问题、明确责任，从而牢固树立“以客户之乐为乐，以客户之忧为忧”的高尚服务观。这是一篇转换角度看问题、发议论的好作品。

（三）准确无误

立论要准确的要求是说立论体现的中心思想一定要正确，不能与党和国家的政策相悖。

立论要准确还要求表达准确，把握好分寸，不可过激、过分。

新闻言论要做到准确无误就要把握住：立论要有牢固的政策依据，作为电力的记者、通讯员要做到这一点，首先要吃透上级的精神，对于议及事物有关的方针、政策、规定有全面准确的了解。要坚持实事求是的原则，能针对议及事物作出深入科学的分析。工作作风要深入，对议及事物有准确全面的了解。切不可道听途说、不明就里、妄发议论。一定要有严谨的工作作风，知其然更知其所以然，经深入了解、深思熟虑才发表意见，发出议论。

人民大学的胡文龙教授谈到准确无误的要求时提出了作者心要热、头脑要冷。他主张遇事要深入了解，脚踏实地地调研，并称这是医治思想方面主观主义，克服立论片面性的有效药方。这一观点，对大家坚持准确无误的立论要求，具有十分重要的启示和教益。

（四）高瞻远瞩

高瞻远瞩、见微知著，这些词往往用来形容大人物的。一介电力通讯员何德何能，能有高瞻远瞩之功？其实不然。

高瞻远瞩的本意不过是站得高一些才能看得远，它只是一种实际行为与效果的统一概括而已，并非谁的专用之词。这个词的引申义还告诉人们应当要善于着眼全局，准确观察把握事物，科学地预测未来。

在这个意义上来讲，要站在全局的高度，对事物发展能做出科学的预测判断，这是对新闻言论立论的一个重要要求与标准。

落实这个要求，达到这个标准还要求要善于把那些看似小事、琐事与大局的内在联系揭示出来，能见微知著、以小见大，从中找出规律性的东西，从而析事明理、以理服人，给人以启迪与鼓舞。小处入手，大处着眼；小事谈起，大局论理是新闻言论写作的常用手法。

供电企业需要提高“表达能力”

民主评议供电企业的行风，却评出许多“没想到的问题”。比如有客户提出，供电企业提供的电费发票“名目太多，看不明白”。怎么办？名目太多没法子，涉及客户知情权，一个也不能少，这样客户才了解他的钱花哪去了。那么，只有一个整改措施：将所有名目逐项给客户解释清楚。可是，这是一时半会就能办到的事？

再如，竟有客户提出不知道供电的投诉电话号码。95598，这几个数字，每个供电职工都能脱口而出。可是，我们不能想当然地认为客户也知道。假如在街头随机提出这个问题，谁敢保证半数以上的人回答得出来？

这些问题看似简单，其实不简单。不仅不简单，而且后果很严重，不知情的客户和社会公众会很生气。比如第一个问题，完全可能、或者已经被“误读”成这样：供电部门巧立名目乱收费！而第二个问题则是：用电出了问题投诉无门，供电公司连个投诉电话都没有！

这些年，窗口行业都在完善服务、提高服务质量，供电企业一点没闲着，一点不比别人做得少，但受的委屈、吃的哑巴亏却并没有因此稍减。何故？笔者认为，除了社会对电力有点“成见”外，根本原因还在于：供电企业的“表达机能”出了问题。也就是说，我们的服务意愿、服务措施、服务手段、服务信息，并没有及时准确地向社会和客户表达出来。

近年来，“执行力”成为供电企业实施管理的一个关键词。事实上，正是因为大力加强执行能力建设，才解决了过去许多影响供电服务质量的一些问题。可是，作为服务型企业，光有执行能力显然不够，是该正视“表达能力”的时候了。对于电费发票看不懂、投诉电话不知道等具体问题，做好解释，加强宣传，假以时日，应该不难解决。然而，对那些随时可能出现、却“没想到”的问题，如何“整改”？别无他法，唯有下大力气提高整体表达能力这一途径。

表达能力是在不断表达过程中提高的。也就是说，我们得说，反复地、不断地向客户和公众“表达”和“诉说”，通过公共关系、舆论宣传、广告策划、新闻发布会、服务信息发布等表达手段，持续引导和影响政府、客户和社会公众的视听。

业内曾有过“电力要不要广告”的论争，现在看来，供电企业需要提高“表达能力”，不仅是不争的事实，而且已成为迫切的任务。

（阿冰，《湖北电力报》2006 年 9 月 20 日）

这篇言论主张“供电企业需要提高‘表达能力’”的观点，出语新奇，且说理透彻，它切中一些供电企业的“软肋”，可谓站位高、观点新、剖析深、思谋远，是一篇立意深刻、指导性强的好言论。

高瞻远瞩的标准是对新闻言论最本质的要求。

关于这点，当能从先辈毛泽东、鲁迅的议论文中深刻地感受到他们那种审时度势，透过现象看到本质，于平凡中看到不平凡，从消极看到积极，并从中揭示规律，以及其化毒物为香花、化腐朽为神奇的卓越功力；会从中能感受到一种力量、一种鼓舞的精神力度。他们为我们树立了光辉的榜样，广大电力通讯员们在写新闻言论时，应当紧跟巨人的步伐，努力攀登，也一定会步步前进、时时进步的。要给自己以信心，只要努力实践，你撰写的新闻言论一定会为电力三个文明建设注入一分动力、作出一份贡献！

三、关于论证、论点的统一与论证的方法简介

写好新闻评论是个系统工程，有着很高的要求。本章限于篇幅只能作概括的介绍。

（一）论据与论点的统一

要使论据和论点达到和谐统一，论据必须做到：真实、准确、充分、典型。

1. 真实

真实是新闻的生命，也是新闻言论的生命。它要求论点论据一定要完全真实。论而有据，方可言之成理。

2. 准确

准确是建立在真实、正确的基础上的。它要求论据之引经据典必经是真经实典，而不是臆造的杜撰的自我创造；它还要求论据必须与论点具有一致性，而这种一致性又必须是内在逻辑的一致，而不是牵强、杜撰的一致性。

3. 充分

论据证明论点必须具有充分的说服力，这种充分的说服力不能仅是理论上的说服力，更重要的是要有事实例证。

4. 典型

新闻言论中的论据必须是最有代表性的、最能反映事物本质的、最有说服力的材料。

典型材料在实质上最能反映一般，能通过典型材料的运用揭示一般规律，因而使新闻言论更有思想的力量，更有评议的价值。

（二）评论的方法

论证是用论据证实、阐明观点的过程。

论证方法可分为两类：一类是用充分有力的证据阐明观点，并证实这一观点的正确性，这类方法叫立论法；另一类是用充分有力的证据反驳对方的错误观点，这类方法称为反证，也叫驳论。

谈到具体的论证方法，有的专著介绍有例证法、引证法、类比法、反证法、

喻证法、归谬法；还有的专著介绍了就实务虚法、以虚带实法、寓虚于实法、借题发挥法。

下面仅就述及的前六种论证方法作简单介绍，以供借鉴。想要深入研究，请阅读有关言论写作专著。

1. 例证法

是典型的“摆事实、讲道理”的办法，新闻言论相当部分是采用这一论证方法。这一论证法采用举例论证的办法，从个别事例正确归纳出一般正确的道理。

2. 引证法

这个方法也叫事理论证法。它是一种从一般到个别的论证方法。即从一般事理的正确演绎到个别事理的正确。它是以在说理论述中用真实的事实或已被实践证明的正确结论为论据，进而证明评议中提出观点的正确。

3. 类比法

类比法是用同一类事物进行对比，从而论证作者提出的观点是正确的论证办法。

这同一类可以是发生在不同时间、地点的同一事物；可以是不同的事物却发生在同一时间同一地点；可以是同一事物、同一人物在前后与正反的方面的对比。

4. 反证法

反证就是通过对反面论点的否定来证明作者观点的正确。这一方法常常在驳论时使用。

5. 喻证法

借用比喻来阐明事理，这是在新闻言论写作中常用的论证方法。这一方法生动形象，能深入浅出地说明道理。例如前面已经举过例的《别等下雨才买伞》，以生活中的例子说明树立危机意识的必要性。

6. 归谬法

这种论证办法是首先假定对方的错误观点是正确的，然后以此为前提，推导下去并引出一个十分荒谬的结果，从而以此使对方的观点不攻而破。

上述六种办法是论证的常用办法。大家可以多读一些经典的评论、言论，从中悟出所用论证方法的经验，自己在实践中则要多学善用，力争能够熟练掌握，从而为写好新闻言论打下扎实的功底。

第三节 言论结构特色明

新闻言论的结构讲的是其结构原则与结构要件。

新闻言论的结构方法与前面已经谈到的消息、通讯的结构方法大致相同，但又有自己独有的特色。

新闻言论的结构要件由标题、开头、主体、结尾四部分组成。在前面介绍了言论的立论、论证与论据的统一、论证方法等都是针对主体而谈的，故此本节对主体写作不再述及，只对言论的标题、开头、结尾部分的写作要求作一介绍。

一、新闻言论的结构原则

新闻言论的结构原则，是组织安排言论结构、内容材料时所应当遵循的准则。它规定着新闻言论布局谋篇、揭示主题、展开论证的内在规矩。

（1）新闻言论的结构要准确反映客观事物（新闻事件）的本质，对内容的组织安排要具有内在的逻辑性。

（2）评论的结构安排一定要服从、服务于表达新闻言论主题思想的需要。也就是说所有材料的安排要为突出说明论点服务。

（3）新闻言论的结构要做到完整、严谨、匀称、追求风格。

完整的意思有两层，一层意思是说结构的外在形式要完整，即要有标题、开头、主干、结尾，一看是一篇完整的东西；另一层意思是说文章中心要连贯，首尾要相合，文气要贯通。

严谨是说结构要严整精致，要环节相扣、逻辑正确、层层递进、理足气满、浑然一体。

匀称是说主次要详略得当、开合有致、节奏条理、布局和谐、抑扬得体。

追求风格也应当是一个重要要求。通讯员写新闻言论也要有个范本，有个榜样。历史上的政论可谓浩若烟海，其中高明的评论家不胜枚举，他们的经典政论各有其鲜明的风格。梁启超、章太炎、毛泽东、邹韬奋、鲁迅，文采风流、面目各异、特色鲜明。多看些他们的文章，从中感悟精神、学习文风、增长能力，对写好新闻言论会大有帮助。

写新闻言论不能只满足于把道理说清楚，还要力争把文章写精彩，把道理讲深刻，追求一点自己的语言风格、论证个性是值得大家长期努力的方向。

二、新闻言论标题、开头和结尾

新闻言论的结构包括标题、开头、主体与结尾四个要件，它们各自承担着不同的任务：

标题——言论的眼睛，是评论范围与中心论点的精当概括。

开头——一般是交代新闻由头提出中心论点。

主体——言论的政论部分，要对论点进行具体论证与深入分析。

结尾——是全篇的收束部分，有古人形象地说“结句当如撞钟，清音有余”，可谓说出了精髓。

（一）新闻言论的标题

1. 新闻言论标题的作用与写作原则

新闻言论的标题是文章的眼睛。

新闻言论标题主要任务是应当对言论的观点做出精当概括，让读者一眼就能了解作者的中心论点，了解评议的方向与范围，表明一种态度与观点。

评论标题的写作要求还要准确、鲜明、简洁、生动。

谈到新闻评论的标题如何炼题，如何讲究美，程世寿先生在所著的《新闻评论写作教程》中作了深入的概括，介绍如下，大家可以了解参考。

（1）在概括论题时，力求简明深刻；切忌起点太低，言不及义。

（2）在提炼内容时，力求新颖别致；切忌炒剩饭、吃剩馍。

（3）在遣词造句时，力求整齐生动；切忌晦涩枯燥，干瘪乏味。

（4）在预期把握上，力求贴切适度；切忌失去应有的宽容度。

（5）在节奏处理上，力求响亮通畅；切忌拖泥带水，拗口难读。

（6）在修辞手法运用上，力求手法多变，有声有色；切忌平淡老套，了无新意。

对上述观点，可在标题的制作过程中，反复体味、推敲、实践。

2. 新闻言论标题的写作要求

新闻言论标题的写作要求首先是观点鲜明、正确；其次是简洁、明快；再者是鲜活、生动，要讲究内容与形式美。

在讲求新闻言论标题对美的追求中，要注意形式为内容服务，不可夸张形式忽略内容，不得为追求形式美不顾内容；要尽力体现标题内在美与个性美的和谐统一。

下面借一些具体实例来看新闻言论标题是如何体现写作要求的。

（1）准确表达言论主论点。

安全生产需要人性化管理

（张世盛，《辽宁电力报》2006年7月14日）

电力渐宽裕　节能莫放松

（杨汉祥，《西南电力报》2006年6月22日）

“述职”不要成“述功”

（剑涛、晓祥，《江苏电力报》2006年6月24日）

（2）鲜明地表达作者的态度、主张。

对“老脑筋”说不

（杨俊杰，《华北电力报》2003年12月11日）

电力促销　攻心为上

（兆心，《河南电力报》2003年11月5日）

通电后，服务还应继续

（陈启红，《中国电力报》2006年9月28日）

（3）简洁，以精练简洁的语言精当概括论点。

相马不如选马

（梁彩仙，《河南电力报》2003年12月20日）

多一些“做功”

（李文杰、赵国臣，《河南电力报》2004年1月9日）

豪华农网搞不得

（阿平，《湖北电力报》1999年8月13日）

“完成”比“赶到”更重要

（金云莉，《华中电力报》2006 年 9 月 8 日）

（4）逆向发言，观点出新，引人注目，引人深思。

用人要“疑”

（卫云生，《河南电力报》2006 年 12 月 31 日）

善用人之短

（张云锋，《湖北电力报》2006 年 10 月 6 日）

（5）细致观察，小处入手，大处着眼，观点新深。

从“让营业厅女职工盘头”说开去

（刘坤、葛修阳，《江苏电力报》2006 年 9 月 20 日）

供电企业需要提高“表达能力”

（阿冰，《湖北电力报》2006 年 9 月 20 日）

由反戴手表说开去

（王彦民，《国家电网报》2007 年 3 月 21 日）

（6）生动，运用多种修辞技巧，借用诗词、格言、俗语、口语制作新闻言论标题，给人以美的感受。

不能让“好哭的孩子多奶吃”

（徐可庚，《湖北电力报》1990 年 9 月 6 日）

公布不等于“公开”

（张玉林，《华北电力报》2001 年 3 月 22 日）

“真诚”方能“到永远”

（刘宏伟,《河北电力报》2000 年 11 月 4 日）

“习焉不察”害莫大焉

（“习焉不察”一词出自《孟子·尽心上》，意思是说习惯了某种事物就觉察不出其中的问题了。）

（邢晓君,《山东电力报》2006 年 12 月 19 日）

新闻言论标题是丰富多彩的，但是在标题制作上又同时存在相当比例的标语口号式的、干巴乏味的标题，这两种倾向同时存在，是一个不可否认的现实。

电力新闻通讯员的责任是要在撰写新闻言论时，力争在可能的情况下，把标题制作得更好。不应当不加琢磨，随手写来；只求通顺，不求深刻；只管说开去，不顾传播效果。要以为广大电力职工负责、为读者负责的态度，把新闻言论的标题制作好，把新闻言论写精到，以更好地宣扬正确的观点，传播正确的观念。

（二）新闻言论的开头

新闻言论的开头一般采用开门见山的形式提出问题，明确论点，以便引出下面主体的议论。

开头的形式丰富而有变化，下面以实例为证介绍几种：

1. 开门见山 紧扣题目

一开头就开门见山，紧紧扣住题目，点出主题——中心论点，引起读者的阅读兴趣，导出主体。

例如：

贵州清镇发电厂曾担任过技安科长的邱登科，今年 1 月 21 日，在该厂安全工作座谈暨表彰会上要求全厂专兼职安全管理人员在安全监管工作中要有“铜头、铁嘴、飞毛腿”，在场内引起了广泛的赞同。

（《铜头铁嘴飞毛腿》无吾,《中国电力报》1995 年 2 月 19 日）

文章接着提出，所谓要有“铜头”，就是要敢于顶着各种压力抓好安监工作；所谓要有“铁嘴”，就是对安全工作要多讲、敢讲、善讲；所谓有“飞毛腿”，就是一要经常深入实际，对生产设备和现场的安全情况及时进行巡查，及时发现隐患，及时有针对性地开展安全教育。二是在出了问题时跑得快，最先到达现场，最先掌握第一手资料，最先分析情况并向领导提出初步解决意见。

最后言论以“看来，安全员确实要有‘铜头、铁嘴、飞毛腿’”收束。

2. 类比借喻　制造悬念

利用类比法，把看似不相联系，但有一点相同的不同事物组合起来，巧妙地形成反差，制造阅读悬念，引起读者的阅读兴趣。

例如：

目前，全国各行各业都在创建学习型组织，学习高潮一浪高过一浪，各类业务知识培训班应运而生，各单位部门投入的人力、财力、物力也较可观。如何提高共同的学习力和创新力，创建学习型组织呢？近来读到一则麻雀和红襟鸟的故事，颇受启发。

（《麻雀、红襟鸟与学习型企业》王润胜，
《中国电力报》2003 年 7 月 31 日）

言论接着从分析麻雀与红襟鸟面对封口奶瓶的不同表现，巧妙地把看似风马牛不相及的“麻雀”、“红襟鸟”与“学习型企业”联系在一起，并引出“要创建学习型的企业，需要集体的智慧和力量”的核心论点。

3. 结论在前　一语破的

这种开头就是把结论论点放在最前面，进行概要结论，之后再从容展开叙述。

例如：

人们经常讲要防微杜渐，意思是说要在认识客观事物的基础上，积极采取措施，因势利导，避免事物朝着坏的方面发展。其根本目的就是要防止事物由渐变发展为突变，进而由量变导致质变，酿成严重后果。大家提出“安全预防，重在防‘渐’”的根本也正在于此。

电力企业必须贯彻“安全第一，预防为主”的方针，而防“渐”是实施这一方针的重要一环。任何一次事故的发生往往看似偶然或带有突发性，其实认真分析查找一下内在原因就不难发现，这种偶然是必然的一种反映，其突发性正是由于诸多不安全因素的渐变所引发的直接后果。

（《安全预防　重在防“渐”》颜新民，
《河北电力报》2001 年 7 月 25 日）

言论分析了 2000 年发生的四川合江沉船事故、广东江门烟花厂爆炸事故、贵州水城矿务局木冲沟煤矿的瓦斯爆炸事故，指出原因都是拿规章当儿戏，视“小事”于不见，忽于察微，疏于治理，不善于防“渐”造成的。并提出，要做好安全生产工作必须在防“渐”上下工夫，确实把好“苗头”关，守住“首次”口，抓住“萌芽”。并要重点抓好思想上防“渐变”，做到警钟长鸣；设备上重“治小”，除隐患于未萌；制度上抓“严细”，做到一丝不苟，确保各项安全规章制度真正落到实处。

4. 借事说理　别开生面

这一开头方式，不是开始就提出什么观点，而是列举事实，从实例谈起，从而引出论理的由头。

例如：

近来翻开报纸，笔者屡屡发现，一些供电企业今天推出一项服务，明天又推出一项服务，用电客户心里真是热乎乎的，可是，当我细读服务内容之后，心中的热乎劲就全消失了。因为，听听那些服务名称你就明白了：统一归口办理用户的用电申请叫服务；明确供电方案答复时间叫服务；公告办理各项用电业务的程序、制度和收费标准，为客户提供符合国家标准的电能质量，设备停电提前通知客户等也叫服务。

这些所谓的服务，不都是《电力法》、《电力供应与使用条例》和《供电营业规则》规定的供电部门的职责和义务吗？将本该属于自己的职责和义务当成服务来做合适吗？谁都明白，义务是必须做的，而服务是可做可不做的。

（《莫将义务当服务》杨兵、海洋，
《新疆电力报》2003 年 11 月 20 日）

言论在列举了以上将义务当服务种种表现后，指出这种忽略用电客户的权利，将自己应做的、应提供的义务当作一种施舍，对电力法规规定的诸如用电客户的知情权、享受政策优惠的权力当作某些供电部门的服务，是一种严重的角色错位。并分析将义务当服务做法的原因，实质上是这些企业的领导服务意识不到位、服务观念还没转变。

最后作者主张，服务应该是在义务基础上的精益求精，应当多将工作当作义务来做，可能会更好地规范电力营销管理行为，从而达到服务客户，不断塑造企业良好社会形象的目的。

5. 设问入手 引人注目

这种开头形式或是列举事例、引出问题；或是直接设问，引人注目。

例如：

最近，笔者发现不少用电客户一改以往做法，对节约用电有所放松。比如：不再严格执行以往一些节电规定，一味地使用大功率电器，公共场所照明及办公用电浪费较多，不少家庭用电也开始大手大脚。当有关人员指出这些问题时，一些客户还想不通，认为最近有不少报纸、广播都在宣传，今年电力供应比较宽裕，缺电矛盾已经缓解，怎么还要节约用电呢？

（《电力渐宽裕 节能莫放松》杨汉祥，
《西南电力报》2006 年 6 月 22 日）

这篇言论的开头形式是列举事例、引出问题的。言论接着针对联系实际说明，广大客户应当自觉节能，坚持长期节约用电。那种一见缺电矛盾稍有缓解就放松节约用电的思想和做法是不对的。主张节约用电是客户应尽的责任，时时处处都要做好。对广大客户来说，电力紧缺时固然要节约用电；在电力渐渐宽裕时，节约用电也是丝毫不能放松的。

再如：

看过小品《司马光砸缸》，挺有意思。笑过后，又产生些想法。砸缸救人是急中生智的一个好办法，但是还有没有其他办法呢？能不能进行新的尝试，进行一下思维创新呢？如果总是拘泥于习惯性思维，那么我们拿什么谈创造力、谈发展呢？

（《对“老脑筋”说不》杨俊杰，
《华北电力报》2003 年 12 月 11 日）

这篇言论由“司马光砸缸”的话题切入，以三个设问引出下文。文章指出，按习惯性思维办事，是一般人容易犯的通病，在电力企业中，也存有按习惯性思维办事的现象，譬如习惯性违章现象。作者接着提出，习惯性思维是开拓创新最大的障碍。他认为，现代企业管理中，首先要把管理的着力点放在人的大脑及思维方式的转变和观念、智力的开发上来。因此，要求每一个人都要由习惯性思维转变为发展性思维。文章以一个传统故事切入，引到现代化建设中需树立新的思维方式这个重大命题，有分量、有新意。

6. 引语开头 高点起笔

这种开头方式，是以引用名人的语言、论述作为开头，并联系现实的某项工作，展开议论，以彰显新闻言论的权威性、指导性。

例如：

胡锦涛总书记在建党八十五周年纪念大会上的讲话中有四句话令人耳目一新：认认真真访民情，诚诚恳恳听民意，实实在在帮民富，兢兢业业保民安。笔者以为，这四句话应该成为电网企业履行“企业公民”社会责任、搞好优质服务的行动指南。

（《服务更需听“民声”》谢应辉，
《华北电力报》2006 年 7 月 21 日）

言论主体从“访民情”、“听民意”、“帮民富”、“保民安”四个角度，联系电力行业应如何做好相关工作展开文章。使得整篇言论具有很高的起点、很好的针对性和很强的思想性。

7. 借用典故 引人入胜

这种开头往往借古人典故从讲故事入手引人就读；或以某项著名的定律切入，以增加说服力。

例如：

战国名医扁鹊，一次在为魏文王治病时，魏文王问扁鹊说：“你们家兄弟三人，都精通医术，到底哪一位医术最好呢？”扁鹊回答：“我长兄最好，中兄次之，我是最差。”魏文王听后大吃一惊，又忙问道：“你的名气最大，为何说你的长兄医术最高呢？”扁鹊惭愧地说：“我扁鹊治病，是治病于病情严重之时；中兄治病，是治病于病情初起之时；而长兄治病，是治病于病情发作之前。由于一般人不知道长兄事先能铲除病因，所以觉得他水平一般，但在医学专家看来，他水平是最高的。”扁鹊的一番话，说得魏文王连连点头。

又逢秋冬季安全大检查，目的是消除隐患，不禁联想到“扁鹊的自责”，其实，在我们的日常安全生产工作中也有类似之举，而我们要效仿的更应该是扁鹊长兄的治病之策。安全管理如同医生看病，治标不能忘固本。实现本质安全的途径就是要致力于改变头痛医头、脚痛医脚和亡羊补牢式的传统做法，把防范和预防事故的关口前移。坚持从源头抓起，通过管理创新、全员培训和整改隐患，完善各项措施，堵塞一切漏洞。

（《由“扁鹊自责”而想到的》王军、陈道德，
《江苏电力报》2006 年 11 月 11 日）

言论接着在主体部分论述，剖析曾经发生过的安全责任事故，从形式上看，原因在于安全措施不到位，但认真分析发现，根子则在于本质安全理念不到位，没有深入到广大员工心中，使安全活动流于形式。作者提出，要在广大员工中牢固树立本质安全的理念，一要创新安全教育模式，实行人性化管理；二要以事故为鉴，举一反三，从中吸取教训；三要通过危险点分析和预控，杜绝侥幸心理，促使广大员工提高安全自我防范意识和能力，从而使本质安全理念深入人心，安全生产才能永远保持良好的发展态势。最后言论提出，在日常安全生产工作中，我们都要做扁鹊的两位兄长，把安全隐患和事故苗头“医治于病情初起之时，扼杀在病情发作之前”。言论以典引题，娓娓道来，有较强的针对性和说服力。

8. 俯拾小事　漫谈起笔

这种开头往往借生活中的一件小事讲起，或是借历史上的一件事例谈起，从而引出观点，抒发见解。

例如：

世界上的大事都是一件件小事组成的。看似一个小小的不起眼的插座、橡皮圈，却能够造成惊天动地的大事件。

1986 年，美国“挑战号”航天飞机发射升空后燃烧爆炸了，7 名宇航员全部遇难，其中直接原因就是一个橡胶密封圈因为零下 2℃的低温而失效。

2001 年 8 月的一天，我国“神舟三号”飞船的发射准备进入关键时刻

却突然被叫停。原来，当测试人员正在检测飞船的时候，突然发现一个专用插座信号不同，如果只是一个插座出现问题倒也不难解决，问题是这样的插座在飞船上一共有几十个，质量无法保证，后果难以想象。指挥部最终决定，立即更换问题插座，重新设计新插座，已进场的火箭又被分解，重返北京进行检修。这是中国航天史上第一次火箭进场后又被解体撤场检修。火箭离开发射场时，许多航天人都哭了。检修过后的 2002 年 3 月 25 日，承载着大量试验任务的我国“神舟三号”飞船终于直冲云霄，发射圆满成功。

由于美国“挑战号”发射前，忽略了一个橡皮圈，造成了“航天灾难”，而正是由于中国航天人有着连一个小小插座也不放过的严细实的工作作风，才使“神舟三号”飞船发射成功。不同的情况却又一次验证了“积羽沉舟，群轻折轴”、“千里之堤，溃于蚁穴”的真言。

（《从一个插座和一个橡皮圈说起》王润胜，
《江苏电力报》2006 年 6 月 24 日）

言论以对于一个插座和一个橡皮圈的不同态度，竟引起截然不同结果的两个故事，令人信服地说明，凡事无小事，伟大的事业皆源于千头万绪的小事。要成就大事皆要从小事做起。小事是大事的积累，细节决定成败，细心成就典范。养成不忽视“插座”和“橡皮圈”之类小事的习惯和作风也是一种难得的素质。可谓以小喻大，言之凿凿。

9. 逆向切入 制造反差

这种开头，往往一反常态地提出有悖常理的突兀观点，以高反差来引起读者的关注。之后再层层剥茧，析事明理，说明观点。

例如，有一篇题为《善用人之短》的言论是这样开头的：

据说一家公司的招聘登记表格中，有这么一栏：“你有什么短处？”有一次，一位下岗女工来应聘，在这一栏填上了“工作比较慢，快不起来”。按常理她是不可能被录用的。谁知，最后老板亲自拍板，录用了这位女工，让她当质量管理员。结果这位女工慢工出细活，对产品质量精心把关，大大降低了退货率。

由此可以看出，老板充分发挥了“从短见长”的才智，充分发挥了各人的优势，取得了成功。聪明的领导，在用人的时候，既善用人之长，又善用人之短。在平常人看来，短就是短；在有见识的人看来，短也是长。即所谓“尺有所短，寸有所长”。

（《善用人之短》张云锋，《湖北电力报》2006年10月6日）

文章接着论述，电力行业是技术密集型行业，随着经济和社会进一步发展，对电力人才的数量和素质提出了更高的要求。因此积极培养、引进人才，壮大人才队伍数量十分必要。但是我们在积极引进人才的同时，还要充分利用现有人才资源，挖掘他们的潜力，发挥他们的特长。如果大才、小才、奇才、怪才、庸才都能被领导“短中见长”，那么，会有多少千里马奔腾在我们电力企业之中呢？

在言论的立论中，作者两次引用了名人名言：李世民说：“明主之任人，如巧匠制木。直者以为辕，曲者以为轮，长者以为栋梁，短者以为拱角，无曲直长短。各有所施。明主之任人亦由是也。智者取其谋，愚者取其力，勇者取其威，怯者取其慎，无智愚勇怯兼而用之，故良将无弃权才，明主无弃士。”清代思想家魏源说：“不知人之短，亦不知人之长，不知人长中之短，不知人短中之长，则不可能用人。”

接着，作者提出，我们在创建一流供电企业的征程中，要充分发挥组织才能，将各人的短与长结合起来，扬长而避短，这样才更容易取得成功。

这就使得论点增加了厚度和思想性，强化了言论的说服力。

新闻言论的开头实际上比以上列举的9种开头要丰富得多。它更期待大家在写作实践中写出更好的、更有新意的开头来。

实际上每一篇新闻言论的选题都为开头的创新提供了一次机会。至于能不能做好，那就看作者的功力了。到底新闻言论的开头怎么算好，很难给出一个十分确切的标准，总之应紧密结合具体的新闻事实，能有效地提高传播效果，充分体现深刻的思想内容，就应当算好。

在撰写新闻言论的开头时，应取的态度是要心中想着读者的需要，创新之念长存。而不应该沿袭老套的程式化的开头，开篇就是“为了××××，我们一定×××”“在×××的×××领导下，我们×××”，用僵化的公式化的语言和僵死的程式来撰写本应是新鲜、深刻、生动的新闻言论，一定要力避陷入八股文的老写法。

（三）新闻言论结尾的写法

结尾是新闻言论的重要组成部分。

新闻言论有个好的结尾，对提高言论的传播效果，引起读者的共鸣发挥着重要作用。

言论的结尾是“草率收束”，是“画蛇添足”，还是“干巴乏味”，抑或是如豹尾凌空“言已尽而意无穷”，对于新闻言论的价值体现是十分不同的。

写好新闻言论的结尾，是对读者责任感的体现。

常见的新闻言论结尾有以下四种：

1. 概括性结尾

这种结尾重点在于要能对言论提出的问题进行准确而全面的概括。

例如：

提高安全生产执行力，难在不作为，职责不清，推诿扯皮；困在把脉，不知病因，无的放矢；贵在奖惩，制度为先，奖惩分明；重在落实，真抓实干，形成合力。

（《安全管理缺什么》林文钦，《国家电网报》2006 年 4 月 18 日）

清代思想家魏源说：“不知人之短，亦不知人之长，不知人长中之短，不知人短中之长，则不可能用人。”我们在创建一流供电企业的征程中，只要充分发挥组织才能，将各人的短与长结合起来，扬长而避短，这样才更容易取得成功。

（《善用人之短》张云锋，《湖北电力报》2006 年 10 月 6 日）

2. 点睛式结尾

这种结尾方式是在新闻言论的结尾处，以精练的语言点明中心思想，从而加深新闻言论主题，升华论点。

例如：

当然，多听牢骚话，需要勇气，更需要受得了气。“良药苦口利于病，忠言逆耳易于行”，“成绩不说跑不了，问题不说不得了”。那么我们在走访时，就不妨多听听牢骚话。

（《多听听牢骚话》刘易平，《河南电力报》2003 年 11 月 29 日）

安全是电力生产的根，它与电力生产的效率和效益，与电力企业的管理和发展，与电力市场的开拓和优化，与电力行业的形象和提高服务水平，不是矛盾的，也不是毫无关联的，而是密不可分的。只有把水与肥施在根上，茎、叶及果实才会长得健壮。

（《一切从安全出发》龙鑫，《河北电力报》2001 年 2 月 7 日）

3. 含蓄式结尾

这种结尾方式是以准确又富于深意的语言，含蓄地表达一种意愿，从而引人联想，给人启示，从而达到“言已尽而意无穷”之效。

例如一篇题为《生活是自己创造的》（常胜利，《东北电力报》2006 年 7 月 22 日）新闻言论，言论开头讲了一个故事。说得是，有个老木匠准备退休回家，老板请他再帮忙建一座房子，老木匠答应后漫不经心地建了房子。老板却将房子作礼物送给他，让老木匠既羞愧又追悔。

接着作者发出了议论，“其实，我们每个人每天都在创造自己的生活，无论是工作还是学习，无论是娱乐还是休闲，我们的行为和活动，构成了各自生活的内涵。工作上勤奋的人，在为企业和社会创造财富的同时，自己也会得到应有的回报，生活也会丰富多彩。反之，一个投机取巧的人，终究会受到生活的惩罚。”

结尾是，“把自己当成那个木匠吧，想想自己的房子，每天敲进去一颗钉，加上去一块板，或者竖起一面墙，用自己的智慧好好建造吧！”

4. 褒扬式结尾

这种结尾或是以充满激情的语言，态度鲜明的褒扬一种行为，倡导一种思想；或是使用辛辣的语言，批判的态度去贬抑一种倾向、一种做法。

例如：

还得强化勒紧裤带过日子的思想。农网建设必须量体裁衣，豪华农网千万搞不得！

（《豪华农网搞不得》阿平，《湖北电力报》1999 年 8 月 13 日）

各级领导干部只有摒弃官僚主义，搬“文山”填“会海”，才能真正得到职工的拥护和爱戴。

（《细算会议成本》乔国宏，《华北电力报》1998 年 4 月 23 日）

上面四种结尾只是一种概括，并没有也不可能穷尽结尾的写法，更丰富的实践期待着大家。

关于避免新闻言论结尾写作的毛病，新闻前辈邵华泽讲过这样一段话：

“结尾最忌拖得很长，尾大不掉，本来已经讲完了，还要来个大结尾，话完了就要赶快收，刹住车，干脆一点，有时多讲不如少讲，甚至不如不讲。结尾不能重复文章里已经说过的内容，不能老是怕读者没有听明白，唠唠叨叨地重复。啰嗦的复述是结尾中常见的毛病。结尾最好有精辟的句子使主题思想升华。”

对于写好言论的判断标准，程世寿先生提出了24个字：

简明扼要，宁短勿滥；
止于当止，余音不断；
唤起联想，推波逐浪。

应当牢记这些真知灼见，坚持在新闻言论的写作实践中认真落实并不断创新，把新闻言论写得更好些，为电力的改革发展事业更好地鼓与呼。

第四节　言论品种异彩呈

前面已经说到过，评论家族有不少的兄弟。老大是社论、老二是评论员文章，还有专栏言论、短评、编者按、述评、杂谈、杂文等等；还说过本书主要谈及的是言论的写作。其实言论这个小家庭也可分出几个品种来，现仅以专栏言论、编者按语两个品种概要地谈一谈。

一、专栏言论及其写作

专栏言论（也可以叫做评论）兴起于20世纪80年代，是与改革同步而行的一种评论形式。它紧贴改革现实评点、议论，体现了很强的思想性、突出的战斗力，深受广大读者喜爱。随着改革实践的发展，也伴随着新闻改革的深入，为报纸的新闻评论增添了生动的神采，日渐成为各家报纸都着力经营的一方宝地、一笔财富、一种特色，发挥着日渐突出的重要作用。

（一）专栏言论的特点

专栏言论的特点有四个，一是针对性强，二是篇幅短小，三是时代感强，四是群众性强。

1. 针对性强

专栏言论是针对某一专栏限定的范围所刊发的言论。各种报刊的专栏虽名目繁多，但各版设置的言论专栏，都有其论议所指的范围。所以专栏言论一定要针对其规定范围去发表议论。新闻言论针对性强的重点应当是，要针对改革发展现实中的带倾向性问题和热点、难点问题，发表言论、倡明观点。

例如：

浅议领导干部要当好“三匠”

贯彻落实党的十五届六中全会精神，确保省公司系统的“三个安全”，发挥好领导干部的作用是至关重要的。在具体工作实践中，领导干部应该当好“三匠”，提高驾驭工作的素质和能力。

首先，要当好“铁匠”。其一，打铁先要自身硬，领导干部在事业上要以身作则、率先垂范。其身正，不令则行；己身不正，虽令不从。榜样的作用和力量，是干好事业的重要因素。其二，打铁还要敢碰硬，在工作中，要勇于负责，遇到问题迎头上，不推诿、不扯皮，矛盾不上交，困难不上移，敢于并善于解难题、办难事、攻难关，在急难险重等关键时刻发挥关键作用，显示其英雄本色。只有这样，才能干出业绩。

第二，要当好“木匠”。其一就是要懂“规矩”，知道规章制度的要求，明白政策法规的内容，清楚哪些事可以为，哪些事不能为。其二就是要按“规矩”办事。大事讲原则，小事讲风格，依法依规办事，按程序要求行事，把握好“分寸”、“尺度”和“火候”。不擅权，不越权，不捅娄子，不惹“麻烦”，不添“腻歪”，培养严谨认真的工作作风。

第三，要当好“泥瓦匠”，掌握“抹平”的本领。在繁忙的工作中，往往是千丝万缕、千头万绪，呈现出矛盾的复杂性和多样性，协调好上下左右、方方面面的关系，解决处理好形形色色、各种各样的矛盾和问题，搞好团结协作，调动大家的积极性，营造出一个宽松和谐的工作氛围，应该学会“抹平”的技能。诚然，“抹平”并非“和稀泥”，搞所谓的庸俗关系，而是提高领导艺术，改善领导方法。

在实际工作中，有意识地当好“三匠”，无疑对提高领导者的管理水平，搞好本单位、本部门的工作，能起到积极的促进作用。

（王琪英，《河北电力报》2001 年 12 月 8 日）

这篇言论就改革中如何发挥好领导干部的作用作了精当的论述，形象地提倡领导干部要当好铁匠——自身硬，敢碰硬；当好木匠——懂规矩，守规矩；当好泥瓦匠——掌握“抹平”的本事，善于协调、处理、解决各种矛盾和问题。这是一篇生动、深刻的言论，具有很强的现实针对性。

2. 时代感强

紧贴改革现实，紧贴电力事业发展的实践，着眼于联系生产、管理、生活实际，析事明理，倡导时代精神，张扬时代新风，是专栏言论的思想特色之一。

例如：

由“看点”到“卖点”

《中国电力报》11月18日五版刊登了一幅醒目的大照片，非常吸引人。图片说明更令人感兴趣：厦门市电业局在城区营业厅南侧设立了一个电能厨具展示区，各种电能厨具经过巧妙的摆设，构成了一个电气化的厨房，给人耳目一新之感，吸引了众多市民的目光。就连当地前来检查工作的行风评议代表也表示：“让我一次看个够”。

用老眼光去看，电业局搞起了整体厨房展览，似乎是“六个指头挠痒——多一道”。其实，往深层次想想，他们这种做法的宣传主题很明确，就是为了进一步倡导绿色能源，更形象地展现清洁的电能。厦门市电业局别开生面地搞了一次实战演练，让参观者眼见为实，怦然心动，进而产生了购买的欲望。无言之中，在积极开拓电力市场、发展潜在用户方面走了一着妙棋。

在当今世界“注意力短缺”的客观条件下，能够让人们从整体厨房展览中由里到外看个够，仅仅做到这一点就是一个了不起的成绩。想当年，电力商品是“皇帝的女儿不愁嫁”；看现在，开拓电力市场已成为主攻目标。举办电能厨具展览，我们在为各种电能厨具做“嫁衣”的同时，也顺势把自己的宝贝女儿“嫁”给了“如意郎君”，一举两得，何乐而不为！

由“看点”到“卖点”，这是一个“借鸡生蛋”的好办法。但是，我们要因时制宜、因地制宜，切不可一哄而起，到处效仿。全方位，多渠道地开拓电力市场，其发展前景是非常广阔的，“金点子”多得很，“看点”、“卖点”数不尽，就看动不动脑筋，想不想办法了。

（刘易平，《河南电力报》2003年12月3日）

言论作者敏锐地抓住电力部门在营业厅开辟电能厨具展示区的新闻事实，

并以此为题议论开去，引出这不是“六个指头挠痒——多一道”，而是积极开拓电力市场、发展潜在用户的一着妙棋，是设“看点”、辟“卖点”的一个好做法。并倡导要因时制宜、因地制宜地进行借鉴，要动脑筋想办法，发现“金点子”。

谁能说这在当时不是一篇富有时代感、新意识的好言论呢?!（2003 年在营业厅设厨具展区的做法还刚刚兴起。当然，目前这一做法已经是很普遍的了。—— 编著者注）

新闻言论的时代感强有两层含义：一是要密切配合电力改革发展的实践，配合电力三个文明建设重点，配合本系统开展的中心工作发表见解。二是要善于发现并抓住富有时代特色的新人物、新事物、新风格、新变化、新矛盾、新精神、新倾向发表言论，大力弘扬；对于背离时代方向的行为、倾向、弊端、言论，做法，则应旗帜鲜明地予以鞭挞、斥责、批判、贬斥、剖析。

总之要紧贴时代现实，从正反两方面，发扬时代精神，高扬时代风帆。

3. 篇幅短小

篇幅短小、小型化是专栏言论的另一特点。

专栏言论一般篇幅都较短小，它们多不过千字，少则二三百字，一般为四五百字。堪称微型言论、“方寸之地”。

短而精是专栏言论的根本特点。这一特点也是由其传播规律的需要而生，也是受广大读者欢迎的重点。

专栏言论的篇幅短小，还体现在它选材时往往选择由小见大的事例，进行就事论理、事理融合的精当议论。

专栏言论篇幅短小是其外在形式，但一定要追求思想容量大、信息量多、联想力强、影响力深。

例如：

“甜药治病”好

人们常讲“良药苦口利于病”。但是，现在随着科学的进步，治病的甜药多了起来，而且疗效甚佳。笔者由此受到启示：在思想政治工作中，似乎也应提倡“甜药治病”。

所谓“甜药治病”，就是说在思想政治工作中要坚持“灌输”与“疏导”相结合的原则，既要对人进行马克思主义的基础理论教育，又要提倡循循善诱，因势利导的教育方法。提倡以理服人，以情感人，反对以势压人、硬灌硬输的填鸭式说教。尤其对广大青年，更应当注意针对他们的特点，把马克思主义的原理化为他们易于接受的东西，化为他们爱吃的“甜药”，输入他们的头脑。从而，帮助他们抵制腐朽思想的侵蚀，树立正确的人生观、价值观和世界观，明确人生的努力方向。

要使“甜药”真正达到“治病”的功效，还需要思想政治工作者掌握一套“望、闻、问、切”的功夫。要能够沉下去与群众，特别是与青年交朋友，了解他们的喜怒哀乐，了解他们的苦恼与追求，要走出斗室，深入生产第一线，和基层电力员工们一起流汗苦干，同呼吸共命运，从而准确地把握他们的思想脉搏，提高投“药”的针对性。

诚然，对于“病”，还有多种办法救治。对那些患有重“病”者，投以大剂量的“苦药”，甚至施以刀剪手术也是必要的，但是，对大多数人来讲，还是应防患于未然，以他们易于接受的方式，付以好吃的“甜药”，使其获得政治上的免疫力。

（梁山，《中国电力报》1990 年 10 月 30 日）

一篇观点新颖、启人深思的短言论。它就事析理，出语新奇，不落俗套，又有很有说服力。同时，也体现了时代精神。时间虽已过了好多年，现在读来，仍有现实意义。这篇短文，也较好地体现了短言论要力求“联想力强，影响力深”的写作特色。

4. 群众性强

专栏言论多以个人名义发表，参与者众多，代表性广泛，且文风平易，写来自由活泼，语言、形式鲜活，具有很强的群众性。又由于论及的问题多来自工作生活中的事情，与广大电力职工群众切身利益、亲身感受联系紧密，有的甚至取自街谈巷议，更让人读来感觉亲切自然。

例如：

变热点为亮点

炎热夏季，用电负荷陡增，而用上“放心电”就成了百姓关注的“热点”话题，也是电力部门全力必保的“难点”。如何抓住这一商机，把这一“难点”、“热点”变成电力企业外塑形象、内强素质、增加效益的亮点，无疑是摆在全网职工面前的一件大事。因此，这种“变”就具有了十分重要的意义。

首先，把“热点”变成锻炼队伍，体现宗旨的“亮点”。电力企业的宗旨是人民电业为人民，实现这一目标，需要一支训练有素、作风过硬、技术全面、关键时候拉得出打得响的职工队伍。做到这一点，才无愧于光明使者的称号。

其次，应把“热点”变成优质服务的“亮点”。烈日炎炎，汗流浃背，最容易使人心急气躁，老百姓一遇停电，心里就添堵，怕冰箱食物化了，怕空调停了，怕抽油烟机不转了，肝火上来，说话不一定顺耳，做事不一定得体，用电服务人员一定要做好解释工作，取得谅解，切忌言语过激。我们必须要做的，就是一旦停电，及时告知，迅速恢复。同时，多巡视多检查，及早消除事故隐患。

第三，把“热点”变成增加效益的“亮点”。天气热，空调热，用电热，无疑对电力部门来说是一次绝好的商机。随着电网改造的逐步进行，用电大环境正在不断地改善。但居民楼区仍存在不少用电难题，必要时特事特办，尽可能满足老百姓的用电需求，以进一步增加售电量，使各种努力和付出，真正体现在“效益”二字上。

（姜宗朴，《华北电力报》2000 年 7 月 6 日）

这篇小言论，抓住身边的中心工作——让老百姓在炎热的夏季用上“放心电”这一“热点”问题，提出电力部门以到位的工作促使其变为——锻炼队伍，体现宗旨的亮点；优质服务的亮点；增加效益的亮点。语言平顺畅达，说理充分并富于逻辑性。篇幅虽短，说服力很强，是一篇来自身边事，道理服人心的好言论，具有较强的群众性与说服力。

（二）专栏言论的选题立意与要求方法

关于言论的立意、选题、写作方法前面已有系统论述，这里只作概要叙述。

1. 着眼大局、细部切入

专题言论选题，一定要有全局观点，力争对电力改革发展大局了然于胸。同时要善于观察，有新闻敏感性，善于从小事情中把握住其与大局联系的点，善于以这一点折射大局的形势，捕捉到小事物的核心本质，把握住小事物的大的时代特点，并能从剖析小事入手展开言论。

一句话，作者要善于从大处着眼，从小事入手，立论切入口要小，由头和素材力求细巧、典型。

以上列举的言论《由“看点”到“卖点”》就属此类。

2. 视野开阔 剖析要深

专栏言论的选题要精到，要善于开阔视野。面对纷繁的世事、复杂的事物、诸多的矛盾，要能准确地遴选那些群众关心的、事例典型的题材，要选那些自己有较深入思考与见地的选题，进行深入地剖析。

在进行评论和剖析中要注意四点：

（1）既看事物的主流与中心，也看到支流与苗头。

（2）既重视当前的主要倾向，又不忽视次要倾向。

（3）既关注正面，也顾及侧面。

（4）既正视现实的矛盾，也注意事物的发展变化，尤其应当并善于从事物的发展变化中去拎出议论的选题角度。

二、编者按语

编者按语一般是报刊编辑加在新闻报道文章前后或中间的一段话语。它可以是对文章的评价、建议，也可以是批注、说明。

（一）编者按语的作用

编者按语可以依据政策规定评点稿件的观点、经验的正误与价值，表明编者的态度与建议；可以强调报道的意义、影响力；可以介绍新闻事件、工作经验的背景材料，传递新信息，帮助读者做出正确判断，强化报道的引导性。

（二）按语的形式

编者按语的形式有三种：编前话、文中按语、编后话。

1. 编前话（编者按）

也称题下按语，是报纸中编者按语中最为常见的形式。在三种按语中，这一形式最为重要，位置也最显著。

编者按行文提纲挈领，言简意赅，多使用明确肯定的语言，鲜明地表明对新闻报道事件或人物、经验的论断，一般不重复新闻材料本身，也不必展开论证。

编前话一般不署名，也没有题目。

例如：

编者按：

石家庄供电公司落实“精细化管理”理念，推出了“安全问责制”和“管理问效制”，提升了企业的管理水平，促进了企业的改革发展，同时也得到了省公司的充分肯定。这是他们坚持“努力超越、追求卓越”企业精神的具体体现。坚持持续创新，是电力改革发展的必然要求，也是企业实现不断进步的重要基础。我们大家一定可以从他们的实践中得到有益的启示。

（《两“问”新制促超越——石家庄供电公司推进管理机制创新纪实》的编前话，《河北电力报》2006 年 10 月 11 日）

2. 文中按语

顾名思义，就是在报道文章中嵌入体现编者态度、感受、判断的评介性语言。

文中按语不很多见，它具有启发、评点、交流的作用，还具有与新闻报道结合紧密，便捷、简练、灵活、直接的特点。文中按语可以发挥批注、辩证、点拨的作用，有助于读者领会报道精神、明了编者意向、强化互动沟通。

例如：

感动，不需要时间准备，不需要刻意营造。也许一句话，一个小细节，一个简单的做法，就能让我们感动一时，甚至温暖一世。

嘹亮的光明之歌

——“新北京、新奥运、新电力”优质服务工程百日掠影

这是我们应该做的

8 月 4 日 1 时 30 分，北京平谷区王辛庄供电所辖区的大辛寨村电工打来电话，反映该村村北鱼池处的变压器发生故障，致使鱼池增氧机无法正常工作。值班的王辛庄供电所所长杨凤海立即召集人员迅速赶赴现场。

“出事”的变压器在一块玉米地里。1 时 50 分，杨凤海带领抢修人员到达这块玉米地外围。十几户养鱼村民正在此地焦急地等待着。杨凤海向村民了解情况后，便带着抢修材料钻进了泥泞的庄稼地里。大家紧跟其后，深一脚浅一脚地向故障点走去……

经过抢修，2 时 30 分，变压器恢复供电。由于抢修及时，村民免遭了十几万元的经济损失。恢复供电后，村民盛情邀请供电所人员到家里吃饭，但都被谢绝了。杨凤海表示，这是我们应该做的，今后遇到用电故障，我

们随叫随到，24小时提供抢修服务。

近日，巨各庄镇塘子村村委会干部将一面印有“服务三农送温暖，无私奉献为人民”字样的锦旗送到密云供电公司。该村党支部书记、县人大代表曹思生紧紧握住供电员工的手说：“谢谢你们，感谢你们为新农村建设所作的贡献。”而供电员工回答的依然是那句“这是我们应该做的”。

塘子村是密云县新农村建设试点村。鉴于该村经济发展和建设步伐加快，密云供电公司主动与村委会进行座谈，了解用电需求和存在的困难，对该村用电进行全面规划并施工。炎炎烈日下，设计施工人员在泥泞的田间地头，以最快的速度，完成了规划区内的线路迁移，为该村建设提供了电力保障，受到村委会和群众的高度赞扬。

（**记者感言**：“这是我们应该做的！”——多么可爱的员工，多么朴实的语言！朴实的言语中包含着电力员工对优质服务工作最为深刻的理解。在他们的心目中，优质服务是一种责任，一种使命，或者说是一种本分，为客户提供满意的服务是天经地义，理所当然。）

把客户当亲人

8月11日下午，一辆出租车把一对盲人夫妇送到了城区供电公司天坛供电所。客户服务中心班长王素梅热情地将这对夫妇搀扶到大厅的座位上……

这对盲人夫妇家住崇文区光明西里，由于家里的电卡出现问题，无法购电，于是便一路打听找到这里。了解情况后，王素梅一边安排员工修卡，一边向这对盲人夫妇介绍，像他们这种情况完全符合办理“爱心服务卡”的条件，以后在用电上遇到什么困难，只需打个电话，供电公司就会上门服务。

盲人客户听后十分激动：“太好了！真没想到咱北京电力公司有这样贴心的服务！对我们残疾人帮助太大了，太谢谢你们了！”修好电卡后，王素梅替他们到银行买了电，办理了“爱心服务卡”登记手续，直至将这对盲人夫妇送上了车……

“原来是党员啊！难怪把我们这点事当回事！”杨大妈接到“共产党员连心卡”时，不由得感叹起来。

杨大妈遇到的问题确实不大。胡同里的路灯亮了十多年一直都没什么问题，可是近来，胡同斜对面开了一个小洗浴店，进进出出人一多，杨大妈晚上就开始睡不踏实了，总觉得照在自家窗户旁边的路灯太晃眼。抱着试试看的心情，杨大妈给北京市路灯管理中心写了封信。没想到，不到一个星期，该中心运行处的信访员张军就带着信上门来了，并帮助她解决了这个问题。临走时，张军留下了党支部印发的“共产党员连心卡”，上面印着“当您遇到有关路灯方面的问题时，请与我联系，我竭诚为您服务。”拿着“连心卡”，望着被汗水湿透后背的张军远去的背影，杨大妈的心里有点酸酸的感觉……

（**记者感言：**优质服务关键在于观念的更新，电力员工从客户的角度着想，换位思考，像对待亲人一样真诚对待客户，就赢得了客户的理解。难怪有客户说，电力公司的这种亲情服务，让我们有一种亲人的感觉。）

此时无声胜有声

8月1日，丰台供电公司方庄供电所接待了一位聋哑人客户。由于无法用语言沟通，工作人员耐心地将交纳电费的步骤写在纸上，并将结表电量和电费的计算过程以及计算结果一一展示给客户看，让客户明白交费。自始至终，工作人员和客户的脸上都带着微笑，眼神在交流中传递着理解和感激。手续办理完毕，工作人员写下“请收好交费单据，这是您缴纳电费的证明，感谢您对我们工作的理解和支持，再见”的时候，这位聋哑人客户非常激动。当客户在抄表员的陪送下走出供电所时，他仍频频回首，不住地挥手致谢。

在居民户表改造过程中，顺义供电公司遇到这样一件事。接到停电通知的吴家营村委会反映，一户人家有一位“植物人”，每两个小时需要用吸痰机吸痰，不能停电。顺义供电公司立即派人到客户家中，了解情况，并准备好发电机；为客户提供不间断供电。

6月1日，停电换表工作正式开始，工作人员又一次来到客户家中慰问。这时，病人的母亲趴在病人的耳边轻轻地说：“儿子，供电公司不仅送电到咱家，而且还来看望你了，你能感受到吗?”病人听到母亲的呼唤后，眼睫毛轻轻地动了一下。母亲说自从一年半前，儿子发生车祸后，就再也没有醒来过，每次叫他，如果眼睫毛动动就表示他听到了。在场的每一个人都被眼前的情景深深触动，更深刻地认识到，电力企业做好优质服务工作对广大客户来说是多么的重要!

（**记者感言：**优质服务就是要提高供电可靠性，在服务中体现以人为本，体现人文关怀，体现平等和尊重。为客户带来光明和温暖，是电力员工光荣而神圣的职责。）

生活因感动而美好，然而感动的又何止这些瞬间。自北京电力公司“新北京、新奥运、新电力”优质服务工程启动至今，已经整整100天了。在这100天里，广大电力员工用自己的辛勤汗水诠释着“努力超越、追求卓越”的企业精神，他们用自己的爱心编织着首都的美好生活，用实际行动上演着一个又一个令人感动的瞬间。这些瞬间汇聚成了一首嘹亮的光明之歌！

（高连杰，《国家电网报》2006年9月8日）

上文的三段记者感言，就是文中按语。

三段文中按语，对电力职工优质服务事迹作了点评，深化了文章的报道主题，阐释了实施“新北京、新奥运、新电力”优质服务工程的重要意义，也升华了这篇通讯的报道价值。它较好地体现了文中按语具有的与新闻报道结合紧密，便捷、直接的特点；发挥了文中按语批注、点拨、强化互动沟通的作用。

3. 编后话

编后话有不少“别名”，编后小议、编辑后记、新闻点睛等，但一般都叫编后话。

它是位于文章后面的，编者对新闻报道有感而发的评点文章。它基于新闻报道本身发表感想、评论，意在深化报道思想，揭示报道意义，升华报道价值。

编后话较编前话形式更为灵活。可以加题目、有署名；可以抒发情感，可以发表议论；可以予以论证，可以广泛联想借题发挥；可以严肃议论，可以轻松抒情。编后话还可以放置在任何的报道之后，消息、通讯、来信、图片报道尽可发表感言，不受限制。

请看一篇《假记者现形记》报道之后的编后：

读了这篇报道让人感慨良多：既为电力职工的警觉感到钦佩；也为假记者终被揭露感到快慰；更着实对冒牌记者肆无忌惮的丑行感到愤慨。

现时新闻舆论监督确实对扶正祛邪，弘扬正气起到了很好的促进作用，各级领导对此十分重视。而一些不法之徒和混迹于新闻队伍的害群之马，却处心积虑地利用这些以售其奸：他们或是拉大旗作虎皮明目张胆地敲诈；或是无中生有，漫天要价，赤裸裸地威胁。严重地败坏了新闻报道的风气，致有“防火、防盗、防记者”之说流行于市。

上面的报道，应当给予我们一个启示：面对敲诈，一定要坚持正气，予以坚决抵制；面对那些拉大旗作虎皮的行骗者，就可以用那位新闻出版局同志介绍的“查三证”（身份证、记者证、工作证）之法，让其现出原形，受到惩罚，须知邪不压正是不变的真理。抵制敲诈，揭露骗局的基础是要有清醒的头脑，要有行得端走得正的作为。当然，我们大家对于正常的新闻报道应当大力支持与配合；对于正当的舆论监督，应当真诚接受与改正。

（《河北电力报》2004 年 5 月 26 日）

这段编后话层次分明，语言平实，层层递进，言简意赅，升华了报道的意义，提高了传播的价值。

（三）编者按语的写作特点

编者按语不只是编者的专利。通讯员也可以为自己的报道写出编前话、文中按语、编后话。而且由通讯员自己来写按语具有明显的优势与好处。

优势是：对于所报道事件与人物的背景、意义，通讯员可以比编辑有更深的了解、有更深的思考。从这一角度来说通讯员可以把按语写得比编辑更丰富、更深刻。

好处是：加了按语的新闻报道拓展了报道的意义，升华了报道的价值，会明显提高新闻报道的成功率和传播效果。

广大电力通讯员们都应当动手为自己有价值的新闻报道写按语，写有新意、有思想、有文采的好按语。

按语的特点有以下几点：

（1）依靠而不要拘泥于新闻报道，应当能登高望远，由典型到一般，由一事揭示规律，升华报道的价值。要有感而发，志在深化。

（2）点到为止、理明文毕、文字简练、篇幅短小。

（3）一针见血、鲜明准确、讲究分寸，不可简单生硬、强拉硬扯、剑拔弩张，要语言平和、说理深刻、深思熟虑、以理服人。

（4）简便灵活。按语是体现编者立场、代表编辑部态度的，是新闻评论中最灵活、简便的一种文体。

（5）形式多样。可长可短，可庄可谐，可平和、可激昂、可号召、可说明、可规劝、可引导，可丰富多彩、面目多变，尽可灵活运用；只要有理、有情、有感、有益、有见地、观点正确，尽可放手写来。

第五章

电力新闻摄影

“新闻摄影是对正在发生或发现的新闻事实，进行有文字说明的图片报道”。这一定义是很多新闻摄影教科书上的表述。但是，最近有新闻教科书认为，“新闻摄影是对正在发生的新闻事实，进行瞬间形象摄取并辅以文字说明予以报道的传播形式。”这后一个定义强调了“瞬间形象”，突出了新闻摄影的根本特性，更为准确和科学。

现代社会的进步催生着视觉文化的发展，我们正在大步走入一个“读图时代”。伴随着这一发展，图像文化得到了空前的繁荣。在各新闻媒体上，新闻图片受到了空前的重视。它已快步从为报纸补白、丰富版面的从属地位中走出来，由图文并茂走向“图文并重、两翼齐飞”。更有不少优秀图片上头条、得大奖，显示了图像文化的优势，昭示了新闻图片的不可替代的作用。

在电力新闻战线也产生了不少优秀的新闻作品，一支电力新闻摄影队伍正在茁壮成长。不少电力新闻通讯员就置身其中，他们不仅用笔，而且用手中的照相机记录电力的改革与发展成就。2001 年，在中国革命历史博物馆展出的“中国电力工业建设成就摄影展”集中展现了这一成果。

作为一名电力新闻通讯员，一定要做到“两手能”：拿起笔来能写文章，端起相机能拍照片。只有这样，才能面对复杂的报道题材，做到左右逢源；才能拓展自己的报道手段，成为高产、全能的电力新闻通讯员。

在现实生活中，有的新闻事实适合用文字报道，有的适合用图片报道。文字报道具有形式多样、容量较大、时空跨度大、可以事后进行等多种特点；图片报道则具有实证性强、现场感强、直观性强、迅速快捷、生动形象的特点。掌握并用好新闻摄影手段，将能创造更多的报道机会，将为电力建设事业留下更多宝贵的视觉形象历史。

对电力新闻摄影进行深入研究，熟练掌握新闻摄影技能，应当是一名有追求、有责任感的电力新闻通讯员的重要基本功。

第一节　练好摄影基本功

摄影现在已经实现了全民大普及，据有关统计，城镇人口有相机的家庭几乎达到60%以上。但是，作为一名电力新闻通讯员，掌握摄影技艺，搞好新闻摄影，使之为新闻报道事业服务，却不是那么容易的事。需要下苦功夫了解摄影的技巧，探索和掌握新闻摄影的规律；需要对电力生产、管理特点有较为全面的了解；需要具有高度的新闻形象敏感性和良好的感知、捕捉典型瞬间的能力；需要有扎实的文字功底，能独立完成图片拍摄与说明文字撰写的任务。

一、了解选好摄影器材

摄影器材是完成新闻摄影的物质基础，选好器材、熟悉性能是拍好新闻摄影的必备前提条件。

（一）选好相机

选择适合拍摄新闻摄影的相机，是电力新闻通讯员拍好新闻图片的重要物质条件。

市面上流行的相机主要有135相机与120相机两种。两者相比较，用135相机拍摄新闻图片具有体积小、重量轻、拍摄张数多、相机功能多、自动化程度较高、易于操控等诸多优点，因而成为拍摄新闻图片的首选。

（二）照相机的种类

1. 机械型相机

这里所说的机械型相机，是指金属构造的全手动相机。这类相机的主要使用者，多为专业摄影家和具有丰富摄影经验的高级摄影爱好者。这类相机可以在非常复杂的光影、气候条件下使用，可以达到图片效果的多样化追求，要求使用者有较高的操作技艺，一般人用它来拍摄新闻摄影存在困难。

2. 电脑型“自动”相机（也叫AF相机）

这类相机具备自动曝光、自动聚焦功能，拍摄新闻图片方便快捷，是新闻记者的高级武器，也是广大电力通讯员应备的新闻摄影武器。

自动相机的特点有：

（1）功能多。AF相机功能强大，具有多种曝光、测光模式，聚焦模式，闪光控制模式，底片过卷模式。

（2）选择方式多。它的种种曝光、测光、聚焦、过卷模式都具有多种选择方式。

曝光模式有：光圈先决——（A）
速度先决——（S）
程序曝光——（P）
手动曝光——（M）

聚焦模式有：自动聚焦先决——（S）

手动聚焦——（M）

追踪聚焦——（C）

底片前进模式有：单拍——（S）

低速连拍——（C）

高速连拍——（H）

测光模式有：矩阵式测光——

中央重点测光——

点测光——

（3）自动化程度高。AF相机的自动化程度高的具体反映是聚焦速度快、测光方式多而精准、可以连续高速拍摄，这些都为拍好新闻摄影提供了强大的科学技术支撑，可以使摄影者在复杂多变的环境中准确高效地完成新闻摄影任务。

3. 数码相机

数码相机是读图时代的新宠。它的问世是对传统相机的极大挑战，也是摄影走向普及的强大助推器。

随着科技的进步，数码摄影日渐占据了摄影的主流地位。数码相机同时也是新闻摄影的高级宝贝。它以其拍摄、存储、传输的便捷日渐展示着它的强大魅力。

用数码相机拍摄新闻图片已经成为一种普遍现象。

数码摄影从曝光、拍摄、构图等一系列根本的特性都与传统摄影相同，其不同之处有两点：一是影像载体不同。传统相机使用胶片记录影像，数码相机用CCD电子感光元件感应自镜头射入的光线，经内置处理器转换成数码文件储存在记忆卡中。不同型号的相机使用的记忆卡也不相同，有CF卡、SD卡、记忆棒等多种形式。二是影像制作方式不同。传统相机拍摄的胶片是用化学工艺感光材料冲洗胶片、制作图片；数码相机则采取输入数码信号，再通过彩色喷墨打印输出图片；也可将数据直接输入电脑，通过互联网传输到媒体，之后直接制版印刷。

数码相机品种丰富多彩，日产的有佳能、尼康、索尼、富士、松下、奥林巴斯，韩国有三星，德国有莱卡等品牌。目前，我国尚无高档的品牌数码相机面市。

4. 传统相机

传统相机即使用胶片的相机。若选用国产相机，以海鸥、凤凰两款为宜，它们也具有一定的自动化性能，具有多款变焦镜头相配，能满足不同的新闻摄影需要，可以拍出相当不错的新闻摄影图片。

国内市场的进口相机目前主要是日本的几大品牌争雄，尼康、佳能、宾得、美能达各臻其妙，都有王牌机、拳头产品面世，可根据经济条件，选择相应的相机款式。

对于照相机的分类其实还有多种分类方法，如按照相机体积及所用感光片尺寸分，按镜头分，按构造分等。

随着科技的进步与人们的拍摄需要，诞生了一种可以举机即拍的相机。这种相机因其小巧轻便、自动性能高、操作便捷，被人们形象地称为“傻瓜”相机，意为连“傻瓜”都能用它拍出像样的照片。现在，群众摄影中绝大部分人用的是这一类型的相机。傻瓜相机一个重要特点是镜头固定、不能更换，它既有可以使用胶片型的，也有数码型的，后者使用更为广泛，拥有广阔的市场前景。

随着科技的进步，现在的“傻瓜”相机已经聪明了起来，一些上千元的“傻瓜”相机，在保留了易于操控优点的同时也具有了光圈优先，快门优先等多种功能。一个掌握初步摄影技巧的摄影人，用“傻瓜”相机在光线条件较好的环境中，完全能拍出不错的新闻摄影作品来。高级“傻瓜”相机，也有价格达几千元的，它们往往达到了千万像素以上，具有十倍以上的变焦性能，配备一流的摄影镜头，是新闻摄影的利器。有不少大牌的摄影家将高级“傻瓜”相机作为摄影的重要辅助备用机。

二、正确曝光与准确聚焦

把照片拍清楚是拍好新闻图片的最基本要求。

要保证把照片拍清楚就要抓好正确曝光、准确聚焦、稳定拍摄三个环节。

（一）正确曝光

正确曝光是确保影像清晰、层次分明、色彩正确反映的基础。无论是使用何种相机拍摄新闻事件，正确曝光都是摄影应当首先保证的基础条件。

要做到正确曝光最重要的就是要实现光圈与速度的恰当组合。

1. 光圈与速度是一个对等的互补关系

光圈——照相机镜头内由金属叶片组成的可调大小的光孔。其排列顺序一般是 F/1.4、F/2.8、F/3.5、F/4、F/4.5、F/6、F/8、F/11、F/16、F/22、F/32。F 表示光圈的系数，系数小，光孔大；系数大，光孔小。例如：F/1.4 的通光量相当于F/22通光量的256倍；F/3.5相当于F/4.5的2倍、F/8的6倍。

光圈与曝光量的关系：光圈大，曝光量多；光圈小，曝光量少。

速度——指镜头开启的时间，其指数的排列顺序一般为B、30、15、8、4、2、1、2、4、8、15、30、60、125、250、500、1000、2000、4000、8000。

上面的速度指数数值以1为分界，前面的数字是秒数，意为30秒～1秒；1后面的数字均为分数，意为1/2秒～1/8000秒。其中的“B”意指B门，B门的速度是自由数，在这一挡时按下快门的时间就是快门开启的时间。摄影者可根据摄影意图需要自由控制曝光时间。

在1后面的速度的指数与曝光时间成反比，指数小，曝光时间长；指数大，曝光时间短。

曝光时间与曝光量成正比，曝光时间长，曝光量多；曝光时间短，曝光量少。

光圈与速度是对等互补关系。

对等——一级光圈与一挡速度的曝光量是相当的。

互补——根据摄影意图的不同，可以调节光圈或速度的不同配合。需用高速度时可相应加大光圈，想用大光圈时可相应调快速度；相反，想用慢速度时可相应缩小光圈，想用小光圈可相应放慢速度。配合的基本要求是必须保证感光的准确度。每开大几级光圈必须相应地加快几挡速度；每缩小几级光圈、必须相应地放慢几挡速度。

2. 确保正确曝光

确保正确曝光的根本方法是要经过准确测量。测量的方式有使用专业的测光表测定曝光量、使用相机上的自动曝光系统、使用曝光参考表等几种方法。

(1) 使用相机上的自动曝光系统。

傻瓜相机和当前的中高档传统、数码相机一般都设有自动曝光功能。这些曝光控制方式有程序曝光方式（P）、光圈先决（A）、速度先决（S）；测光方式则有3D矩阵式测光、中央重点测光、点测光等模式，熟练运用这些方式可为拍摄新闻图片的准确曝光提供保证。

(2) 使用测光表。

全手动相机一般都没有测光装置，要使用专供测光用的测光表。只要测光方法得当，也能保证摄影的准确曝光。

正确测光是获得准确曝光数值的根本。正确测光的要点首先是要明确测光点和掌握正确的测光手法。明确测光点就是要确定拍摄对象的主体形象或重点部位。保证这个视觉中心的丰富表现（层次、色彩）是测光的目的。

正确的测光手法可见表 5-1。

表 5-1　　正确的测光手法

镜头焦距及拍摄对象	测光距离及手法
广角镜头——50 毫米镜头	10 厘米
中长焦镜头	1～3 米，使被摄的主体部分充满画面测得曝光数值
拍摄全景或远景图片	排除天空因素作平均测光
对不便接近的拍摄对象测光	用自己的手背距 10 厘米进行测光

曝光是否准确，数码相机马上就可以看到结果。

曝光正常——层次分明，色彩饱和，明暗过渡自然。

曝光过度——影像苍白，亮部没层次，色彩减弱不饱和。

曝光不足——影像暗，画面发黑，色彩发乌。

曝光过度要缩小光圈或加快速度；曝光欠则应加大光圈或放慢速度另行补拍。

（二）准确聚焦

准确聚焦是把图片拍清楚的关键所在。

准确聚焦的前提是要明确拍摄对象的聚焦点——视觉中心的重点部位。例如，拍特写一般是一个人的眼或脸，拍群像是最重要的那个人……要能因时根据不同场景，迅速确定，准确捕捉，能否做到这一点往往决定着一幅摄影作品的成败。

不同的相机聚焦方式不同，有自动聚焦功能的相机一般是绿色指示，绿色指示灯亮起即为聚焦准确，此外还有眼控聚焦、裂像聚焦等多种形式。使用相机之前，一定要认真阅读说明书，反复实践，才能做到熟能生巧、准确迅速。

（三）稳定相机

保持相机按下快门时的稳定，是把照片拍清晰的最重要一环。保持相机稳定的方法有多种，下面简要介绍。

普通人拍摄图片，手持标准镜头拍摄速度一般不得低于 1/30 秒。使用中长焦镜头，速度不得低于焦距的倒数。例如使用 200 毫米镜头拍摄速度不得低于 1/200秒。否则，镜头很难持稳，影像就会拍虚。把图片拍虚了，往往是拍摄新闻图片的最大失败。

稳定拍摄的方法主要有：

（1）使用三脚架拍摄。三脚架越重相对就越稳。用三脚架拍摄作长时间曝光一定要使用快门线。一般情况下手按快门越轻越好，否则将影响稳定。

（2）使用防抖镜头。高级的专业镜头一般都具有防抖功能，可使稳定性能提高4倍。例如普通镜头要1/125秒才有把握，防抖镜头1/8就可达到同样的稳定效果，可明显提高拍摄的成功率。

（3）使用高速胶卷或加大调高感光值。使用高速胶卷（一般胶卷为100度，还有200、400、800、1000、1600的高速胶卷）或调高数码相机的感光速度（傻瓜相机一般可调到400，高级傻瓜相机可调到800、1000、1600，甚至可达到3200；高级专业相机有更自由的选择），是达到稳定相机目的的有效手段。但要注意速度高了，影像颗粒会变粗，数码摄影的噪点会增多（不同的品牌相机对噪点控制效果也不同），会不同程度地影响拍摄质量，要适当选择。

（4）用独脚架稳定。独脚架和三脚架相比具有携带方便、操作简便的优势，虽不及三脚架稳定，但也可有效提高持机的稳定性，从而提高拍摄的成功率。低于1/4，实现绝对稳定有困难，要慎用。

（5）视环境条件进行有倚托拍摄。

在没有三脚架、独脚架的情况下拍摄，可以用环境中可依托的物体进行拍摄。这些物体可以选树干，可以是桌椅，可以是土坡，可以是砖石，可因势而为，也能有效提高拍摄的稳定性。

三、了解光圈速度与镜头的性能

（一）光圈决定景深的大小

要拍好新闻图片，非常重要的一点就是一定要处理好光圈与速度的组合。还要知道光圈不仅仅与曝光量有关，更与拍摄影像的质感、景深的大小有着直接的关系。

请通过下面的表5-2了解光圈的作用。

表5-2　光圈的作用及适用范围

光　圈	适用摄影对象及效果
大光圈（1.4、2.8、4、5.6）	（1）适用纷乱的场景下突出主体的拍摄意图。能使杂乱的背影虚化，从而使主体得到突出表现。 （2）可拍摄动体，提高拍摄速度，提高相机的稳定性
中光圈（8、11）	正常场景和好天气下的一般新闻场景及人物拍摄
小光圈（16、22、32）	（1）用于风光的拍摄。 （2）用于需要大景深要求的对象拍摄。 （3）可以增强画面透视效果，让前景、中景、远景都清晰

（二）速度影响图片的动静效果

相机的快门速度与光圈的不同组合除影响曝光的大小之外，还直接决定影响着呈现在图片上的动静效果。

下面把速度分为三挡，其表现及作用请见表 5-3。

表 5-3　快门速度及适用范围

快门速度	适用拍摄对象及效果
低速（B～1/30 秒）	（1）适用表现主体的动感。 （2）需用三脚架、独角架固定，注意要选用动静结合的背景。 （3）可记录、夸张主体与背景的动静变化、强化气氛，表现动感，适用于表现运动的人物、动物、水流、物体
中速（1/60～120 秒）	适于拍摄一般场景、人物
高速（1/250～1/8000 秒）	（1）高速的快门作用可使运动的主体凝固，从而把高速运动中的物体拍清楚。 （2）可在抢拍时控制影像的流动。 （3）可在强光下控制景深平衡曝光量

（三）不同的镜头及其特性

高级的传统相机或数码自动相机都可以通过更换具有不同特性的镜头，从而创造不同的拍摄效果。

相机镜头依其不同的焦距，分为标准镜头（135 相机为 50 毫米，120 相机为 80～90 毫米）、长焦镜头（焦距 200 毫米以上的镜头）和广角镜头（焦距在 28 毫米以下的镜头）三种。

其效果如表 5-4 所示。

表 5-4　不同焦距的相机镜头及其特性效果

镜　头	特性效果
标准化镜头（焦距 50 毫米、视角 46 度）	（1）与人眼视角一致，拍摄影像不变形。 （2）体积小，重量轻、便携带，成像质量好。 （3）适用于迅速抓拍，可灵活拍摄场景与人物
长焦镜头（焦距为 200 毫米以上的，视角在 12 度以下的镜头）	（1）适合拍摄人物与物体的特写。可压缩景深、虚化背景、突出主体。 （2）可远距离抓拍人物及物体。 （3）视角窄，不便于拍摄大场景

续表

镜头	特性效果
广角镜头（焦距28毫米以下，视角在74度以上的镜头）	（1）因其视角宽广，适合拍摄大场景，室内摄影具有优势。 （2）景深长，可明显夸张前景与背景的关系，增强透视效果。 （3）画面边缘变形，有明显的会聚现象，使用得当可增强画面的表现力
定焦镜头（焦距固定的镜头）	（1）成像质量好，影像层次丰富细腻。 （2）笨重、携带不变，一般不适合新闻摄影拍摄
变焦镜头（焦距可变的镜头如70～210毫米）	（1）可在距离不变的情况下灵活地变化拍摄画面，自由调整场景选择。 （2）成像质量不及定焦镜头。 （3）适合新闻摄影拍摄

广角镜头的效果如图5-1所示。

图5-1 电厂主控制室 刘伍杰 摄

选择镜头、口径大的镜头比口径小的要质量好，但价格也相对较高；防抖的镜头比不防抖的要好；带超声波马达的比不带的要好。总之要根据实力与需要选择合适的镜头。要善于在实践中反复体味，掌握镜头的特性和使用技巧，使之充分发挥作用。

第二节　构图法则知多少

摄影构图是一个思维过程，是一种组织技巧，是一种面对被摄对象要应用的法则。它帮助摄影者从无序的被摄事物中找出秩序，把散乱的点、线、面、光、色等视觉要素组织成一个可以理解的、符合构成规律要求的画面，从而准确地体现新闻事件（人物）与摄影者的表现意图，鲜明地体现报道主题。

美国摄影家爱德华·韦斯顿说，摄影构图“把不同的部分组合起来获得一个统一的整体，以达到达意、简洁、提炼、悦目的目的”。这不同的部分是“线条、形状、明暗、质感和色彩”。

摄影的构图就像写文章的布局一样，又好像绘画里的“经营位置”，说到底是安排摄影对象的位置与比例。

摄影的构图直接关系着一幅新闻摄影作品的成败。可以说每一幅画面的拍摄都与构图紧密相关。

安排好新闻摄影的构图，要遵循一定的规矩，了解相关的知识。

一、摄影构图的作用

摄影构图的作用主要是有助于揭示照片主题，活跃画面形式。

摄影构图是创作思想的再现过程，能揭示好主题的构图是拍好照片的关键所在。构图是一个思维和组织的过程。通过构图，摄影者把他发现的最重要的东西展示给读者。

摄影构图的另一个作用就是活跃画面形式或者说是强化图片的视觉冲击力。同样内容的照片，画面的构图不同，给人们的感受也必然不同。

构图不能墨守成规，更不能总是照搬别人的老格式。为了获得好的照片，摄影者必须提高素养，熟悉掌握各种设备，在瞬息万变的生活中，不断提高自己的构图能力和创造性，及时发现重要题材和精彩情节，不失时机地抓拍下来。

摄影是选择的功夫，面对新闻事件、新闻人物举起相机如何选择，截取什么，舍去什么，都要有道理、有原因、有目的，不可随意而为。

延百亮先生在《新闻摄影》一书中提出，新闻摄影构图要：

（1）多在运动状态下构图，少在静态的状态下构图；

（2）多在抓拍中构图，少在摆拍中构图；

(3) 多以人物为对象构图，少以景物为对象构图。

以上三原则，值得大家记住并遵循。

延百亮先生还提出，摄影构图应解决好如下问题：

(1) 主要拍摄对象所在画面位置。

(2) 主要拍摄对象所占画面的比例。

(3) 处理好主次关系。

(4) 利用好环境。

(5) 把握画面的总体态势。

(6) 从生活中切出画面。

了解以上六条对摄影者在拍摄新闻图片的构图中克服盲目性、增强自觉性大有益处。

摄影是一个实践性非常强的活动。掌握摄影构图技巧绝不是一朝一夕的事情，需要持续不断地努力、反复深入地体会，更需要了解构图的基本法则与相关知识。

二、有关摄影构图的因素

影响摄影构图的因素很多，诸如拍摄方向（正面、侧面、背面）、拍摄角度（高、中、低）、拍摄景别（远、中、近）；用光的技巧：光线的方向（正、侧、逆）、影调的强弱（明与暗）；镜头的选择（长焦、中焦、广角）。由这些因素所引起的画面语言的变化——线条的会聚及拍摄对象的大小、高低、动静、虚实、黑白等对比现象，都与构图有着直接的关系。

例如，拍摄角度直接影响着线条的会聚方向与画面效果——低角度仰拍，线条向上会聚，动感强烈；高角度向下俯拍，视角范围广阔，地平线上升，线条的会聚现象相对平缓，远近景物表现相对充分，有利于表现宏大的场面；平视拍摄，线条向中心线上会聚，被摄景物表现自然，是大家运用最多的拍摄角度。

上面的有关问题本书将在本章第三节“图片的拍摄与表现”中谈及，这里不再展开。

三、突出主体的方法

1. 主体与陪体

画面中最能体现主题的对象，就称为主体。

在画面中对主体起一定程度的烘托、陪衬作用，帮助主体说明主题思想的对象，称为陪体，也叫宾体。

主体是反映事物本质的对象，所以它既是表达内容的中心，又是进行画面构图的结构中心。在选择谁是主体对象的时候，一定根据主题思想的要求，选那些最有代表性、最具有典型性和最富有表现力的对象。

主体和陪体的关系，是相互依存、相互制约、相互呼应。

陪体只能突出主体、烘托主体、渲染主体，而不能破坏主体和影响主体的表现。

2. 如何突出主体

主体是画面结构的中心，也是画面的趣味中心，是作品主题思想的集中体现。画面上好的主体的形成，要靠摄影者的艺术修养和经验的积累。

为了突出主体，这里介绍一些常用方法，供大家在实践中借鉴运用。

（1）在构图时，将主体置于前景位置上。使前景在画面上形成大的结像，这是突出主体形象的一种最常见、最简便易行的方法。

（2）把焦点聚焦在主体形象上，使主体充分清晰，深入刻画主体的质感，增大其吸引力。还可采用放大光圈，虚化主体之外的景物做法，以虚实对比的手法突出主体。

（3）调动高亮度的光线，将光束直射主体，同时压暗背景，使主体鲜明表现，利用明暗对比的方法突出主体。

（4）可以调动、寻找合适的角度，将主体置于画面构图线条的会聚点上，用线条调动人们的视线，使之注目主体。

（5）调动、利用影调明暗的手法与色彩对比的方法来突出主体形象。

如条件允许，几种手段协同运用，将会产生更好的效果。

当主体在画面上的位置确定后，同时也要妥善处理陪体的布局，处理不好必然影响主体的突出效果。一定要处理好主体与陪体的主从关系，不可喧宾夺主。

四、黄金分割线在构图中的运用

初学摄影了解和掌握黄金分割法，对于提高取景构图能力很有帮助。

黄金分割法在摄影构图中的运用，常使用的是概略方法，就是在画面上横、竖各画两条与相邻边线平行并三等分对应边线的直线，将画面分成9个相等的方块，见图5-2。

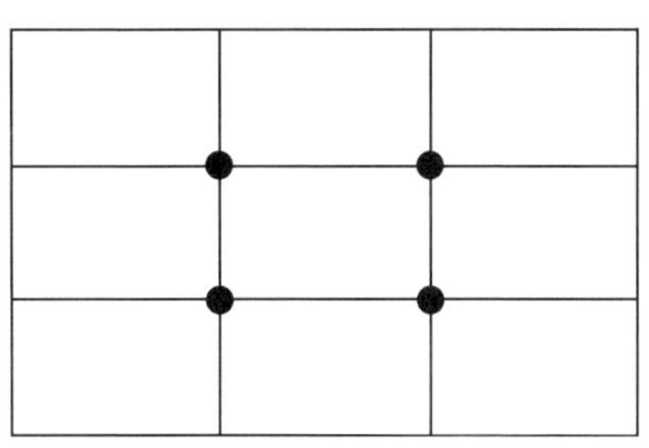

图5-2　黄金分割构图法

画面中两条直线和两条横线相交的4个点，称为黄金分割点。在拍摄进行构图时，将主体安排在黄金分割点附近，能使主体更好地发挥在画面上的组织作用，有利于周围景物的协调和联系，容易引起美感，从而突出主体，产生较好的视觉效果。

初学摄影取景，可先选用“黄金分割法”练习构图。经过多次实践，有了自己的体会和经验后，就可根据实际情况灵活运用这一法则进行拍摄了。但是，拍摄中一定要坚持具体问题具体对待，不能让它束缚住，不加分析僵化地照搬照用，否则拍出的照片就会千图一面、贫乏无味。

用黄金分割法确定主体的位置，并没有完成构图的整个过程，还要注意主体与陪体景物之间的呼应、主体与背景之间的关系、画面气氛的营造、被摄对象细节的刻画、典型道具的选择与记录，更重要的是典型瞬间的把握。与此同时，还要考虑影调、光线、节奏处理、色彩的表现等。

构图能力的提高需要经过反复地拍摄实践，需要不断总结和积累经验。只有经过反复地拍摄实践，才能逐步掌握摄影构图的主动权，拍出更多的好新闻摄影作品来。

五、关于构图的其他讲究

本书前面就已经说过，影响构图的因素很多，而且这些因素又往往相互关联。下面分别介绍如下。

（一）用好前景

距离照相机最近的景物叫前景。在构图时，通常把前景安排在画面的上下边或四个角，放在主体景物的前面作为陪体。一般不安排在中央位置。

用好前景的作用有：①可以形象地说明主体景物所处环境、拍摄季节；②可以渲染画面的气氛，使画面充实，增加美的效果；③可以烘托主体，直接表达主题思想；④可以增加画面的空间深度，增强新闻摄影作品的冲击力、感染力。

在相当多的时候，前景是不可缺少的。在拍摄新闻图片的时候，一定要有利用前景构图的意识。但是要注意选择的前景要有利于主题思想的表现。

同时还要明白，一方面前景是重要的，另一方面也不是说每一幅照片一定要运用前景与背景的反衬作用、对比手法，要具体分析、适当运用。

（二）背景的处理

背景可以表达照片所在地点、季节、周围环境、气氛，是既能反映主题思想，又能增强画面效果的重要因素。

选择背景，要注意三点：一是利用色调对比、光线明暗、焦点运用等手段来突出主体；二是在选择背景时，注意主体景物的立体感和空间感，使主体处在明暗对比强烈的背景上；三是背景力求简洁，要能突出和显示主体在画面中的优势，突出主题思想。

前景和背景，是一幅好照片的有机组成部分，都是为主体服务的。通过前景、中景、背景的对比，即通常说的三度空间，可表现空间距离，增加纵深感，使画面层次丰富、气氛浓厚。当然，不是每次拍照都会遇到理想的前景和背景的，这就要靠摄影者去寻找时机、发现角度。

（三）构图中的对比

摄影构图的对比是一种造型因素的某一特性在其程度上的比较。例如被摄体形体大小、方圆的对比，明暗影调的对比，线条长短曲直的对比，色彩的对比……

对比就是差别，大与小、长与短、明与暗、动与静、虚与实、黑与白等都是相比较而存在的。在新闻摄影构图中，对比手段的运用有着非常重要的作用。

摄影的被摄体中若干对比关系合理的选择与组合，就构成了画面的节奏。其中，对比节奏越强烈，对于摄影构图的作用就越突出，留给读者的印象就越深刻。因此，在摄影构图中，要着意突出这些节奏的表现，强化节奏的冲击力。新闻摄影的对比表现，是摄影构图技巧的一个非常重要的手段。

（四）画面构图的均衡要求

均衡是人们对形式的直观感觉，是产生稳定感的重要因素。摄影画面上的构图安排，要符合大众的这种常规审美心理要求。

主体的视线、线条走向、光线投射的方向等都能预示景物的运动方向，引导读者的欣赏阅读兴趣。

对称式的均衡，会造成严肃、庄重、安静的感觉，给人以静止的视觉印象。中国秤式的均衡，则能造成视觉上的动感。这种支点偏移的“均衡”，会产生一种别样的生气。

只要对动体的动向、动势以及布局处理得当、合理，画面中的均衡就会是运动中的均衡，它体现了摄影者造诣的深浅。

均衡不等于平均使用力量。把主体置于画面中央，或者对称地排列，固然是均衡，有了稳定感，但画面会呆板，降低活泼的气息。但是有时故意将主体置于画面中心，反而会收到好效果，要因时因势而定。

（五）构图的合理布局

新闻摄影构图常见的方法有“黄金分割法”和“对角线法”两种。

“黄金分割法”前面已有介绍，就是在画面上横、竖各画两条与相邻边线平行并三等分对应边线的直线，画面中两条直线和两条横线相交的 4 个点，称为黄金分割点。在拍摄进行构图时，将主体安排在黄金分割点附近，能使主体更好地发挥在画面上的组织作用，从而突出主体，产生较好的视觉效果。

图 5-3 拍摄的是电力部门深入田间做好用电宣传、服务的情景，主体人物正好处于黄金分割点上，视觉效果协调并富有美感。

图 5-3 电润桃花源 梁山 摄

所谓“对角线法”，就是从画面的两个对角向其余两对角的连线作垂线，所得的两个交点便是画面中主角所处的理想位置，当然在另一条对角线上也可以找到类似的两个交点。通过比较可以看出，对角线构图法与黄金分割构图法得到的四个点基本上在同一位置（见图 5-4）。

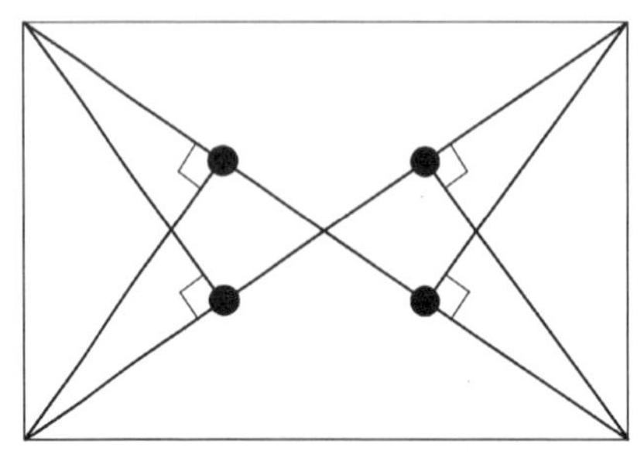

图 5-4 对角线构图法

在布局时，还应该注意被摄体的动向表现。对运动的人或物体，要注意在他的运动方向的前方必须多留空间。否则拍出来的照片会给人以一种很不舒服的感觉。

在布局时一定要注意画面的稳定性。

如水平线一般要水平不能倾斜；要力避水平线平分画面；若要强调宽阔的画面，宜将地平线移至画面下方，若要表现主体靠近，可将地平线靠近画面上方。

要拍好图片，把握住布局是个关键。拍摄较多的人物现场，要注意人物的聚散关系，要着意突出主体；要注意主体与背景的关系，防止在人头上长树、长角等现象的发生。

（六）要有线性构图意识

线条是重要的图片构图语言，摄影者要有较强的线性构图意识，善于将静止的（或相对静止的）、运动的被摄物体，提炼为呈现动态的线条。善于利用画面物体呈现的几何图形，甚至曲线、直线，形成画面构图节奏，以强化新闻摄影的表现力。摄影者要能够了解不同的线条所体现的动态与情感指向。比如：直线代表庄重与尊严，横线代表平安与稳定，斜线体现动态或危险，曲线象征优雅与流动等。要了解，除了前面所说的黄金分割、对角线分割构图法则外，还有诸多的构图方式，诸如：A字形构图、三角形构图、口字形构图、体现动感的S线构图、放射性的V字形构图、生动的对角线构图、活泼的C字形构图、节奏强烈的竖线构图、稳定性的横线构图与装饰性较强的汇聚线构图等丰富的构图形式。

这些构图方式，充分体现了构图元素的丰富性与摄影实践的深入复杂性，也为摄影者的摄影拍摄实践提供了更多可能。一位优秀的新闻摄影者，要深入研究摄影构图法则，善于从好的新闻艺术摄影作品中汲取滋养，增加自己的形象与构图意识积累，才能不断拍摄出较高水平的新闻摄影作品来。

（七）背景杂乱的处理

图片中的背景是用来衬托和突出主题的。但如果背景的景物过于清晰、杂乱无章，就会影响被摄主体的突出。处理好背景与主体的关系，想方设法突出主体，提高主体的表现力，是初学摄影的电力通讯员应当掌握的一个重要技法。

下面介绍几种常用来避免背景杂乱的方法：

（1）选择简洁、与主体对比相对强烈的背景。在拍摄构图时，要注意角度的选择，力求把影响主体形象的背景景物排斥于画面之外。

（2）虚化背景。在摄影中充分发挥镜头的特性，使用长焦距镜头，制造虚化式背景；或使用大光圈，对背景进行柔化，从而突出主体形象。

（3）选择有特征的背景。构图时，可选择那些能明显地交代出主体所处的时代、地点、季节特征的景物作为背景，以增加读者对作品主题的理解。

（八）要注意主体与陪体的关系

初涉摄影有一个问题必须格外注意，这就是要学会观察。观察的重点首先当然是盯住主体，看眼睛、看表情、看动作、看聚散（多人时）、看气氛；再一个往往被忽视的关键点就是要看主体与陪体（也可以说是背景）的关系，要看呼应、看衬托、看对比、看干扰、看聚合、看影响，要把与主题无关的因素或剔除、或遮挡、或模糊，总之应当把可能影响主题表达的、影响画面效果的因素尽量排除，不要只看主体不顾其他。这里就有一个眼力问题，一个观察能力问题。要先有明确的意识，再进行反复的锻炼，还要善于分析比较，研究自己拍摄的照片存在问题，比较与别人的好照片的不足。要学会看到陪体、选择陪体、利用陪体、突出主体；要逐步让自己拍摄的新闻图片干净起来、重点突出起来、精彩起来。

第三节　图片拍摄与表现

相对新闻其他文体的采访与写作过程，新闻摄影是一个较为辛苦的工作。它要求作者必须赶到新闻现场才能记录并报道新闻事件或新闻人物的现场表现；必须亲历并抓住新闻事件的典型瞬间，才能较好地完成采访拍摄任务。在这个意义上讲，新闻摄影记者和通讯员是真正战斗在一线的新闻战士。

事实上，新闻事件的拍摄者仅仅是赶到新闻事件的现场还是不够的，还必须在很短的时间内对新闻事件作出判断，站到适当的位置、选择合适的角度、运用适当的表现形式，果断地做出取舍，截取新闻事件中最典型、最生动的主体瞬间。能否真正做到这些，需要摄影者有高度的责任感、高度的新闻敏感性、高度的形象感知能力和到位的构图能力与摄影功底。

下面从四个方面来谈一下关于新闻摄影的拍摄问题。

一、要有求新的意识

新闻“姓”新，新闻摄影作为新闻的构成部分，必须遵循这一根本特性，求新求变。

新闻摄影的新首先是内容的新，即新闻事实的新；其次是表现角度的新，其中包括追求新的角度与构图，力求强化图片的表现力与新鲜感；三是情景的出新，要鲜活生动，追求感染力，强化冲击力；四是表现形式要力求出新。

1. 内容出新

电力新闻摄影存在拍摄内容单调的问题。不少通讯员一拍就是上街服务、检修栽树、上门慰问、培训考试、收费咨询，年年拍摄相同的题材，缺少变化。

其原因除了观念陈旧之外，再就是采访不深入，功夫没下到。

要想内容出新，必须思想求新。电力改革发展的新闻事实丰富多彩，绝不只是上述几个程式可以完全包罗的。科技进步、人才工程、“三新”服务、生产建设、市场开拓、企业文化、劳模人物等，题材丰富，品类繁多，要想深入拍摄，应是大有可为。电力通讯员要走出程式化表现的禁锢，深入一线、深入生活、深入思考、深入采访，积极探索和开掘创造，一定能拍出大量内容鲜活、形式生动、事迹感人的好新闻摄影作品来。

2. 追求新角度

不少通讯员拍摄图片，习惯平视拍摄，习惯四平八稳的表现，很少调度、变化拍摄角度去仰拍、俯拍；更少利用逆光、侧逆光效果去增强拍摄作品的表现力和冲击感染力。大家应当在拍摄新闻图片的实践中多一些求新的意识，积极主动追求新的拍摄角度，探索新的构图形式，让自己的作品生动起来。新的拍摄角度，还包括了对新闻事件的新的切入表现、新的观察视角。就算拍电力检修，能不能拍得具体一点。拍检修中的某位具体人员对工作的具体做法；拍新参加检修的新职工参加检修的收获与感受。你去拍服务，能不能拍具体的服务人员的服务过程，拍具体客户对服务的评价和希望。

对准具体的“这一个”深入开掘，力求拍出特色，一定可以增强新闻摄影的生动感人力量，也是出新的具体体现。

3. 把握新情境

新的情境的准确把握也是出新的重要体现。

新的情境可以是场景中的新的组合形式、新的画面氛围、新的表情瞬间、新的形体动作。以新情境的准确表现来提高新闻摄影的表现力和感染力，应当是广大电力通讯员提高自己的新闻摄影表现力、影响力的一个着力点。

4. 探索新形式

新的摄影报道形式好像一种新闻文体的不同表现一样。如消息有现场速写、有新闻故事，摄影也可以有记录情节与矛盾冲突的图片故事，有不同时空相同内容的新闻图片组合，有单幅、有成组的报道形式。

电力新闻摄影是一个需要不断求新、出新的事业，只要大家不断努力实践、勤奋求索，一定可以越拍越好。

二、要有形象意识

强化电力新闻摄影的形象性，是提升电力新闻摄影作用的重要课题。

针对一直以来存在的图片文字勉强结合、图片文字标签化的倾向，强调加强电力新闻摄影的形象性十分必要。

要纠正电力新闻摄影只是设备加人的符号化倾向、工作流程简单图解的现象，从征稿要求，到作者拍摄，到编辑处理，到报纸刊发，都要强化形象意识，让电力新闻摄影的形象性强起来。

要切实加强电力新闻摄影的形象性，对于特写图片就要十分注意人物真情实感的刻画与捕捉；场景图片就要格外注意对构图语言的运用，要注意人物的聚散和图片的张力，要注意对人物的形体动感的典型瞬间捕捉，要注意图片情绪的呼应和氛围的营造。

形象性与拍摄的艰难程度紧密相连，不少好的电力摄影作品是在十分困难的条件下拍摄的。摄影作者与奋战在一线的职工一道起早贪黑，同历寒暑，汗洒在一起、血汇在一块，拍出了不少感人的作品。这些作品本身就具有了生动的形象性与强烈的感染力。有几分耕耘才能有几分收获，有更高的追求才会有相应的成绩，成功总是对勤奋者微笑。广大电力新闻通讯员应当不断付出心智与汗水，锲而不舍、勤奋努力。

图 5-5 拍摄的是 2007 年 3 月 7 日河北井陉县遭受雪灾、输电线路发生倒杆断线事故后，电力职工奋力抢修，在荆棘丛生的山坡上奋力运送电杆上山的场景。在拍摄过程中，摄影者同样在没有道路的山坡上破荆攀爬，一度滑倒，手也被荆棘扎破，才得以选择合适角度拍下了这张体现电力职工精神风采的图片，记录下了这一感人的珍贵瞬间。

三、要有典型瞬间意识

有无典型瞬间意识的追求，是一个摄影者能否拍好摄影作品的关键所在。

做任何事情都有一个标准问题，自己的标准定的高，得到的效果自然就好。自己没有严格的追求，就一定不会有好的收效，新闻摄影尤其如此。

典型瞬间的把握是新闻摄影的重要特性。

1945 年，我国老摄影记者罗光达提出了“瞬间精华”的概念。

1952 年，法国的著名摄影家布勤松提出了“决定性瞬间”的概念。即：

> “新闻现场的所有元素（人、地、物），均在空间时间各得其所，充分展示内涵。”

他还提出了，对于摄影“选择的环节是最重要的”、“要把某一有意义的特定瞬间固定下来”“要捕捉被摄影者外部世界和内部世界相交融的典型神态”、“要尊重被摄影者周围的环境气氛”等摄影理论。

图 5-5 抢修运杆上高山　　　梁山 摄

1960 年，我国著名的资深新闻摄影家，前中国新闻摄影协会会长蒋齐生，提出了“典型性瞬间”理论：

> “通过瞬间的形象，表现新闻主题、情节及新闻的内容和意义，表现人物的性格特征，为人物传神。这个瞬间形象就必须是有概括意义的典型瞬间形象。”
>
> “抓不住对象形象表现的典型瞬间，照片就平淡无奇，就不耐看，就没有美，就失去群众。无论怎么说你报道的题材内容多么重要，你没有能拍到吸引人的典型瞬间，就一切成为空谈。”

有没有对典型瞬间的追求，摄影效果大不相同。有了捕捉典型瞬间的意识，摄影的过程就充满了兴致。这个瞬间可能是一个眼神、一个体态、一个聚合、一个情感的爆发，一幅作品会因这个瞬间的准确把握而璨然生辉。能不能把握典型瞬间，体现着摄影者的学养和综合功夫。

典型瞬间的价值还基于典型的题材，要有典型的形象。

“机遇总是青睐那些有准备的人”，当典型瞬间来临之时，能不能快速反应、快速判断、快速抓取，直接决定着摄影的成败，机会稍纵即逝，必须一抓就准。

电力新闻通讯员在发出自己的新闻摄影作品时不妨问一问：

“我拍摄的新闻图片题材别人拍过吗？”

“如果有人拍过同样的题材，那么自己拍的这一张（组）比他的好吗？”

“我捕捉住了典型瞬间了吗？”

“我的图片具有感人的力量吗？”

……

如果答案总是否定的，那么图片要发表可能就很困难。即使侥幸发表也不会给人留下很深的印象。还应不断努力！

延百亮先生出了一个好主意。他建议，要善于营造趣味性，增强画面的诱惑力。

他提出了七个方面：

在题材上营造趣味——抓住典型瞬间，强化画面氛围。

在姿态上营造趣味——抓住具象征性、高反差、和谐的姿态及时拍摄。

在表情上营造趣味——抓住有意趣、真切动人的表情拍摄，提升审美价值。

在角度上营造趣味——注意多角度观察，选择最合适的表现角度。

在景别上营造趣味——根据不同需要，选择合适的中景、近景、远景，营造气氛。

在气氛上营造趣味——动态性的新闻事物越真切、活跃、浓重、趣味性越强；静态式的新闻事物越具独特情调，趣味性越强。

在色调上营造趣味——彩色要色彩还原逼真，有时夸张却能别开生面；黑白明暗得当，层次丰富令人悦目。

这些方法，应当对于广大的电力通讯员具有有益的启示。

四、注意摄影的表现手法

新闻摄影与艺术摄影相通，也可以有多种表现手法。不同的表现手法可以营造不同的气氛和效果，从而可以强化新闻摄影的表现力与传播效果。

（一）利用不同的景别表现不同的内容

不同的景别——远景、全景、中景、近景特写，有不同的表现力。摄影者要依不同的需要选择合适的景别。

全景——容量大、空间广阔，有利于表现事物的全貌。拍摄全景图片往往登高俯瞰，在报道电力建设项目中较为常用。具有场面宏大、表现力强的特点（见图 5-6）。

图 5-6　愚公移山现代版——张河湾抽水蓄能电站工地　梁山　摄

中景——可以既表现环境、又表现动态、情绪，对表现形神兼备的场景与事件有优势（见图 5-7）。

图 5-7　变电站检修　梁山　摄

近景——适合刻画人物神态表现细部特征，主体占画面的比重大，环境占比重小，有较强的视觉冲击力（见图5-8）。

特写——对人或自然物的重点部位做深入刻画、集中表现的称为特写。有很强的视觉冲击力和画面表现力。可深入细腻地表现人的心灵、细致入微地刻画事物的局部特征。一般特写图片多用长焦镜头（中焦亦可）获得，多用大光圈，景深短背景虚化（见图5-9）。

图5-8 户户通电工程为深山里的农家送来了光明，2006年6月29日，赞皇县墙板沟的农民李占福把自己家的老煤油灯精心装饰，准备作为礼物送给电力职工留念。

梁山 摄

（二）利用不同角度营造不同的气势

取景的角度与表现图片的气势紧密相关。

平视角度——常用于表现平和的气势。一般新闻图片大部分运用这个角度拍摄。这一角度表现力朴实无华，容易流于平淡，运用时更要注重人物生动神态与个性动态的抓取，力破平淡（见图5-10）。

图5-9 检修工 梁山 摄

图5-10 铁军亦风流 梁山 摄

低角度仰拍——可使被摄主体高大挺拔，有较强的视觉冲击力。多用于拍摄大的建设项目、有宏伟气势的事物、具有某种象征的题材，有比较强的感染力和感情色彩（见图5-11）。

图 5-11　随着一条条 500 千伏高压线路的延伸，河北 500 千伏主网架已经构成，日夜为河北社会经济的发展源源不断地输送着强大的动力。　梁山　摄

高角度俯拍——有利于表现事物的全貌及壮阔的场景，有较强的空间透视感（见图 5-12）。

图 5-12　2005 年 5 月，河北省送变电公司在内蒙古的茫茫戈壁与起伏的丘陵上，克服重重困难，架设承担西电东送任务的永—汗500 千伏输电线路。　梁山　摄

（三）利用多种手法营造画面语言

新闻摄影的画面语言是丰富的，可以运用多种手法来营造出不同的效果。

1. 运用对比手法

运用对比手法可营造出丰富的画面效果。这些对比手法包括大小的对比、疏密的对比、高低的对比、黑白的对比、色彩的对比、快慢的对比、虚实的对比。每种手法运用得当，都可以强化画面的表现力，提高新闻摄影的传播效果。

图 5-13 精心调试 王忠武 阎彬 摄

图 5-13 是运用虚实对比手法拍摄的，图片同时又呈现了黑白对比效果，作者在拍摄时着意捕捉了被摄者聚精会神的典型瞬间，双目炯炯，十分传神。在构图时使其头部处于黄金分割线上，画面语言精彩，是一幅拍摄精到的新闻摄影作品。

2. 运用线条的会聚与朝向

不同的线条表达着不同的感情。线条是图片构图的重要画面语言。

在构图中有对角线构图、S 形构图、平行线构图、三角形构图多种构图语言。又有直线代表庄重尊严、横线代表平稳安定、斜线代表动感与危险、曲线象征幽雅与流动等多种说法。运用线条语言结构画面、表现动感、强化节奏是新闻摄影中要下工夫探索的课题（见图 5-14）。

利用线条的汇聚构图，在电力行业的新闻摄影中较为多见。摄影者在现场要注意认真观察，多角度地运用线条的汇聚特点，使线条的汇聚点在新闻图片中灵活定位，不可形成摄影构图的固定模式，一拍就是向中心汇聚，要力求构图多样，有所创造与变化。

3. 运用不同的光线来表现新闻主题

摄影被称之为“光画”，如何利用好光线，直接决定着摄影的拍摄与传播效果。拍摄新闻摄影时，经常会面临复杂的拍摄环境、多种的拍摄光线，善于运用不同的光影条件，准确生动地记录新闻事件与人物，营造良好的现场氛围，

图 5-14 巡视 梁山 摄

是一个合格的电力新闻通讯员应当具有的能力。

顺光：光线来自景物的前方，主体受光均匀，景物不会有阴影，反差小，影像较平，其色彩、线条、形态、气氛都能得到真实的表现。

侧光：光线来自被摄景物的一侧，景物便会产生阴影，形成反差，使形态、线条、质感得以突出，从而产生多变的构图。这是摄影时所经常采用的。

逆光：光线来自被摄景物的背面，景物大部分处在阴影之中，而强烈的轮廓光可勾勒出物体的清晰形状，从而创造出鲜明而简洁的画面。在逆光条件下，按照天光亮度曝光，可以得到剪影效果的图片（见图 5-15）。

图 5-15 检修 徐广 摄

漫射光：在这种光线下，景物没有明显的反差，色调平淡而变化少。因而景物的形态、线条和质感都不太明显。

对于不同的光线特性，要了然于心，灵活运用。

除了上述的手法外，结构运用画面语言还有不少内容，如运用情感对比、运用事物性质结构画面，运用不同的生命形态结构画面、营造和谐的氛围，运用表情动作对比等。现场摄影能力的提高，是一个循序渐进的过程，需要不断地深入研究与实践。

第四节 摄影形式话端详

新闻摄影的形式主要有三种：独幅新闻图片、摄影故事、专题摄影组照。

（一）独幅新闻图片

独幅新闻图片即单幅摄影。它是由一张新闻照片加简短文字报道结合的一种报道形式。这种形式是新闻摄影的主力军，广泛大量地见于各种报刊媒体，也是电力报刊图片报道的主要形式。

1. 独幅图片的特点

（1）一幅图片概括一个新闻事实，因而具有高度的形象概括性；

（2）相对成组照片，具有简练、表现力强、占用版面空间小的特点。

（3）可灵活处理，当以巨幅刊出时具有较强的视觉冲击力。

（4）阅读便捷，优秀的独幅图片具有一图胜千言的魅力，有很强的形象传播性。

2. 电力报刊独幅图片的常见病

（1）题材雷同，缺少新闻性。

（2）表现形式雷同、概念化，常为设备加人的表现形式，缺乏视觉冲击力。

（3）过分注意形式美，缺乏信息含量。

（4）题材单调，极缺有分量的力作。

（5）说明文字概念化，不引人入胜，极少有图片标题。

以上问题，各电力报刊不同程度都存在。

（二）摄影故事

围绕一个有情节的新闻事实或有新闻意趣的新闻人物，以数幅图片与较为完整的文字描述相结合，来陈述新闻事件、表达思想情感的报道形式，称为摄影故事。

1. 摄影故事的特点

(1) 题材一般都较为具体。

(2) 事物本身要有情节、有起伏、有打动人心扣人心弦的力量。

(3) 所拍的故事应当处于发展变化状态。

2. 摄影故事的拍摄

(1) 要有明确的主题思想，即确定你想通过这个摄影故事告诉人们什么，这个目的一定要明确。

(2) 要对计划拍摄的故事做些考察研究，尽可能具体地掌握有关的背景情况，并以此为基础，策划、编制较为具体的拍摄方案，确定故事的切入角度，选择最有效的拍摄方式来陈述摄影故事。

(3) 一个较好的摄影故事既要有新闻价值，又要有情感力量，有动人之处。要着力开掘、提炼其新闻价值与动情点，并将其具体体现在图片构成中，以此触动观众的心灵。换一种说法，就是要紧紧把握贯穿故事的主线来结构画面，注重情节的把握，注意主要人物及场景的重点刻画。

(4) 每幅图片必须要表达一个故事环节，所有图片的内涵要能够有机交织，拍摄中要注意不同景别、角度的选择变化，整个摄影故事的视觉效果要力求有起伏、有节奏，一定要有一幅能统领全故事主题（可做大幅处理）的精彩图片。

(5) 要跟得紧、抓得住，要有毅力、有韧劲，不怕吃苦，必要的时候要紧紧跟踪被摄的人物或事件，做多时空的记录拍摄。

(6) 要有一段综合概括、全面陈述的文字和各图片的分说明文字，且二者要有机互补。文字要生动、准确、完整，图片的分说明要交代背景，揭示意义，不可就图论图、简单图解画面。

**例如：**

图 5-16 是《河北电力报》对农村电工兰德林事迹的报道。

“贴心电工”——兰德林

灵寿县索阜安村的兰德林 36 岁了，农村电工干了 13 年。村里乡亲们都叫他“贴心电工”。

德林为乡亲们服务实在、上心。谁家用电有了事他都随叫随到，干完活就走，13 年来，没吃过别人一顿饭。他爱喝酒，17 岁上曾在村里为拼酒

“贴心电工”——兰德林

本报记者 [illegible] 通讯员 [illegible] 摄影报道

灵寿县[illegible]安村的兰德林36岁了，当农村电工13年。村里乡亲都叫他贴心电工。德林为乡亲们服务实在、上心。谁家用电有了事他都随叫随到，干完活就走，13年来，没因此吃过别人一顿饭。他爱喝酒，17岁上曾在村里为喝酒[illegible]过擂。为了当好电工，1991年，他上城里花钱刻了“滴酒不沾”的警示章，硬是把酒戒了。他还为自己订了“德林三不”的自律规矩：一、不喝酒，二、不认干亲，不搞关系网，三、不参与低级趣味的娱乐。

村里的线路要改造，为了减轻乡亲们的负担，他不请人，自己和另两名电工一户一户为乡亲整改。最后，高标准完成了任务，低压线损率从30%多降到低于10%。

德林管电守规矩，坚持公开原则，[illegible]

今年5月，村里选举，大家一致推选德林当村委会委员，他成为村里3位领导之一。德林说“大伙信任俺，咱就要为大家管好电，尽好心！”

①阜安村每户的电表都是外移高挂，每逢查收电费、检修都得爬梯子。这是德林（左）和他的助手魏书祥披挂整齐又要去干活了。

②每次公布电费，德林都要办上一期黑板报，上面有电价政策，有用电预告，有安全用电须知，字字句句负载着德林对乡亲们的情义和他对农电事业的挚爱。

③小小的配电室里记载着德林为乡亲们劳碌的日日夜夜。逢年过节和农忙时节，德林就一直在这里守夜，十几年来，一直如此。为了大家的光明，他独对着这节日里没有电视、没有歌声的空间。

④德林为乡亲们用电没黑没白地忙，奉养父母、照顾孩子和种好自家18亩地的重担大都落到了妻子身上。妻子为了这个没少发牢骚，可牢骚归牢骚，对支持德林干好工作妻子从来没动摇过，她说：“德林的心俺懂，咱苦点，认了！”

⑤人心是杆秤，德林为乡亲，乡亲赞德林。记者在村头拦住一些老乡，了解他们对德林的评价，大家齐声说好。背筐的这位老乡（右三）对记者说：“德林和俺从小就在一起，他的为人那是没说的。他当村电工为全村人操尽了心，是个好样的，你们可该好好宣传宣传！”

图 5-16 《河北电力报》对农村电工兰德林事迹的报道

图注：①阜安村每户的电表都是外移高挂，每逢查收电费、检修都得爬梯子。这是兰德林（左）和他的助手魏书祥披挂整齐又要去干活了。
②每次公布电费，德林都要办上一期黑板报，上面有电价政策，有用电预告，有安全用电须知，字字句句负载着德林对乡亲们的情义和他对农电事业的挚爱。
③小小的配电室里记载着德林为乡亲们劳碌的日日夜夜，逢年过节和农忙时节，德林就一直在这里守夜，十几年来，一直如此。为了大家的光明，他独对着这节日里没有电视、没有歌声的空间。
④德林为乡亲们用电没黑没白地忙，奉养父母、照顾孩子和种好自家18亩地的重担大都落到了妻子身上。妻子为了这个没少发牢骚，可牢骚归牢骚，对支持德林干好工作妻子从来没动摇过，她说：“德林的心俺懂，咱苦点，认了！”
⑤人心是杆秤，德林为乡亲，乡亲赞德林。记者在村头拦住一些老乡，了解他们对德林的评价，大家齐声说好。背筐的这位老乡（右三）对记者说：“德林和俺从小就在一起，他的为人那是没说的。他当村电工为全村人操尽了心，是个好样的，你们可该好好宣传宣传！”

摆过擂。为了当好电工，1991 年，他上城里花钱刻了“滴酒不沾”的警示章，硬是把酒戒了。他还为自己订了“德林三不”的自律规矩：一、不喝酒；二、不认干亲，不搞关系网；三、不参与低级趣味的娱乐。

村里的线路需改造，为了减轻乡亲们的负担，他不请人，自己和另两名电工一户一户为乡亲整改。最后，高标准完成了任务，低压线损率从过去的30%多降到低于10%。

德林管电守规矩，坚持公开原则，对供用电条款他背得滚瓜烂熟，用电责任制明细严谨，用电调度方案提前公布。德林带头按标准交电费，每次公告栏上他家的用电收费情况都排在首位，索阜安村是全县第一个实行抄表收费到户的，每月都能按标准收费足额上交。

今年5月，村里选举，大家一致推选德林当村委会委员，他成为村里3位领导之一。德林说“大伙信任俺，咱就更得为大家管好电，尽好心！”

（梁山、滑多坤，《河北电力报》1996年8月26日）

（三）专题摄影

围绕一个新闻主题，以多幅新闻图片，记录不同的片断，并结合报道新闻主题的一段完整文字进行报道的形式叫专题摄影。

一个完整的专题摄影由标题、多幅新闻图片、总说明词和分说明词组成。

1. 专题摄影的特点

（1）图文相生、以图为主。这是专题摄影的重要特性。

（2）内容厚实、容量大。相对独幅摄影，专题摄影的形象信息丰富、文字内容厚实，表现力更为丰富。

（3）具有情节化和故事性。可多侧面报道新闻事件的情节与不同片断。

（4）专题摄影的说明文字要有总说明与分说明。总说明应当精炼概括专题的主题思想，集中体现专题报道的价值；分说明不可是图片的简单说明，应当是总说明的有机补充，是各分画面内容的引申，要与主说明浑然一体。

（5）文字精练充实、富有特色。文字可采用通讯语言、散文形式、口语形式等多种表现手法。主题要明确，概括要准确，内容要完整。

2. 专题摄影的图片摄影标准

（1）图片围绕主题展开，为主题的表达服务。

（2）图片排列顺序得当，可依不同的时间或不同的侧面而组织。

（3）图片有内在联系，有机组合，层层递进，而不是生拉拼凑，还要做到力求每一幅图片都是不可缺少的。

（4）有一幅能集中体现主题的图片，能集中揭示新闻主体或体现人物风貌。新华社资深摄影记者曾璜曾形象地说，一组图片的最重要的那张是要能作为这本书封面的，是这组图片的灵魂。

(5) 景别有变化、图片的构成有明显的节奏感。要有远景、中景、近景，有细致刻画的特写画面。

(6) 取景视角有丰富变化，要力求有不同的画面构成，要做到有差别、有节奏。

3. 专题摄影的一般种类

(1) 一般专题摄影。也即一般的组照，它是有一定时空跨度的新闻事件的综合报道。不追求文图与画面之间的节奏变化与结构起伏；不要求情节的连贯；没有明显的故事情节；是围绕一个新闻事件或主题的不同片段的一般组合。

(2) 综合专题摄影。是围绕一个报道主题，组合不同地点、时空的有关图片的一种报道形式。

在电力报上刊载的一些专版多采用这形式。如“建设坚强电网”的专版、“落实户户通电”的专版、“搞好优质服务”的专版等。

例如：

图 5-17 是《河北电力报》刊登的关于孟村县实现新农村现代化的专题报道。

4. 专题摄影中的常见病

专题摄影图片容量大，文字写作要求高，时空跨度相对大，图片拍摄要求标准高，要注意景别、角度的变化，要追求情节的完整、表现的生动、文图的互补，这些都对拍摄它的记者、通讯员提出了挑战。

由于经验不足或下工夫不够，造成电力新闻专题的拍摄存在一些明显的不足，概括起来主要有：

(1) 图片缺乏有机的内在联系，有生拉拼凑的倾向。

(2) 缺少景别与视角的变化，拍摄手法单调，多习惯用平角度、中景拍摄，表现方法雷同。

(3) 最为突出的是一般都缺乏主打图片，形象表现力弱，极大影响了专题摄影的影响力与冲击力。

(4) 文字撰写简单，没有生动的情节叙述，语言单调没情感。

(5) 分说明只是简单的图解，与主说明脱节，达不到互补作用。

(6) 主标题太平，没有个性，非常缺少有气势、有思想性、能让人过目不忘的标题。

4　2007年1月10日　专版　河北电力报

责任编辑：何艳　E-Mail:zb-4@hbpc.com.cn　

电气化春风暖回乡

——我省第一个电气化县孟村县新农村电气化建设掠影

位于渤海之滨的孟村回族自治县，是国家电网公司确定的首批新农村电气化建设试点县。他们在省、市公司的指导下，坚持“规划先行、抓好示范、全面推进”的原则，全力推进电气化县建设，投入大量资金加强对农村电网的建设与改造。投资新建110千伏变电站一座、10千伏开闭所站两座；对全县所有的35千伏、10千伏线路及35千伏变电站、配电台区进行标准化建设；积极规范农业排灌用电，实现了井井通电、户户持卡；开发低压抄理信息系统，强化对低压的信息管理；为供电所配备高级服务电子信息评价系统；大力加强优质服务工作，加强服务系统的网络化建设，全力支持县域经济发展。

经过大力开展电气化建设，在孟村一个坚强的电力网络已经形成，以创建一流县级供电企业和供电所规范化管理为载体的现代化管理体系日渐成熟。在孟村县域内，民族经济发展与电力建设已形成互利共赢的好局面。19万回汉人民的生活发生了可喜变化，原来以小作坊为主的简单加工已被电气化生产所取代，县内弯头、管件、法兰、机件等特色产业呈现集群式、规模化发展的好势头，孟村已迅速完成从“中国弯头管件之乡”到“中国弯头管件之都”的飞跃。记者所到之处，都听到孟村的群众盛赞国家电网公司全面扎实推进新农村电气化建设，是服务社会主义新农村建设造福于民的德政工程。

2006年12月15日，国家电网新农村电气化建设验收组全面检查了孟村县的农村电气化县建设工作，认为他们已达到国家电气化县标准。

▲国家电网公司新农村电气化建设验收组对孟村新农村电气化建设情况进行调研考评，并于2006年12月15日通过了验收。

梁山　高潮
郭立秋　刘宏伟
摄影报道

▲2006年初，孟村县委、县政府的领导班子在沧州供电公司领导的陪同下，满怀喜悦心情参观新建成的孟村220千伏变电站。

◀孟村回汉人民感谢电力局为他们提供的优质服务，经常用送镜匾、锦旗的方式表达谢意。

▶经过整改后的回族民居的电力线路，更加规范整齐。

▲孟村县电力局各电力营业大厅的职工不论是否节假日，都会热情接待客户，为他们办理有关业务。

▲输电线路在孟村县城乡不断延伸着，为工农发展输送着强大的电流。

▶电力职工顶着寒风在旷野里架设输电线路。

◀农村电气化给孟村县的广大回汉人民生活带来了实惠，家用电器大量的走进农民家庭，农家饱享了现代化的温馨。你看，王史村的村民说到这些就乐得合不拢嘴。

▼孟村准的县局调度室是全县的用电指挥中枢，电力职工在认真值班。

▲农村电化为乡镇工业的发展奠定了坚实的基础，各家企业生产热火朝天。

▲打造坚强电网，加快变电站建设，孟村回族自治县电力局投资2700多万元，使电网基础设施焕然一新，为新农村电气化建设打下了基础。

图 5-17　《河北电力报》关于孟村县实现新农村现代化的专题报道

5. 执著努力拍好专题

拍好专题摄影要下大工夫，不要企望一蹴而就、一拍即成。重要的专题甚至要长期跟踪，随时记录变化。要深入思考、反复揣摩，从图片拍摄到文字撰写都要下大工夫，才有可能有所收获。要注意多看一些拍摄好的专题摄影，如黑明的《走过青春》、林永泰的《东北人》、王福春的《火车上的乘客》……这些专题虽然不是电力的题材，但是它们的拍摄思想、节奏、味道的追求都会给我们很多启发。多体味，细琢磨，勤实践，只要以高度的责任感和事业心，以高标准的追求和持续不断地努力来对待专题摄影，一定会不断有所收获、有所成就。

第五节 写好图片说明词

新闻摄影是图片加文字说明的报道形式，这是新闻摄影区别于其他摄影形式的根本特征。

新闻摄影靠说明词来说明新闻事件的六要素，没有说明词，新闻摄影的表现力必将大打折扣。

一、新闻摄影图片说明词的结构与作用

（一）说明词的形式与内容结构

1. 图片说明词的形式结构

图片说明词的形式结构是标题加说明词。

2. 图片说明词的内容结构

新闻图片是新闻的一个类别，其说明自然也要求具备新闻的六要素——事件、时间、地点、人物、原因与结果，这六点（有时在原因不明，最终结果没有出现时，可能是三点或四五点）比较完整地展现了新闻事件，构成了说明词的内容结构。

（二）图片标题与说明词的作用

1. 标题的作用

图片标题具有名称作用、提高传播效果作用、点睛作用与深化揭示主题作用。

新闻图片的标题，是新闻图片的重要构成部分，有了新闻标题从阅读到提高传播效果、准确揭示主题方面都为读者提供了便利。从这个意义上讲，新闻图片标题是必不可少的，给新闻图片起个准确提神的好标题，应当成为摄影作者、报刊编辑的共同责任。

2. 图片说明词的作用

新闻图片离开说明词是不可想象的，没有说明的图片不能称其为新闻图片。

必须明确，“新闻图片的说明词与新闻图片具有同等重要的作用”。它们缺一不可，相互依存。

帮助读者准确全面感知新闻事件是图片说明词的根本作用。新闻图片标题与图片画面的结合，可以使读者一见而知新闻事件之大概，但绝不可能知其全貌。交代六要素不仅能使读者知其然，并知其“所以然”，这是新闻图片说明词的首要作用。

交代事件背景，揭示报道的价值是图片说明词的第二个作用。

体现思想性，引起读者的深入思考，是图片说明词的第三个作用。

新华社资深图片编辑张风国概括图片说明词的三大作用是：

(1) 提供画面不能提供的基本事实，如时间、地点、姓名、单位、作者等。

(2) 提供画面不能提供的背景资料，如为什么、怎么样、意义何在、性质如何等。

(3) 提供画面不能提供的趣味点与理解和欣赏角度，为图片增色添彩。

这种说法更为具体，更有可操作性。

二、写好图片说明词的基本要求

新闻图片的说明词具有十分重要的作用。遗憾的是，有些电力通讯员并不那么重视新闻图片说明词的撰写。

他们往往在拍新闻图片时舍得下工夫、找角度、等瞬间。但拍出图片来写说明词时却不那么重视了，常常草草成文，写得平淡、简单，甚至把说明词写成简单的图解，减弱了新闻图片的感染力，这种倾向实在应当下气力纠正。

写图片说明词应当有一种态度，即把它“当作写新闻文章来看待”。用写好消息、通讯的精神来对待写新闻图片的说明词。要细琢磨、慎推敲，发挥文字“点石成金”的作用，把说明词写出精神来，写出感情来，写出味道来，升华摄影图片的意义。

写图片说明词的标准可以概括为“准确生动、富有情感、力求新深、简洁明快”十六个字。

(1) 准确生动。图片说明词要用生动的语言对新闻事实作准确的概括，还要新闻要素齐全。图片说明词的准确，是新闻真实性原则的具体体现。准确的基础是真实，新闻事实的不真实就从根本上颠覆了准确。图片说明词是对照片的补充和解释，必须坚持用事实说话，切忌大发议论或玩弄空洞无物的形容词。

一般说来，图片说明词中的事实主要包含两部分，今日新闻加新闻背景。这里的新闻背景说的是与今日新闻有关系的昨日新闻、地理位置介绍、人物背景材料、另一地方发生类似新闻的比较。图片说明词中的背景交代与消息中的新闻背景具有同样的重要作用，可以有助于提升新闻图片的新闻价值。图片说明词的生动性要求，是指说明的文字一定不要刻板、乏味，要力求鲜活、流畅，要有现场感、有形象感，要追求在准确基础上的味道与嚼头。

(2) 富有情感。图片的说明词要力戒刻板寡情，要张扬和开掘新闻事实感人的力量。但是，不可故弄玄虚、随意煽情，一定要基于新闻事实去开掘、生发，而且还要注意有度的准确把握。

(3) 力求新深。不可只作简单的图解，在文字说明中要补以必要的背景材料，对增加新闻的可读性、揭示新闻事件的意义、拓深新闻内涵有着极为重要的作用；还要着力出新，从构成形式上、观察角度上注意开掘，力求深刻。

(4) 简洁明快。图片说明词一定要简洁明了、精到概括。一条图片说明就像是文字新闻的导语，要以最少的文字突出照片记录的最重要的事情，包含必要的新闻要素。一般独幅说明词约一百字左右；如果是一个事件的图片说明、独幅故事图片，文字可达300～500字；专题的文字（综合文字）甚至可长达1000字左右。

为了让大家更好地了解新闻图片说明词的写法，下面介绍几大通讯社的相关要求。

1. 新华社

(1) 准确，不可想当然。

(2) 不能将自己的理想、愿望、想象强加入图片说明中。

(3) 用最简单的文字，写最重要的内容。

(4) 将最有价值的新闻写在前面。

(5) 先说照片中的事，再交代背景材料。

(6) 形象是第一位的，若找不着形象，让位给文字记者。

新华社还要求，图片说明一开始就要点明具体的拍摄时间，直接说明画面，之后再讲新闻事件的背景。不可先讲新闻事件、背景，最后以“图为……”来解说画面，模糊时间概念。不可使用“最近”等字眼。

2. 路透社

路透社规定：图片说明必须达到准确、客观、语言简练的标准，最长不超过五行。同时规定：

（1）没有不必要的形容词、俚语和花哨的词句。

（2）必须表明图片中每个重要人物的身份。

（3）必须使图片拍摄的时间和地点毫无疑问。

（4）不要描述图片中已经展示了的内容。

3. 合众国际社

合众国际社规定，图片说明的第一句要用现在时描述图片中发生了什么，第二句中要描述需要解释的新闻背景。

4. 美联社

（1）人物——图片说明最基本的目的。

（2）时间。

（3）地点。

（4）完整 ——图片说明中不可遗漏重要内容。

（5）图片说明应当是讲述照片后的故事，而不仅仅是图片中的影像。

（6）可读性——说明应该简短、直接、有序。

（7）语法用词是否正确。

（8）详细准确。

（9）客观——过多的图片说明常常导致不客观，将形容词删掉，让读者判断图片中的人是“中年的”还是“有魅力的”。

（10）这张照片是否意味着另一张照片。

可以看到，各家大通讯社的相关规定文字表述虽然不尽相同，但都要求达到——准确、客观、简洁的标准。同时，它们都强调了时间——事件——背景的表述顺序。其中，新华社不得使用“最近”，不要最后来个“图为”的规定，更应当引起大家的重视。当前，还有相当比例的新闻媒体，尤其是电力媒体，还在使用着“最近”的字眼，大量地运用着“图为”的表述形式，确实应当尽早改变。

广大通讯员一定要对写好新闻图片说明词这件事给以足够的重视，力求写准确、写生动，提升新闻图片的表现力，提高新闻图片的传播效果，使新闻图片真正能与文字实现比翼齐飞。

三、专题（或组照）图片的说明词

专题（或组照）的文字说明是由一篇完整的报道文章（也即专题的总说明）

再加各个图片的分说明构成的。两者相辅相成，不可缺少。图片的总说明可以灵活地运用多种写法，可以写得严谨冷静，也可以写得奔放热情；可以写得文采飞扬，也可以写得规矩条理，但前提是一定要真实准确。分说明要服从总说明，不能是总说明的某一部分的重复，也不能只是画面的简单图解，而应当是总说明的延伸与具体化。要注意不要把所有的好素材都用在总说明中，分说明也应当有精彩的东西。写得传神的分说明与总说明应当浑然一体、画龙点睛、动人心弦。

在实际的运作中，常见的是总说明文字比较简单，分说明文字只是简单的图解说明，甚至还有的根本没有分说明的文字，使专题的新闻价值明显减弱。这种倾向应当引起高度重视，并应当尽快下较大的气力予以纠正。专题（或是组照）的说明文字，直接关系它的传播效果。好不容易拍来的成组图片，应当下工夫把说明写好些，不可漫不经心地草率成文。

在图片的说明中，尽量或者是不要使用“图为”与“本图表示”之类的字眼。

下面将《河北电力报》发表的专题摄影报道——“电气化春风暖回乡”（见前第四节“摄影形式话端详”一节中“专题摄影”图 5-17）的说明文字刊发如下，以供参考。

电气化春风暖回乡

——河北省第一个电气化县孟村回族自治县新农村电气化建设掠影

位于渤海之滨的孟村回族自治县，是国家电网公司确定的首批新农村电气化建设试点县。他们在省、市公司的指导下，坚持“规划先行、抓好示范、全面推进”的原则，全力推进电气化县建设，投入大量资金加强对农村电网的建设与改造，投资新建 110 千伏变电站一座、10 千伏开闭所站两座；对全县所有的 35 千伏、10 千伏线路及 35 千伏变电站、配电台区进行标准化建设；积极规范农业排灌用电，实现了“井井通电、户户持卡”；开发低压地理信息系统，强化对低压的信息管理；为供电所配备高级服务电子信息评价系统；大力加强优质服务工作，加强服务系统的网络化建设，全力支持县域经济发展。

经过大力开展电气化建设，在孟村一个坚强的电力网络已经形成，以创建一流县级供电企业和供电所规范化管理为载体的现代化管理体系日渐成熟。在孟村县域内，民族经济发展与电力建设已形成互利共赢的好局面。19 万回汉人民的生活发生了可喜变化，原来以小作坊为主的简单加工已被电气化生产所取代，县内弯头、管件、法兰、机件等特色产业呈现集群式、规模化发展的好势头，孟村已迅速完成从“中国弯头管件之乡”到“中国弯头管件之都”的飞跃。记者所到之处，都听到孟村的群众盛赞国家电网公司全面扎实推进新农村电气化建设，是服务社会主义新农村建设造福于民的德政工程。

2006年12月15日，国家电网新农村电气化建设验收组全面检查了孟村县的农村电气化县建设工作，认为他们已达到国家电气化县标准。

分说明：

1. 国家电网公司新农村电气化建设验收组对孟村新农村电气化建设情况进行调研考评，并于2006年12月15日通过了验收。

2. 2006年初，孟村县委、县政府的领导班子在沧州供电公司领导的陪同下，满怀喜悦心情参观新建成的孟村220千伏变电站。

3. 孟村回汉人民感谢电力局为他们提供的优质服务，经常用送镜匾、锦旗的方式表达谢意。

4. 经过整改后的回族民居的电力线路，更加规范整齐。

5. 孟村县电力局各电力营业大厅的职工不论是否节假日，都会热情接待客户，为他们办理有关业务。

6. 输电线路在孟村县城乡不断延伸着，为工农发展输送着强大的电流。

7. 农村电气化给孟村县的广大回汉人民生活带来了实惠，家用电器大量的走进农民家庭，农家饱享了现代化的温馨。你看，王史村的村民谈到这些就乐得合不拢嘴。

8. 电力职工顶着寒风在旷野里架设输电线路。

9. 高标准的县局调度室是全县的用电指挥中枢，电力职工在认真值班。

10. 农村电化为乡镇工业的发展奠定了坚实的基础，各家企业生产热火朝天。

11. 电气化建设为孟村县经济发展提供了强大的动力保证，孟村特色经济像插上了翅膀，连年飞速发展。2005年，孟村县在全省经济发展排名比上年前进8位次，被评为沧州经济发展“四小龙”之一。管件、弯头、法兰生产企业发展犹如雨后春笋。

12. 打造坚强电网，加快变电站建设，孟村回族自治县电力局投资2300多万元，使电网基础设施焕然一新，为新农村电气化建设打下了基础。

（《河北电力报》2007年1月10日）

四、介绍李京蜀的几幅新闻图片与说明

图片的说明下工夫是可以写得富有新意、十分精彩的。身边的事和人只要留意，是可以拍出十分精到、感人的好新闻图片来的。

山西省电力公司新闻中心的摄影部主任，名叫李京蜀。他拍新闻图片善于从身边的事入手，从细小的角度切入，从生活化、情感化上开掘，拍出了不少好作品。更为难能可贵的是，他在撰写图片说明时，力求深入、生动、感人，注意创新，力求鲜活，写出了不少富有新意的精彩的图片说明，让人读后久久回味，升华了新闻图片的传播效果。

请欣赏以下几幅他的新闻图片及其文字说明。

图 5-18

在工地上“抓”到的镜头（图 5-18）

说明词是这样写的：

时间：春节前夕。

地点：太原第二发电厂四期扩建工程工地一角。

（两位工人正在紧张地搬运钢材）

问：“干了多长时间?”

答：“3 个多小时。”

问：“歇会儿吧，”

答：“顾不上，施工进度太快。”

问：“你们是哪个单位的?”

答：“省电建三公司。”

问："给你们照张相吧？"不语。（面对镜头，刚才干活时生龙活虎的情形顿然消失，两个小伙子一下变成腼腆的大姑娘。）

（《山西工人报》1992年2月11日）

令人读来眼前一亮，兴致盎然，可谓新意多多。

"快嘴大婶夸电工"（图5-19）

说明词这样写道：

快嘴大婶张克仙指着农电工刘士俊说："这两年的事还不是明摆着，不给点好处谁给你上门服务，再说干完活吃口饭也是人之常情，可少见他这种倔巴头。去年年三十晚上俺家没了电把他叫来修理，咱说你抽根烟再修吧，他说干完再说，好家伙一干活就是两小时不带歇气的。"

（《中国电力报》1993年10月14日）

图5-19

纯用土得掉渣的老百姓语言，读来让人信服又有回味。画面语言采用并列构图，均衡又有动感。人物神态对比鲜明，一个生动讲述、一个腼腆憨笑，堪称文图相映生辉，表现了作者深厚的摄影功夫和文字功底。

"工地度蜜月"（图5-20）

说明词是这样写的：

是共同的艰苦工作把省电建四公司的育民和丽君这两位小青年的心连接在一起的。今年"五一"本是他俩大喜的日子，但为了确保太原一电厂2号30万千瓦机组顺利进行水压试验，育民不仅4月30日还在工地奋战，而

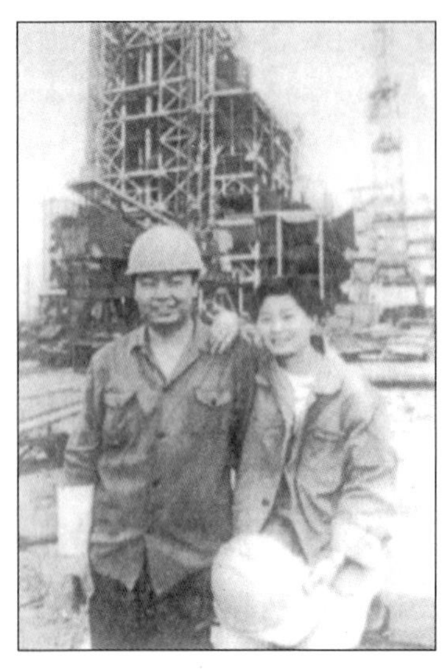

图 5-20

且婚后第 3 天就携妻双双回到了工地。如今水压试验已大功告成，可锅炉风压的重任又成了关键，问他俩对此有何想法，年轻的妻子将头依在丈夫的肩上轻声说："就为我俩在工地拍张照吧。"

作者以一对小夫妇在工地度蜜月的新闻，深刻表现了电建职工献身电建事业的高尚情怀。文字流畅准确、生动感人。尤其结尾处"年轻的妻子将头依在丈夫的肩上轻声说：'就为我俩在工地拍张照吧。'"有细节，有真情，具有打动人心的力量。其传播效果绝不是平铺直叙所能相比的。

"外面的世界有多大?"(图 5-21)

图 5-21

说明词这样写道：

18 岁的河南民工刘鹏（左）早想出来见世面了，听说能到太原建电厂，可把他高兴坏了。可如今来太原一年多了，连电车什么样还没见过。他脚下的这座亚洲最大的哈蒙式空冷塔，经紧张的施工已进行到三分之一，预计国庆节前能竣工。到时候，他只有一个心愿："坐上电车到城里兜一圈，瞧瞧外面的世界究竟有多大。"

（《山西工人报》1993 年 8 月 3 日）

作者以报道民工的角度切入，报道了工程的特色、进度及工程施工的紧张程度，并巧妙地以“外面的世界有多大”为题，展现农民工求知的欲望，吸引读者的关注，拨动读者的情感之弦，可谓构思精巧，行文新深。

山西电力局举办工会知识答题、射击连环赛（图 5-22）

说明词这样写道：

自己射击让别人为她捂眼睛，这位小姐可真谓射术有方，只听“叭”的一声枪响，引来一片喝彩，原来还是个 10 环。山西省电力局机关工会举办的工会知识答题、射击连环赛，以其新颖的形式吸引了众多参赛者。

（《中国电力报》1993 月 8 月 7 日）

图 5-22

作者深入观察，准确选择工会活动的一个趣味瞬间，而且剪裁精到，只留下简洁的画面元素，再配以生动的说明词，诙谐幽默的讲述，使这张新闻图片生趣充盈，起到了以点代面的好效果。

李京蜀拍摄的以上五幅图片都是作者在一般人不大经意的生活工作中，通过认真观察采访，捕捉到的鲜活、生动的瞬间。由于采访深入具体，再加上求新求深的追求，良好的文字功底，把口语、对话引入说明词，娓娓道来，如数家珍，把一段段很短的说明文写得生意盎然、引人就读。

编著者一次为基层的通讯员们讲课，向他们介绍了李京蜀是如何写图片说明文的，记得当时大家是不约而同的“喔”了一声，意为领悟到了——原来图片的说明文也可以这样写呀！其实，李京蜀的写法是他的一种风格，从中有大可借鉴之处。但是，也不能处处照搬，还是要根据拍摄内容的需要去组织文字，依据采访的深度来写好图片的说明，要有求新之心、求深之意，力求写出自己的特点来。还应当记住，一定要在准确的前提下求生动，切不可哗众取宠、画蛇添足的去卖弄。须知，过犹不及。

第六节 新闻摄影综合谈

本节将主要对新闻摄影进行综合概述。内容包括新闻摄影的特性、局限性，新闻摄影与艺术摄影的区别，新闻摄影者的综合素质，拍好新闻摄影的“五点要求”与“五点禁忌”等。

一、新闻摄影的特征

新闻摄影的直观性、实证性、可信性是任何文字报道形式所不可代替的。它既有能传播信息的特点，又有为读者提供视觉形象从而满足人们“知其形”的突出特征。正如人们所说“百闻不如一见，一图胜千言、一图值千金”。它可以形象、真实、及时地反映现实，给人们提供新闻事件的具体可视形象；可以满足人们知悉新闻事件视觉事实的需要；可以为新闻事件提供现场佐证，反映新闻事实确凿的客观存在性。

新闻摄影的特点可以概括为三点：

(1) 直观可视性——望之有形，可以以丰富的形象信息感染读者，具有独有的视觉冲击力。

(2) 典型瞬间性——一幅图片能凝固典型瞬间，从而使瞬间成为永恒。可保存历史、见证历史，不少珍贵的照片已成为不可替代的文献资料。例如：毛主席在开国大典宣布建立新中国的照片、白求恩抢救八路军伤员的照片、游行学生打出“小平您好”标语的照片、中美签署“入世”协定的照片、申奥成功的照片、抗击非典的照片、“神六”飞天的图片……即使是一般的新闻照片，也可凭其典型瞬间的准确捕捉而打动读者。

(3) 现场实证性——新闻摄影离不开所报道的新闻事件的新闻形象，拍摄者必须在新闻事实发生的第一时间赶到拍摄现场，拍下决定性的瞬间，才能很好地完成拍摄任务。不能也不允许摄影者对新闻现场、新闻事实进行虚构。不仅不能摆布、作假、编造、替代，而且还必须与报道文字统一，保证摄影报道的总体真实与本质真实。

二、新闻摄影的局限性

(1) 被摄形象可以伪造，从而使新闻事实失去真实性。尤其现在电脑技术的广泛应用更使作假来得容易。

(2) 镜头使用不当会使被摄影像失真，有悖真实原则。特别是广角镜头的不当应用，会夸张影像的大小，扭曲人物的形象。

(3) 图文不可分割，新闻图片不能离开说明而单独存在，图片说明的不准确，甚至错误，将会从根本上歪曲新闻事实。

三、新闻摄影与艺术摄影的区别

就像新闻与文学不同一样，新闻摄影与艺术摄影也有着许多不同。

1. 不同点

新闻摄影——属于新闻范畴，是报道形象的新闻，受新闻真实性原则、价值原则、时效观念的制约；新闻的活动方式是采访，用现场选择的方式拍摄新闻事件（或人物）的瞬间，时间、空间、形象三位一体；新闻摄影的特点是纪实。

艺术摄影——属艺术范畴，遵循造型艺术的创作规律，它的基本职能是提供艺术形象供人们欣赏；艺术摄影的创作方法既可以选择也可以塑造，比新闻摄影自由得多，它不绝对要求现场纪实，而要求艺术的真实。

另外，新闻摄影要有实事求是的说明，新闻六要素要求齐全；艺术摄影则只需一个表达某种情感意境的标题即可。

2. 相同点

工具和语言相同，都用照相机，都以光线、形状、色调、质地作为语言要素，都具体表现为两维图片。二者又相互融合，好的新闻照片也要有艺术性，不少优秀的新闻图片同时具有较强的艺术感染力，称其为艺术片也完全可以；从另一个角度来说，不少激动人心的艺术作品，本身就是摄取了一个现实生活中的珍贵瞬间，具有较强的现实记录性。

四、电力新闻摄影通讯员的综合素质要求

(1) 要有较强的政治敏感性和新闻敏感性。政治敏感性是新闻敏感性的基础，政治敏感性会促进新闻敏感性，没有这两个敏感性，就不能从纷繁的生活中迅速捕捉住有新闻价值的瞬间。

(2) 要有高度的为电力发展记录历史的责任感，有奉献精神，肯于吃苦，能坚持经常深入一线，寻找、发现摄影报道题材。

(3) 要有敏锐的形象观察力。要善于用摄影的视觉语言传达感情和信息。

(4) 要有扎实的摄影基本功，要熟练掌握手中的相机，能够在各种情况下迅速地捕捉住新闻形象的典型瞬间，能够在较短的时间内选择合适的曝光组合（即光圈和快门组合）。

(5) 要熟悉电力有关专业的生产管理知识、流程与特点。

(6) 要有强烈的创新意识，包括新闻报道角度创新与摄影表现形式的创新意识。

(7) 要有扎实的文字功底，文思敏捷语言流畅。能准确地为摄影作品配写说明，做到说明与图片互补，完整精确地交代背景，揭示意义，传递信息。

五、新闻摄影的“五要”、“五忌”

（一）拍好新闻照片五要

(1) 选材要准，构思要深。新闻图片要力求有更多的信息量，点子要新，报道角度要新，要善于从老题材中发掘新的表现侧面，捕捉住引人注目的点。选择的新闻事实应当是适合用图片报道的事实。电力新闻图片报道不要光走铁塔、架构加人的老路，要注意体现新闻价值，有信息量，力求拍出新意，突破概念化、模式化的思维定式。不要一拍就是检修，就是上课，就是上街宣传。

(2) 角度要新，构图要好。当报道题材选定之后，选择拍摄角度就是至关重要的了。它决定着图片的质量，决定着图片的构图，决定着图片的切入层次。拍摄者的站位又直接决定拍摄角度，在拍摄时选择平视、仰视、俯视，选择近景、中景、远景，是拍特写还是拍场景，这一切都依要表现的题材、内容而定。在拍摄现场，只要时间允许就一定应多选择几个角度，多拍几张。切不要一拍即走。经反复的实践、比较，你一定会逐渐认识这一做法大有好处、大有必要。多走几步，离近一点，站高一些，站低一点，就会得到不同的构图。构图是一幅新闻作品的骨架，其是否有新意是决定一幅新闻图片成功与否的重要因素。摄影构图理论有不少讲究，如：对称、稳定、对比，S 型、三角形、黄金分割等等。对于这些应当了解，但又切不可拘泥于这些理论，而应当深入生活，细致观察，力求选择最好的拍摄角度，但应注意形式要服从表现内容的需要。

(3) 要捕捉住最动人的瞬间。一幅照片是否动人、感人，与作者是否捕捉到了精彩的瞬间直接相关。抓住了这个瞬间（动作、表情、构图），照片马上就会大放异彩、增加亮色、提高身价。否则就会贬值，甚至不被采用。电力新闻摄影同样应当注意捕捉典型瞬间，对拍摄诸如走访用户的、深入车间的、抢险排障的……都应注意真情的发掘，着力捕捉那动人的一瞬。当然，要做到这一点十分不容易，需具有扎实的基本功和敏锐的观察力，需要具有一定的审美能力和丰富的形象积累。

(4) 要处理好虚实，着力突出重点。虚实得当、主体突出是一幅好的新闻照片的基本要求。但是在来稿中，相当一部分照片虚实不当，该实的不实，当虚的不虚；或不该实的倒实，不当虚的反虚；甚至都不清楚。究其根本是功力不够，基本功不扎实，没有或不懂景深、虚实的概念；不知道如何处理主体与陪体、前景与背景的关系。大家应当知道，拍任何照片都要有一个明确的突出主体的观念，要善于用技术手段使陪体（或背景）虚化，从而反衬或突出主体。切不可用一个光圈快门组合拍摄一切照片。例如，正常光线下经常使用的F8—1/100秒或F11—1/100秒。应当根据拍摄意图选择合适的曝光组合，譬如1/300秒甚至更快，F4或F2.8的光圈甚至更大，可以有效地达到虚化陪体或背景的目的。除此之外，还可以采用诸如追随、慢速度等手法来提高新闻摄影的表现力和感染力。当然，在有的报道图片中是可以都清楚的，对此就应当采用小光圈和相对慢的速度。

（5）要讲究用光。摄影是光影艺术，离开用光谈不上摄影。在新闻摄影用光中，应注意几点：①少用顺光。顺光反差弱，表现平，少韵律，不生动。用闪光灯摄影，尽量少打正面强光。②慎用逆光。逆光对比强，整体造型突出，曝光要求高，摄影意图要明确。③用好侧逆光：层次分明，气韵生动，要依摄影意图准确曝光，注意突出重点。

（二）拍摄新闻图片的五点禁忌

拍摄新闻摄影图片的禁忌主要有五点：忌假、忌雷同、忌平淡、忌构图失当、忌用光错位。

1. 忌假

内容假：有的违背新闻真实性原则，摆布编造情节，创造新闻；有的甚至照片拍一次却年年用，到时只是换换说明；有的拍同一件事，却针对不同的媒体，换用不同的说明文字；借用文革中的换头术，人物假；摆布被摄对象，动作呆板，情节假；装腔作势，无由假笑，表情假。所有这些，都违背了新闻摄影真实性的原则，应当坚决反对。

2. 忌雷同

内容雷同，构图雷同，说明雷同。四季歌年年唱，年年都是一个样。拍照片不动脑筋，没有求新的意识，没有求变的追求。从立意到构图再到说明僵化老套，图片构成、角度不知变化，照搬模仿。

3. 忌平淡

表现形式千幅一面，报道角度了无新意，图片构成缺乏个性，无激动人心引人注目的亮点，缺少鲜明的色彩对比与节奏，明暗对比反差极弱，以至无法采用。

4. 忌构图不当

画面太满太堵，主体太小不突出，地平线倾斜或平分画面，人物组合混乱，背景杂乱淹没主体，主体形象不完整，主体头上长角、前景勉强组合不当。这些缺陷的存在，势将严重影响图片的传播效果。

5. 忌用光错位

光圈速度组合不当，层次不清主体不明，明暗失度亮点混乱。上述用光错位的结果，必将造成图片拍摄的失败。

六、坚持抓拍原则，反对摆拍造假

关于抓拍与摆拍的争论，20世纪80年代曾达到过高潮。主张必须坚持抓拍原则的代表人物是时任中国新闻摄影学会会长的蒋齐生先生。

蒋老的主要观点是：新闻摄影必须坚持抓拍原则，在图片的拍摄过程中，绝对不能干涉被拍摄对象，不允许有任何形式的摆拍。是否坚持抓拍，是新闻摄影能否坚持新闻真实性原则的具体体现。

与之相对应的观点则认为，在拍摄新闻图片过程中，可以在不改变新闻本质真实的前提下，适当干涉被摄对象。他们同时认为这并不构成对新闻真实性原则的违背。

这一争论早已尘埃落定，但是它的影响依然十分深远。

违背新闻真实性原则，依主观需要“创造”新闻摄影的现象依然存在；在新闻现场已经失去的情况下，重新摆布，“再现”新闻的现象依然存在；在新闻现场，随意根据自己的“需要”，摆布被摄对象，把被摄对象当作道具的现象依然存在。所有这些，都在必须反对、纠正之列。坚持抓拍，反对摆拍，应当成为广大从事新闻摄影的记者、通讯员必须严格遵循的拍摄原则。

坚持抓拍原则，就要坚持在新闻发生的第一现场，在新闻事件、新闻人物的现实运动中准确抓取典型的、传神的瞬间，力求充分体现鲜活的现场气氛。不可进行所谓的现场“导演”，不可按照拍摄者的自我意愿进行摆布，不能出现“无由假笑”、“作势摆样”现象，对新闻现场绝对不可以进行复制再现。

七、学会读图，不断增加形象积累

当前，社会已进入读图时代，人们每天都会接触大量的图像、图片。作为一名电力新闻通讯员，要想掌握新闻摄影，拍好新闻照片，一定要在读图上下大工夫，以有效提高自己的形象积累，提高对形象、构图的记忆力和敏感性。

读图，首先是要读好图，要读经典的新闻摄影作品、艺术摄影作品、甚至美术作品，从中汲取艺术滋养。要欣赏构图，细看用光，分析角度，感受形象，体会情感，品味风格。必要的还应当记住构图，记住在不同情景下的取景角度、光影效果。

读图，要重点读精彩的电力好新闻图片。要分析它的报道角度、取景角度、构图特点、典型瞬间、情感形象特点。在分析体会的同时最好要记忆，增加形象积累，积累构图能力。

读图的目的不是为了照搬照抄，不是要窒息创造力，而是要增长面对被摄场景、人物的快速反应能力，提高新闻图片的表现力。

面对鲜活的新闻事实，要有准确记录的责任感，也要有力求深入鲜活表现的激情与能力。

坚持如此读图，日积月累，必定收益无穷。

八、坚持新闻摄影的人文关怀原则

2005 年 10 月由中国新闻摄影学会发起，中央和地方上百家新闻单位的摄影部响应，共同制定了《中国新闻摄影工作者自律公约》（以下简称《自律公约》）。《自律公约》规定，要在新闻摄影采访中体现人文关怀。认为，在拍摄日常新闻和意外事件时，都要尊重被采访对象的合法权益和感受；主张摄影记者的拍摄原则是：任何时候，人的生命和尊严都高于一张新闻照片的获得。

这一原则的提出，是时代进步在新闻摄影中的体现。应当引起电力新闻记者与通讯员的高度关注，并要时刻牢记。随着社会的进步、法制的完善，人的尊严与权利受到高度的尊重。在拍摄新闻图片（不管是电力的还是社会的），尤其是拍摄批评类新闻图片时，一定要注意坚持人文关怀的原则，不可掉以轻心。要坚持积极向上的原则，力求准确、合度，做到既不侵犯他人尊严，又不给自己找麻烦。

除此之外，《自律公约》还对涉及新闻摄影的一些重要问题提出了明确要求，主要包括：遵循新闻摄影采访规律，尊重新闻事实，坚持中国新闻摄影学会提倡的不干涉被采访对象的抓拍原则，反对在新闻现场进行组织加工的摆拍和编造新闻事实等违背新闻摄影采访规律和新闻真实性原则的做法；在新闻照片的后期制作中，除一般性的技术调整（如影调、加减光等）外，不得对新闻照片进行影响事实的电脑修改和暗房加工，坚持照片瞬间新闻影像信息的真实性和新闻传播的准确性、客观性，确保摄影报道的公信力；新闻照片的剪裁，以不破坏基本信息的传递为准绳，确保作者作品的完整性；在新闻照片的文字说明中，不做影响事实的拔高、移花接木和其他违背新闻事实的描述；杜绝见利忘义、有偿新闻和一切违规违纪、亵渎新闻摄影记者形象的行为；不拍摄和传播危害国家安全、危害社会稳定、违反法律法规的有害信息，坚决抵制低级庸俗之风。

这些明确的要求和界定，应当成为广大电力新闻记者与通讯员从事新闻摄影工作的行为准则。

第七节 评价标准与趋势

了解新闻图片的评价标准及其发展趋势，对于拍好新闻摄影大有助益。

一、新闻图片的评价标准

大家应当知道，新闻摄影是新闻形象的现场摄影纪实，它是以图文结合的形式，来传递新闻信息的。

一幅合格的新闻摄影作品，必须具备如下要素：①传递了新闻信息；②是新闻形象的现场摄影纪实；③有必要明晰的文字说明。具备了这三个因素的摄影报道才能称为新闻摄影作品。

那么，什么样的新闻摄影才是优秀的新闻摄影作品？对此，电力新闻通讯员们应当知道一些关于评价优秀新闻摄影作品标准的演进情况。

1981 年 12 月 12 日，首都新闻摄影展览评选会正式提出了新闻摄影的“五求”标准：求新，求内容的新鲜，形式的新颖，实现二“新”的统一；求真，求事实的真实，形象的真实，实现二“真”的统一；求活，求活的形象，活的气氛，实现二“活”的统一；求情，求情感和情趣，实现二“情”的统一；求意，求深刻的意义，深邃的意境，实现二“意”的统一。这个“五求”标准（即求新、真、活、情、意），得到了新闻摄影界的一致赞同，并被用来评选全国的好新闻摄影作品。

在 1983 年理论年会上，时任新华社摄影部副编审的徐佑珠把“新”概括为新的题材、新的典型、新的立意、新的特点、新的形式和适宜的报道时机；把“真”概括为报道的内容真实、人物必须是自身形象的现场纪实、抓取典型瞬间；把“活”概括为形象的自然生动、活灵活现，用形象说话；把“情”概括为情感、情趣和情节；把“意”概括为有正确的思想意义、有深邃的意境。

在 1995 年第六届新闻摄影理论年会上，许林在《新闻照片的鉴别和使用》中，提出鉴别好的新闻照片大致有 7 条标准：①新闻价值高。②瞬间性强，照片瞬间形象能够传递较多的新闻信息，并能够准确地反映新闻事件的本质。③现场气氛浓厚。④形象动人。瞬间形象，特别是人物的形象能否打动人心、感人肺腑，是区别新闻照片好与不好的关键所在。⑤形式新颖。抓取新闻的切入点与众不同，取景构图方式不落窠臼。⑥图像清晰，照片中的主要新闻形象

（人物、景物等）要清晰无误。⑦文字说明准确、简洁，含有必要的新闻要素。

上面的这些标准，对于电力通讯员们来说可能是太专业了一些。但是了解这些，对于大家一定有很好的指导意义。古人说“取乎其上，得乎其中”，做事要为自己树立高标准，才能有大进步、大作为。拍好新闻摄影图片，也应当有较高的追求。不应当一辈子总是满足于拍拍会议、拍拍一些集体活动了事，要有把新闻图片拍得精彩一些、拍得深刻一些、拍得让人难忘一些、拍得传播效果好一些的意愿和追求。有没有这种主动性，结果一定是不一样的。

在各级电力新闻媒体上，大量的新闻图片是“合格的新闻摄影作品”，“优秀的新闻摄影作品”往往较为少见，这是很正常的。新闻价值高，反映大事、要闻及读者广泛关心的事件，尽管拍摄一般，也可以上头条或以巨幅照片突出见报。

在新闻摄影实践中，还要坚持新闻价值第一的原则，遇到重要新闻事件，最重要的是要把它拍下来，至于其他还是第二位的。拍摄新闻摄影正常的、具有常规可操作性的态度应当是：在拍摄大量的合格新闻摄影作品的同时，不放弃拍摄优秀新闻摄影作品的努力。坚持持续不断地努力提高自己的新闻敏感性和摄影的综合修养，一旦具有典型意义的精彩瞬间机遇到来的时候，要能够迅速发现、准确判断、快速反应、到位捕捉，还要能够写出准确、生动、深刻的图片说明。广大电力新闻通讯员应当经常问一问自己，我具备这个能力吗？如果不能，还要继续努力。

本书谈到新闻摄影通讯员的素质时，主张“要有为电力发展记录历史的高度责任感”，这不是一句唱高调的空话，而是时代、角色赋予这个“岗位”的历史职责。有没有对这种岗位责任感的认同感和自觉性，有没有面对压力的清醒意识和明白的头脑，是能不能胜任职责、能动求知的重要基础动力。

二、新闻摄影的发展方向

据有关资料表明，现在新闻摄影的发展方向有四点；

一是，新闻摄影的特长与功能从传真向既传真记事又传情寓意转变；二是，新闻图片的特色与美感从完美无缺、图解概念式向现场选择纪实式和形象效果强烈式转变；三是，新闻图片在报刊上的地位和作用从配角走向主角，从重文轻图走向图文并重；四是，新闻摄影的工作原则，从简单生硬的重复图解政治口号走向坚持党性原则和按新闻摄影的客观规律办事的统一。这一发展方向与电力新闻摄影的探索方向是同一的。电力行业的记者和广大通讯员，应当协力奋斗，努力实践，共同开创电力新闻摄影的新局面。

2007年3月底，中国主办的第三届中国国际新闻摄影比赛（简称华赛）在上海落幕。华赛的主题是“和平与发展”，致力于和谐世界的构建。华赛倡导的新闻摄影理念是：最开阔的新闻视野，最敏锐的洞察目光，最高超的摄影技巧，最快速的客观反映，最强烈的视觉冲击。这五个“最”，其实就是反映了当今新闻摄影的发展方向。

历经三届，“华赛”当前已经成为“世界水平，中国特色”的世界摄影文化新品牌。本届“华赛”结束后，国内各摄影主流媒体纷纷发表文章，总结其成就与问题，谈得失、找不足。这反映了中国摄影人的清醒。

“华赛”之后，有文章发表了四点感想，强调应引起中国新闻摄影人的高度重视：

(1) 新闻摄影在记录新闻事件过程中，绝对不允许干涉被摄者，更要杜绝摆拍。只有真实，才能反映出新闻的力度。

(2) 对于文化艺术类、日常生活类、肖像类的摄影题材，可以允许将摄影者的主观意念移植到被摄者身上。

(3) 惨不忍睹、令人生厌的事件不适合用新闻摄影形式去表现，主流媒体已不再热衷此类题材。

(4) 新闻摄影组照不能简单的堆砌。如何利用好场景，即交代环境；如何运用好中景，即表现事情的发展过程；如何运用好特写，即主要突出事物的醒目性。这三点缺一不可，要注意不能重复雷同的画面。

广大的电力新闻通讯员要拍好新闻摄影，就要为自己树立高标准。要关注一些前沿性的动态、观念，开阔自己的视野，提升自己的追求品位。这些，对提高新闻摄影能力，必定大有助益。

第八节 数码摄影应掌握

数码摄影具有便于操控、拍摄便捷、传输便利、处理方便、易于管理等多种好处，越来越被广大新闻记者和通讯员们所喜爱。本书前面已经对数码照相机做了简要介绍，下面主要对数码摄影的一些不同于传统摄影的方面加以介绍。

一、关于白平衡

现在的数码相机都有白平衡感测器，一般位于镜头的下面。数码相机提供的白平衡调节功能，既有自动进行白平衡的，也有手动进行的。即使是自动进行，其修正能力也各不相同。

数码摄影的白平衡控制就是通过图像调整，使在各种光线条件下拍摄出的照片色彩和人眼所看到的景物色彩完全相同。简单地说，白平衡就是无论环境光线如何，仍然把“白”定义为“白”的一种功能，这样可以保证色彩还原的准确性。一般而言，采用全自动方式时，易用性数码相机也会采用自动白平衡，但在特殊环境下很容易失误。此时，建议大家调用数码相机中的预设白平衡值，其中包括室内白炽灯、户外晴天等多种常见的环境。正确设置白平衡之后，色彩表现将更加自然。

不过白平衡还有很多另类的用法，比如不同的白平衡值会使得照片产生偏色，而利用这一特性，可以使作品产生一些特殊效果，这往往比使用滤色镜之类的小附件更加自然，而且十分方便。利用黄色的自定义白平衡产生蓝色光，淡蓝色自定义白平衡产生暖调的橙红色光，因此可以人为控制照片的偏色，“制造”特殊效果。为了令照片更加柔和，可采用淡蓝色物体来自定义白平衡；为了令照片更加深邃，可采用黄色来自定义白平衡；为了制造暖调子，使图片红起来，可以用蓝色自定义白平衡；为了让图片呈现冷调子，也可以采用黄色来自定义白平衡。

在某些拍摄环境下，数码相机预设的白平衡值可能不够用，而白平衡又是十分抽象的概念，难以用简单的数值来描述。此外，可以利用数码相机的白平衡捕获功能，这也是最为准确的方式，不过使用时相对繁琐。首先找一张标准的白色物体，一般是白纸或者白色的石膏雕塑，随后打开数码相机的白平衡捕获功能，将镜头对准标准的白色物体，此时数码相机可以准确地捕获当时环境下的白平衡参数。

主动利用白平衡来控制拍摄效果，夸张图片的表现氛围，在艺术摄影中常见。在复杂的拍摄环境中，选择适合用的白平衡功能，追求准确的色彩表现，对于提高新闻图片的表现力也十分有用。

二、八种白平衡模式

常见的数码相机的白平衡模式包括：自动白平衡、日光白平衡、阴影白平衡、多云（阴天、室内）白平衡、钨丝灯白平衡、荧光灯白平衡、闪光灯白平衡、自定义白平衡。

1. 自动白平衡：通常为数码相机的默认设置。这种自动白平衡的准确率是非常高的，但在多云天气下，许多自动白平衡系统的效果极差，它可能会导致偏蓝。不同品牌的相机，自动白平衡设置会有些不同。最好进行试拍掌握其自动白平衡的特点。另外，在被摄对象没有白色时，有的数码相机会“抓瞎”，造成偏色，此时最好使用手动白平衡。

2. 日光白平衡：也称晴天白平衡。设置用于自然光照充足的情况下。

3. 阴影白平衡：晴朗天气里，阴影处使用该白平衡。

4. 室内白平衡：或称为多云、阴天白平衡，适合把昏暗处的光线调为原色状态。

5. 钨光白平衡：也称为“白炽光”或者“室内光”。设置一般用于由灯泡照明的环境。不使用闪光灯在室内拍照时，可以使用这个设置。

6. 荧光白平衡：适合在荧光灯下做白平衡调节，因为荧光的类型有很多种，如冷白和暖白，摄影师必须确定照明的是哪种“荧光”，据此来选择相机最佳效果的白平衡设置。为取得准确的色彩还原效果，在有条件的情况下可多试拍几次。

7. 闪光灯白平衡：在使用外置或者内置闪光灯时，并且其是主要光源的情况下，使用闪光灯白平衡可以获得准确的颜色。

8. 自定义白平衡：在超出自动白平衡调节范围的光线条件下，需要使用手动白平衡调节方式。

此外，正如前面提到的白平衡与周围光线密切相关，因而，启动白平衡功能时闪光灯的使用就要受到限制，否则环境光的变化会使得白平衡失效或干扰正常的白平衡。

三、关于像素

像素：最小的图像单元，这种最小的图形的单元能在屏幕上显示通常是单个的染色点。

像素是衡量数码相机的最重要指标。像素指的是数码相机的分辨率。它是由相机里的光电传感器上的光敏元件数目所决定的，一个光敏元件就对应一个像素。因此像素越大，意味着光敏元件越多，相应的成本就越大。

数码相机的图像质量是由像素决定的，像素越大，照片的分辨率也越大，打印尺寸在不降低打印质量的同时也越大。早期的数码相机都是低于100万像素的。从1999年下半年开始，200万像素的产品渐渐成为市场的主流。当前的数码相机五六百万像素已经是比较多见的了，高级点的数码相机像素已达千万，而且发展趋势，像素仍有越来越大的势头。

其实从市场分类角度看，面向普及型的产品，考虑性价比的因素，像素并不是越大越好。毕竟500万、600万像素的产品，已经能够满足目前普通消费者的大多数应用（这些使用者多是用相机来拍纪念照，一般洗印以5～7寸即可）。而500万～600万像素级的产品，现已随着CCD（成像芯片）制造技术的进步和成本的明显下降，成为当前消费市场的主流。

现在，通讯员们使用的大多数为600万以上像素的数码相机，专业相机多为800万～1000万像素以上的，这些相机拍摄的图片都比较清晰、具有较大的放大倍率。但是，由于图像较大，存储和传输较为困难。

以尼康、佳能数码单反相机为例，按照常规应用，以300dpi为最佳冲印效果，其数据对照表5-5如下：

表5-5　不同像素数码相机数据对照表

像素总数	分辨率（dpi）	最佳效果	较好效果	一般效果
80万	1024×768	—	—	5×3.5寸
130万	1280×960	—	5×3.5寸	6×4寸
200万	1600×1200	5×3.5寸	6×4寸	8×6寸
310万	2048×1536	7×5寸	8×6寸	10×8寸
430万	2400×1800	8×6寸	10×8寸	12×9寸
500万	2560×1920	8×6寸	10×8寸	16×12寸
600万	3000×2000	10×8寸	12×8寸	14×10寸
800万	3264×2488	10×8寸	12×10寸	16×12寸
1100万	4080×2720	12×10寸	16×12寸	24×18寸

注　最佳效果和较好效果肉眼观看区别不大，一般效果颗粒较粗。

由此可以看出：

5寸照片（3.5×5），采用1200×1600分辨率。

7寸照片（5×7），采用1536×2048分辨率。

8寸照片（6×8），采用1800×2400分辨率。

四、关于存储格式

（一）数码相机三大存储格式

数码相机三大存储格式就是RAW、TIFF和JPEG，了解这三种格式的特点，有助于在拍摄时正确选择存储格式。

1.RAW图像格式

首先是高级数码相机支持的RAW图像格式，这是一种将数码相机感光元件成像后的图像数据直接存储的格式，不经过压缩也不会损伤数码照片的质量，而且由于存储的是感光元件的原始图像数据，以后还可以对图像进行正负两极的曝光调整，还可以对色阶曲线、白平衡、锐利度等参数进行调整；缺点是

RAW需要特殊的软件来处理，同时在拍摄时，数码相机的液晶屏幕上只能看到RAW文件的专门为预览提供的JPEG副本，而且为了避免浪费存储空间，这个副本的压缩比大，图像质量比较差。这也是部分数码相机用户误以为RAW格式的效果比JPEG还差的原因。

2. TIFF格式

TIFF格式是目前大部分数码相机都支持的格式，其优点是质量好而且兼容性比RAW高，不会受到处理软件的限制，但TIFF格式的缺点也非常明显，那就是图像的文件大而且在存储时也需要更多的时间。如果拍摄的数码照片是用于印刷出版，那么只有RAW和采用无损压缩格式的TIFF格式的照片的效果会比较理想。

3. JPEG格式

JPEG是三种格式中“体积”最小的，如果追求更快的存储速度和更高的软件兼容性，那么JPEG是最好的选择。但需要注意，JPEG是一种有损压缩格式，也就是它在压缩的过程中丢掉了原始图像的部分数据，而且这些数据是无法恢复的。

日常拍摄格式推荐：

JPEG标准：日常照片、网络发表、纪念照。

JPEG精细：重要照片、资料性照片、印刷用途。

RAW（TIFF）：大幅面输出，多人大合影等。

（二）正确使用RAW格式

高级数码相机支持使用RAW图像格式，但是不少用户都不太明白应该怎么去使用它。这种原始图像数据存储格式类似传统相机的数字底片，是专业摄影师的首选格式。如果想使用单反数码相机代替专业传统胶片相机，那么就需要选择这种能够最大限度地保留了成像时的各项细节和数据的图像格式。

但要使用这种图像格式，需要专门的图像处理工具软件，RAW文件是CCD或CMOS感光部件在拍摄时所记录下的原始数据文件，是以一组8位或10位的二进制数据记录的数据，只反映照射到感光单元上光线的强度，本身并不包含色彩等直观的图像信息，而且它是和硬件密切相关的，不知道CCD或CMOS的感光单元行列排布、滤色镜排列等物理参数就无法将它转换成图像，所以处理RAW文件的图像处理工具还需要与你使用的数码相机匹配。

一般情况下，推荐首选数码相机厂商附送的软件，例如，如果使用佳能公司的EOS系列数码单反相机，可以选择该公司附送的RAW文件浏览器“File

Viewer Utility”，（尼康公司软件“Picture Project”）这样就可以在电脑上浏览拍摄的照片，查看所有相关的相机设置。更为重要的是，它可以调整 RAW 格式的图像，包括正负两极的曝光调整、色阶曲线、白平衡、锐度等参数。如果想要更深入的调整 RAW 格式的照片，可以购买各公司的专业软件，如：尼康的 Capture、佳能的 Digital Photo Professional，另外，也可以考虑使用 Photoshop 的数码相机 RAW 插件，该插件支持佳能、尼康、富士等多家数码相机厂商的数码相机。

五、恢复误删的数码照片

使用数码相机时，一般要将数码照片存储在存储媒介上，常见的存储媒介有 CF、SM、SD 卡和记忆棒等。另外，大家还会将数码照片拷贝到电脑上，有时因为主观或者客观的种种原因，会出现误操作而将有用的照片或者其他数据文件误删除。此时，其实大可不必捶胸顿足，无论是存储在存储卡上的还是拷贝到硬盘上的数码照片，误删除后大部分情况下都是可以恢复的。

对于电脑上被误删除的数据可以恢复这一点，相信大多数比较熟悉电脑的用户都没有异议，但大部分用户都误以为存储卡上的数据是不一样的。实际上，数码相机都是遵循 DCIM 标准的，存储卡上的数据存储格式和操作方式都和电脑操作磁盘数据时一样。所以，基于磁盘等磁介质的数据恢复原理，从理论上讲，存储卡上的数码照片和已经拷贝到电脑上的数码照片一样，不但是可以恢复的，而且是很容易实现的。使用电脑上常用的数据恢复软件，例如 Easy Recovery、Get Data Back、Final Data、R-Studio 等，都可以轻易地恢复存储卡上的数码照片。但是，一定要注意在误操作后，不要再使用该存储卡进行拍摄或者任何“写入”操作，才能通过数据恢复软件恢复被删除的数码照片。

六、拍摄时分辨率的影响

分辨率越大，图像的精度越高，尽量使用高分辨率进行拍摄是许多数码相机用户的一种错误的认识。理论上讲，高分辨率可以获得高精度的图像，但数码照片要以图像文件的形式记录，随着分辨率的提高，图像文件也将增大，数码相机处理图像的时间随之增多。所以使用的分辨率越高，拍摄时需要的处理时间越多，拍摄时需要占用的存储空间也越大。而存储器件的容量是有限的，使用的分辨率越高所能拍摄的张数自然也就越少。另外，由于处理的时间长，在抓拍时使用过高的分辨率将有可能错过精彩的镜头。

即使不在意存储空间的浪费和处理时间的增加，分辨率的选择也应当以够用为限，否则在做后期处理时就会发现，用较高分辨率拍摄的图像利用软件缩小成低分辨率，与用较低分辨率直接拍摄的图像视觉效果几乎相同，而且后者的图像锐度似乎还会更好一些。

七、关于感光度与噪点

对于摄影的新手来说，数码相机并不是一件简单的摄影工具，想拍出比较完美的照片还是需要下一定功夫的。数码相机有别于传统相机，所以在摄影的时候有些比较特殊的调节选项，而且这些选项对于数码摄影来说非常关键。比如“ISO（即感光度）调节”和“曝光补偿”就是非常特别而重要的。能自主调整感光度，是数码相机的一个极大的优势，它为在各种复杂的环境中、条件下拍摄新闻摄影图片，提供了极大的便利。较为高级的数码相机，可以有ISO 50—3200 的调节范围。

先说说 ISO 的调节，ISO 的设置调整主要受到两个方面的影响，第一是光线不足的困扰，第二是快门速度过慢的问题，在这种状况下，如果有三脚架或者可以保证数码相机固定拍摄的话，可以通过增大光圈快门或者慢速快门来进行拍摄，但是在缺乏三脚架支持或者手持数码相机无法保证稳定拍摄的情况下，就只得选择较高的 ISO 来解决这个问题。

如果要获得画面清爽的照片就尽量采用低 ISO 设置进行拍摄，例如，如果要拍摄阴天或者日落时候的运动对象，快门速度设定最好为 1/125s。不过如果在 ISO 50 或者 ISO100 的设置下，即使在最大光圈设定下数码相机也不会达到这个快门速度，而是更慢的快门进行拍摄，这时候只能够采用提高 ISO 设置来获得快速快门，这样才能够捕捉到快速运动的对象。

不过对于 ISO 的调节应该是一步一步的进行，先调高到最近的一挡，看看是否能够实现拍摄意图，如果还不理想就再提高一挡，这样就可以保证获得最佳的 ISO 设置进行拍摄，无论如何，ISO 的升高都会导致噪点的增加，因此必须要得了解 ISO 变化的优点和缺点。

简而言之，ISO 的设置升高会带来噪点的增加，当然在光线条件不好的时候，ISO 增加可以提高快门速度，实现拍摄的可靠性。

在照片的阴暗部分或者单色区域的表征会比较突出，噪点色斑现象会比较明显，低 ISO 下拍摄的画面干净利索，不过在低光照的时候最好能够使用三脚架进行辅助拍摄。

不同品牌的相机，对于噪点的处理性能也不同，在选择时，要综合考虑它的性能。在有的时候，迫于环境（很暗），能否捕捉下那个珍贵的瞬间是最重要的，至于噪点的影响就不用考虑了，先以高感光数值拍下来再说其他。若当时有可能，多换一下曝光组合，多拍几张，也是一个不错的选择。

八、数码相机推荐

随着数码相机技术的发展，新产品不断涌现，各种技术也层出不穷。面对繁多的数码相机产品，记者、通讯员如何挑选适合的数码相机呢？

选择数码相机，应该首选那些市场占有率比较高、口碑比较好的品牌，据此推荐佳能、尼康135相机产品。

新闻拍摄绝大多数情况下需要抓拍，这就需要快速的反应能力。目前市场上只有数码单反相机拥有了极快的反应速度，快门时滞几乎可以和胶片相机媲美。加上现在数码单反相机价格并不是高不可攀，其入门级的数码单反甚至低于消费级的数码相机，所以数码单反相机是绝对首选。

根据上述需要，本书推荐几款满足拍摄的数码单反相机和镜头，以供参考。

1. 尼康品牌

（1）相机机身。

D70S \ D5000：实惠的价格与性能，方便的操控效能。

D700 \ D300S：准专业级（D700为全画幅），高感光度时有优异表现，性能非凡。

D3S热门专业数码单反相机，性能卓越，广受市场好评。

（2）相机镜头。

尼康相机的镜头：AF－S 14－24 F2.8 EDJ、AF－S 24－70 F2.8 GED、AF－S 70－200 F2.8 ED VR2（大竹炮）三款镜头，是目前尼康系列的最高配置，号称“大三元”。

2. 佳能品牌

（1）相机机身。

5Dmark2：专业级数码单反，像素高，全画幅，性能卓越。

（2）相机镜头。

EF 16－35mm f/2.8L：广角段镜头，价位高，成相好；EF 17－40mmf/4L USM与其相比价格要低很多，也是不错的选择。

EF－S 17－85mm f/4－5.6 IS USM：镜头涵盖了使用率非常高的焦段，同时具备防抖功能，具有很高的性价比。

EF 70－200mm f/2.8L IS USM：该镜头被叫做“小白”，长焦的最佳选择。另有没有防抖功能的70－200mm f/2.8L、70－200mm f/4L可作替代。

（3）闪光灯。

430EX 和 580EX 是佳能品牌相机的专用闪光灯。

3. 微型数码单反相机

当前，已有微型数码单反相机面市，它们机身小巧，便携，具有对焦快速、操作简便、防抖、快捷诸多优点，在国外市场已有不错发展。现在，国内市场此类相机的主要品牌有：奥林巴斯 E－p1、E－p2 和 E－p3 三款相机，索尼 NEX－5C 相机，三星 NX10 相机，松下 GF1 相机。它们各具特色，都可以作为摄影采访的专业备用机。

另外，还需要说明的是，当前数码摄影技术突飞猛进，新型相机品种层出不穷，几令人有目不暇接之感。本书在这里推荐介绍相机只是当下阶段性适用机型，仅供大家参考。至于通讯员朋友购买相机时，一定要结合当时的市场情况与具体经济条件，如有可能，最好还要咨询内行的朋友，参考听取他们的建议，以作出切合实际的决策选择。

4. 其他高档傻瓜级数码相机

傻瓜相机的性能现在已日渐提高，它具有操作快捷、简便的突出特点，高级的傻瓜相机还具有多种曝光性能（如光圈优先、快门优先、程序曝光等），是抢抓新闻瞬间的利器，多数摄影者都以其作为备用机。

（1）索尼 DSC－R1。

使用的焦段（24－120mm），操作方便，电池的续航能力也不错，快门稍显滞涩。

（2）D－LUX2。

莱卡数码傻瓜相机，机身小巧，画质优秀，快门时滞较小，反应迅速，电池能力不足。松下 LX2 比其更具性价比。

（3）松下 FZ50。

镜头为 35－420mm 达到 12 倍变焦比，变焦快捷，可以快速应付从小广角到远焦的拍摄需要，镜头性能好，稍有时滞。

（4）富士 S9600。

高倍变焦 28－200mm，画质优秀，机器反应较慢，快门有时滞。

第六章

新闻写作方法谈

新闻写作是个系统工程。仅仅知道新闻各种体裁和写法是不够的，还要牢固树立正确新闻理念，讲究新闻写作的方法与技巧；更要不断学习，不断实践，不断探索，不断总结，不断提高，要系统掌握新闻写作的方法论，做新闻写作的有心人。温家宝总理曾为一位清华大学新闻传播学院的大学生所作的关于农村情况的调查报告《乡村八记》写过一封信。在信中，温总理对《乡村八记》进行了充分肯定，对那位同学进行了赞扬，同时也借此对新闻工作提出了要求。他说："从事新闻事业，我感觉最重要的是责任心。而责任心来源于对国家的深深热爱和了解。只有这样，才能用心观察，用心思考，用心讲话，用心做文章。"温总理所讲的"四个用心"说出了新闻写作的真谛，也是广大电力新闻记者、通讯员应当遵从的法则。

本章介绍的内容共分五节，第一节介绍了有关做好新闻采访的方法；第二节重点介绍了如何认识与把握新闻写作的有关方法；第三节为大家介绍了一些关于如何加强与媒体沟通，怎样把握新闻写稿与投稿的"诀窍"；第四节系统阐述了电力新闻通讯员应当牢固树立的六种新闻理念；第五节则是为大家推荐了三位优秀通讯员从事新闻写作的感受与经验。希望这些内容可以为广大电力新闻通讯员提供借鉴与参考。

第一节　深入采访筑"基石"

新闻采访就是记者、通讯员为了撰写新闻稿件，通过调查研究来采集、寻访并获得新闻的基础素材的活动。

调查研究是新闻采访最基本、最常用、最有效的一种方式。是电力新闻工作者、通讯员最重要的基本功。

采访是写作的基础，新闻界流行着"三分写作，七分采访"、"六分跑，三分想，一分写"的说法。也还有"新闻是用脚写的"、"新闻是采出来的"、"新闻是跑出来的"多种说法。所有这些形象地说明采访环节对新闻写作的无比重要性。没有由采访而获得新闻素材，纵有生花妙笔也写不出好的新闻作品。

《华尔街日报》的资深头版撰稿人威廉·E·布隆代尔谈到采访的作用时说过这样的一段话：

> “采访和写作是不可分割的过程。如果前期的采访中没有获得有用的材料和丰富的信息，如果在采访过程中没有考虑到读者的喜好和需求，那后期的写作不论运用多少技巧，也都是华而不实、徒有其表。”

（[美]威康·E·布隆代尔著.《华尔街日报是如何讲故事的》第4页，华夏出版社，2006）

这一观点十分深刻。

采访工作是一个容易被通讯员们忽视的工作，他们往往认为采访是一个很容易做到的事情。

确实，只要对新闻的各种文体写作特点，有一定程度的了解，进行一般的新闻采访是不难做到的。但是真正要把采访工作做到位、做得好，又真是一件不那么容易的事。它需要掌握采访技巧，不断探索、积累经验，更需要求实的作风、严谨的态度。

一、采访常用的方式

电力系统的广大通讯员，处在各单位的各个不同的工作岗位。要获得新闻写作的素材有多种方式，需要采用多种采访手段。这些采访的方式概括起来有六种。

（一）现场观察

这一采访方式是基层通讯员的优势所在，也是他们获取新闻素材的最常用的一种方式。

现场观察的方式是指通讯员到工作现场（可以是抢修、安装、服务诸多现场）、到会议现场、到突发新闻的现场，通过现场观察、记录的方式获取素材。

现场观察获得的材料，具体而鲜活，只要留心观察记录，更可以得到不少细节。同时现场感受新闻事件、新闻人物，更可以生发出不少生动而深入的感悟。

运用这些素材写出现场速写、特写、目击记之类的新闻报道，可以给人以身临其境之感，自然具有感人的力量。

（二）对面采访

这一采访方式是最常见的一种形式，即是向掌握新闻的人或新闻人物收集新闻素材。

新闻记者、通讯员无论是写人、写事、写问题、写经验，或是在新闻现场，一般都离不了运用这种采访方式。

这一新闻采访方式机动灵活，它制胜的关键是采访者能以到位的提问，去控制并淘到自己想要的“宝贝”，它体现着采访者的沟通与公关能力。能否高质量地完成这种采访的关键是需要有充分的准备。要深入细致地去了解情况，既要争取有全局性的情况了解，也要有细节的获取，力争尽可能充分地去多多占有素材。想写1000字的报道，至少要掌握3000字以上的基础素材。在新闻写作上是不可能出现“巧妇能为无米之炊”的奇迹的。

（三）开座谈会

开座谈会采访并获得新闻素材，也是新闻写作中一种重要的采访形式。这一形式在采写重大题材、重要典型、重要新闻人物时运用较多。

本书编著者在新闻写作实践中，无数次地感受了这一采访形式。置身在新闻事件的亲历者之中，提问、记录，就好像置身在一座蕴藏量丰富的矿藏中开掘、收集宝物一般的兴奋、激动。

采用这一采访形式，短时间内可以获得大量的新闻素材。亲历新闻事件的知情人聚在一起，可以互相启发、互相补充，较能够获得真实、全面的新闻素材。

组织新闻采访座谈会，要争取有关方面配合、协助，并注意所请参与座谈的人员要有代表性；采访者提前要做较充分的准备，对提问的问题、采访目的都要有明确的预案；还应注意参加人员不宜过多，规模不可太大，一次不够可反复组织小型座谈会；对于了解不够深入的问题，可穿插进行个别采访，或是登门找重要知情者进行面对面的补充采访。

（四）沉下来采访（追踪采访）

对于重要的典型、重大的事件，只进行一次采访是远远不够的。对于正在进行中的事件，就是几次采访也难于完整地收集到全面的材料，这就要求沉下来、跟上去，进行跟踪采访。

笔者在采访我国第一个最大的电力融资项目——邯峰发电项目前期工作时，紧紧跟踪邯峰筹建处这一群体达十个月之久。利用一切可能的机会跟踪、走近他们，和他们一起加班、一起娱乐，共同度过了多少个不眠的夜晚与不休息的星期天；亲身经历、见证了关于邯峰项目的若干个重大历史性时刻。仅采访记录就记了三大厚本，座谈、个别采访达上百人次之多。笔者被他们无私的奉献精神深深感动；被他们爱国、爱电力的责任感所激励，最终六易其稿写成了万字的长篇通讯《百炼铸邯峰》，发表后“邯峰精神”传遍了全系统，成为河北电力系统共同的精神财富，刊载报道文章的那张报纸成了“邯峰人”珍藏的纪念品。

这次采访带给笔者的精神滋养成为一生的财富，交下的邯峰挚友也成为笔者一生的朋友。

（五）查阅材料

查阅材料是新闻记者、通讯员写新闻报道时的一种常用手段。

这些材料可能是会议记录、工作总结、汇报、简报、日记、信件。这一获取材料的方式，直接、省力，可以从中了解事物的梗概，甚至可以触摸到事件亲历者的所思、所感，是一种较为便捷的获取新闻素材的方式。

但是，通过这一方式获得的材料，往往是二手材料，有别人的判断，可能粗疏、可能有水分、可能不够准确。这就需要我们去认真思考、准确判断，必要的话，还要进一步的去采访核实。有的记者和通讯员，不注意深入一线去抓“活鱼”，总是愿意靠搬材料写新闻，不仅写出的东西很难鲜活，而且容易养成懒惰的习惯，甚至可能写出错误报道。查阅材料，可以作为采访的一个重要的辅助手段，但是，总照材料写新闻是不行的。

（六）电话采访

由于电力通讯员往往身处基层，面对面采访应当是他们经常采取的方式。电话采访不是电力通讯员的应用手法，或者说不应当是电力通讯员的常用方式。它往往是新闻记者因事情紧急、路途遥远采访不便的一种补充采访方式。但是，它又不是电力通讯员采访的禁区，必要的时候也不妨一试。

有意识的采用电话形式采访，以对话的形式结构新闻作品，可收到出奇制胜的好效果。

例如：

我是不是让你有点烦

——总机总机你好吗·系列报道之二

北京供电局：打电话问去！

4 月 8 日 21 时，记者拨通北京供电局查号台 63127114。

记者：“请问报装电话是多少，手续怎么办？”

“下班了，明天再打。”语气很生硬，随即挂机。

21时09分，记者再次拨通63127114。

记者："请问客户服务中心电话是多少?"

"没有这个地方。"语气很生硬，随即挂机。

4月9日15时02分，记者拨通63127114。电脑声："您好，北京供电局，2号为您服务。"

记者："我想查一下报装申请电话。"

"63128606。"声音竟比电脑还缺乏温情。

记者："请问报装地点大概在哪里?"

"打电话问去!"随即挂上了电话。

两锦电业局：这晚上上哪申请用电去?

4月8日21时13分，记者拨通了辽宁省两锦电业局电话0416—2544222。

"您好。"

记者："您好，我想知道贵局抢修电话和服务电话。"

"哪儿抢修?"

记者："我住市政府旁边。"

"老市政府还是新市政府，属古塔区还是凌河区?"

"老市政府。"

"2545110抢修班!"声调明显提高。

记者："抢修班24小时值班吗?"

"嗯。"随后咔嚓一声，电话断了。

紧接着，记者再次拨通该电话。

"您好!"

记者："您好，是两锦电业局吗?"

"对。"话务员没好气地回答。

记者："我是一个外地人，想到锦州办厂，关于用电申请的事。请问我该找谁呢?"

"那得明天，礼拜一再说吧。"

记者："我刚到锦州，你告诉我一个电话，明天我好打电话。"

"古城区还是凌河区?"

"2545110。"

记者："这不是抢修电话吗？"

"是，你明天打电话问他就行了。"

记者："我可是申请用电呀！"

"啥申请用电，这晚上上哪申请用电啊？"

记者："我想先问清楚电话，明天自己打就不麻烦你了。"

不耐烦地扔过一句话："2544017。"

4月9日中午，记者再次拨通了这个电话。总机不但报出话务员工号，服务态度还很热情。是什么使两锦电业局的总机有如此"黑白"之分呢？

四平电业局：为什么，办公呗！

4月11日，星期日，15时20分。记者拨通了吉林省四平电业局的总机电话0434—3622244。

"您好。"

记者："您好，是四平市电业局吗？"

听筒里停顿了一下，传出冷冷的声音："要哪儿？"

记者："我想申请用电，不知道该找哪里。"

"今天休息，你上哪儿申请去！"

记者："你告诉我电话，明天我再打嘛。"

"明天再问吧。"电话被挂断。

15时23分。记者再次拨通了四平电业局的总机电话。

"您好。"声音很低，似乎无精打采。

记者："请问申请用电的电话是多少？"

"明天上班你打供电局。"

记者："打哪个供电局？"

"你从哪儿打？"

记者："我就住在四平市。"

"明天上班你再要呗！"

记者："明天上班要哪个供电局？"

"问114。"挂断了电话。

无奈，在15时25分，记者又一次拨通了这个电话。

"您好。"

记者："我刚才问114，她说就是这个电话。"

话务员显然是有一些无奈和不耐烦："今天休息问不了。"

记者："我知道电话明天就可以直接打过去。"

"明天打你也得问啊！"

记者："你能告诉我铁西供电局的电话吗？"

"明天上班你再打这儿给你转。"

记者："谢谢！"

记者刚要放下电话，耳边传来一声："真费劲！"

兜了一圈，记者又回到原地，申请用电的电话还是没有拿到。

15时40分，记者以办厂申请用电为由，又一次拨通了总机电话。

记者："小姐，你好，我是市政府办公室，有人想办个厂，请问申请用电手续怎么办？"

"不清楚，明天上班打。"

记者："上班打哪里？"

"上班再问吧。"

记者："问谁？"

"供电局"。

记者："那你们电业局办什么？"

"办什么，办公呗。"记者碰了一个不大不小的钉子。

记者没有理会话务员的揶揄，又问了一些别的问题。终于，话务员忍不住了："我还得接别的电话呢。"电话随之被挂断。

在接下来的15时46分，记者拨通了吉林电业局总机0432－2402222。

"你好，吉林电业局总机……"在这里，记者不但顺利查到了报装电话2402542，在问清楚了抢修地点属昌邑区还是属船营区后，话务小姐还热情地告诉了记者抢修电话4844872，并叮嘱记者报装需明天8时以后打电话，抢修人员24小时值班。

四平电业局有没有报装电话，记者不得而知。

（选题策划　柳常青　执笔　肖谦，原载于《中国电力报》，
摘自《行文悟道》139～143页）

几乎只是以记录电话录音结构而成的文章竟能如此的传神，充分展示了电

话采访文章的独特纪实魅力。

二、采访前的准备

采访作为写作的准备，事前也要做好准备才能达到预期目的，拿到想拿到的新闻素材。

这些准备工作包括：

(1) 理论、政策及相关知识的准备。

(2) 提前深入了解采访对象的情况，做好采访准备。

(3) 围绕采访主题，针对了解情况，精心梳理采访问题，确保采访的深入到位。

(4) 准确选择合适的采访对象，提前通报采访目的，让采访对象提前做好准备。

概括地说，上面内容就是拟定采访提纲。采访提纲主要内容是：确定采访内容、确定采访对象、确定采访的具体问题。其中尤以拟定具体、到位的采访问题最为重要。

采访提纲中提问的准备是否充分，决定着采访的效果。

如果是重要的采访，还应当准备好录音机，以确保准确无误。

大家都知道美国作家斯诺访问延安写下了著名的《西行漫记》，让世界了解了延安，深入认识了以毛泽东为首的中国工农红军，成为传世名著。

但是人们却不知道斯诺在采访前准备了70个问题，正是这些充满思想力量的问题让斯诺写出了震惊世界的名作。

读完这70个问题，一定会对什么是充分的准备有个深刻的认识。

有兴趣，请阅读如下：

中国红军是不是一批自觉的马克思主义革命者，服从并遵守一个统一的纲领，受中国共产党的统一指挥的呢？如果是的，那么那个纲领是什么？共产党人自称是在为实现土地革命，为反对帝国主义，为争取苏维埃民主和民族解放而斗争。南京却说，红军不过是由“文匪”领导的一种新式流寇。究竟谁是谁非？还是不管哪一方都是对的？

在1927年以前，共产党员是容许参加国民党的，但在那年4月以后，共产党员以及无党派激进知识分子和成千成万有组织的工人农民，都遭到当时南京夺取政权的右派政变领袖蒋介石的大规模处决。从那时起，做一个共产党员或共产党的同情者，就是犯了死罪，而且有成千上万的人受到了这个惩罚。然而，仍有成千成万的人继续甘冒这种风险，参加了红军，同南京政府的军事独裁进行武装斗争。这是为什么？有什么不可动摇的力量推动他们豁出性命去拥护这种政见呢？国民党和共产党的基本争论是什么？

中国共产党人究竟是什么样的人？他们是不是“纯正的”马克思主义者？他们有没有一个彻底的社会主义经济纲领？他们是斯大林派还是托洛茨基派？或者两派都不是呢？他们的运动真是世界革命的一个有机部分吗？他们是不是真正的国际主义者？还是“不过是莫斯科的工具”？或者主要是为中国的独立而斗争的民族主义？

这些战士战斗得那么长久，那么顽强。而且——正如各种色彩的观察家所承认的，就连蒋介石总司令自己的部下私下也承认的从整体说来是那么无敌，他们到底是什么样的人？是什么使他们那样地战斗？是什么支持着他们？是什么样的希望，什么样的目标，什么样的理想，使他们成为顽强到令人难以置信的战士的呢？

他们的领导人是谁？他们是不是对于一种理想、一种意识形态、一种学说抱着热烈信仰的受过教育的人？他们是社会先知，还只不过为了活命而盲目战斗的无知农民？

红军抗击极大优势的军事联合力量达9年之久，这个非凡的记录应该拿什么来解释呢？他们是怎样生存下来并扩大了自己的队伍的呢？他们采用了什么样的军事战术？

中国的苏维埃是怎样的？农民支持它吗？为什么红军没有攻占大城市？中国80%以上的人口仍然是农业人口，工业体系即使不说是患小儿麻痹症，也还是穿着小儿衫裤，在这样的国家怎么谈得上“共产主义”或“社会主义”呢？

共产党怎样穿衣？怎样吃饭？怎样娱乐？怎样恋爱？怎样工作？他们的婚姻法是怎样的？他们的妇女真的像国民党宣传所说的那样是被“共妻”的吗？

红军的兵力有多少？真像共产国际出版物所吹嘘的那样有50万人吗？果真如此，他们为什么没有能夺取政权呢？他们的武器和弹药是从哪里来的？它是一支有纪律的军队吗？它的士气怎么样？官兵生活真是一样吗？

中国共产主义运动的军事和政治前景如何？它的具有历史意义的发展是怎样的？它能成功吗？一旦成功，对我们意味着什么？对日本意味着什么？这种巨大的变化对世界五分之一的人口会产生什么影响？它在世界政治上会引起什么变化？它对英、美等外国在中国的巨额投资会产生什么后果？共产党究竟有没有"对外政策"呢？

共产党倡议在中国建立"民族统一战线"，停止内战，这到底是什么意思？

（转引自《中外新闻采写借鉴集成》118～119 页）

读完这 70 个充满独立思考力的问题，人们没有办法不佩服埃德加·斯诺那伟大的头脑。正是由于有了这些睿智的思考再加上不倦的探求，才产生了那本轰动世界的《西行漫记》。我辈不奢望当一名现代的斯诺，但是斯诺那顽强的探索精神，严谨的求知态度，应当是电力行业的记者与通讯员们学习的榜样。

三、采访的技巧

采访的技巧实际是就是提问题的技巧。

有人幽默地说，"采访是一个能让哑巴说话的功夫"，其所需功力可见一斑。

在叶春华、连金乐所著的《采写编评》一书中介绍了多种采访技巧，深刻而实用，概要介绍如下：

1. 选好采访对象——找当事人，找知情人。

2. 掌握采访时机——不要仓促上阵，不要在采访对象不在状态、心情不好、工作太忙时采访，要提前沟通。谨慎选择合适时机。

3. 设法投其所好，打开对方的"话匣子"。其中注意针对不同对象，采取不同的技巧，因人而施：

① 对胆怯，不爱说话的采访对象采取谈天入手、好友熟人引见、陪同采访等措施。

② 面对态度冷漠者，寻找共同话题，叙旧谈共同经历，寻找感情切入点。

③ 面对自负傲慢者可采用耐心说理，或直接碰撞，激将交流，灵活切入。

④ 对有思想负担者，要善于交友以亲和力创造轻松的切入话题。

4. 讲究提问技巧，避免用大而不当、不合时宜的提问，精心准备问题，善于拨动被采访者的心弦。

（高明的采访者，要有用一两句话就能撬开紧闭的嘴巴的能力，要有谈几句话就可以与被采访者交朋友的魅力。面对最基层的一线工人朋友、最朴实的农民兄弟，要让他们感受到你发自内心的尊重，他才有可能接受你、信任你、继而向你倾诉。你越显示自己的高明与不凡，他们就会离你越远。尊重的真诚度是装不出来的，哪怕是你稍稍的轻蔑也会被被采访者察觉。——编著者）

5. 要善于从谈话中发现问题。

在采访中，要积极动脑，深入思索，善于从与对方的交谈采访中发现重要的关键问题，并寻根究底地问清楚。

6. 学会用眼睛交流采访。

采访中要直视对方的眼睛，用你的真诚去感染对方，赢得对方的信任。要注意观察细节，记录环境，记录表情，记录发现。

7. 做好采访笔记。常言道好脑筋不如烂笔头，做好采访笔记大有用处。

采访笔记方式有三：一笔记，二录音，三心记。要根据不同的对象和条件，运用不同的记录手段。

记录的要点有：

① 记人名、时间、地点、数字。

② 记重点材料、重要问题。

③ 记生动有个性的语言。

④ 记录采访现场场景特点。

⑤ 记录事件细节、人物的特色动作。

⑥ 记录需进一步了解的新问题。

8. 要重视采访结尾，完整收束。收尾阶段不可松懈。

① 复核重要材料，勿使遗漏偏差，尤其是重要事实、数字、观点、细节的核对。

② 交流并征求采访对象对于稿件处理的意见。

（采访结束时，记者、通讯员可把对稿件的处理意见、稿件的中心思想、倾向、观点与采访对象做初步的交流，予以订正，防止偏差，防止不愉快问题发生。——编著者）

③ 注意发现报道新线索，以进一步深入进行采访。

另有资料精练、简明地介绍了提问的八种方法：

1. 单刀直入，直接询问关键问题，是采用最多的采访法。

2. 迂回曲折式。“明修栈道、暗度陈仓”的办法，针对戒备心重者。

3. 耐心启发式。针对不好一下子获得材料的采访对象，不妨慢切入、慎交流，耐心启发，循序渐进。

4. 虚心求教式。（电力专业知识复杂，采访中要涉及多种专业知识，对此要虚心求教、准确记录，防止出现笑话、差错。——编著者）

5. 激将式。对戒备心强的采访对象，要打破僵局不妨激上一激，有可能获得突破。

6. 错问法。用明明错误的问题来试探、考察被访问者，以获得其真实看法、想法。一般在非正常情况下采用。

7. 诱导法。站在对方的角度设问，诱出对方想说又不愿说的问题。

8. 幽默设问法。幽默是需要智慧的，在采访中为获得材料，有时有意去幽上一默，可以收到意外的收获。

上面介绍的诸多采访方法，要灵活地、因地制宜地运用，不可僵化套用。相信随着采访次数的增多、采访经验的丰富，采访的技巧也会日渐提高的。广大电力通讯员应当以自己的深入采访，获得丰富的写作素材，写出更好的新闻作品来。

常听有的通讯员反映，有时在采访之前已经认真准备了采访时要问的问题，但是一到现场交谈，发现对方不按自己的问题回答，设想的采访方向难以掌握，问应当如何处理。

采访是心的交流，必须心意相通和谐共振才能顺利进行；同时，采访也是一个学习与求知的过程，必须有诚恳的态度才能取得收获。如果发现它难以按照自己原先设想的方向与节奏发展，必须立即检查自己的设问是否符合实际；看一看自己的态度是否真诚；并要尽快调整交流技巧，虚心向对方求教，力求使交流得以继续进行。还可以随机应变，迅速调整，改变采访方向，跟进对方的兴趣点，进行新的开掘采访，说不定能获得意外之喜。

据笔者冒昧分析，之所以出现预定的采访方案难以如愿的情况，往往是由于采访者对实际情况以及新闻背景了解不够、分析不透，对所提问题设计不准，甚至对被采访对象了解不深、不细等原因。另外，对待采访对象的态度如何，与采访对象的熟悉程度如何，自己的交流与沟通能力如何，都会直接影响交流效果与采访深度。深入到位地了解实际情况，科学准确地设计采访提问，诚恳耐心地进行采访交流，尽可能深入地了解被采访对象，是实现顺利到位采访的重要保证条件。

交流效果与采访能力的获得，是一个实践性很强的过程，是一个渐进的过程，一个积累的过程，不可能一蹴而就地即时获得。在科室工作的通讯员，一定不能总浮在上面，只是靠看文件、听汇报获得写新闻的素材。到基层采访，要力争提前做好“功课”，用心拟好采访提纲。在采访过程中，必须真心尊重采访对象，虚心求教，和谐深入地进行交流，不可态度倨傲，颐指气使，浅尝辄止，那样是永远也不可能达到有效采访目的的。有作为的电力新闻通讯员，一定要力争利用一切机会，深入一线，深入基层，沉下去了解情况，诚心与基层职工交朋友，在情感上成为他们之中的一员，才能倾听与了解他们的心声，真正与他们实现心的交流。当你已经做到这些，顺利获得适合需要的采访素材，就是自然而然的事情了。

第二节 新闻写作讲方法

新闻是一个不断求新、求深的事业。

新闻的新是建立在真实基础上的新；新闻的深是建立在写新闻的人认识基础上的深。

写好新闻可不是一件容易的事情，它需要有高度的政治责任感、到位的新闻敏感性、扎实的文字基本功、严谨的写作好习惯，还需要掌握新闻写作方法论。

所谓写作方法论，就是关于新闻写作的一些观念上的认识，是对新闻写作的一种总体把握。

（一）善于学习，树立大局意识；深入观察，准确选择判断

要写好新闻首先是能够发现新闻。

通讯员们刚刚接触新闻写作的时候，最感到困惑的就是——茫然四顾却不知新闻在何处。

其实，新闻就在你身边，它每天都在发生着。

新闻，在你身边的变化中；

新闻，在你熟悉的师傅工友的工作中；

新闻，在你班组、车间的管理里；

新闻，在你企业的发展中；

新闻，甚至在你家长里短的生活里；

新闻，甚至在你周围的闲谈里、在你周围的喜怒哀乐里。

其实，你若是身居基层，就是处于一座新闻的宝山中，一处新闻的富矿里，这决不是故弄玄虚，而是确实如此。

为什么你却视而不见？关键是眼力不够、观察力不够、分析力不够、洞察力不够。你还不善于从身边的变化中发现新闻、从比较中发现变化，这里可以借用毛泽东主席的一句名言："没有比较就没有鉴别"；你还不能从司空见惯里洞悉并开掘出非同一般的价值；你还没有或不善于、不能够站在全局的高度来判断一件新闻事件、一名新闻人物的分量与价值；你还没有进入角色，不具备新闻敏感性。

写新闻，还要识新旧。没有对旧的了解，就不能准确地识别新的价值。要善于从旧的突破中、从新的变化中、从许多第一次中敏感地发现它的新闻价值。

例如：《浙江农村也能装峰谷电表了》（《国家电网报》2007 年 4 月 6 日）；《有"表情"的电费通知单》（《国家电网报》2007 年 3 月 28 日）；《赤城 36 名农电工喜圆大学梦》（《中国电力报》2007 年 4 月 3 日）等报道就是从变化和突破中发现的新闻选题。

要发现新闻，还要能努力站得高一点，常有这样的情况，在你那里是新闻，一旦放到全局去看并没有多大价值，因为在别的地方早已习以为常、司空见惯。这就是要善于站在全局的高度去看问题的必要性。

曾担任过《人民日报》总编辑的范敬宜先生认为，做记者，要学习很多的东西，但最重要的就是了解大局，知道中央在干什么。记者最大的能力是把握大局的能力。能在纷繁复杂的事物中判断形势，把握大局，审时度势，才是记者的最大能力。作为新闻工作者，最大的本领是什么？范敬宜又认为，那是判断。良好的判断能力不是与生俱来的，要靠后天不断努力学习，不断实践。

范敬宜说："深入并不困难，只要不怕吃苦，不怕困难。但光深入并不能成为一名好记者。有的记者一辈子也没写出一篇有震撼力有影响力的作品。为什么？就是心里没有大局，缺少心里的一杆秤。对大局没有准确判断的记者，只是一个'采购员'。有了大局观才会触类旁通，再能够即景生情，两者结合就能写出好文章。"为此，他将虞世南的《蝉》改成这样一首诗：

居高声自远，涉深收乃丰。

两者相结合，下笔即成风。

了解范敬宜的这一新闻观，应当对广大电力记者与通讯员有醍醐灌顶的功效！

电力新闻通讯员有效树立了大局新闻观，就能够做到立足本地，登高望远，眼界开阔，有效增强观察力、选择力与判断力，进而提高新闻写作的成功率与影响力。

电力新闻通讯员的大局观，针对不同媒体，要有不同的侧重点。针对电力媒体，要把握三个层次：全国、全网、省公司系统的工作大局。针对不同的地方媒体，要把握全国、全省、国家电网公司或者南方电网公司以及省公司、当地政府的中心工作。要善于把报道本单位的新闻事件，与上述不同层次的中心工作进行对照判断，对应深入开掘其新闻报道价值。这里的关键是准确对应、具体判断。对此，一定要予以十分注意，用心把握，以提升对应媒体的投稿针对性。做到了这些，而稿件的成功率必定会提高，传播效果也自然会提升。

通讯员们想迅速、准确地发现新闻、抓住新闻，还要好好学习、增长学识、不断磨砺、锻炼眼力、积累功力。

关于一名新闻通讯员要如何学习，如何采访，本书在前面已有阐述，后面也还有多角度的谈及，在此不作赘述。这里要格外强调的是，希望电力通讯员切不可刚刚接触新闻写作，就因为发现不了新闻而遇难而退，从而与新闻写作失之交臂，那就太叫人惋惜了。

新闻写作是一个可以让人终生受益的事情，只要执著努力，勤奋钻研，锲而不舍，就一定可以在为电力事业作出贡献的同时，享受成功的喜悦，实现人生的价值。

千万不可轻言放弃！

（二）新闻的快慢节奏与高低标准

新闻的评价是有标准的。新闻的评价标准有“五字说”有“七字说”。“五字说”又有两种版本：一为新、深、快、短、活；一为新、真、快、活、强。“七字说”是在“五字说”的基础上综合发展的。叫做“大、新、深、快、短、活、强”意思是说：取材要大、达意要新、挖掘要深、发表要快、文字要短、写法要活、效果要强。

对于这些标准，作为电力通讯员一定要深知、熟记，而且应当知道这七个字中“大、新、深”是内容方面的要求；“快、短、活”是形式与技巧上的要求；“强”是从读者角度上的感受，是从传播效果方面的考量，也是新闻价值评价的程度体现。

仅仅是知道这七个字标准是不够的，还要善于针对不同的情况灵活把握，机动运用；尤其要灵活地把握新闻写作的快慢节奏与高低标准。

所谓快慢节奏，指的是成稿发表的快慢。对于一些大事、新鲜事一定要有抢的意识，要快成稿、快处理、快发出，切不可为求尽善尽美，影响传播节奏，否则就会贻误战机甚至会漏报新闻，铸下大错。对于一些时效性要求不很强的新闻，则需要视题材的特点，精心写作，深入推敲，在形式的追求上、开掘的深度上多下些气力。

所谓高低标准，是指对新闻价值的判断上、也是在传播效果的追求上的标准。最低标准可以说是传播了基本事实、说清了有什么事就可以了；较高的标准则是不仅要让人知道有个什么事，还要让人有收益、有感动、有享受、有启发。这个高标准既有事的感知，又有情的感动，还有理的感受，对读者是多重的收获，对作者既是挑战又是锻炼。

快慢节奏和高低标准这四个方面如何搭配把握？何时当快，何时当慢，何时只要达到较低标准就可以，何时一定要追求较高标准，这需要因事而变、因时而变。准确周到地把握是功力的体现，真正运用自如、切实做好，需要不断求索与深入感悟。

（三）新闻篇幅长短与分量的轻重

这又是一对奇妙的组合。

大多数人认为文章长了分量就大、就重要；文章短了，分量自然就小、就轻、就不重要。持这种认识的往往以一些领导者为多。

这当然是个认识的误区。

梁衡先生有一段论述，照录如下：

“‘水不在深有龙则灵’，稿不在长有信息则灵，有新信息、重要的信息更灵。”

他还说：

“长和重不是一个范畴的东西。长短是文章的形式，轻重是指文章的内容。我们要想文章好，稿子吸引人，这两个方面都要努力。”

“要用消息本身的重量去压版面，不靠稿子的身长体胖来争座位。”

再从传播的效果上来看这个问题。

读者是不喜欢长文章的，尤其是对一些空洞无物、套话连篇的长文章更是深恶痛绝。而读者对短文章却是十分爱看，尤其是对一些短而有味道的文章更是喜爱有加，广为传播。

要抓住读者，甚至要获奖，就要下气力写好有重要信息、重大意义的短文章，并要用心把短文章的标题和开头写精致，靠用心去增加新闻的分量，做到秤砣虽小压千斤，追求“秤砣效益”。

同时，不能否认，一些重大的典型事件、重要的经验是需要有相当的文章容量去充分体现的，一定的篇幅在这些时候与分量是统一的。精心下大工夫写好报道重要信息、重要思想、重要经验、典型人物的长文章，是改革发展现实的需要，是报纸强化导向性、指导性的需要，是增强传播效果的需要。

还要明确一点，分量与内容是紧密相连的，一个信息含量低、事件价值低、思想认识空洞的新闻，无论长短都是不受读者欢迎，不受报纸欢迎的。

正确处理好新闻长短与轻重的关系是一个需要用心坚持、不断实践与探索的重要课题。

但是，还应当知道，在我国的新闻发展史上，有多少精短的、堪称经典的作品长存于人们记忆之中，并被新闻教科书反复采用。例如：《开国大典》、《上海最后两辆人力车送交博物馆》、《经济学家赶集》、《鄂伦春人第一次看电影》。

有谁敢说这些短精品分量轻呢?!

（四）新闻的难易辨

有人说写新闻容易得很，有人说新闻写作难上加难。谁说得对？其实都有道理。

说它容易，没说错。这里发生了什么事，及时写个报道，说清楚××时间、××地点、发生了××事、现在如何，完了。这难道不容易，简直是容易得很！

说它不容易，也没说错。有功夫的新闻人能在别人看似平常的地方掘出宝来，在别人熟视无睹的地方发现有典型意义的新闻。这种功力、眼力岂是容易得来的！能把别人看似平常的事、见似一般的人，开掘出富有深意、新意的价值，揭示出让人信服的规律、道理，这种能耐岂是简单?!同是一件事，你费尽心力来写，还是平平的；他看似不甚着力，却能顿出新意、顿生魅力，这种点石成金的“法力”岂是容易具有的！说写新闻难，不由令人频频点头。

其实，产生不同结论的根子在于追求、评价新闻写作的难易标准是变动的，感受角度是不同的。追求不同、境界不同，认识、结论自然也就不同。

有追求、有责任感的记者、通讯员，总是力求完美，求新、求变之心永存。他们面对每一篇文章、面对每一个采访任务都看作是一次挑战、一次机遇，写每篇文章都有求新、超越的追求，并会调动自己的全部精力去写。长期日积月累，功力自然厚实，能力自然渐强，笔下自有力度。

对待新闻写作的难易，还有另外一个感受角度。

一般人大都会认为写新闻很难。他们已经太习惯了写作文、写总结、写汇报，不知道新闻写作的特点和规律。他们不太在意新闻报道的准确客观陈述，总是想把自己报道的事装点一番。于是就穿靴戴帽、就套话连篇、就“适度”夸大、就添加好多评价。总之，就是用写作文的笔法、写总结汇报的笔法来写报道，自然就屡投不中。遗憾的是不少的通讯员不知道或不习惯从自己写报道的质量上来找原因，反而总是怨编辑不识货，或怪自己关系不硬。等到知道了自己写的东西确实不行，于是就顿觉新闻写作很难，有的甚至畏难而退，从此与新闻无缘。其实，应取的态度是“胜利在再坚持一下的努力之中”。要能清醒地面对自己的不足，沉静地去学习、掌握新闻各种文体的写作要点，坚持实践不已，终究必有所成。

还有一种人是认为新闻写作是很难的。他们认为新闻写作很神秘，不知消息与通讯的差别，不知新闻写作如何下笔，认为自己不是这个料，因而踌躇不前。这些通讯员最应改变的首先是克服畏难情绪，最为重要的是要树立坚定的自信心，大胆地投入新闻的写作实践中。可从按照报纸上刊登的各种新闻文体“照葫芦画瓢”学起；亦可放笔直书，首先要把事情说清楚、说明白，不用过多地顾及探究是什么样的文体。这样坚持下去就能起步；这样坚持下去，用心去做，就会一步步走向成功。

再有一种情况，有人始终认为新闻写作不难。对于新闻写作的文体也粗知，但却没有向上的追求，没有求新的激情，更没有求变的动力，一直只是平平写去。于是写也平平，发也平平，事业也平平，人生也平平，十几年甚至几十年不变。

这是一种令人十分无奈与遗憾的悲哀。

（五）新闻写作的真与假

真与假是新闻写作必须面对、不容回避的关键问题。

真实性是新闻的生命，准确、客观、公正的报道新闻事件与人物是作为一名电力新闻记者、通讯员必须时刻严格遵循的写作原则。这一原则，不容置疑、不能违背。

新闻报道的真实性是一种本质上的真实、是事实的真实，必须确有其事，不得想象臆造，不能添枝加叶，不可过于求全、求美。

求全求美，往往添加“合理想象”的话语与细节，这是一般作者的心理。这样就会造成“枝节”上的失实，这种枝节失实也违背了新闻真实性的原则，发展下去甚至会造成事实的总体失实，应当高度警惕、严格力避。

还有一种为求轰动效果，为了追名逐利，故意编造新闻事实，把没说成有、把少说成多、把黑说成白、把错说成对，十分恶劣不堪。其结果往往是造成混乱、害人害己。这种情况在社会上屡见不鲜，在电力系统并不多见。但是遗憾的是还有极少数的通讯员由于种种原因去主动作假。

这是一个真实的故事。十多年前，某省实行新电价，并要求各用户补交过去三个月的电费，这一规定落实十分困难。这时，这个省的电力报却收到了一个通讯员“××县十天收齐应补交电费”的来稿。编辑部如获至宝，未经核实就在头版头条编发。编发之后引起了轩然大波，各县纷纷找那个县责问。后经核对，发现这一新闻是有意编造的假新闻。写稿的小伙子本来是一个比较能干的人，就因为这次造假被调出办公室下放基层，以致一生都要品尝这杯自酿的苦酒。教训之深想他会终生难忘，大家也一直为之惋惜。

他的教训，应当为广大通讯员敲响警钟，绝不要耍小聪明，绝不能去编造假新闻。

坚持新闻真实性原则，还要划清新闻与文学的区别，慎用文学笔法。

要清楚，新闻的本质是信息，其手段是如实传播，基础是事实，特点是新鲜，目的是要让人知道；文学的本质是艺术，其手段是典型塑造，目的是为人提供审美享受。

文学创作中的许多手法，新闻写作可以借鉴，不可照搬。笔者有一段关于文学语言在新闻写作中运用的感悟，是这样写的：

> 新闻写作中的“文学味”，基础是真实，一定要不悖真实。这个“文学味”应该是白描，而不是白粉。描述要力求准确精到，来不得半点夸张夸大。消息中的文学语言，是新闻报道中的味精，用得恰到好处，味道顿显鲜美。一旦用得过度，一定于准确报道新闻事实有害，于味道有害，会倒人胃口的。

新闻对文学可以借鉴，但不可以投靠。要时刻牢记保持自身的本质特色，严守真实、准确、新鲜、简洁的特性。

（六）新闻写作的四个老师之说

1. 最好的老师是生活

生活是创作的源泉，当然也是新闻写作的源泉，是新闻写作的宝藏。面对生活，要深入探求，善于发现新闻；要增长眼力，有识宝取宝的能力；要具有功力，能够精选角度，迅疾成文。电力发展改革的伟大实践，电力建设奋进的进程，电力职工鲜活的工作生活，就是广大电力通讯员取之不尽、用之不竭的新闻写作源泉；是大家必须永远师从、紧紧依靠的不倦恩师；是大家必须牢牢植根，不断汲取营养的肥沃土地；是大家不得须臾离开的成长基础。离开生活、离开实践，就是再有能力，也是写不出好新闻来的。

2. 最方便的老师是报纸

报纸是学习新闻写作最方便的老师，照猫画虎是其最初级、最基本的学习方法。一个人活在世界上，非常重要的一件事，就是要善于给自己寻找榜样，寻找自己努力的方向。要做好通讯报道工作，干好新闻宣传事业，通讯员们身边的各种报纸，就是最便捷的榜样和老师。在学习时，要找好的，向高标准看齐。报纸上各种新闻体裁齐备，只要用心，长、短、新、深、活的各种例子都可以找到。只要善于学习、用心探求，关于新闻写作中所需要学习的诸如选题的角度、标题的制作、文章的结构、材料的组织、语言的运用、细节的描述、性格的刻画、开掘的深浅等都可以学到。

获奖新闻作品集也是很好的老师，附有评介文章的就更好了。善于读书、读报，勤于比较、体味，是学习新闻写作十分有效的好方法。

另外，在网络上学新闻，也是一个很好的渠道。想学新闻的什么体裁，网上一搜索，马上就出来了。其实，只要用心就“处处留心皆学问”，不愁天下无老师。

3. 最可信任的老师是自己

“天行健君子以自强不息”，任何人进步的过程，从根本上讲，都是自我提升的过程。所有成功人士，最可宝贵的素质是自信和坚韧。打开任何一位成功人士的传记和生活故事，你都会看到他们面对艰难和挫折，愈挫愈奋、百折不回的事例。

新闻是一个不断求新、求深、求活的事业。记者与通讯员每一次的写作，都要面对一个新的课题。要想做得好，一定要经过深入地采访、深入地思索过程，甚至还要经过反复地修改，期望轻易就能够成功，是不现实的。

自己给自己当老师，除了自信和坚韧外，更重要的是要学会思想，要做有心人、做智者。遇到挫折要探求原因，获得成功要知道成功在哪里。上面谈到的善于比较是一个好办法，经常把自己投寄的稿件和经编辑修改后发表的稿件相比较，往往可以获得启发。有心人的一个非常重要的特点就是有悟性，善于悟。有的通讯员参加了不少次新闻写作的学习班，就是不见有多大的长进；可有的通讯员学一次就有一次的进步。两者的差异在哪里，就在悟性。善于学习的人、悟性高的人往往从一句话里就能听出门道来，正所谓“一语惊醒梦中人”。学习新闻写作，要善于触类旁通。其实，新闻写作、文学创作、乃至美术、摄影在好多方面都是相通的。对比手法的运用、节奏的追求、详略的把握都可相互借鉴、相互启发。

自己给自己当老师，还要善于不断确定阶段性奋斗目标，为自己设计一个个加油站，以不断努力，不断获得成就感，从而实现自我激励、自我进步。

4. 最宝贵的老师是痴迷

痴迷就是爱好，爱好是不断进步的最大动力。痴迷的表现是专注、是充分地投入、是要富有激情。要像一名冲上战场的战士那样精神抖擞。有了这种精神，就有了钻研的劲头，就有了悟的动力，就可以调动自己的一切潜能，就会有主动深入生活、发现新闻、及时报道的冲动和不断获得成功的享受。一代国学大师王国维说过这样一段名言：“古今之成大事业、大学问者，必经过三种境界：‘昨夜西风凋碧树，独上高楼，望尽天涯路。’此第一境也；‘衣带渐宽终不悔，为伊消得人憔悴。’此第二境也；‘众里寻他千百度，回头蓦见，那人正在，灯火阑珊处。’此第三境界也。”反复认真地体会这一教诲，一定会终生受用无穷。

王国维先生说的“第三境”，就是“顿悟”。它的得来，首先需要执著的投入。笔者多次在处于写作状态时，白天百思而不得，晚上竟然梦出标题、结尾或开头。于是，匆忙爬起，马上记下，以免忘记。妻子常笑我是“有病”了。

痴迷的基础是责任，一个人有没有责任感对于事业、对于自己都是非常重要的。有了高度的责任感，就自然会产生高度的动力。当你把自己对新闻写作的痴迷与伟大的电力事业的发展紧密相连之时，就升华了自己的责任感，从而也为它注入了不竭的动力。

（七）转变思维定式

不少电力新闻通讯员多为半路出家，有相当部分的通讯员是在办公室做文字工作的，日常工作是写总结、汇报。还有一部分通讯员是做技术工作的，总之大都没有系统的学习过新闻写作，对如何写新闻知之甚少。一旦写起新闻来，总是摆脱不了总结笔法、作文笔法甚至书信笔法。他们要写好新闻，关键是要转变思维定式。必须明了：机关公文不是新闻、总结报告不是新闻、工作汇报不是新闻。应当知道：不能用写总结、写作文、写书信的手法去写新闻。

思维定式的转变，还来源于对新闻本质的认识程度。应当知道，真实性是新闻的生命，它绝对不允许半点虚假和伪造；时效性是新闻的基本要求，新闻"姓"新，没有时效性新闻就不称其为新闻了；社会主义的新闻要有鲜明的导向性，观点要正确、明了，观点错误、导向混乱的新闻，不是新时代的媒体所欢迎的。

因此，新闻报道必须坚持用事实说话，在写法上要与政论文体相区别；必须坚持新闻真实性原则，在写法上要与文艺作品相区别；必须有鲜明的倾向，在写法上要与娱乐游戏文章相区别；必须讲究时效，在写法上要与历史故事相区别。总之，不能用写其他文体的写法来写新闻。

上面的意思可以用四句话来概括："新闻不是写总结，空话套话要力戒，实事求是要牢记，不可夸张学文学。"

下面把新闻与公文的写法作一比较，以帮助大家更好地掌握新闻的特点。

新闻写作时间讲究时效性，公文写作重视阶段性；

新闻写作对象面向大众，公文写作主要针对机关；

新闻写作内容注意选择角度，公文写作一般喜大求全；

新闻写作结构经常以"倒"为主，公文写作讲究以顺为本；

新闻写作手法追求开拓创新，公文写作注重程式规范。

从上述五个方面的不同中可以看出，公文注重展开面，顺着叙；新闻注重突出点，"倒"着写。

这尤其体现在结构上。新闻的结构可以概括为以"倒"为主的四字结构，这四个字就是：倒、排、跳、变。

倒着写，将重要的和吸引人的材料"倒"到前面，头重脚轻地安排材料。

排着写，以新闻价值为准绳，先后有序地安排材料。

跳着写，舍弃一般性的过程和叙述，打破时空地安排材料。

变着写，尽量变化创新，不拘一格地安排材料。

人的思维定式是很顽固的，不下大力气，这个定式很难突破。我们不止一次地看到，参加了多少次学习班的通讯员，在写稿子的时候，仍离不了总结笔法，离不了公文写法，喜欢大而全的文章，习惯在文章中堆砌不少空话、套话，常用过誉之词。究其根本，是没走出思维定式。有的通讯员对于新闻写作的知识听也听了、看也看了、道理也知道了，可就是没有改变习惯写法的主动性，这都是思维定式在作怪。

走出思维定式的内在动力，是要明确划分新闻与公文的根本区别；是要对新闻的基本知识有明确的认识和了解；是要熟练掌握各种新闻文体的基本写法。最根本的是要勤学多思，同时还应当注意，站在高处选角度，思索之后再落笔。

在新闻写作中要时刻牢记：

新闻务求新——要迅速快捷成文，要有时效性、新鲜感，有新闻价值；不可慢慢腾腾，不可拾人牙慧炒剩饭。

新闻务求真——要坚持用事实说话，提高新闻报道的信息量；不可主观臆造，不可道听途说，不可编造拼凑，不可形容夸张。

新闻要简洁——文笔要洗练、准确，要用写电报的精神去写新闻；不可穿鞋戴帽，不可又臭又长，力戒套话空话。

新闻要正确——观点要鲜明，导向要正确，内容要积极（鞭挞丑恶也是积极），事实要典型，不可模棱两可，不可误导读者。

新闻要像新闻——要合体例、合结构，消息要像消息，通讯要像通讯。当然，这里不是说不允许创新，而是说初学必须守规矩。要破规矩、创新，必须在懂规矩的基础上去破规矩、去创新。

电力通讯员要力求记住以上五点，坚持认真实践，必定有助于走出过去的思维定式，摆脱习惯文法，早日步入新闻写作的行家里手行列。

（八）把新闻写活的“四个一”

把新闻写活，是记者与通讯员的共同追求，也是广大读者的共同期待。

遗憾的是在各级电力新闻媒体上，干巴乏味的新闻还是比重较高。一些记者、通讯员，自己根本不爱看这样的新闻，却在反复生产着这样的作品。

把新闻写活，让自己的劳动多一些追求和享受；让广大读者获得更多的鲜活信息和读报的美感；让各级电力新闻媒体增加一些亮色和魅力，提高可读性、易读性和影响力，应当是我们的共同目标。

曾任《人民日报》（海外版）总编辑的詹国枢先生提出的做到“四个一”，是一种有效的途径。

这“四个一”是：选一个新颖的角度，做一个醒目的标题，写一个引人的开头，用一种生动的语言。

1. 选一个新颖的角度

詹国枢先生说："要把新闻写活，在'写'之前，先得下点工夫，选取一个新颖的、巧妙的角度。"

"角度者，立意也。记者的巧拙、高下之分，未见着笔，已见端倪。"

在这个意义上甚至可以说，角度选得好，新闻就成功了一半。实际上，也确实如此。面对这同一个新闻事件和新闻人物，立意不同，文章的效果就截然不同。

角度的新颖就是要与众不同，要匠心独运。

詹国枢先生出了三个点子：逆向观察、迂回观察和追踪观察，大可借鉴。

请品味以下文章的角度选择味道：

《洋劳模受奖》、《犯人赶考》、《电荒不荒农田，限电不限农业》、《保定居民实现足不出户交电费》、《大学生当了村电工》、《土专家造出了洋机器》

这些文章或是着意开掘与众不同的新意、选择反差较大的事实、对比强烈的事物；或是报道角度新鲜、标题的冲击势能强烈，有效地调动了读者的阅读兴趣。

选一个新颖的角度，是写活新闻的最重要的基石。

2. 做一个醒目的标题

有人说"题好一半文"，可见标题的重要。

文章的标题是读者读报的第一眼所及之处，不闻有"看报看题"之说?!

谈到新闻的标题，梁衡先生有不少精彩的论述：

"一篇新闻你写得再好，标题是个瞎题，或者虽不瞎也平平无光，文章也不会引人注意，更不会令人一见钟情。"

"一个标题如果不新鲜，如何能像标语口号一样到处贴，它肯定已经失去了神韵。"

"如果文章的标题，让人一看就茫然、木然，这文章还怎么往下读呢?"

（《新闻绿叶的脉络》梁衡，人民出版社 1997 年 7 月版 292～296 页）

新闻的标题作用切不可小看！精心的制作新闻标题，是写好新闻作品的极为重要一步，也是新闻角度的鲜明体现。

当然，新闻的最重要之处是要有新闻价值，没有新闻价值的报道文章，标题做得再精彩也是没人喜欢读的。但是同样的内容，标题做得好，稿件的成功率就高，新闻的传播效果就好，这是毋庸置疑的。关于标题的制作方法，本书在前面已经反复介绍过。

3. 写一个引人的开头

消息的开头叫导语，通讯的开头也就叫开头了。

关于导语的重要性有“导语是展示杰作的窗口”之说；关于通讯开头的重要性有“凤头”之论；俗语更有“万事开头难”之讲。在新闻报道的写作实践中，往往会有写了一个好开头就会精神一振、下笔如风的感受。

精心地写好开头，是制作好标题之后的又一个重要的着力点。它于文章的成败十分重要，切切不可忽视！

4. 用一种生动的语言

詹国枢先生说：“新闻天生是‘喜新厌旧’的。即使内容很新，但语言太陈旧，照样不受欢迎。”

令人感到悲哀的现实是，不少记者、通讯员习惯用僵死的、刻板的、了无新意的新闻语言去报道、陈述本来是鲜活的新闻事实，以至于造成了读者的读报疲劳，影响了电力新闻的传播效果。给它注入生气、让它焕发活力，着力去进行新闻语言的创新实践，已经是一个刻不容缓的重要课题了！

对于如何使语言生动起来，詹国枢先生出了三个主意：

> “一是‘换一种说法’——同样的事，同样的话，同样的句子，换一种说法，便能摆脱老套，给人以新鲜感，使你的语言生动活泼起来。譬如，‘不说煤矿工人又脏又黑’，而说‘脸孔黑得送饭的孩子看不出爹来。’”
>
> “二是‘说得形象些’——即把看不见摸不着的东西，用看得见摸得着的形象，把它生动活泼地描摹出来，使之具有可感性。譬如——厂长和书记犹如一张唱片的两个面，虽然歌词不同，但主题和声音是一样的。”
>
> “三是‘用一些新鲜的口语’——写新闻最好有意识的摆脱‘新闻体’，因为新闻体已经用得太火，用得太多，磨损得差不多了，没有多少新鲜感了。所以，适当的掺一些口语，可多一些活气，读来轻松有味。”

詹国枢先生的见解颇有可借鉴之处。但是一定要有度的把握。当生动时，尽可生动；当严肃时，一定要使用规范的新闻语言。不可滥用形容词，使用“口头语”要适度，要力求恰到好处。

概括起来说，把新闻写得叫人爱看就是：其一，采访获得材料之后、动笔之前要精心选个新鲜角度，这是稿件写好的重要基础之一；其二，制作一个响亮的标题，这个标题最好能叫人眼前一亮，但要不悖准确真实的原则；其三，在开头与结尾上下点工夫，力求写得有味道一些，尤其是开头，这是写好文章的关键点之一；其四，新闻语言要在平实的基础上求鲜活，不可求华丽、花哨，可以运用口语，用些群众语言。把握住了这四点，写好通讯报道就有了主动权。话虽好说，真正要做到这些却不是那么容易，需要努力，努力，再努力！

（九）言论写作的“十字经”

偶然看到楼宇然先生关于新闻言论写作的“十个要”，读来倍感所言精到，认为对于言论写作很有启示借鉴意义。摘录如下，请大家一读，必有收益。

一要高。人品要高，学识要高，文才要高，以高取胜。评论作者必须努力学习马列主义、毛泽东思想、邓小平理论和“三个代表”重要思想，要多学习多掌握经济、文化、政法、金融、信息、写作等方面的知识（作为电力通讯员，自然应当更多地掌握一些关于电力的政策、法规，电力的知识、信息。——编著者注），知识广，人品高，才能写出有高度的好评论。

二要善。善于对人，善于对事，善于评论，以善取胜。评论作者必须以同读者、听众持平等的态度说话，在评论主题确定后，要选好角度，心平气和地去评事论理，把以理服人与以善以诚服人融为一体，讲究评论艺术性和说理性的统一。

三要新。选材要新，命题要新，论点要新，以新取胜。做到“评无新意不作文”，敢开“人无我有第一腔”。切忌人云亦云，跟在人后说老话，评有新意才作论。

四要深。开掘要深，论证要深，剖析要新，以深取胜。写评论不一定要长篇大论，小评论如做到言简意赅，思想有深度，或富有理论色彩，同样能闪耀出思想的光辉。

五要精。精于立题，精于立段，精于用词，以精取胜。标题是文章的商标。好的产品商标，能促进产品畅销。同样，好的评论标题，能吸引受众目光。可见，文章好坏的第一引力在标题。

六要宽。拓宽视野，拓宽思路，拓宽题材，以宽取胜。既可以歌颂真善美，也可以针砭假恶丑。还可以提出新创见，凡是能促进两个文明建设的评论都可以写。

七要勤。勤于学习，勤于积累，勤于笔耕。“书山有路勤为径，学海无涯苦作舟”，勤于“充电”和“吸氧”，勤于积累“生活”和“资料”是写作之本。聪明在于勤奋，天才在于积累。评论写作无捷径，勤于笔耕是正途。

八要准。摸准需求，瞄准投向，对准专栏，以准取胜。物质产品要适合市场需求去生产，评论作品要适合报刊台的需求去写作。抓住时机，对准专栏，投其所需，命中率高。

九要快。构思要快，动笔要快，发稿要快，以快取胜。新闻评论、信息评论都要注重时效性。邓拓在战争年代有“日写三论”的美誉。当然，要力争在好中求快出精品。“有感而发”可以一气呵成，“深思熟虑”可以落笔成文。评论作者要有“构思快，写得快，发稿快”的好作风。

十要恒。持之以恒，才能以恒取胜。开头开好了，接下来就贵在持久了。写几篇评论并不难，难在养成持久地深刻地洞察世事的眼力，难在养成由表及里剖析事物的能力。持之以恒写作的根源在于能持之以恒地思考问题。良好的思维能力加上恒心，方能成功。

姑且把楼宇然先生的“十个要”，即高、善、新、深、精、宽、勤、准、快、恒，称为新闻言论写作的“十字真经”。坚持用它来对待新闻言论写作，甚至推而广之，对待新闻写作，一定会一步一个脚印地走向成功的殿堂。

（十）要学会讲故事

曾经有一本书《〈华尔街日报〉是如何讲故事的》，在新闻圈子里影响很大。这本书的一个重要观点就是，新闻不仅是要传播信息，更要让人读来有趣。这个观点与我们主张的要增强新闻的可读性是吻合的。要使新闻在让读者获得信息的同时，也能感受到阅读的愉悦，得到精神与情感方面的享受，这实在是个高标准。

学会讲故事，让新闻生动起来，鲜活起来，是我们要共同努力的方向。这里所涉及的不仅是一个新闻媒体传播效能问题，更是一个对待读者的态度问题。

让新闻有趣起来，《〈华尔街日报〉是如何讲故事的》一书介绍了好些技巧，建议感兴趣的通讯员去好好读一读这本书。对于其中的几个观点，作者认为大可借鉴。

“与其撰写一篇规模庞大、无法说清楚的长篇巨著，倒不如一篇信息有限却讲得很好的故事。后者影响力和说服力将远远高于前者。”

“在开始采访一个故事之前以及整个报道过程之中，你都要考虑你自己对于这个故事的感觉。如果你自己对故事或故事里的人物都没有强烈的感觉，那你怎么能够指望读者对这样的故事产生感觉呢?”

“如果记者能够深入到双方的底层去挖掘信息的话，他的故事将拥有一种强烈的市井特质，这是坐在办公室里的人永远无法提供的。”

“记者并不是站在老远的地方给他们（读者）上课的冷血动物，而是故事中那个聪明的向导，他知道读者的兴趣所在，他与他们亲密无间地交谈。他能解答他们心中的疑虑。”

“一个自始至终站在外围看故事的读者，永远不会被故事打动。所以作者要想打动读者，就应该使用我们前面提到的向导资格，把读者引到故事中来。让他们亲自走在一两条大街上，亲自碰到一两个故事中的人物，亲眼目睹一两个故事中的事件。这些细节的描述可能与整个故事的发展没有太大的关系，但是他们能让读者产生真实感。”

“当我们把自己的故事变成交谈，而不是讲座，我们会发现自己的故事不再是平淡乏味的，而我们的语言也不是在中规中矩的。那些普通人难以理解的新闻术语消失了。……只要我们心中有具体的读者，我们就自然而然地倾向于使用明白的语言。简洁明了，在我看来就是交谈中最根本的要求。”

认真阅读并深刻体味这些观点，努力在新闻写作实践中进行尝试，坚持为读者着想，认真地讲好新闻故事，一定会有助于把新闻写得更叫广大读者爱看，有效提高电力新闻的可读性、耐读性与易读性。

请看一篇报道。

不 见 炊 烟

6 月 11 日，星期日，女儿突发奇想，迫不及待地拉着我回老家，说要去寻找袅袅炊烟的乡村美景。

“炊烟在新建的住房上飘荡，小河在美丽的村庄旁流淌……”一路上，没在农村生活过的女儿兴奋得又唱又跳。经过一个多小时的行程，我和女儿走进郸城县虎岗乡梁老家村，这是生我养我的地方。

一进村，笔直宽敞的柏油马路，路旁矗立的座座楼房，让我眼前一亮。真想不到，几年不见，家乡竟变得如此美丽!

正午 12 时，我们走进老家东院的大娘家。女儿顾不上和大娘、大爷打招呼，便一头钻进厨房，嚷嚷着要拉风箱。大娘一听大笑起来："拉风箱？风箱早被我扔得不知去向了。如今不烧柴火了，谁还留那'古董'干啥？"

大娘指了指一尘不染的灶台，那上面，电饭锅、电磁炉、电水壶、电炒锅神气地站成一排。"如今俺家也现代化了，用这些电器做饭又快又好又干净！想想原来烧柴火时，天天烟灰满屋飞，我的眼都被熏出了'火眼病'，见风见光就流泪。一天三顿饭，忙得团团转，衣服脏得像要饭的，地里活儿都顾不上干。谁能想到现在会享这个清福呀！"

不甘心的女儿非要拉着我到邻居家再看看，我只好带着她又串了几家门。可每到一家，都是电炊具一应俱全，别说柴火，就连煤球、液化气罐都没见到。

村西头的祖仁大叔给我细算了一笔账："用液化气一个月要80元，用煤一个月要45元，而用电，一个月做饭加照明还不到40元，这样一比，谁家还不愿意用电？"说着，大叔拿出一张电费收款单给我看，"你瞧！俺上个月才用了29.4元钱。过去用电吧，电压不稳定，电价高。现在电压高了，电价低了，电工服务又好，抗旱浇地接电到地头，电器出毛病了电工一叫就到，还经常教俺怎样用电安全、怎样用电省钱。前不久，电工又把全村的线路都整修了一遍，还给村东的五保户李大娘家接上了电，说是要实现户户通电，服务咱们新农村建设。不砍柴不拉煤，闲来无事，我就种了2亩菜地，用电水泵浇地，地渴不着、我也累不着，一年多收三四千元！呵呵，真是'有电一身轻'啊，咱农家的日子越过越舒坦了！"

"唉！看来今天是看不到我想象中的袅袅炊烟了！"女儿夸张地叹了口气。

走出祖仁大叔家，我迎面碰上村党支部书记梁家峰。梁家峰听了我的感慨，欣然对我说："咱村变化这么大，得益于党的惠农政策呀。当然，你们供电企业更是功不可没。你看，现在不烧柴不烧煤，有害气体排放少了，环境好了，原来被砍得光秃秃的房前屋后、田间地头又种满茂盛的树木了。"

"如今的家园不见了炊烟，那是生活露出了笑脸，灶台前不再有辛酸的双眼，饭桌上憧憬着幸福的明天……"

回来的路上，女儿抱着乡亲们送的甜瓜，兴致勃勃地唱着自编的歌，全然忘记了不见炊烟的遗憾。

（梁彩仙，《河南电力报》2006年6月16日）

一篇只有千字的小故事，生动传神地讲述了党的惠农政策带给农村的巨大变化。作者巧妙地以“看炊烟”为主线来结构故事，有场景刻画，有动态描写，有生动的对话，有传神的细节，首尾有机呼应，语言生动鲜活，叙述条理顺畅，充分体现了电力在提高农民生活水平方面发挥的重要作用，展示了作者缜密的观察力和高超的讲故事能力。

只要下工夫，大家一定也能不断讲出一个个精彩的新闻故事来。

（十一）新闻写作的十六字经

为帮助广大电力新闻通讯员迅速了解、把握、记忆新闻写作的要点，下面从对待电力新闻写作的态度、思维、精神、新闻写作与综合把握五个角度，概要总结了 16 个字，并作了相应的简要说明，期望能对大家有所借鉴、助益。

1. 在对待新闻写作的态度上要破除“怕”字，树立“敢”字

怕：不知新闻为何物，怕写不好，因而不敢动手，犹豫不定。

敢：开始之际，要能大胆地去写，会比着葫芦去画瓢。像说话一样去写新闻，对新闻写作的体例，要有基本的了解。注意新闻报道讲究一事一文，事完文止，别说废话、套话，更不要追求词语的华丽，要像拍电报、发短信一样遣词用句。一定要自信自强，大胆起步。

2. 在对待新闻写作的思维上要求“变”，破除思维定式

变：可以从三个方面着手：

(1) 笔法上改变作文、公文、总结汇报写法，力求简洁、准确。

(2) 语言上，摒弃官话套话，力避穿靴戴帽的装饰语言，力求明快、通俗，多用动词，少用形容词。

(3) 结构形式上，最初入手要把握各种基本的体裁特点，力求合乎规矩，把握规律。一定要了解：消息，以倒金字塔结构为主，重要的内容放在前面；内部结构包括标题、新闻头、导语、主体、结尾；要精心制作好标题、导语，力求准确、具体，简洁、明快、生动、通俗；篇幅力求短小精悍；内容尽量一事一文。通讯、消息，甚至言论，其标题、行文都要讲求味道，力求简洁生动；对于标题制作，可尝试只有主标题、主副俱全以及主副都实、主虚副实等多种写法。写稿一定要有追求，不可多年一贯制，一成不变地按一种套路写，要有用心钻研探索，不断求变、创新的意识。

3. 在对待新闻写作的精神上要提倡一个“韧”字，会用一个“思”字

韧：坚忍不拔，有屡败屡战的勇气和毅力，不浅尝辄止，不妄自菲薄，要

有“咬定青山不放松”的劲头，坚持下去必定成功！

思：要勤于用脑，多思谋，会比较，善总结。善于给自己找老师，树立榜样。向报纸学习，向优秀的通讯员同道学习。善于对照总结，明了不足，发挥优势，不断进步。

4. 写新闻报道时要力求念好五字经——实、准、快、短、活

实：真实，新闻的生命；平实，文风平和朴实，不卖弄，不夸张。

准（新）：正确，合度，准确；角度新鲜，有新闻价值，导向明确。

快：树立抢的意识，迅即成文，尽快发到媒体，提高新闻的时效性。

短：篇幅短，导语不超过百字，简讯不超过200字，消息一般不超过800字，通讯一般不超过1500字。

活：语言生动，角度独特，结构新颖，形式创新。

5. 做好新闻写作工作，要综合把握六字经——高、近、深、精、学、博

高：境界要高，视野要宽，要有全局观，要能够与时代同步，善于站在全局角度判断新闻价值，把握新闻的导向。

近：近处着眼，贴近生活，坚持报道、反映熟悉的人与事。

深：深入观察，深入思考，善于把握新闻事件的本质，揭示规律，强化报道的思想性与指导性。

精：树立高标准，力求能出精品、写精到，以达到良好的传播效果。不可凑合敷衍，只图完成任务了事。

学：学习新闻知识、时事政治、写作知识、群众语言、国学经典、箴言警句。还要掌握必要的电力专业知识，以及有关的政策、法规甚至规程、规则。

博：不断积累，丰富学养，构建自己的知识体系，努力做到广博丰富，成为杂家；关键知识要力求能准确、精到地把握，力争成为专家。

第三节 把握“诀窍”好上稿

撰稿、投稿需要扎实的基本功、严谨的态度，需要付出艰苦的劳动。不要企图不费气力、坐收功效。然而，提高投稿成功率又确有“诀窍”，下工夫动脑筋做好，常可收“事半功倍”之效。

下面介绍一些方法，供电力新闻通讯员参考：

一、少炒“剩饭”，莫放“马后炮”

电力新闻通讯员写稿首先要研究报纸，但绝不可见到报纸上登什么就写什么，总炒“剩饭”，放“马后炮”。研究报纸重要的是要找到需稿的“提前量”。一位老编辑形象地传授：研究报纸要看“三线”，通过“三线”掌握编辑意图和报纸需稿的趋向。一线是报面，二线是编辑手中在编的稿件，第三线是编辑头脑中想的稿件。要提高上稿率，必须研究报纸，根据事物发展的逻辑趋势，去思考、研究，从而把握编辑想要的稿件，掌握写稿的“提前量”，就能提高上稿率。否则，看到报上发什么才写什么，早就晚了。总是跟在别人后面人云亦云，只能是做无用功。

二、靠特色去打动编辑

通讯员要上稿，最主要的是稿件质量，质量有其外在形式，也有内在的东西。

通讯员写稿要比记者更注重外在形式，更讲究形式美。记者的稿有固定的供销渠道，编辑必看；通讯员的稿，编辑很可能没有对记者的稿子看得那么细。因此，要提高成功率，就必须对稿子的外在形式，给以精心“装扮”（其“度”是不悖真实）。

其外在形式包括：标题要亮、导语要新、字迹清晰、公章要有、篇幅宜短。

新闻理论中，有一种关于标题、导语的“一见功效”，说得是必须精心制作好标题、写好导语的重要性。标题、导语是编辑的第一印象，要把握编辑的心理，制作好标题、导语，让他“一见钟情”十分重要。至于如何制作好标题、写好导语，那是要下大工夫去研究的。对此本书前面已有介绍，可认真看一看，细细体味，反复实践。

三、节目稿要有提前量

节日稿件往往是各单位领导都很重视的稿件，报纸编发这类稿件，一般都是提前组织。想让自己单位的节日活动上报，一定要有提前量，当编辑正需要时，别人尚未行动，你的稿件已经到了编辑部，必定能发。二是写出特色，有别于他人。但是做到这些都需要以单位的实际活动为基础，可精心策划、打好提前量（活动的提前量），但切忌编造、切忌未做先报。

同样，一项大的工作开展、重点工作部署的反应报道，如：贯彻工作会精神，贯彻安全会精神、开展××活动的报道，一定要抢时效性，早动手、快投稿。越早发稿，主动性就越高。在撰稿时，如能深入开掘、写出特色，那就更好了。单位领导一般对此都十分看重，通讯员们对此应当给予足够的重视。

四、多沟通至关重要，深入及时了解编辑部意图是提高上稿率的关键

在这方面，可从以下两个方面入手：

认真研究各个新闻媒体的报道要点。如媒体办有《编通往来》之类的小报或刊物，一定要及时阅读、深入研究。

与对口编辑交朋友，争取能直接通过电话、书信联系，及时反映线索、请教问题。人熟是一宝，了解最重要。要争取能直接对话、及时对话，及时了解需稿的近期、中期和长期计划；要争取了解每个编辑的工作特点，有机会一定要大力支持编辑的工作（如约稿、提供重大报道线索等），注意增进和编辑的感情联系，这是做好通讯报道工作、掌握主动权的基础。

五、短什么补什么，缺什么给什么

要掌握新闻媒体需稿的一般规律。要明了：稿件思想深刻、篇幅精短的好，人物报道眉目清晰、事迹感人的好，有动人情节的故事总需要，言之有新意的言论常缺少，信息含量高、表现手法新颖的图片最需要。再有，一般新闻媒体常会发生季节性稿荒，多是在节假日时、农忙时容易发生。掌握了这个规律，适时写稿必有收益。如能做到当报纸缺少什么稿件时就能提供什么稿件，何愁稿件不能发呢?!

六、“与众不同”效果佳

报道形式的出新是提高上稿率的有力手段，据有关资料介绍，新闻报道形式达数十种之多，而多见于报纸的往往是一般的消息、通讯、图片、言论，鲜有新奇的形式。

探索新的报道形式，对于自己是一种突破，对于媒体是一个贡献。撰稿时要多思考、细推敲，注意探索采取多种报道形式，为媒体提供稿件，不要一个模式用到黑。就说写消息报道吧，除了常规的写法，能不能写一些现场目击、速与；写通讯通不能写一些述评、札记；写惯了报道语言，能不能换一下对话写法，甚至用一些镜头组合式报道；经常写一些动态消息的，可不可以尝试一下深度报道；总习惯拍单幅照片的，换一下手法去拍一拍新闻故事。行动起来，试着打破自己的惯性思维、懒惰的习惯做法，尝试着变化一下、求新一点，收获一定会让人欣喜。

七、心中要有读者

写稿的人要把自己放在读者的角度去看问题，写读者要看、爱看的新闻。心中有读者，笔下有风采。要注意稿件的信息量和可读性，要注意语言的通俗性，切不可空话、套话、官话连天。连自己都不想看的稿子，读者是一定不会

去读的。当然，注意可读性一定要有度，前提首先是要导向正确、思想健康。

八、少写大而全的稿子

大而全的稿子是新闻媒体的大忌，对于小单位就更不宜写。动辄数千字、一大本，会让编辑望而生厌的，势必费力不讨好，难以发表。要写长稿，一定注意不可先斩后奏，应当提前联系、早打招呼。长稿一定要把握题材重大、开掘要深、有看点、有味道。大而空、全而平的稿子，最好别写。

九、正确认识长与短的关系

正确认识短稿的作用，“豆腐块”分量不一定轻，把劲用在要害处，写不精到不出手。短稿容易上，长稿不容易上。短稿并不意味着新闻价值低，写得好照样可以上各版头条，甚至头版头条；长稿难上，尤其是长而空的稿子，是编辑最厌烦的，往往是白费劲。无论长短，关键是稿件要写得实、写得活、有深度、有信息含量。

十、催稿要适度，不可频催，要了解编辑心理

催稿时，可扼要交代稿件背景、重要性、领导重视程度，要注意点到为止，不可一而再，再而三地催，防止造成编辑的逆反心理。

十一、少要求照顾，但不是不可要求照顾，重在自强，提高稿件质量，重要稿件要重点说明

媒体对于照顾稿肯定会发一些，但不会总是发照顾稿。总要有一个度的把握，比例应当是非常小的。更何况，稿件的处理程序是多层面的，编辑总发照顾稿会影响自己的形象。因此，切不可篇篇稿件要求照顾，最根本的是要自强，是要在提高稿件质量上下大工夫。对于领导特别重视的重要稿件，在按照常规处理又很难发表的情况下，要与编辑甚至总编辑做深入良好的沟通，务必使其了解稿件的重要作用，力求能够发表。

十二、研究栏目多写对口稿件

每个媒体都有栏目，每个栏目都有一定的用稿范围，研究栏目，按需投稿，提高了撰稿的针对性，自然也会提高发稿的可能性。

第四节 新闻理念作统辖

电力新闻通讯员从事电力新闻写作，是责任使然，不是权宜之计。要真正做好这个角色，担当起这份责任，仅凭爱好与热情是不够的。须知思想是行动的先导，理念必然影响、决定行动。要成为一名优秀的电力新闻通讯员，必须要认真学习，深入求知，逐步牢固树立正确的、系统的新闻理念，并自觉地以这些新闻理念规范、指引自己的采访和写作实践。

当前，人们欣喜地看到，我国各新闻媒体的面目明显发生着受人民群众欢迎的改变。各种社会媒体的报道，形式日渐丰富，面孔日见亲切，语言日趋鲜活，民生日显接近。这些都具体反映着新闻理念的进步，究其根本，是社会进步使然，是建立和谐社会的时代要求使然。对于这一深刻的变化，电力新闻记者与通讯员要以高度的社会责任感，与时俱进，主动学习研究，以开阔视野，提高能力。

电力新闻记者、通讯员确立系统的新闻理念，必须坚持党的思想路线，坚持马克思主义的新闻观，从求实、求是、求快、求活、求情、求新“六求”入手，来确立真实性、客观性、时效性、公众性、人本与创新性六种新闻理念。这六个理念具有系统性与完整性的内在关系，既相辅相成，又互为因果，必须整体把握，不可割裂分解。

1. 求实——坚持新闻写作的真实性理念

真实向来被视为新闻报道的生命，真实性是新闻报道的基本原则。新闻写作者应力求具有直面现实、秉笔直书、准确描摹新闻事件的素质和能力。新闻写作的真实性理念是一个具有系统性、完整性的结构性概念。坚持新闻写作的真实性理念，在新闻写作中具有统辖性意义，不可有须臾的违反与动摇。

新闻写作的真实性理念要求，新闻报道的所有构件（包括事件、时间、人物、情节、细节、语言、数字以及背景等）必须要真实。而且，这个真实必须力求体现本质的真实。它要求电力新闻通讯员不可只是截取事件的个别表象片段进行描摹；更不可注入主观意志曲解、臆造所谓的新闻事实，要力求实现客观真实与本质真实的统一。贯彻新闻写作的求实理念，一定要坚持辩证唯物论的反映论，坚持主客观的统一；要以认真负责的态度，深入生活、深入实际、深入群众、深入观察、深入采访；要养成严谨的工作作风，从采访到写作必须处处求细、求实；必须要掌握新闻的报道规律，研究与熟悉新闻的报道要求与技巧，并能够做到灵活运用。

能否坚定不移地奉行真实性理念，是对广大电力新闻通讯员新闻综合素质的检验，是改革发展的新时代对新闻事业的根本要求。

2. 求是——坚持新闻写作的客观性理念

求是，是坚持新闻写作的客观性理念的高境界；是尊重现实的严谨的科学精神、敏锐的个人直觉和强烈的情感指向的高度统一。它体现了对新闻事件本原状态的高度尊重，与坚持新闻写作真实性理念具有同一性。它是新闻作者对基于新闻事件基本事实的规律探究之果。坚持新闻写作的客观性理念，要求新闻作者务必尊重新闻事实，要减官话，去粉饰，深入思考，以事明理，揭示规律，从而更好地发挥新闻报道的指导与导向作用。

坚持新闻写作的求是理念，是对广大电力新闻通讯员高标准要求。它要求大家一定要具有大局观，要善于分析判断，具有透过现象看本质的能力。对于新闻事件要善于选择提炼，不可不加选择有闻必录；对于新闻事实不可只作自然主义的照搬，而是要能透过表象，发现新闻事件背后体现的趋势与规律，开掘出新闻报道的内在价值；尤其在面对重要的新闻事件、一些带有重大倾向性的新闻进行深度报道时，更要以这一重要的新闻理念作为统辖，缜密分析，深入探究，精到提炼，准确揭示要旨。

秉承求是原则，坚持新闻写作的客观性理念，一定要注意报道中事实叙述与评价的区分，要努力掌握平衡的报道方法，力求处理好客观性与倾向性的关系。而要做到这些，需要较高的综合功力，较好的新闻技巧，更需要经历长期的新闻实践磨砺。

3. 求快——坚持新闻写作的时效性理念

讲求时效性，求新求快是新闻的最根本特性。新闻写作的时效性直接关乎新闻产品质量的优劣和新闻写作行为的成败。离开了时效性，新闻就丧失了鲜活的生命力。

是否讲求新闻写作的时效性，力争求快，直接体现着新闻人的责任感与职业素养。电力新闻通讯员，对此一定要给以充分重视，要养成只争朝夕的求快习惯，摒弃慢腾腾不着急的作风。要在深入采访确保真实准确的基础上，只争朝夕，快速成稿，快速发到相应的新闻媒体，力保新闻的时效性。养成求快的习惯，牢固树立时效性理念，既是新闻传播效能的需要，也是对新闻宣传事业负责和对读者负责应取的态度。

4. 求活——坚持新闻写作的公众性理念

求活，是新闻传播效果的内在要求，是新闻写作公众性理念的必然体现。新闻写作与报道是为反映不断变化的社会现实，以满足广大读者的新闻需求为目的的写作活动。树立新闻写作的公众性理念，就要从写作态度、报道题材、写作方式、语言运用诸多方面，提高写作技巧，力求鲜活、通俗，优化新闻的传播效果。

电力作为社会公用型行业，其新闻报道具有很强的社会公众关注度，坚持新闻写作的公众性理念，是电力新闻从业人员必须牢固树立的重要新闻理念。尤其在为社会媒体提供电力新闻报道时，更应讲究报道技巧，注意运用社会公众易于接受的报道语言与形式，弱化行业技术特色，有效提高社会传播效能。

在电力新闻写作实践中坚持求活，牢固树立公众性理念，也是电力行业新闻媒体与电力新闻记者、通讯员，贯彻贴近职工、贴近生活、贴近实际原则的具体体现。它要求大家要使用职工熟悉的形式和语言，来表述新闻事实，开阔职工的视野；要善于发现、开掘身边蕴藏着的新闻，慰藉职工的心灵，提升职工境界；要运用有情节见精神的新闻事实，渗透时代精神，借鉴《华尔街日报》“使新闻读来有趣”的观点，提升新闻报道的可读性和爱读性，不断写出受广大电力职工群众欢迎的新闻作品，力求达到润物无声的导向作用。

5. 求情——坚持新闻写作的人本理念

在新闻报道中体现真情实感，贯彻人本理念，是社会主义新闻媒体的内在性质所决定的，是新闻传播力量与魅力的体现。它体现着新闻从业人员的人格魅力，展示着新闻媒体的时代精神。

坚持新闻报道的人本理念，要求所有电力新闻写作的从业人员（当然包括广大的电力新闻记者、通讯员），在新闻采访、写作的全过程，一定要注入真情，深入感受并准确把握新闻事件与人物的情感、人性的体现。要力求摒弃刻板的官样语言、八股腔与居高临下的俯视态度，强化接近性、现场性感觉；要深入挖掘新闻事件与人物体现的时代精神和人性魅力，对加班加点的精神褒奖，对忘我奉献的赞扬要真实有度；要力戒绝对化的、“高大全”式的神化夸张；要避免扭曲性、不近人情的片面描写，力求让所报道的英模人物生动鲜活，真实、可信、可爱，不虚饰，不拔高，见心性，见真情。

6. 求新——坚持新闻写作的创新性理念

求新是对新闻写作的本质要求，是新闻生命力的具体体现。这个“新”，具有丰富的内涵，它包括事件新、角度新、形式新、语言新、见解新等。随着时代的进步，随着我国改革开放的发展，新闻事业也发生着日新月异的变化，新的事物，新的报道形式、体裁正在不断涌现。

创新性是新闻写作的基本理念之一，对于新闻写作的方方面面具有全局性意义。社会的发展，时代的进步，技术手段的更新，制约影响着新闻的传播方式及接收方式，也强烈呼唤着新闻从报道形式、传播方式等方方面面的创新。没有创新，新闻写作就会沦为僵化的模式化写作，就必定会迟滞新闻事业的发展，影响新闻信息的传播。

电力新闻通讯员要在熟练掌握基本的新闻写作技能的基础上，牢固树立创新性理念，持续努力，刻苦探索，努力创新，与时俱进。要坚持在新闻的写作实践中，从新闻报道形式、体裁、模式、语言等各个方面，自觉进行开拓创新的有益探索。

以系统的新闻理念统辖、规范新闻写作，是电力新闻记者与通讯员必须牢固树立并长期坚持的基础素质。它同时要求，在新闻写作实践中，要紧跟时代步伐，不断开阔视野，善于学习吸收先进的新闻理念，讲求新闻传播技巧，使电力新闻报道事业充分展现时代的光辉。

第五节　借石攻玉增“法力”

俗话说“他山之石，可以攻玉”，电力新闻通讯员要善于学习、借鉴、吸收他人成功的新闻写作经验，并结合自己的具体情况拿来应用，力争较快地提高自己的新闻写作能力。

下面，本书为大家汇集了三位基层优秀电力新闻通讯员的写作体会，期望大家能从中有所感悟与启示。

一、梁彩仙——以“勤”作舟收获多

河南电力系统优秀的新闻通讯员——郸城县电力局思政部主任梁彩仙，是位新闻写作战线上的有心人、会讲新闻故事的高手。谈到自己的写作经历，她认为坚持“勤于用心、勤于选择、勤于动笔”是自己获得进步的关键。其实，这三勤说来也没什么新鲜的，听起来也很容易，但真正能做到、做好就真不那么简单了！

（一）勤于用心，挖掘新闻素材

处处留心皆文章。搞新闻宣传，就要有敏锐的新闻意识，能够及时迅速地发现有价值的新闻线索，发现事件的新闻价值。

2006 年 6 月，我带着女儿回老家，寻找她一直向往的炊烟袅袅的诗意乡村。我们跑遍全村也没有找到一家烧柴灶的，看着失望的女儿和变得亮堂起来的乡村，我顿觉眼前一亮：是电力带来了农民厨房的改革，带给了农民富裕和快乐。回到家，我顾不上吃饭，便打开电脑，写出了通讯稿《不见炊烟》，记录了这一经历。这篇报道先后在《国家电网报》、《河南电力报》发表，都获了奖。

眼、耳、口、手、脚并用，眼观六路，耳听八方，四处打探，多动笔杆，勤下基层，是我写稿的秘诀。为了多写稿，公司召开的每一次会议，基层举办的每一次活动，网上发布的每一个信息，采访中遇到的每一个人，我都用心去揣摩，从中挖掘新闻点。

2007年11月24日，我去太康变电站拍摄综合自动化改造现场，吃饭时间与几位检修女工闲聊时，了解了她们工作的辛苦，深为她们的奉献精神而感动。于是，除了发出照片外，我还赶写了一篇小通讯《检修女工的情怀》，发表在《河南电力报》上。检修女工刘清珍的事迹也因此被大家所知晓。

处处留心，时时用心，不让任何有价值的信息白白溜走，这样才能多写稿、写好稿，这就是我最深的感触。当然，有“心”还得有“新”，抢速度，抢时效，赶在最短的时间内把稿子发出去，这样才能赢得先机，做好新闻。

（二）勤于选择，抓好文章角度

写文章就像看庐山一样，一个角度就好比一个“窗口”，从不同的“窗口”看去，就会出现不同的景色。只有抓住最能反映精彩画面的那个“窗口”做文章，才能出佳作、出精品。同样的事实选择什么样的角度来表达，其中确实大有学问，选取最佳角度，就能让文章脱离俗套，新颖别致。

2005年全国各地大力宣传学习“两个条例”（作者注：即《中国共产党党内监督条例》和《中国共产党纪律处分条例》）之时，我很想就此写篇评论文章，但从何入手才能写出新意，颇让我动了一番脑筋。从现实中的事例写起，似乎有点司空见惯，缺少吸引力。思之再三，最后我决定从一个分粥的小故事写起，突出加强党内监督的必要性，写成了言论文章《分粥与监督》。保持共产党员先进性教育活动如火如荼地进行之时，面对着浩如烟海的报道文章，我一改正面宣传的模式，试着从批评的角度写出了《莫让先进性教育流于形式》，从侧面提醒搞好教育活动要扎扎实实、莫走过场。

角度是客观的，多种多样的，但只要肯下功夫，多对比，勤观察，善分析，就能选好角度，写好文章。

（三）勤于动笔，提高写作技巧

勤能补拙，搞写作不勤动笔就永远出不了佳作。在平常的工作和生活中，时有点点灵光闪现脑际，这时切不可偷懒，要赶快动笔记下来，不管是一个词、一句话，或者一件事，也不管它是新闻、是情感，或者是观点，见于笔端便是一种成功。积累多了，它们就像被捡起的一颗颗珍珠，最终会串成一条闪闪发光的项链。生活处处有感动，只要留心观察，不断体会，便会源源不断流于笔下。

为了提高写作技巧，工作内外，一有闲暇，我总是拿着报纸细细研读，深更床头，寂夜无声，我还在皱着眉头挥笔疾书，有时睡梦里忽然想到一篇文章的布局，便顾不上睡眼蒙胧，爬起来写呀改呀直到完成。由于平时工作忙，抽不出时间，到了周末这个对别人来说相对轻松休闲的日子，对我却是最忙碌的一天。一周内想写而没写的稿子，都要在这个属于我自己的一天里赶写出来，常常是忘了吃饭，忘了时间，文章写好改好，鼠标按下、邮件发出的那一瞬间，我才如释重负。虽然浑身酸痛疲累，但快乐却满满地充溢心间。

“天道酬勤”，只要有付出就会有回报。动笔多了，写作技巧就会大大提高，上稿率自然也会相应提高。

二、郑汝标——念好新闻写作的“二三四字经”

郑汝标是从部队转业到河北省枣强县电力局工作的，几近20年来一直兼职从事新闻报道工作，从一名普通职工成长为了中层干部。刚开始，由于对新闻工作的特点和规律不怎么清晰，他往往把写总结、汇报的格式、方法、语言，甚至把小学生写作文的笔法运用到新闻写作中来，结果劳而无功。面对失败及讽刺，他一度动摇，曾多次畏难想放弃。但他最终还是坚持了下来，努力钻研，刻苦探求，勤于实践，终于成为一名很有影响的优秀电力新闻通讯员。

他的感受是：要写好新闻，就要念好新闻写作的“二三四字经”。

（一）在思想认识上要实现“二个转变”

1. 明确优势，树立信心

基层电力通讯员，大多是兼职通讯员，与专业记者、编辑比，无论从业务素质、工作时间和工作范围都是无法相比的。然而基层通讯员身在一线，在突出新闻的“新”字上占有接近性的优势。比如我写的《生日饺子送到工地上》的报道，就是我亲临其境看到了刘忠山的妻子送饺子，工程队员们抢吃饺子，又听到了不知谁说了句“今天是队长的生日”，从而促使我产生写好这个新闻的想法。之后，通过深入采访获得了大量细节，又保证了文章的生动感人。比如：“刘忠山吃了早饭，正要去上班，妻子朱桂华轻轻拽住了他的衣襟说：‘中午可想着回来吃饺子……’”以及朱桂华为丈夫包饺子而忙活的场面等细节，如不认真采访是得不到的，陌生人采访也不容易获得。基层通讯员要深刻认识这个优势，并充分把握好它，这样就能不断写出鲜活的好新闻来。

2. 变静为动，主动进取

刚当通讯员时自己多处于被动状态，不是等领导分派任务就是等基层反映情况，还有时靠从总结、汇报中摘取材料写新闻，写出的报道往往流于一般化，没味道。在失败的教训中，我改变了方法，利用在办公室掌握先进单位、先进人物情况的便利，挤时间创造机会，千方百计找先进单位的领导和先进人物去聊天。这样做虽然不是正儿八经的采访，但得到的收获却着实不菲。仅1993年我就凭闲聊得到的线索与信息，在各报刊、电台、电视台及省市电力媒体上发表稿件100余篇，其中《农电好夫妻》还被评为三北（东北＼西北＼华北）好新闻。

（二）在获取新闻素材中要做到“三个切忌”

1. 切忌眼高手低看不到新闻

基层通讯员切不可只盯着那些大新闻，更不可小的不想写大的写不了，要善于用身边发生的小变化、小事情，来反映大趋势，见证大发展，切忌眼高手低，好高骛远。眼高手低，看不到小新闻、小变化里蕴藏的大价值，是基层通讯员找不到新闻没米下锅的一个重要原因。

基层通讯员身处一线，站在身边的人、发生在身边的事都是普普通通的实在人、实在事，单位上其实很少有惊天动地的大新闻。这些年我一直坚持多写身边熟悉的小人物、小事件，有不少被评为好新闻。几件较大的新闻报道我大都是与专职记者共同完成的。我认为，就一些较为重大的报道题材，与记者及时多沟通、多合作是个可行的好办法。

2. 切忌人云亦云套写新闻

我说的切忌人云亦云套写新闻，就是讲不要看到别人写什么自己就跟着爬。俗话说新闻的灵魂在于新，基层通讯员应立足当下，善于发现身边新鲜活泼的事件写出新闻，以克服写作技巧欠缺的不足，叫做发挥优势以新见长。万万不可去做见到报刊上登了别处的新闻，一看自己单位也是这样做的，于是就做改头换面套写新闻的傻事，其结果必定让自己失望。因为别人咀嚼过的东西已经无味了，这种稿件你写得再华丽，有责任心的编辑也是不会用的。

3. 切忌道听途说编造新闻

新闻的灵魂在于新，而新闻的生命在于实。任何个人杜撰或道听途说的新闻都是没有生命力的。在我初涉新闻写作时，一次偶然的机会听到某乡干部夸赞我局某领导深入乡村的一些话，当时正是中央大力提倡密切联系群众之风的热潮兴起之时，我既没做调研也没征求领导意见，仅凭着某乡干部的几句夸词和对该领导的印象，开动全身机器写了一篇某领导“蹲地头，串门头，坐坑头”密切联系群众的文章。还没发出被该领导发现了，他亲切地说：“你写得不错，但与事实不符，我没有你写得那么好，但我今后将向这方面努力。”领导这不是批评、胜似批评的话使我永记终生。在后来的写作中我始终坚持着实事求是的报道原则，坚持从基本事实到所有细节不虚饰、不夸张，不作“合理”想象。

（三）在新闻写作中要努力达到“四有要求”

“有米”、“有柴”、“有锅”、“有成”是我对自己从事基层电力通讯员工作的要求。

“有米”是指要有新闻线索。“有柴”是指要有烘托新闻的环节和细节。“有锅”是指要有驾驭新闻线索、环节和细节的能力。“有成”是指把生米做成熟饭，贡献给编辑和读者。这是基层通讯员应达到的系统要求。

我在长期的业余报道实践中体会到：“有米”、“有柴”是我们基层通讯员的地利优势，而“有锅”、“有成”则是需要我们终生学习追求的目标。

“有成”可分大成和小成。在对待“有成”的问题上我探索出了“小中见大，平中见奇，旧中见新”的基层报道思路，做到在小事中看到大影响，在平凡中看到独特的亮点，在旧事物中发现新的角度。这些思路为我拓展了报道选题。《农电好夫妻》是反映了普通农村电工中的奇特事；《生日饺子送到工地上》是小事产生了大影响；《张春伏和他的东山墙》就是从他看似平淡的为群众服务的做法中找到的新的报道角度。这几篇报道见报后都收到了较好的反响。

三、王发希——热爱是成功的基础

河北省魏县供电公司王发希是从2005年踏上电力新闻写作之路的，自此就和新闻结下了不解之缘。经过几年时间的努力，现在已经有300多篇稿件发表在各类媒体上，他本人也成为河北电力系统一位知名度较高的新闻通讯员。

说到如何当好通讯员，王发希觉得——“热爱”是最重要的，热爱是最好的老师，热爱是成功的基础。

（一）热爱新闻写作，就要爱学习

我写新闻也是从热爱开始的。刚开始写新闻的时候，觉得新闻稿件篇幅短，内容少，没有把写新闻看的多难，写作热情极高，有时候一天能写好几篇。但大多石沉大海，沮丧的心情可想而知。失败面前，我进行了反思，发现自己对新闻写作知识知之甚少是失败的主要原因。因此写出的稿子消息不像消息，通讯不像通讯，就像盲人编筐，那不是瞎编吗？

后来，我积极参加新闻写作培训班，还买了许多新闻写作、摄影方面的书籍认真阅读，并虚心向老通讯员请教，使自己的写作水平有所进步。第一年，就有60多篇新闻稿件见诸报端。但是，这样的学习是毕竟一份苦差事，要牺牲自己许多业余时间，要耐得住寂寞，需要有坚定的毅力才行。

向报纸学习也是一个很好的办法。别人看报纸是普通的浏览，而我看报纸却非常注意报纸上刊登的新闻佳作，研究人家是怎么写的，标题是怎么做的，这样对自己新闻写作水平的提高帮助非常大。

另外，还要多学习写作知识，打牢文字功底。文笔不行，写出的稿子就会枯燥无味，言而无文，行不远矣。我还感觉，平时多看一些文学大家写的文章，是提高眼界、增加文学滋养的好办法。常读读那些文章，就像品味一道道精神大餐，真是一种美的享受。长期积累，对于提高写作能力，大有助益。

（二）热爱新闻写作，就要做有心人

心有所思，事有所成，处处留心皆学问，这些话是有一定道理的。

新闻写作也一样。

一是要关注时事政治。这样我们写的新闻稿件才能符合当前的宣传方针，很难想象一个不关心政治的人能写出对社会、对企业有益的报道来。

二是要有新闻敏感性。新闻素材不单要在单位的公文材料中发现，看电视、和他人聊天，甚至走路都要留心新闻线索。刚搞新闻的那年冬天，单位在电力宾馆开大会，宾馆的大厅挂着一面“拾金不昧，品德高尚”的锦旗，好多人都没有在意。因为咱是搞新闻的，就多了个心眼，仔细看了一下日期，发现锦旗是新的，于是就想深入了解一下，看有没有报道价值。后来经过深入采访，写成了《金佛返家记》，刊登在《河北电力报》上。2009年，当金融危机刚刚爆发的时候，我从报纸上看到，国家电网公司领导针对严峻的经营形势，在不同场合多次提到建设节约型企业的问题。由此想到我们县局在节约办企上出色的表现，写出了《从花了算到算了花——魏县供电公司建设节约型企业纪实》的通讯，先后被《国家电网报》、《华北电力报》、《河北电力报》采用。这些经验告诉我，通讯员要有第三只眼，要看到别人看不到的东西，还要动脑子去想，要从司空见惯的现象中发现规律并认真总结。

三是要想得全面一些。大家知道，写新闻，材料越多越好，要善于多角度地看问题。到供电所、班组采访，不能局限于事先定好的材料，而且要“拔起萝卜带出泥”，刨根问底。2007年我们供电系统搞社会主义荣辱观教育，当时报刊上宣传的大多是一些单位的经验做法，而我却在想，践行社会主义荣辱观，要看实际行动，作为在基层工作的干部职工来讲，干好本职工作就是最大的光荣。在这一思想指导下，我经过深入采访，写了《众人辩理理更明》的通讯，这篇报道被《河北电力报》三版头条采用，《农电管理》杂志加编者按全文刊发，反响较大。

四是要琢磨报刊。我们平时会遇到这样的情况，就是同样一篇稿件，这家报刊采用了，那家报刊却给枪毙了。这就要求平时多研究各家报刊的特点，根据各家报纸的需求充分利用新闻素材。头两年在先进性教育时，我写了我们单位一个优秀共产党员的长篇通讯，我给《邯郸日报》发稿时，针对该报是党报特点，拟的题目是《让航灯更明亮》，被头版头条刊用，这也是我在《邯郸日报》上的唯一头条；我给内部期刊发稿时，针对内部期刊专业性比较强的特点，拟的题目是《让先进性体现在具体工作中》，被一家刊物作为当期重点文章刊发。同一篇稿子，内容一样，角度不同，先后都被采用。

（三）热爱新闻写作，就要不怕吃苦，做到“三勤”

大家都知道，写新闻是个苦差事，可是只要你热爱这一行，你就会把吃苦当享受，就会体会到成功的快乐。如何吃苦？我的经验，那就是，一要嘴勤，勤问，多留心，多积累资料；二要腿勤，勤跑，多深入基层；三要手勤，勤写，发现新闻及时写出来，提高稿件的时效性。多参加一些会议，也是获取新闻素材的一个重要渠道。

（1）嘴勤。常言说：七分采访三分写。我曾写过一篇题为《陪着哑巴去买电》的通讯，分别发表在《国家电网报》、《河北电力报》等报刊。写这篇稿子时正是国庆放假，一个村的农电工来找我喝酒，我就问他：“你不是一直帮你们村的哑巴买电吗，最近又帮助他了吗？”这位电工答：“别提了，昨天他们家磁卡表里又没有电了，偏偏又下着雨，我陪着他去供电所买电，都把我淋成落汤鸡了。”我一听有新闻，就跟着他进行了采访，很快就出稿了。大家想，如果我的嘴懒点，还会有这篇新闻吗？

（2）腿勤。新闻是脚板子跑出来的，坐在办公室闭门造车，是写不出好新闻的。2007 年春，为了采写《梨乡春浓情更浓》这篇保春灌稿件，我连续跑了好几个供电所，到了十几个村庄，采访了供电所职工、农电工和春灌群众，掌握了大量第一手资料，因此写出的稿件有现场感和震撼力。这篇稿件被《国家电网报》评为好新闻三等奖。

（3）手勤。手勤的意思除了多写多练外，我把它理解为对新闻稿件的“精雕细刻”。作文是一门学问，来不得半点马虎。一篇文章，如果写出来供自己欣赏，不论怎样，无可厚非。如果要拿出去发表，则既要对读者负责，也要对编辑负责。我们看到一件事情，抓住一个问题，毛毛糙糙，一挥而就，自己不去下大力气，而寄希望于编辑的劳作，或者想以写得多、写得长去感动编辑，碰碰运气，结果只能是虽然耕耘多年，却不会有长足的进步。所以说，写文章要去掉幻想，精“雕”细“刻”，有好的文章在，不愁没有一席之地。

现实中我见到个别通讯员，对自己写的稿子左看右看都好，该删的舍不得删，该修改的不舍得修改，总觉得自己写的已经不错了；或者是三番五次修改，自己都厌倦了。这种态度是要不得的。毫不夸张地说，我写稿子（主要是通讯稿）从采访到写作，总要花上好几天甚至更长的时间，不断地在想，在修改，甚至推倒重来，这都是很正常的事情。我还会把我写的稿子拿给领导看，拿给同事看，一来请他们审审稿，把把关，二来请他们提修改意见，使自己写的稿子更有可读性，好处很多，写作水平就在对文章的推敲和修改中不断提高着。

总之，写新闻稿件是一项既富有挑战性又充满了魅力工作，只要你真正爱上新闻写作，写作的过程就一定会化作快乐的体验。

三位电力新闻通讯员从不同的角度介绍了自己的新闻写作经验，读来让人感觉既亲切又实用，颇具价值。他们的共同点是都对电力新闻事业无比热爱；都具有高度的责任感与强烈的事业心；都勤于学习，勤于思考，勤于实践。其实，你只要以他们为榜样，好学勤思，执著努力，一定也能走出一条属于你自己的成功之路，为铸就电力新闻大厦，促进电力事业的蓬勃发展，写下你的奉献之歌。

第七章

当好电力通讯员

第一节　牢记职责与任务

（一）什么是电力新闻通讯员

电力新闻通讯员是受电力新闻单位的委托，以采访报道和反映情况为主要责任的非职业的电力新闻传播人员，是办好电力新闻事业的基础力量，是新闻传播的重要使者。他和电力职业新闻队伍相配合，是电力新闻事业腾飞的有力一翼。电力新闻通讯员遍布全国电力系统每一个角落。

凡是热爱新闻工作，有一定的文字表达能力，愿意并且能够经常向电力新闻单位反映情况、提供稿件的，都可以成为电力新闻通讯员。但是，并不是所有想当通讯员的人，就能自然而然地成为正式的新闻通讯员，要想成为在册的电力新闻通讯员，还必须履行一定的手续。

（二）电力新闻通讯员的重要作用

电力新闻通讯员是电力新闻媒体发展的重要基础，在一定的意义上甚至可以说，没有广大电力新闻通讯员的支持，办好电力新闻媒体就是一句空话。

广大的电力新闻通讯员生活在基层各单位，在工区、在车间、在班组、在站所，他们最熟知下情；他们活跃在职工的生产生活之中，最了解广大职工的心声；他们扎根于一线，最靠近发生新闻的源头；他们是电力新闻媒体的最可靠的耳朵和眼睛，他们最有条件作出快速反应；他们是电力新闻媒体所需新闻稿件的最主要的提供者，据了解几乎全部电力新闻媒体的60%～80%的新闻稿件是来自通讯员；他们是新闻媒体连接企业、职工、读者的桥梁和纽带；他们是办好新闻媒体的最重要的保证之一。

（三）电力新闻通讯员的任务

电力新闻通讯员的任务主要有三点：提供稿件、反映情况、沟通新闻媒体与读者的联系。

(1) 提供稿件是电力新闻通讯员最重要的职责。

提供稿件主要有三种情况：一是通讯员在工作生活中发现新闻，主动写成稿件向新闻单位投稿的；二是领导交办要写的稿件；三是新闻单位约稿。

对于这三种情况，每一个合格的电力新闻通讯员都应予以重视。

第一种情况，要求通讯员要具有较高的责任感和一定的新闻敏感性，善于及时发现新闻并及时成篇，撰稿时要注意体现新闻价值和及时成稿、及时发出，以确保时效性，力避无效劳动。

第二种情况，领导交办的任务要保证高质量完成。作为领导，或是出于对企业形象的考虑、或是认为某项工作成绩值得宣传、或是认为某种作法值得推广，而对通讯员提出要搞好某些方面的报道，这是对宣传工作的重视，是通讯员体现自身价值，取得领导重视和信任的机遇。对此 ，接受任务的通讯员一定要十分重视，努力高质量完成。但是，首先应当明了领导要求报道的新闻事实或经验是否有意义、有价值、媒体是否需要。必要的时候应当提前与媒体编辑进行联系，了解是否需要这样的内容，以及对撰稿有何具体要求，防止无效劳动，及时沟通是保证完成任务的重要基础。如确实不能刊发（不典型、已有类似报道、版面紧张难以安排)，要及时向领导汇报，求得理解。

第三种情况，媒体约稿。这类约稿体现了媒体编辑对约稿通讯员的信任。能否高质量地及时完成，是通讯员和编辑建立信任关系的机遇。及时完成编辑的约稿任务，解决报纸、刊物的急需，将为通讯员发挥作用、事业进步奠定坚实的基础，决不可掉以轻心、拖拉延误。

(2) 反映情况，提供报道线索，也是电力新闻通讯员的重要职责之一。

常有这种情况，企业发生的事情或新闻，通讯员不便去写；或因为题材重大通讯员难以采访、驾驭，需媒体派员采访或合作。这时通讯员就要及时与媒体取得联系、沟通情况，以保证重大新闻、重要经验、典型人物的宣传报道不致延误。

(3) 沟通媒体与读者的联系，是通讯员责无旁贷的任务。

通讯员置身第一线，熟知职工的想法和要求，了解他们对媒体的意见和建议，应及时把这些职工读者对媒体的要求、建议，向媒体进行反馈；又由于通讯员与媒体联系较多，也有义务把媒体的有关情况向感兴趣的读者通报，以有效增强媒体与读者之间的相互了解与理解，架起媒体和读者沟通的桥梁与纽带。

（四）电力新闻通讯员的必备素质

(1) 拥护党的方针政策，有较高的政治素养，对党的方针政策以及有关电力政策、法规有较为系统的了解。

(2) 具有较高的政治责任感和较好的心理素质。

(3) 善于学习，勤于钻研，具有较强的新闻敏感性，对新闻知识有较系统的了解，有较好的新闻写作能力。

(4) 要对本单位的情况有较系统深入的了解，对本单位所涉及的有关专业（供用电、发电、输配电、基建等）知识有一定程度的了解。要力争通过学习了解更多的系统情况，牢固树立大局意识。

(5) 要有较好的群众基础和一定的公关能力。

(6) 具有严谨的工作态度和求实的工作作风。

（五）电力新闻通讯员要用心了解媒体

电力新闻通讯员最根本的任务就是为新闻媒体提供稿件。及时地了解媒体对稿件的需求意图是提高发稿成功率的基础，而了解这些的基础首先是对媒体的了解。

了解新闻媒体要从多方面入手：要了解报纸的版别，了解各版栏目的设置及对稿件的要求；了解媒体编辑部一个时期的报道要点和编辑意图；了解这个媒体的编辑出版节奏；重要的是还要了解媒体编辑的风格和特点，最好能够和编辑交朋友，运用电话、短信沟通都是不错的选择。须知，通讯员和编辑都有双向的沟通、交友需求。

对媒体的清楚了解对于通讯员好处很多。

(1) 可以让通讯员做到心中有数，从而明显提高通讯员的自信心，提高写稿的目的性，从而减少盲目性，防止无效劳动。

(2) 通讯员与媒体、与媒体编辑建立良好的合作关系，必然为自己的成长进步奠定坚实的发展基础。

(3) 通讯员做到对媒体的深入了解，就掌握了做好工作、发挥作用的主动权，有利于提高工作的超前性与针对性。

第二节　发挥优势天地宽

电力新闻通讯员身在基层，较记者、编辑具有不少优势；通讯员身在基层的一个点上，对全局的了解较记者、编辑也有一些不及。通讯员对于自己的优势与劣势一定要心中有数。

电力新闻通讯员清楚了这一点，充分发挥优势，以自己的不断努力，弥补劣势，就可以掌握工作的主动权，更好的发挥作用。

（一）弘扬优势，增大势能

广大电力新闻通讯员长年扎根基层，置身火热的电力生产建设一线，置身改革的前沿，每天都有大量的值得反映的鲜活的事情发生，犹如置身在富有的宝藏之中；他们和职工群众朝夕相处，最熟悉周围人们的喜怒哀乐，知道职工们的家长里短，靠近“新闻源”，最有可能把新闻写得真、深，写出情、义，使新闻作品具有可读性。这种优势是无论哪一级的记者也难与之相比的。

少和记者去较量长文章，多采取小角度切入，抓取生活中、工作中先进、典型人物鲜活的事例，抓住具有引人情节的身边的小事去写小通讯、讲小故事，必能大受新闻媒体的欢迎，从而“出奇制胜”，获得成功。

一项政策的出台、一种全局性的活动的开展，其效果、反响，都需要最基层的具体实例去印证，“用一滴水去反射太阳的光辉”是基层通讯员绝对优势所在。对此，不可不明，不可不用。

这些事例，可以是人物报道、事件通讯、新闻速写；可以是现场短新闻、特写；还可以是有感而发的“一事一议”、“有的放矢”的小言论。

（二）强化学习，变劣为优

电力新闻通讯员大多身在基层、在小单位、在班组，只注目熟悉一个点，对全局的情况不够了解，这是其劣势。变劣势为优势，不是一件容易的事，需付出持续的努力，付出汗水和心血。

电力新闻通讯员强化自己的学习，留心身边的变化是一种办法。这种学习应当包括对政策的学习、对新闻写作知识的学习、尤其重要的是对报纸（包括广播、电视、党报、行业报）的学习，通过学习来了解外面的世界，了解本行业的大势，了解改革的形势。加强对全局情况的了解和把握，再进一步留心本单位的发展和变化，留心自己身边的情况变化，把自己想报道的事实放到全局中去掂量意义、分量，靠锲而不舍地努力，逐步开阔自己的视野，就一定能做到胸中有全局，心中天地宽，从而把握撰稿的主动权。一些单位为充分发挥通讯员的作用，让他们多参加活动，向他们多提供情况，多派他们出去学习，有效地提高了通讯员的全局意识，开阔了通讯员的眼界，提高了他们的新闻敏感性，从而为他们充分发挥作用创造了条件。不少基层单位的领导就具有这样的远见。他们一直注意连续开办通讯员学习班，大力支持通讯员们的工作，做了不少重视、培养新闻报道人才、支持这些人才发挥作用的基础工作，同时也为企业树立良好的形象创造了有利条件。

前面所说不要去和记者较高低，是指不要和他们一样去比发稿的分量、发稿子的长短。记者与通讯员相比处于优势地位。这些优势包括采访优势、对全局情况的了解优势、由自身的位置所带来的撰稿、发稿优势，这一切就决定了他在写稿中处于强势地位。但是这并不是说通讯员一定不及记者，通讯员的作用和记者的作用，对于报纸来讲，都是必不可少的，作用是互补的。一名优秀的基层通讯员，从文字功底到综合素质，完全有可能不低于甚至超出一些记者，这已被不少事例所证明，一些通讯员的稿件在全国电力系统、中国企业报协会的好新闻评比中连续获得一等奖，就是明证。

在新闻写作的实践中，不少基层通讯员，坚持立足基层，以小取胜；研究业务以精取胜，在新闻通讯工作中取得了突出成绩，得到了长足进步，也为自己的人生注入了光彩。

作为一名基层通讯员，最可宝贵的素质是要自信，由自信而自强，而引发毅力，而锲而不舍，一定会大有作为。一个个的电力新闻媒体是一所所大学校，是人才成长的摇篮。广大电力通讯员应当自强不息、努力工作，力争早日成才。

第三节 目标管理是良方

作为电力通讯员都会怀着一个美好的愿望，期望看一本书或参加一个学习班就能够写好新闻，其实这是不可能的。知识要一点一点地积累，能力要一点一点地提高，路要一步一步地去走，盼望一口吃个胖子，能够一蹴而就绝不现实。新闻写作是一个实践性很强的工作，要获得成功，对自己实行“目标管理”，是一个值得一试的良方。

在这里，作者送给电力通讯员四句话：“进步必有阶段性，求新求深无止境，循序渐进步子稳，锲而不舍定有成。”

确实，任何一件事情的发展、一个人的进步、一个成果的取得、甚至社会的变迁、认识的深化，都有明显的阶段性，新闻写作自然也不例外。

不久前看到一份资料，谈到摄影成功要过“四关”，颇有启发。这“四关”讲的是：器材关、技术关、创作关、风格关。第一关是器材关，讲的是摄影器材在摄影中具有几乎是决定性的作用，想拍好照片，首先要有一定水平的相机。起码焦点要实，曝光要可控。创作能力受器材层次的制约。第二关是技术关，说的是要能熟练地掌握和运用相机，无论是在什么条件下，都能达到拍摄目的。第三关是创作关，能够熟练地使用摄影器材去表现自己要表现的事物。在这个阶段，摄影者有了主观的追求，有了创作的意识，有了明确的审美意识，并能够自如地运用摄影技术达到创作目的，从而完成由摄影匠到摄影师的过渡。第四关是风格关，即形成自己鲜明的摄影风格，这是摄影的至高境界。能达到这个境界的是那些极为勤奋，极善于思考，很有悟性的人。

下面试把新闻写作也分为四个阶段，作一概述。应当说，写作与摄影有相通之处，但更有各自鲜明的特点。因此，新闻写作的四关自然也就与摄影的四关有着明显的不同了。

（一）第一关起步关

在这个阶段，一般会是由于领导的交办，或是由于自己的责任感，抑或是兴趣，开始受命或是主动写新闻。此时的感觉可能会是茫然无措，不知从何入手。聪明的会去比葫芦画瓢，完成报道；大胆的会去放笔直取，凭感觉写出报道。之后就是期望早早见到自己寄出的稿件发表见报，那种心情可以用殷切期盼来形容。一旦发表见报，或许会兴奋异常，夜不能寐，充满成功感，拿着报纸看了一遍又一遍（哪怕只有一句话，哪怕只是一个小豆腐块儿）。再之后可能就是热情高涨，会坚持写下去，并从此一发而不可收。也有可能连写几篇，屡投不中，于是自暴自弃，认为自己不是这块料，或是埋怨报社不识货，或是哀叹自己没有关系，从而不再写这“劳什子”，自然也就从此与新闻无缘。如果这样，那就难于走到第二关了。

（二）第二关入门关（登堂入室关）

只有闯过这一关，才有可能真正成为一名合格的通讯员。冲破这道关的关键仍然是通讯员自己，要善于学习，要用心去悟，要力求掌握基本的新闻文体。在闯关中，还要经过无数次的退稿考验。闯过这一关，通讯员就已经能较为自如地写出消息、通讯等文体，且能够驾驭有一定分量的文章，在标题制作、导语写作、深度报道上开始有了一些探索，并感受到了成功的喜悦。此时的新闻写作对于通讯员，已不再单纯是一种任务，他已经开始喜欢新闻写作了。这时的通讯员已经成为单位的新闻报道骨干，得到领导一定程度的信任。相当一部分在单位从事报道工作的人员处在这一层次。此时要紧的是仍要坚持锲而不舍地努力，进一步去悟、去奋斗，那么第三关就在面前了。

（三）第三关，步入名通讯员行列，或成为有一定知名度的记者

步入这个层次的记者或通讯员，新闻写作已经成为他生命中的重要组成部分。他已具备了较高的政治责任感，具有了较好的综合素质和较强的新闻敏感性，有着强烈的创新意识，有着从事新闻报道事业的高度自觉性。此时他写出的东西已经成为编辑们的抢手货，他已成为编辑们约稿的主要对象。还可能屡

屡获得各种层次的新闻奖，在当地或全系统的新闻界已经小有名气。处在这个层次的通讯员或记者，要紧的是切不可忘乎所以，不可盲目自满，还要时刻保持清醒的头脑，知道自己的不足和努力方向，不断进取、不断求索，向着新闻的第四关冲刺。

（四）第四关，形成自己鲜明的风格，进入名记者、名通讯员前列

这应当是从事新闻报道事业的高层次，是多少新闻人梦寐以求的目标。进入这个层次的人，已经进入了新闻写作的自由王国，他能非常自如地运用各种新闻文体来报道新闻事实。有了自己特点鲜明的新闻语言和特色独具的报道风格。但是，即使进入了这个层次的人，也必须不断地坚持学习钻研和探索创新，坚持深入群众、深入实践，坚持党的实事求是的思想路线。背离了这三个坚持，即使是超人也是写不出好东西来的。

这个“四关说”实是一家之言，实际上，在每个“关口”之间，并没有明显的分界，即使是处在了一定的层次，深入学习也是须臾放松不得的。“四关说”的目的，只不过是想帮大家更好地认识自己，从而明确前进的方向，实施目标管理而已。至于如何确定目标，则要根据自己的特点量力而定。起步之始，可以定一年发几篇；进而，可以确定要发一定数量加一定分量的稿件；再进而，可以扩展自己的写稿体裁，进行更广泛的尝试。比如：既写消息也写通讯，既写小故事也写现场特写，既写人物通讯又写工作通讯；再进一步还可以写深度报道，有了足够的积累就可以进行新的报道形式的探索。

新闻报道的求新、求深是永无止境的，故步自封不得，自满自傲不得。目标的确定要切合实际、量力而行。既有一定的难度，需要努力去做；又要有实现的可能，不可好高骛远，不着边际。要把每一个目标当作自己的加油站，随着一个一个目标的实现，随着一步又一步扎扎实实地登攀，电力新闻通讯员从工作到人生将充满成功的享受，跃上一个个阶梯。在这期间，要紧的是要坚持学习、学习、再学习，学专业、学政策、学理论、学技术，学一切有用的东西；要用心、用心、再用心，用心去悟，善于总结得失，不断积累；要坚持、坚持、再坚持，无论遇到什么困难，都不要停步，坚持笔耕不止。只要你做到了这些，成功就一定属于你。锲而不舍，定有成就。

第四节　投寄稿件请谨记

一、文字稿件投稿要谨记

（1）注意时效性。如是新闻稿件，一定要有抢的意识，及时采访，迅速成稿，马上发出。如有可能，要充分利用现代传输手段（如：传真、电子邮件、发快件等），使稿件最早时间到达报刊社。

（2）新闻稿件一定要加盖公章，而且必须是单位的有效公章（有的单位规定加盖宣传部的章，有的单位规定盖办公室的章，有的单位有专用章）。对此，切不可马虎、疏忽。

（3）字迹务必清晰，人名、数字务必准确。

（4）稿件不要投寄个人（已打招呼的除外），防止延误。

（5）注意提高稿件的针对性，针对栏目征文投稿的务请注明。

（6）须注明作者姓名、联系地址、电话、邮编、网址、电子邮箱等，便于联系寄付稿酬。

二、摄影图片投稿请谨记

（1）注重时效性。快拍，快洗，快寄。如果是用数码相机拍的，可通过网上传递；用胶片拍摄的可扫描后经网上传递；还可以寄快件，总之越快越好。

（2）拍摄新闻图片，要注重体现新闻价值，注重形象语言的使用，要注重构图用光，要注意选择适合用图片形式报道的新闻事实拍摄。不要不经选择，狂轰滥炸，随意拍摄，随意寄出。

（3）要注意拍摄题材的选择，请注意一般不要投下列稿件：有广告嫌疑的、开业庆典、产品展销的、涉及宗教政策的、闹事妨害稳定的、有争议的事件、正在审理的案件等图片。

（4）新闻稿件一般不要用变形较大的鱼眼镜头拍摄，尤其是人物新闻图片更要注意。

（5）要重视新闻图片的文字说明撰写，要力求真实、准确、简练，不可太多太简，不可缺这少那，要素要齐全，时间要准确，文字要书写清晰，要图文相符、浑然一体。如果能起标题的，一定要起个标题，以增强传播效果。

（6）图片的文字说明抄写，不要写在图片的背面，一定要等字迹干后才能与图片叠放在一起，防止污损画面。

(7) 图片与文字说明要注意合理黏合，以防在投寄与传递、编辑过程中分家，影响使用。

(8) 给报社投图片稿，黑白的最好（彩报除外）。如是彩色图片，请注意反差要强，还要注意红绿颜色在报刊上都会还原为灰色。

(9) 一般给电力报刊用的新闻图片稿5寸即可，有特殊需要或意图的7寸亦可。数码照片一般采用JPEG格式或TIFF格式，文件大小以1兆左右为宜（媒体有明确要求的，按要求办理）。图片必须真实，不得对原始图片进行任何实质性（例如：添加、删改、移动画面构成的基础元素）调整。

(10) 新闻图片的说明要加盖公章。

(11) 注明作者姓名、联系地址、电话、电子邮箱等，便于联系寄稿酬。

第 二 编

电力系统知识与法律法规篇

第八章

电力系统知识 ABC

第一节　电力工业发展概述

一、世界电力工业

电力是重要的基础工业。电力技术的发明、电力工业的建立已经有 100 多年的历史了。电力当前已经成为现代文明社会重要的物质基础，与人们的生产生活密不可分。

电力的发展，经历了漫长的历史：

1831 年，法拉第发现电磁感应原理，奠定了发电机的理论基础。

1866 年，维·西门子发明了励磁电机；1876 年，贝尔发明了电话；1879 年爱迪生发明了电灯。这三大发明照亮了人类实现电气化的道路，继蒸汽机技术革命后，引起了电力技术革命。

1882 年，爱迪生建成世界上第一座较正规的发电厂。

1885 年，美国发明家乔治·威斯汀豪斯在买下“供电交流系统”专利的基础上制成交流发电机和变压器。

1891 年，在德国劳芬电厂安装了世界第一台三相交流发电机，建成第一条三相交流送电线路。这一事件开创了远方供电新局面，电力实现了照明、电力拖动新作用，开创了电力应用的新纪元。

（一）发电方面

1960 年，美国建成 50 万千瓦汽轮发电机；1963 年，制成 100 万千瓦双轴汽轮发电机；1973 年，美国将 BBC 公司制造的 130 万千瓦双轴汽轮发电机投入运行。1971 年，苏联将单轴 80 万千瓦机组投入运行；1980 年，单轴 120 万千瓦机组在科斯特罗姆火电厂投入运行。

（二）高电压输电方面

1954 年，瑞典首先建成了第一条 380 千伏输电线路。1964 年，美国建成第一条 500 千伏输电线路。1965 年，前苏联建成 400 千伏直流输电线路。1989 年，苏联建成一条世界上最高电压 1150 千伏、长 1900 千米的交流输电线路。

当前，随着电子技术、电子计算机技术和自动化技术的迅速发展，电力工业自动化也实现了迅速发展，以大机组、大电厂、大电网、高电压、高度自动化为特点的现代化电力工业在不同的国家已经或正在形成。

二、中国电力工业

（一）发电

中国电力工业自1882年上海创建第一个12千瓦发电厂，至今已有120余年的历史了。1949年，全国发电装机容量185万千瓦，年发电量43亿千瓦时，分别列世界第25位和第21位。1999年，全国发电装机容量达29800万千瓦，发电量达到10577亿千瓦时。2006年全国发电装机容量达到62200万千瓦，全国的总发电量达到28344亿千瓦时，仅次于美国，已经稳居世界第二位。

1975年9月，我国自行设计制造的第一台30万千瓦亚临界燃煤发电机组于姚孟电厂投入运行。

1990年，国产首台60万千瓦机组——平圩发电厂1号机组建成投产。

2004年12月，我国首台60万千瓦国产化超临界燃煤机组——华能沁北电厂一期2台60万千瓦国产超临界机组全部建成投产。

目前，国内运行的最大机组是100万千瓦汽轮发电机组和100万千瓦核电机组。

2006年底，国产百万千瓦超超临界电站项目在华能玉环电厂、华电国际邹县发电厂相继建成。该项目的建成，标志着我国已掌握了当今世界最先进的火力发电技术，使我国发电设备制造能力和技术水平迈上一个新台阶。

（二）电网

1972年，中国第一座百万千瓦级水电站——刘家峡水电站的送出工程——我国第一条刘（家峡）—天（水）—关（中）330千伏输电线路建成，随后，在陕、甘、青、宁四地形成了西北电网330千伏主网架。

1981年，姚孟至武昌500千伏输电线路建成。

1990年，第一条葛洲坝至上海南桥500千伏直流输电线路投运。

改革开放前，我国电网规模不大，初步形成了华北、东北、华东、华中、西北等5个跨省电网及山东、福建、广东、广西、云南、贵州、蒙西等十多个独立省网，不少省网还分别由几个独立的小电网供电。

电力改革后加强了电网建设，建成了一批500千伏骨干送变电工程，使各跨省电网的联系大大加强。1989年建成了葛洲坝至上海直流输电工程，加强了华东、华中电网间的联系。20世纪90年代初建成了供电范围包括广东、广西、贵州、云南的南方电网。2000年我国形成了华北、东北、华东、华中、南方、西北等6个跨省电网及山东、福建、海南三个省网及北疆、拉萨等电网。2006

年，山东、福建、海南三个省网已经分别并入华北、华东、南方电网。

中国电力工业自20世纪80年代开始进入高参数、大机组、高电压、大电网阶段。当前，中国电力工业已迈上了一个崭新的台阶，进入了跨大区电网互联、推进全国联网，实现更大范围的资源优化配置的新阶段。我国实行国家、大区、省、市、县的5级调度。

（三）特高压与智能电网

特高压：在我国，特高压是指交流1000千伏及以上和直流正负800千伏及以上的电压等级，而特高压输电技术则是在此电压等级之下的远距离输电技术。由于技术和经济的因素，目前世界范围仅有日本和俄罗斯铺设了特高压线路，但由于各种原因未能成功转入商业化运行。

国家电网公司自2004年底提出建设以特高压电网为骨干网架、各级电网协调发展的坚强国家电网的战略目标。

2005年9月26日，我国第一条750千伏输变电示范工程投入运行。750工程西起青海省民和县官亭变电站，东至甘肃省榆中县兰州东变电站，线路全长140.708千米，架设在海拔1740米至2880米之间的走廊上。2006年9月26日，这一示范工程实现安全运行一周年。由国家电网公司建设的这项工程，是我国目前投运的最高电压等级的输变电工程，也是世界上海拔最高的同类输变电工程，填补了我国500千伏以上电压等级输变电的空白。

2006年8月19日，国家电网公司1000千伏晋东南—南阳—荆门工程正式奠基，这是我国首个特高压交流试验示范工程。

2006年12月26日，国内第一个1000千伏特高压大跨越工程——黄河大跨越正式开工建设，它标志着1000千伏特高压交流试验示范工程线路工程全面进入建设阶段。

经过几年来的艰苦努力，特高压工程建设取得了重大进展。特高压交流试验示范工程，发挥了重要的送电和水火互济、事故支援联网功能，促进了节能减排和能源资源的优化配置，加速了山西“资源优势转化为经济优势”战略的实施，提高了华中地区能源供应安全保障程度。近几年，特高压交直流试验示范工程建成后，一直保持了安全稳定运行，至2011年初累计输送电量已达206.5亿千瓦时，为电网发展方式转变奠定了坚实基础，对保障国家能源安全和电力可靠供应意义重大。特高压电网在国家能源战略中的地位和作用显著提升。

2010年电网发展已进入了以特高压和智能化为重要特征、各级电网建设协调推进的新阶段。

国家电网公司2010年8月12日公布的特高压项目“十二五”规划提出，到2015年建成华北、华东、华中特高压交流电网，完成“三横三纵一环网”的结构布局。在直流特高压方面，“十二五”期间将配合西南水电、西北华北煤电和风电基地的开发，建设11回直流输电工程。届时将完成青藏直流联网工程，满足西藏供电，实现西藏电网与西北主网链接。此次规划总计新增交流线路约9000公里，新建变电站29座；直流线路约23000公里，新建换流站21座。

当前，特高压输电工程已被列入“十二五”规划。根据规划，“十二五”期间国家将投资超过5000亿元，建成“三纵三横”特高压交流骨干网架和11项特高压直流输电工程，5000亿元投资中，预计交流特高压线路投资达到3000亿元，特高压直流线路投资将达到2000亿元。

2011年4月28日，经国务院批准设立的我国工业领域的最高奖项——第二届中国工业大奖在北京人民大会堂隆重揭晓。1000千伏晋东南—南阳—荆门特高压交流试验示范工程获中国工业大奖殊荣。

智能电网（Smart Power Grids），就是电网的智能化，也被称为“电网2.0”，它是建立在集成的、高速双向通信网络的基础上，通过先进的传感和测量技术、先进的设备技术、先进的控制方法以及先进的决策支持系统技术的应用，实现电网的可靠、安全、经济、高效、环境友好和使用安全的目标，其主要特征包括自愈、激励和包括用户、抵御攻击、提供满足21世纪用户需求的电能质量、容许各种不同发电形式的接入、启动电力市场以及资产的优化高效运行。

智能电网的目标是实现电网运行的可靠、安全、经济、高效、环境友好和使用安全，电网能够实现这些目标，就可以称其为智能电网。

智能电网必须更加可靠——智能电网不管用户在何时何地，都能提供可靠的电力供应。它对电网可能出现的问题提出充分的告警，并能忍受大多数的电网扰动而不会断电。它在用户受到断电影响之前就能采取有效的校正措施，以使电网用户免受供电中断的影响。

智能电网必须更加安全——智能电网能够经受物理的和网络的攻击而不会出现大面积停电或者不会付出高昂的恢复费用。它更不容易受到自然灾害的影响。

智能电网必须更加经济——智能电网运行在供求平衡的基本规律之下，价格公平且供应充足。

智能电网必须更加高效——智能电网利用投资，控制成本，减少电力输送和分配的损耗，电力生产和资产利用更加高效。通过控制潮流的方法，以减少输送功率拥堵和允许低成本的电源包括可再生能源的接入。

智能电网必须更加环境友好——智能电网通过在发电、输电、配电、储能和消费过程中的创新来减少对环境的影响，进一步扩大可再生能源的接入。在可能的情况下，在未来的设计中，智能电网的资产将占用更少的土地，减少对景观的实际影响。智能电网必须是使用安全的一智能电网必须不能伤害到公众或电网工人，也就是对电力的使用必须是安全的。

当前，我国已建成部分智能输电线路与智能变电站。

（四）核电

20 世纪 80 年代初，党中央、国务院作出了自行设计建造秦山 30 万千瓦核电站的重大决策。1985 年 3 月 20 日，秦山核电站浇灌第一罐混凝土。1993 年 12 月 15 日，秦山核电站首次并网发电成功。秦山核电站的建成结束了我国大陆无核电的历史，使我国成为世界上第七个能自行设计建造首座核电站的国家，是中国核工业第二次创业的里程碑。与此同时，成套引进外国设备和管理经验合作建造的广东大亚湾核电站（两台 90 万千瓦核电机组）1994 年投入商业运行，为我国引进外资建设大型核电工程项目积累了经验。

秦山核电站二期（两台 60 万千瓦核电机组）是由我国自主设计、自主建造的第一座商用国产化核电站。其主体工程于 1996 年 6 月 2 日开工，2004 年 5 月 3 日两台机组全面建成投入商业运行，实现了我国自主发电由原型堆核电站到商用堆核电站的重大跨越。

秦山核电站三期（两台 70 万千瓦重水堆核电机组）是我国首座商用重水堆核电站，采用加拿大核电技术，由中加两国合作建设。其主体工程于 1998 年 6 月 8 日开工。2003 年 7 月 24 日，两台机组提前 112 天全面建成投入商业运行，创造了国际上重水堆核电站建设周期最短的纪录，大大提高了我国核电工程项目的管理水平，使我国核电工程项目的管理实现了与国际接轨。

与秦山核电站二期和三期建设的同时，由中法合作建设的广东岭澳核电站和由中俄合作建设的江苏田湾核电站也相继开工建设。岭澳核电站（两台百万千瓦级核电机组）已于 2003 年 1 月全面建成投产。田湾核电站（两台百万千瓦级核电机组）1 号机组于 2007 年 5 月 17 日正式投入商业运行。

至此，我国核电产业已初具规模。

三、中国电力工业的体系与特点

（一）电力工业体系

电力是使用方便、清洁的能源。电力工业是公用性行业，它的利用遍及国民经济与人民生活的各个方面，是现代社会的基础性产业。

电力工业主要包括五个生产环节：①发电，包括火力发电、水力发电、核能和其他能源发电；②输电，包括交流输电和直流输电；③变电，包括各不同电压等级的变电；④配电，从输电网到用户之间的配电设备组成的网络；⑤用电，包括用电设备的安装、使用和用电负荷的控制，这五个环节有机地连接起来就构成了电力系统。另外，还应当包括规划、勘测设计、施工等电力基本建设、电力科学技术研究与电力机械设备制造等。

（二）电力工业的特点

电力作为二次能源，它集产、供、销为一体，一般不能大规模储存。电力的生产过程是连续的，其发、输、变、配电和用电是同时完成的，发供用之间必须随时保持平衡。这是电力工业的显著特点。

上述特点决定：电力系统要保证安全经济运行，必须尽量准确地搞好负荷预测；为保证用户的用电需要，电力系统要有一定的发、供电容量；为了整个电力系统的安全、经济运行和可靠供电，系统各电厂、变电站和供电所都必须接受统一调度。

（三）动力系统和电力系统

如图 8-1 所示，电力系统是由发电厂、变电站、输电网、配电网和用户组成的整体，是将一次能源转换成电能并输送和分配到用户的一个统一的系统。输电网和配电网统称为电网，是电力系统的重要组成部分。电力系统还包括，保证其完全可靠运行的继电保护装置、安全自动装置、调度自动化系统和电力通信等相应辅助系统。

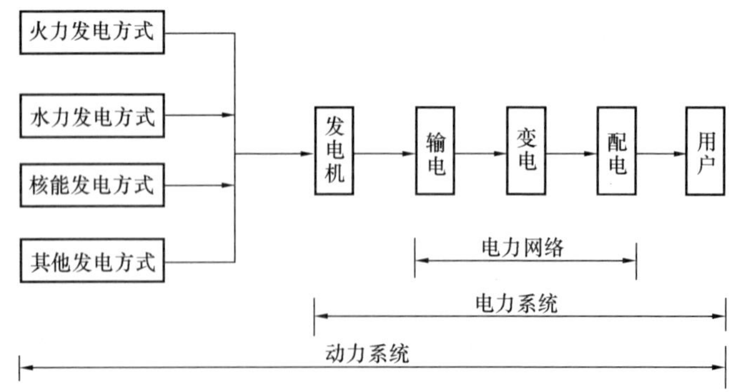

图 8-1 动力系统和电力系统示意图

第二节　发　　电

一、发电种类概述

发电的种类有火力发电、水力发电、核能发电、风力发电、地热发电、太阳能发电和海洋能发电等许多种发电方式。

1. 火力发电

利用煤、石油、天然气等自然界蕴藏量极其丰富的燃料发电称为火力发电。按发电方式可分为：汽轮机发电、燃气轮机发电、内燃机发电和燃气—蒸汽联合循环发电，还有火电机组既供电又供热的“热电联产”。

其中汽轮机发电又称蒸汽发电，它利用燃料在锅炉中燃烧产生蒸汽，用蒸汽冲动汽轮机，再由汽轮机带动发电机发电。2006 年火电发电量占全国发电量的 83.31%。

2. 水力发电

利用江河水流从高处到低处存在的势能进行发电称为水力发电。它是利用水流的势能推动水轮机旋转，带动发电机发出电力。水力发电一般受地理条件的限制其建设成本较高、建设周期较长，但水力发电具有洁净、运行成本低廉的特点。我国的水力资源蕴藏十分丰富。水力发电通常又分为径流式发电和蓄能发电。2006 年水电发电量占全国发电量的 14.55%。

3. 核能发电

利用受控核裂变反应所释放的热能，将水加热为蒸汽，用蒸汽冲动汽轮机，带动发电机发电称为核能发电。我国自行设计制造的第一座核电站秦山核电站和引进设备的大亚湾核电站已分别于 1993 年和 1994 年投入运行，结束了我国无核电的历史。2006 年核电发电量占全国发电量的 1.92%。

目前有些国家开始研究能量更大的可控核聚变反应的核能发电技术。

4. 风力发电

利用风能推动发电机发电，将空气流动的动能转化为电能的发电方式称为风力发电。我国的风能资源丰富，是风能利用大国之一。在新疆、内蒙古等建有多个大型风力电场。

5. 地热发电

利用地球内部的热释放到地表的能量进行发电称为地热发电。我国的地热资源丰富，可利用来发电的主要集中在西藏和滇西。西藏羊八井电站是我国闻名世界的地热电站。

6. 太阳能发电

利用太阳电池组直接将太阳能转换为电能的发电方式称为太阳能发电。这一发电方式已广泛用于人造地球卫星和宇航设备上，随着现代科技的发展和其造价的减低，太阳能发电将有望进入千家万户。

7. 海洋能发电

利用海洋流动的动能发电的一种发电方式称为海洋能发电。目前成熟的只有潮汐发电。我国浙江的江厦潮汐电站最大，装机容量为3200千瓦，居世界第三位。

8. 生物质能发电

以生物质为能源的发电方式称为生物质能发电，它包括秸秆发电、垃圾焚烧发电、沼气发电、木煤气发电等发电工程。秸秆发电也叫薪柴发电，是利用秸秆焚烧产生燃烧产生的能量进行的发电，是一种环保型发电技术。当前，这一发电形式受到广泛重视，国家电网公司新组建了专门的开发公司，负责新能源发电工程的开发建设。

二、火力发电厂的基本生产过程

火力发电厂由三大主要设备锅炉、汽轮机、发电机及相应辅机设备组成。它们通过管道或线路相连构成生产系统，即燃烧系统、汽水系统、电气系统。

（一）发电过程简述

煤由皮带输送到锅炉车间的煤斗，进入磨煤机磨成煤粉，然后与经过预热的空气一起喷入炉内燃烧，将煤的化学能转换成热能，加热锅炉中的水，蒸发成蒸汽，再经过热器进一步加热，成为具有规定压力和温度的过热蒸汽，经管道送入汽轮机，之后，在汽轮机中不断膨胀，高速流动并冲击汽轮机的转子，将热能转换成机械能，带动与汽轮机同轴的发电机发电。

（二）发电厂三大系统

1. 燃烧系统：包括锅炉的燃烧部分和输煤、除灰与烟气排放系统。

2. 汽水系统：包括锅炉、汽轮机、凝汽器及给水泵等组成的汽水循环和水处理系统。

3. 电气系统：包括发电机、励磁系统、厂用电系统和升压变电站。

第三节　输电与配电

一、输电与配电概述

发电厂发出的电力只有经过输电和配电才能供用户使用。

1. 输电：指输送电力的渠道，即从发电厂或发电中心向消费电能地区输送大量电能的主干区渠道或不同电网之间互送电力的联络渠道。

2. 输电网：所有输送电能设备连接起来的网络称为输电网。电力系统中最高输电等级的输电网络简称主网，是电力系统的骨架，故也叫网架。

3. 配电网：从输电网到用户之间的配电设备组成的网络叫配电网。它的作用是将电力分配到配电变电站后再向用户供电，也有部分直接供到大用户。

4. 输电电压与配电电压：输电采用的电压高于配电电压。两者划分的界限随电网覆盖的区域和容量的大小而变化。

根据国家电网公司企业标准《城市电力网规划设计导则》（Q/GDW 156—2006），城网的标称电压，原则上，输电电压为 220 千伏及以上，高压配电电压为 35 千伏、66 千伏、110 千伏，中压配电电压为 10 千伏、20 千伏，低压配电电压为 380 伏/220 伏。考虑到大型及特大型城市近年来电网的快速发展，中压配电电压可扩展至 35 千伏，高压配电电压可扩展至 220 千伏、330 千伏乃至 500 千伏。

输电网按照输电的技术特点，通常又可分为三个输电电压等级，即特高压输电电压（1000 千伏、直流±800 千伏），超高压输电电压（330 千伏、500 千伏、750 千伏、直流±500 千伏）和高压输电电压（220 千伏）。

二、变电站及其主要设备

1. 变电站：是电力系统中变换电压、接受和分配电能、控制电流的流向和调整电压的重要设施。它通过其变压器将各级电压的电网连接起来。目前，变电站的类型主要有：按电压等级分 35 千伏变电站、110 千伏变电站、220 千伏变电站、500 千伏变电站。按功能分有：各电厂用的升压站、位于电网中心的枢纽站、可控制下游电站的开关站、处于电网末梢的末端站、位于城市内的用于控制中压较大用户的开闭锁站、具有较高科技含量的无人值守站及集控站、超小型的一拉得变电站等。

变电站起变换电压作用的设备是变压器，它是变电站的心脏。变电站的设备还有开关电路的开关设备，汇集电流的母线，计量和控制用互感器、仪表、继电保护装置和防雷保护装置、调度通信装置等。

变电站的设备一般分为一次设备和二次设备。一次设备是直接承受高电压的设备，主要有变压器、电流互感器、电压互感器、断路器、隔离开关、避雷器等；二次设备是经过电流互感器、电压互感器将高电压、大电流变换成低电压、小电流（或光电数字信息）所连接的设备，主要有继电保护装置、安全自动装置、故障录波装置、计量和测量仪器仪表等。

2. 变压器：是变电站的主要设备。按其作用可分为升压变压器和降压变压器，前者可用于发电厂的升压站，将发电机发出的较低的电压变换成远距离输送更经济的较高的电压，后者可用于受端变电站。

3. 电压互感器和电流互感器：它们的工作原理和变压器相似，它们把（设备和母线上的）高电压和大电流按规定比例变成测量仪表、继电保护及控制设备的（所需的）低电压和小电流。

4. 开关设备：包括断路器、隔离开关、负荷开关、高压熔断器等，都是断开和合上电路的设备。

按其灭弧介质的不同，断路器可分为油断路器、真空断路器、六氟化硫断路器等。在我国，220 千伏以上的变电站使用较多的是六氟化硫断路器。

5. 隔离开关（刀闸）：它的主要作用是在设备或线路检修时隔离电压以保证安全。它一般不用于直接断开带电设备和线路，在停电时，应先拉断路器，后拉隔离开关；送电时应先合隔离开关，后合断路器。如果误操作，将会引起设备损坏和人身伤亡。

三、送电线路

目前，采用的送电线路有两种，即电力电缆和架空线路。电力电缆是采用特殊加工工艺制造的电缆线，埋在地下或敷设在专用隧道中；架空线路则是使用裸导线，架设在支撑的杆塔之上输送电力的线路。我国以后一种方式输送电力的占绝大多数。

送电线路的输送容量及输送距离与电压有直接关系。线路电压越高输送距离越远。高压线路下面的一定范围称为线路走廊，走廊内不允许有高大的建筑和植物。

输电线路为保证安全，是分单元架设的。一个单元称为一个耐张段，两端的杆塔叫耐张塔（杆）。

四、电力系统的负荷与系统的安全稳定经济运行

（一）现代电力系统的特点

现代电力系统的特点是大机组、高电压、大电网，远距离输电、电网互联，

它具有输电距离远，输送效率高、输送损耗低的特点。但是由于其结构复杂、地域辽阔，在实际运行中自然灾害、人为因素，都有可能造成设备故障和运行条件的变化，从而威胁电力系统的安全运行。

（二）电力系统的负荷

电力系统中所有用电设备消耗的功率称为电力系统的负荷。电力系统的负荷包括有功功率和无功功率，其中把电能转换为其他能量形式（如机械能、光能、热能等），并在设备中真实消耗掉的功率称为有功功率；在电机或变压器中产生磁场所消耗掉的功率叫无功功率；（没有无功电动机就转不动，变压器也不能转换电压。无功功率和有功功率同样重要，只是因无功完成的是电磁能量的相互转换，不直接做功，才叫无功的。）其全部功率叫视在功率，等于电压与电流的乘积（单位千伏安）。有功功率和视在功率的比值称为功率因数。

电力系统的负荷随时间的变化而不断变化，具有随机性。其变化情况可用负荷曲线来表示。日负荷曲线中的最高点是最大负荷（高峰时段的负荷叫高峰负荷），最低点称为最小负荷（低谷时段的负荷称低谷负荷），高峰负荷与低谷负荷两者之差即为峰谷差。峰谷差越大，说明负荷的利用率越差，电力调峰的难度也就越大，电网的效益就越差。高峰与低谷的时段，因地域、季节不同，具体时间也不尽相同。以河北为例，春季早高峰时段是8～12时，晚高峰为18～21时；中午低谷是13～14时，晚低谷为23～次日6时。

（三）电力系统的安全稳定经济运行

电力系统的安全稳定运行是确保系统可靠供电的基础。电力系统实现安全稳定运行的条件是：①电力系统中总的出力（包括有功和无功出力）与负荷（包括有功和无功功率）需求达到平衡；②电力系统中所有电气设备处于正常状态，能满足各种工况需要；③同一交流系统中所有发电机以同一频率运行；④电力系统有足够的旋转备用和紧急备用以及必要的调节手段，使系统能承受正常的干扰。

电网调度的职能就是通过对整个电力系统的发供电设备进行调度控制，对电网的潮流进行调节管理来实现电网的经济稳定运行的。

第四节　供　用　电

一、电能质量

主要指电压质量和频率质量以及供电可靠性。

（一）频率质量

频率是整个电力系统的统一的运行参数，同一交流电力系统只有一个频率。我国的交流电力系统规定的频率是50赫兹（即每秒钟50次周期性变化）在我国，300万千瓦以上的电力系统频率偏差规定不得超过±0.2赫兹；300万千瓦以下的小容量电力系统的频率偏差规定不得超过±0.5赫兹。

电力系统低频率运行会给发电厂和用户都带来相当不利的影响，如：影响电机转速、影响产品质量、严重的甚至会造成发电机停运。

高频率运行对电力系统本身和用户也有不利影响，如使系统电压升高对绝缘不利，增加用户和系统的损耗。

电力系统发电容量不足，可能出现低频率运行，可采取利用经济杠杆，出台峰谷电价，限制高峰用电鼓励低谷用电，用电大户在实行计划用电的电网中不准超指标用电等措施。要保证系统用电的频率质量，电力部门与用户必须共同努力才能实现。

（二）电压质量

我国对用电单位的供电额定电压及允许的偏差规定是：①低电压220伏/380伏，用于照明用电时允许+5%～-10%；用于其他为±7%；②高电压10千伏及10千伏以下允许偏差为±7%；对特殊用户有35千伏或110千伏供电的，允许偏差为±5%。

电网低电压运行的危害有：可能造成烧坏电机；日光灯启动困难；线路损耗增加；额定电压低于7%左右时，可能导致大量甩负荷。

用电设备高电压运行可使用电设备寿命降低，电动机发热，损耗增加。

（三）波形质量

电压和电流波形的正弦形程度。理想的电压和电流波形是正弦形的，但由于电力系统中的大容量整流（或换流）设备以及其他各种非线性负荷的出现，会使电压和电流波形发生畸变。

波形发生畸变会造成以下危害：

(1) 放大谐波，导致谐波支路中的设备（如并联电容器、电流互感器等）因过电压和过电流而损坏。

(2) 造成谐波引起设备的附加损耗，如增加变压器、电机的铜损、铁损。

(3) 加速绝缘老化，缩短设备寿命。

(4) 谐波导致电力系统的运行出现不正确的工作状态。诸如，引起单项重合闸失败、阻碍灭弧、保护装置误动、仪表测量发生误差、干扰通信质量等。

二、电力负荷控制

电力负荷控制不仅是配电自动化的组成部分，而且是负荷管理的技术手段。进行电力负荷控制，对供电部门来说，在保证供电和用电电量平衡的情况下，可以少装发电机组，提高现有发电设备的利用率；对用户来说，用同样多的电量可以少花钱。对供用双方都有明显的经济效益。

发电厂发出的电力不能完全满足用户的需要。电力负荷控制除担任调峰功能外，主要是实现计划用电，即在一定的时间内实行限制用电的技术手段，以避免采用拉闸限电的办法，从而影响重要用户、重要负荷的用电，确保电网安全。

电力负荷控制按通信媒介的不同，分为无线电力负荷控制、电力载波负荷控制、音频负荷控制和电话线复用方式负荷控制。目前，前两种方式应用较多。

三、电力需求侧管理（DSM）

（1）电力需求侧管理：是指电力部门——电能供应方积极采取行政手段（如法规、制度和标准等）、经济手段（如电价、奖励和罚款等）、技术手段（如负荷控制、节能技术等）鼓励用户——能源需求方采取包括改变需求方式在内的各种有效的节能措施的用电管理。在保持能源的服务水平的情况下，它可以减少或推迟因新建电厂所造成的电网投资和一次能源消费对大气的污染，取得明显的经济效益和社会效益。

（2）电力需求侧管理的根本目标：发掘有效潜力，降低用户对电量和装机的需求，尽量推迟新建电厂。其技术措施可分四大类：①提高用户终端设备效率；②节电设计与改造；③应用负荷控制技术；④蓄热和蓄冷技术。DSM 强调用户的积极参与。

目前，我国的能源利用率只有 30%左右，比先进国家低很多；主要产品单位能耗比先进国家高 30%以上；单位能耗所创造的国内生产总值仅为世界水平的 14.3%。这表明我国的节能节电的潜力很大。因此，在加快电力建设的同时，积极研究和推广 DSM，鼓励节能节电，将会对整个国家产生巨大的经济效益，有利于节约型社会建设。

四、农村用电和农业用电特点及发展

1. 农村用电和农业用电

农村用电一般指农业用电、乡镇工业用电、乡村居民生活用电和其他用电。农业用电指农业、林业、畜牧业、渔业和水利业的排灌用电、生产用电和农副产品加工用电。农业用电是农村用电中偏于生产和环保的部分，合理安排使用有限的电力是保障和促进实现农业和农村现代化的一个重要措施。

2. 农电的主要特点

农电工作具有线长 、面广、负荷分散、季节性强的特点。我国农村用电人口占全国用电人口的80%，农村电力建设是我国电力建设的重要组成部分，电力是农业现代化的重要物质基础。

五、我国农电的分级及管理

我国的农电管理可分为国家、大区、省、地、县、乡六级，从20世纪60年代起，国家在部委一级即设立了农电管理机构，行使县及县以下农村电力建设发展的政府管理职能和行业管理职能。

国家、省电网将电力直供或趸售到县供电企业，县供电企业负责农村配电变压器总表或变电站10千伏出线（以产权分界点为准）以上的县级电网的建设管理。农村10千伏以下的电力资产产权属于农民所有，由乡（镇）电管站管理（现在一般是由县电力公司直属的供电所管理），其管理、运行、维护等各项费用均由农村自己承担。

第五节 电力基本建设

一、电力基本建设及程序

电力基本建设是电力扩大再生产的活动，是电力工业发展的重要方面，电力工程的建设必须遵循基建程序。

电力基建程序分四个阶段、十一个主要步骤：

第一阶段：前期工作阶段，即从项目提出到开工兴建。这个阶段包括四个主要步骤：①初步可行性研究；②项目核准，取得支持性文件：土地、环保、水保、规划等；③可行性研究（设计任务书）；④招标，包括：设计、施工、监理、设计材料等；⑤初步设计和施工图设计。

第二阶段：施工阶段，即从工程开工到工程（机组）安装结束。这个阶段包括两个主要步骤：①施工准备；②施工——建设安装、调试。

第三阶段：调试投产阶段，即从整套启动、竣工验收、移交生产到试生产结束。这个阶段包括两个主要步骤：①启动调试；②试生产和竣工验收。

第四阶段：项目后期阶段，包括：①工程项目结算；②工程项目后评价。

上述的几个生产步骤有的是相互交叉的，如：初设与施工准备，施工图设计与施工，施工与启动调试，调试与试生产。

二、电力基建几个主要步骤的内涵

（1）可行性研究：可行性研究是指“项目实现的可能性探讨”，是基本建设程序的主要环节，建设前期工作的重要步骤。可行性研究分两个阶段：“初步可行性研究”（包括规划选址）和“可行性研究”（包括工程选址）。两个阶段研究的内容基本相同，但研究的深度不同。

（2）项目核准：当前，对电力基建程序的管理程序，已由过去的项目审批制改为现在的项目核准制。其主要内容是，取得支持性文件，这些文件包括土地、环保、水保、规划等文件。

（3）勘察设计：勘察设计是指查明工程建设现场的地形地貌、地质构造、水文地质和各种自然现象所进行的调查、测量、观察、试验工作。设计是工程建设的龙头，是对建设项目在技术和经济上进行的详细规划和全面安排。

（4）招投标：招投标是指在市场经济条件下，适应竞争需要，防止暗箱操作，保证工程（设备）质量而采用的一种经济行为。它必须贯彻公平、公正、公开，平等竞争、讲求信用的原则，可适用于电力建设中的设计、施工、监理、设备供应等任何阶段的工作。

（5）建设监理：建设监理是指专职监理单位受业主委托，对建设项目进行以控制投资、进度和保证工程安全质量为核心的监督与管理的一种方式。是深化电力基建改革，建立和发展社会主义的市场经济并与国际接轨的需要，是电力基本建设迅速发展的重要保证。其业务可为分阶段监理、全过程监理，亦可按工程项目分类监理。

（6）投融资：当前，计划经济条件下的单一由中央政府投资的主体格局已经改变，各级政府以及国有企业、集体企业已经成为直接投资的重要主体，一个“谁投资、谁决策、谁受益、谁承担投资风险”的机制已经逐步建立起来，中央与地方、地方与地方、政府与企业、企业与企业之间的联合投资以及中外合资、合作建设项目已十分普遍。我国基本建设的投资来源主要有四条渠道：一是国家预算拨款；二是银行建设贷款；三是各地区、各部门、各企业单位的自筹资金；四是利用外资。电力投融资体制可以充分调动各方办电的积极性，以最大限度多方筹集电力建设资金，增加电力投入。

（7）施工准备：施工准备是基本建设中建设程序的一项重要内容，从初设批准到工程用地批妥、施工单位进入现场、一直到工程正式开始，都是施工准备阶段。其主要内容包括：编制施工组织设计、建立施工组织机构、完成“五通一平”（水通、电通、路通、气通、通信通和场地平整）、组织材料设备进场、组织施工会审、进行技术交底等14项重点工作。

(8) 施工建设安装：电力建设工程施工分为建筑工程和安装工程两大部分。以发电厂和变电站的工程项目施工而言其建筑工程的基本内容是：土建工程与上下水道、采暖通风、照明等工程。安装工程施工的基本内容是，电厂：锅炉、汽机、发电机、电气、热控等；变电站：架构、开关（隔离开关、油开关）、主变压器、主控室、自动化控制系统等。

(9) 启动调试：启动调试是电力建设工程的关键阶段和重要环节。启动调试是一个独立的阶段，由各方代表组成的启动验收委员会负责领导，由业主指定调试总指挥，从分步试运开始工作，一直到试生产结束。火电工程启动调试及验收的程序一般包括：建筑工程验收、分步试运、整套启动、技术资料和备品备件移交、工程验收、试生产、竣工验收。其中的整套启动是指由机电炉第一次联合启动试运开始到96小时（30万千瓦以下火电机组）或168小时（30万千瓦及以上火电机组）试运合格移交生产为止。

(10) 试生产和竣工验收：试生产是在机组容量越来越大，自动化水平越来越高的情况下，为使机组更加完善而进行性能调试的阶段。单机容量为20万千瓦以上的火电机组，移交生产单位后有6个月的试生产期，这个阶段仍属生产建设阶段。竣工验收是指电力基本建设工程按批准的设计文件所规定的内容全部完成，该期工程最后一台机组试生产结束后，由有关单位及时组织的检查验收。

(11) 工程项目后评价：固定资产投资项目后评价（简称项目后评价）是指在项目投资完成之后，对项目的建设目标、实施过程、效益、作用和影响所进行的全面、系统、客观的分析和评价。

项目后评价是项目管理的重要内容，是出资人对投资活动进行监管的重要手段。通过开展项目后评价工作，总结经验，汲取教训，得到启示，提出对策建议，改进投资决策和投资管理。

项目后评价应遵循独立、客观、公正、科学的原则。

后评价内容包括项目全过程回顾。回顾内容包括：①项目前期工作回顾；②项目准备阶段的回顾；③项目实施过程回顾；④项目生产运营回顾。

第六节　电力成本、电价及技术经济指标

一、电力成本

指电力生产经营的全过程中所发生的全部生产耗费，它是包括发电成本、购电成本、供电成本和售电成本的总称。

二、电价

是电能商品价格的总称。电价按照生产环节可以划分为上网电价、互供电价、销售电价、趸售电价；按照用电时间序列可以划分为峰谷电价和丰枯电价等。合理制定电价，可以促进电力工业的健康发展，调节电能供需关系提高电力企业的经济效益。按用电性质和用途分类，中国的电价分为照明电价、非工业电价、普通工业电价、大工业电价、农业生产电价、趸售电价等 8 类电价。

三、技术经济指标

（1）电力消费构成：共分为八大类：①农、林、牧、渔和水利用电（包括生产和服务业用电）；②工业用电（指城乡工业中用于工业生产的用电）；③地质普查和勘探业用电；④建筑业用电；⑤交通运输和邮电通信业用电；⑥商业公共饮食业、物资供应和仓储业用电；⑦其他事业用电；⑧城乡居民生活用电。

（2）发电量。发电量是计算电能生产数量的单位，单位为千瓦时（kWh）。1 个千瓦时即通常说的一度电。

（3）供电量。供电量是电力部门为满足用户用电需要而供出的电量。供电量等于最终用户（包括国民经济各部门和城乡居民）的用电量与本供电地区内线路损失电量之和。

（4）厂用电。厂用电是指发电厂厂用负荷耗用的电量。烧煤电厂厂用电率一般为 6%～8%。

（5）线损。线损是指一定时间内，电流流经电网中各电力设备（不包括用户侧的电力设备）时产生的电力和电能损耗。还包括与负荷变动无关的固定损耗、随负荷变动而变化的变动损耗以及其他一切有关（如漏电、窃电、保护控制设备用电等）损耗。

（6）线损率。电力网（或供电企业）线损电量（或功率）与供电量（或供电功率）的百分值，称为线损率。它是电网（或供电企业）的主要技术经济指标之一。

(7) 煤耗率。煤耗率是指在一定时区内，烧化石燃料电厂所消耗的燃料与输出电量之比，简称煤耗。单位是克/千瓦时。一般中温中压凝汽式电厂的供电标准煤耗约为480克/千瓦时，高温高压电厂约为380克/千瓦时，超临界机组约为340克/千瓦时，超超临界机组为320克/千瓦时。

第七节 电力市场与营销管理

一、电力市场及其特点

1. 电力市场：我国电力市场体系分为国家、区域、省三级。电力市场主体包括按照有关规定取得电力业务许可证的发电企业、输电企业、供电企业，以及经电力监管机构核准的用户。

2. 电力市场的特点：①以电网为载体进入市场；②电网管理与营销一体化；③内外部全面竞争；④坚持按价值规律办事；⑤用户至上、服务到位。

二、电力市场交易

电力调度交易机构包括区域电力调度交易中心和省、自治区、直辖市电力调度机构。电力调度交易机构负责电力调度、电力市场交易、计量结算。电力市场的竞争，最初是从发电市场的开放开始的。

电力市场交易一般分长期合同、现货交易、实时交易、辅助服务交易等。

三、电力市场的建立与改革发展

2002年国发5号文件明确指出："十一五"期间要初步建立竞争开放的区域电力市场，实现竞价上网。这对电力资源配置、促进和地方经济的协调发展具有十分重要的现实意义，电监会将努力创造条件，促进区域电力市场的健康发育，本着实事求是的原则，以最大限度地落实资源优化配置为目标，在深入调查研究、科学论证的基础上，推进区域电力市场建设。

建立电力市场是电力改革的重点工作，主要包括两个方面，一是指导国有电力企业深化改革，培育和规范市场主体，在上一年厂网分开的基础上，加快区域电力公司组建和网省公司改组，指导各类电力企业按照现代企业制度的要求对自身产权结构、治理结构和组织管理加以规范，使各发电企业成为独立的法人实体和真正的竞争主体；二是要确定合理的市场结构和市场模式，积极稳妥地推进电力市场建设。

全国首个区域电力市场于2004年1月15日在沈阳正式建立并进入模拟运

行。2005年9月28日，《电力市场运营基本规则》经国家电力监管委员会主席办公会议通过，自2005年12月1日起实施。

2006年9月1日，国家电网电力交易中心正式成立并投入运行。根据国务院有关文件精神成立的电力交易中心，将在公司总部、区域电网公司和省（自治区、直辖市）电力公司三个层面实施市场交易与电网调度职能分开，分别设立三级电力交易中心。各级电力交易中心的主要职责，是负责所辖范围内的电力市场建设和市场交易工作。

设立三级电力交易中心，有利于保障电网安全稳定运行。交易中心将有效整合涉及电力市场建设和市场交易的各项业务，加强电力市场建设和管理、交易计划管理、交易价格确定、电量结算、交易统计分析、信息发布、市场主体交易行为管理等职能，更好地建立和维护规范的电力市场秩序，不断提高服务水平。

四、电力营销

近年来，我国电力工业形势发生了重大变化，电力供需紧张关系趋缓，全国电力从“卖方市场”转变为“买方市场”的宏观环境逐渐形成。这一变化给我国电力工业的改革和发展带来重要影响，也给电力营销工作带来了是根本性、战略性的影响。电力企业必须迅速加快电力营销现代化建设，以营销信息化和营销现代化的技术手段支撑大营销理念的实施和营销管理模式的创新。要实现电力营销的集约化、精细化管理，加大对购售电环节的可控在控力度，降低经营成本，增强盈利能力，实现电力行业的可持续发展。

电力营销是电力企业的核心业务，在市场经济中具有重要的导向作用。电力企业的管理模式要尽快完成以生产经营为主向市场营销为主的转变，电力企业的生产经营管理必须服从、服务于市场营销的需求。电力营销现代化以市场和客户服务为核心，致力于努力提升服务能力与水平，降低电力企业经营成本，提高企业经济效益和社会效益。

（一）电力营销现代化的指导思想

电力营销现代化的指导思想是，坚持先进性与实用性相结合，坚持服务与效益相结合，坚持管理创新与技术创新相结合。

（二）电力营销现代化的建设目标

以国家电网公司为例，其电力营销现代化的建设目标是：以国家电网公司建设“一强三优”现代公司发展目标、“三抓一创”工作思路和“四个服务”的总体要求为指导，采用先进理念和技术，以信息化系统建设为突破点，推动客户化的企业文化建设、精炼集约的组织机构重组和高效合理的管理流程再造，从而提高营销人员的素质，提升营销整体管理水平，强化营销核心竞争力，逐步建立适应市场变化、快速反应客户需求的营销机制和体制，全面实现国家电网公司、各网省公司及地市供电公司自上而下的营销管理与客户服务手段的自动化和信息化，为实现公司“一强三优”的战略目标、创建和谐社会贡献力量。

（三）实施多种促销方式，大力开拓电力市场

电力市场是电力营销的基础与重点。电力企业要深入研究电力市场，并针对不同的市场特点采取不同的开拓措施。按照受益情况的不同电力市场可分为居民生活用电市场、大工业用电市场、商业用电市场和农村用电市场。在城市，用电负荷密度高，情况复杂，用户对供电质量和服务质量要求高，营销工作必须坚持高标准、严要求，用户才会满意。在农村，用电负荷相对分散，用电水平不高，营销的重点首先应放在加强农村电网建设和改造、合理布局销售网点、搞好“三新”服务上。随着形势的发展，实施城乡供电一体化成为必然趋势。它必将对农村供电提出更高的要求。提高农电的供电质量和营业服务标准，加强农电的供电可靠性势在必行。随着党中央建设社会主义新农村大目标的提出，农电市场呈现了极为广阔的开拓前景，农电市场是做好电力营销的重要着力点与广阔平台。

开拓电力市场就要主动研究市场，服务市场，实施多种营销、促销策略。如：加强营销理念、标志、服务广告的宣传；上门走访用户，实现双向沟通促销；加强营业推广，召开用户座谈会，引导营销方式；实例引导促销，如设立新家用电器展示平台，进行用电、用气的经济比较等；利用现代传媒如报刊、广播、电视、会议等，宣传供电企业的服务宗旨、服务举措、电力知识、电力政策、服务先进典型等；树立电力企业品牌，强化电力与企业、电力与客户之间的沟通，增强互信，促进电力营销，开拓电力市场。

（四）更新观念，建立完善电力营销技术支持系统

要加快现代化电力营销建设步伐，就要更新观念，牢固树立优质服务是电力企业作为公用性企业的根本职责，也是电力企业实现自身发展的必然要求，是电力企业营销策略的重要组成部分的观念。电力企业必须以不断提高服务水平作为促进电力市场营销的自觉行动。要坚持不断创新、拓展服务功能，不断推出适合客户需求的服务举措；要用技术手段整合服务资源，规范服务流程，完善服务标准，优化服务体系；要提高服务手段，适应市场变化，快速反映客户需求，为客户提供快捷、便利的多种服务，不断提高电网的优质

服务水平。

电力营销技术支持系统是营销现代化的基础。现阶段的重点任务是建设和完善电力营销技术支持系统的八大模块：电力营销管理模块、电能信息实时采集与监控模块、客户交费模块、95598客户服务模块、市场管理模块、电力需求侧管理模块、客户关系管理模块、营销辅助分析决策模块，实现客户服务信息化、营销业务自动化、市场响应快速化、质量管理可控化、决策支持前瞻化。

第八节　优　质　服　务

一、优质服务及其内涵

随着电力体制改革的不断深入，政府和社会对电力服务提出了越来越高的要求，电力部门围绕“人民电业为人民”的宗旨，不断改进服务作风、提高服务质量和管理水平。

2001年初，在贵阳召开的国家电力公司工作会议上，原国家电力公司提出了电力企业要始终坚持“打破垄断、引入竞争、提高效率、降低电价、改善服务、促进发展”的基本改革思路，把为客户提供优质、方便、规范、真诚的服务作为电力企业永恒的主题。并当年开展了“优质服务年”活动。我国电力社会普遍服务最早提出由国务院国发〔2002〕15号文件提出，按照世界上大多数国家“提供价格合理的可靠电能，满足那些用不上或用不起的公民的用电需求”的定义，国家电监会副主席宋密将其界定为“国家制定政策，采取措施，确保所有用户都能以合理的价格，获得可靠的、持续的基本电力服务”。

做好优质服务，是电力行业的共同理念，是电力行业作为公用事业的应有社会责任，是构建和谐社会的必然要求，它体现着鲜明的时代精神。下面，我们以国家电网公司与南方电网公司为例，介绍他们有关做好优质服务的举措。

二、国家电网公司提高优质服务水平的相关举措

（一）国家电网公司“四个服务”的提出及其内涵

国家电网公司党组成立后，提出了“四个服务”：服务党和国家工作大局、服务电力客户、服务发电企业、服务社会发展。

服务党和国家工作大局，就是坚持把公司工作融入国民经济发展全局，认真贯彻国家能源战略和经济发展方针；坚持科学发展观，落实国家产业政策和宏观调控措施。

服务电力客户，就是要坚持以市场为导向，提升客户服务价值；积极采取各种技术和管理手段，提高供电安全性和可靠性；完善营业服务体系，提高服务效率和质量。

服务发电企业，就是要坚持“三公”原则，努力为发电企业服务；依法加强统一调度，规范上网管理、电力交易和资金结算，努力为发电企业公平竞争搭建平台；自觉接受市场监管，维护市场秩序。

服务社会发展，就是要坚持信息公开，主动接受社会监督，树立公司良好形象，实现企业与社会的良性互动、和谐发展。

（二）国家电网公司“四个追求”与塑造“五方面的形象”

为了达到“服务优质”的境界，国家电网公司还明确提出，要做到“四个追求”，即“服务理念追求真诚、服务内容追求规范、服务形象追求品牌、服务品质追求一流”。

在实现“服务优质”的过程中，国家电网公司还提出塑造五方面形象：一是塑造认真负责的国企形象，二是塑造真诚规范的服务形象，三是塑造严格高效的管理形象，四是塑造公平诚信的市场形象，五是塑造团结进取的团队形象。

（三）国家电网公司供电服务“十项承诺”

1. 城市地区：供电可靠率不低于99.90%，居民客户端电压合格率96%；农村地区：供电可靠率和居民客户端电压合格率，经国家电网公司核定后，由各省（自治区、直辖市）电力公司公布承诺指标。

2. 提供24小时电力故障报修服务，供电抢修人员到达现场的时间一般不超过：城区范围45分钟；农村地区90分钟；特殊边远地区2小时。

3. 供电设施计划检修停电，提前7天向社会公告。对欠电费客户依法采取停电措施，提前7天送达停电通知书，费用结清后24小时内恢复供电。

4. 严格执行价格主管部门制定的电价和收费政策，及时在供电营业场所和网站公开电价、收费标准和服务程序。

5. 供电方案答复期限：居民客户不超过3个工作日，低压电力客户不超过7个工作日，高压单电源客户不超过15个工作日，高压双电源客户不超过30个工作日。

6. 装表接电期限：受电工程检验合格并办结相关手续后，居民客户3个工作日内送电，非居民客户5个工作日内送电。

7. 受理客户计费电能表校验申请后，5个工作日内出具检测结果。客户提出抄表数据异常后，7个工作日内核实并答复。

8. 当电力供应不足，不能保证连续供电时，严格按照政府批准的有序用电方案实施错避峰、停限电。

9. 供电服务热线“95598”24小时受理业务咨询、信息查询、服务投诉和电力故障报修。

10. 受理客户投诉后，1个工作日内联系客户，7个工作日内答复处理意见。

（四）国家电网公司调度交易服务“十项措施”

1. 规范《并网调度协议》和《购售电合同》的签订与执行工作，坚持公开、公平、公正调度交易，依法维护电网运行秩序，为并网发电企业提供良好的运营环境。

2. 按规定、按时向政府有关部门报送调度交易信息；按规定、按时向发电企业和社会公众披露调度交易信息。

3. 规范服务行为，公开服务流程，健全服务机制，进一步推进调度交易优质服务窗口建设。

4. 严格执行政府有关部门制定的发电量调控目标，合理安排发电量进度，公平调用发电机组辅助服务。

5. 健全完善问询答复制度，对发电企业提出的问询能够当场答复的，应当场予以答复；不能当场答复的，应当自接到问询之日起6个工作日内予以答复；如需延长答复期限的，应告知发电企业，延长答复的期限最长不超过12个工作日。

6. 充分尊重市场主体意愿，严格遵守政策规则，公开透明组织各类电力交易，按时准确完成电量结算。

7. 认真贯彻执行国家法律法规，严格落实小火电关停计划，做好清洁能源优先消纳工作，提高调度交易精益化水平，促进电力系统节能减排。

8. 健全完善电网企业与发电企业、电网企业与用电客户沟通协调机制，定期召开联席会，加强技术服务，及时协调解决重大技术问题，保障电力可靠有序供应。

9. 认真执行国家有关规定和调度规程，优化新机并网服务流程，为发电企业提供高效优质的新机并网及转商运服务。

10. 严格执行《国家电网公司电力调度机构工作人员“五不准”规定》和《国家电网公司电力交易机构服务准则》，聘请“三公”调度交易监督员，省级及以上调度交易设立投诉电话，公布投诉电子邮箱。

（五）国家电网公司员工服务“十个不准”

1. 不准违规停电、无故拖延送电。

2. 不准违反政府部门批准的收费项目和标准向客户收费。

3. 不准为客户指定设计、施工、供货单位。

4. 不准违反业务办理告知要求，造成客户重复往返。

5. 不准违反首问负责制，推诿、搪塞、怠慢客户。

6. 不准对外泄露客户个人信息及商业秘密。

7. 不准工作时间饮酒及酒后上岗。

8. 不准营业窗口擅自离岗或做与工作无关的事。

9. 不准接受客户吃请和收受客户礼品、礼金、有价证券等。

10. 不准利用岗位与工作之便谋取不正当利益。

三、中国南方电网有限责任公司提高优质服务水平的相关举措

（一）中国南方电网有限责任公司关于优质服务的理念与安排

中国南方电网有限责任公司（以下简称南方电网公司）确定了公司的宗旨：对中央负责，为五省区服务；明确了公司的使命：主动承担社会责任，全力做好电力供应；制定了公司的战略目标：打造经营型、服务型、一体化、现代化的国内领先、国际著名企业；把电网安全稳定作为公司的生命线。

为切实做好优质服务工作，南方电网公司确定公司的服务理念是：服务永无止境。他们还明确提出，作为电网企业，做好优质服务，就是为经济社会发展提供安全可靠稳定的电力保障。面对南方五省区（广东、广西、云南、贵州、海南）严重的缺电局面，南方电网公司提出要主动承担社会责任，利用南方电网这个平台进行资源优化配置，做深做细需求侧管理，把缺电对经济社会的影响降到最低程度。

他们的具体做法是：

一是牢牢把握住电网安全稳定这条生命线，一切生产活动都按制度、按标准、有秩序地进行。

二是快速灵活调度，统筹调配全网资源。

三是用心加强需求侧管理，做到“限电不拉路、错峰不减产”。

他们还广泛深入地开展了“万家灯火，南网情深”优质服务活动，努力做到“缺电不缺服务，限电不限真情”。

2007 年以来，南方电网的优质服务充实了新的内容。按照国资委的统一部署，公司作为央企倡议单位，深入开展“优质服务年”活动，向社会公布了八项服务承诺。明确把提高供电可靠率、减少停电时间作为优质服务的一项刚性指标。启动了客户停电时间考核的基础工作，着手编制城市供电可靠率规划。

（二）南方电网公司“优质服务年”八项服务承诺

（1）落实国家西电东送战略，促进东西部协调发展，西电东送电力超过1400万千瓦。

（2）优化资源配置，保证电力供应，供应紧张时做好有序用电，做到限电不拉路，错峰不减产。

（3）依法经营，诚信服务，严格遵守国家价格政策。

（4）保证电网安全运行，城市供电可靠率不低于99.85%，农村供电可靠率不低于99.5%。综合电压合格率不低于99%，主网频率合格率不低于99.99%。

（5）新增报装客户供电方案答复期限：居民客户不超过3个工作日，低压电力客户不超过7个工作日，高压单电源客户不超过15个工作日，高压双电源客户不超过30个工作日。

（6）提供24小时电力故障报修服务，供电企业工作人员到达现场抢修的时限，自接到报修之时起，城区范围不超过45分钟，农村地区不超过90分钟，边远、交通不便地区不超过2小时。因天气、交通等原因无法在规定时限内到达现场的，向用户进行解释。

（7）推动资源节约和环境保护，开展节能、环保和经济调度。主动宣传节约用电，为客户提供节能咨询服务。

（8）服务新农村建设，2007年解决12万户农村无电人口用电问题。

第九章

电力法律法规概述

作为一名电力新闻通讯员，必须知晓有关电力政策法规。但是，电力政策法规是一个庞大的体系，条文浩繁。为有助于大家了解其主要精神，编著者参考了有关资料对“一法”（《电力法》）、“四条例”（《电力供应与使用条例》、《电力设施保护条例》、《电网调度管理条例》和《电力监管条例》）择要概述如下。

第一节　《中华人民共和国电力法》概述

1.《电力法》的通过、签发及施行

1995 年 12 月 28 日第八届全国人大常委会第十七次会议通过；由江泽民主席签发，中华人民共和国主席令第 60 号发布；自 1996 年 4 月 1 日起施行。

2. 电力法的含义

电力法有广义和狭义之分。广义的电力法是指国家调整电力建设、电力生产、电力供应和电力使用过程中所发生的各种社会经济法律规范的总称，包括国家管理电力的法律、行政法规、部门规章和地方性法规、地方性规章。狭义的电力法，是指《中华人民共和国电力法》。

3.《电力法》的主要作用

作用主要有以下几个方面：①保障和促进电力事业稳定发展；②肯定和巩固了电力体制改革的成果；③规范政府管理电力的行为；④促进电力自主经营、自负盈亏；⑤为解决电力纠纷提供了法律依据。

4.《电力法》的基本特征

①《电力法》是我国电力事业的基本法典，属狭义电力法范畴；②有能源法和公用事业法的双重属性；③与自然科学关系密切，具有明显的符合科学规律和经济规律的特征；④调整对象具有纵向关系和横向关系的统一性；⑤电力法律关系主体特征比较明显；⑥体例构成具有实体规范和程序规范相结合的特征；⑦体现了责、权、利相结合的特点；⑧体现了经济效益与社会效益相结合的特点；⑨采用了行政的、民事的、刑事的几种调整手段相结合的调整方法。

5.《电力法》的基本原则

①电力事业应当根据国民经济和社会发展的需要适当超前发展的原则；②国家鼓励国内外经济组织和个人依法投资开发电源，兴办电力生产企业，实行谁投资、谁收益的原则；③电力设施和电能受国家保护的原则；④电力建设和电力生产要依法保护环境、防治公害的原则；⑤国家鼓励和支持利用可再生能源和清洁能源发电的原则；⑥电力企业依法实行自主经营、自负盈亏并接受监督的原则；⑦国家帮助和扶持少数民族地区、边远地区和贫困地区发展电力事业的原则；⑧国家鼓励采用先进的科学技术和管理方法发展电力事业的原则。

6.电力企业自主经营、自负盈亏的含义

自主经营、自负盈亏就是要使电力企业成为独立享有民事权利和承担民事义务的经济实体，按照国家规定的资产经营形式，依法行使经营权并承担相应的民事责任。《电力法》规定电力企业依法实行自主经营、自负盈亏，体现了政企分开的原则，是全民所有制电力企业转换经营机制和建立现代企业制度的法律依据之一。

7.地方电力管理部门

根据《国务院办公厅关于实施〈中华人民共和国电力法〉有关问题的通知》的规定：《电力法》第六条规定："国务院电力管理部门负责全国电力事业的监督管理"；"县级以上地方人民政府经济综合主管部门是本行政区域内的电力管理部门，负责电力事业的监督管理。"这一规定体现了我国电力工业管理体制改革的要求。但是，按目前电力工业管理体制，电力工业部和现有的地方各级电力管理机构仍承担着电力事业的监督管理职责。为了保障电力建设、生产、供应的正常进行，保障《电力法》的贯彻实施，在现行电力工业管理体制改革前，仍由电力工业部和现有的地方各级电力管理机构履行《电力法》规定的电力管理部门的职责；在现行电力工业管理体制改革后，由县级以上地方人民政府指定的经济综合部门履行电力管理部门的职责。

8.电力生产的含义

狭义的电力生产是指电力生产者通过发电厂（站）设备，把一次能源转化为电能的发电过程。广义的电力生产是指发电、调度、输电、变电和配电的全过程。

9.电力生产安全原则的含义

电力生产要坚持安全的原则，是指严格按照有关规定，连续、稳定地生产、供应电力，加强对发电机组、电网及供电设备的更新改造，不断提高电网的自动化水平，以保证和提高供电可靠性，加强安全管理，及时检查和消除事故隐患，避免和防止设备损坏及造成停电事故，尤其是电网运行事故。

10. 电力生产优质原则的含义

电力生产要坚持优质的原则，是指生产的电能质量必须符合国家规定的标准，包括频率偏差、电压偏差、电流偏差、谐波、电压波动与闪变、三相电压不平衡度等指标必须符合国家规定的标准。

11. 电力生产经济原则的含义

电力生产要坚持经济的原则，是指要把成本最低、发电能源消耗率及网损率最小作为经济考核指标贯彻到电力生产的各个环节，落实到位，以求得电力生产的最大经济效益，如大力发展大容量、高效率、低污染、调峰性能好的火电机组，积极发展水电和利用新能源发展电力，充分发挥大电网的优势等。

12. 电力安全生产管理制度主要内容

根据《电力法》第十九条的规定，电力企业要加强安全生产管理，建立、健全安全生产责任制度，包括以下具体制度：①安全生产责任制度；②生产值班制度；③操作票制度；④工作许可制度；⑤操作监护制度；⑥工作间断、转移、终结制度；⑦安全生产教育制度；⑧电力设施定期检修和维护制度。

13. 电力企业贯彻安全第一、预防为主的方针

根据《电力法》第十九条的规定，电力企业要坚决贯彻“安全第一、预防为主”的方针，做到电力安全工作有计划、有布置、有检查、有总结、有评比，并严格执行国家或电力行业有关电力安全工作的法规、标准、规程、制度、规范的规定，狠抓落实，防患于未然，克服麻痹思想，排除事故隐患，杜绝责任事故，提高和增强抵御意外事故和自然灾害的能力，最大限度地防止和避免事故的发生，保证电力生产和电网安全运行。具体讲，要做好以下工作：①防止发生人身伤亡事故；②防止发生重大火灾事故；③防止大面积停电事故；④防止电网瓦解事故；⑤防止水电厂垮坝事故；⑥防止主设备严重损坏事故；⑦防止其他重大事故。

14. 电力企业建立、健全安全责任制度

①电力企业要分级提出实现安全生产的目标和具体措施，层层分解，落实到每个岗位；②本着“谁主管、谁负责”的原则，有针对性地分别制定具有可操作性的岗位安全生产责任制，确定安全生产一把手总负责制度；③电力生产安全规程是制定电力安全生产责任制的基础；④电力行政主管部门颁发的电力生产安全工作规定和电力安全监察工作规定等，是电力安全生产责任制度的基

本规定，各级领导、各个岗位应严格按照规定的要求作好电力生产安全工作。

15. 电网运行管理的基本原则

①电网运行实行统一调度、分级管理；②任何单位和个人不得非法干预电网调度。

16. 电网运行的特点

①发电、供电和用电同时完成。电能不易储存，生产、供应、使用都是电网运行的重要组成部分，都是电网运行中不可缺少的环节；②用电负荷随着时间的变动，既有一定的规律性也有随意性。电力生产要根据用电变动情况及时地、相应地调整发电出力，以保持发电、用电平衡；③电力商品的品种是单一的，也是无形的，但电能质量指标又是可测的；④电网覆盖面大，随时随地都有可能因为自然原因、设备原因或者人为原因发生事故，如果事故没能迅速消除和得到有效控制，往往会迅速扩展，波及面大，危害后果严重。

17. 并网运行的作用

除自发自用的发电厂外，发电厂只有与电网相联，才能将生产出来的电力送给用户。发电厂不并网运行就不能把生产出来的电能输送给电力用户，就不能实现电力商品的价值。这是由电能不易储存和生产、供应、使用同时完成的特点及电网发展规律决定的。

18. 安全用电原则的含义

供电或用户应当加强供电、用电管理，采取先进技术和科学管理措施，切实执行国家、电力管理部门制定的有关安全供用电的规章制度，安全供电、用电，以达到避免发生各种事故，减少或避免人身伤亡和财产损失。

19. 节约用电原则的含义

供电和用户都应做好节约用电工作，制定节约用电计划，推广和采用节约用电的新技术、新材料、新工艺、新设备，提高电能利用率，降低电能消耗。

20. 计划用电原则的含义

①国家对电力实行统一分配，向用户下达最高用电负荷，规定用电时间，核定单位产品电耗定额；②供电根据电网发电、供用电平衡，按当地政府下达的电力计划向用户供电，并加强用电负荷管理，做好负荷预测和调整负荷的工作；③各类电力用户按照计划分配的电力、电量使用，不得超用。

21. 供电营业区

供电营业区指供电企业进行电力供应和经销活动的地域范围。在此区域范围之内供电享有从事电力供应与电能经销业务的权利，承担法定供电义务。

22. 供电营业专营

供电营业专营指在一个供电营业区内，只准设立一个供电营业机构从事电力的供应经销活动。供电营业机构在批准的供电营业区内向用户供电。

23. 供电营业机构的法定供电义务

供电营业机构对营业区内的用户有依照国家规定进行供电的义务，不得违反国家规定对其营业区内申请用电的单位和个人拒绝供电。法定供电义务具体讲有：①根据用户需要，负责向本供电区内用户提供电力；②保证合格的供电质量并安全供电；③实施本营业区内无电地区的供电；④按规定的电价销售并向电力管理部门及有关部门报送经营活动资料。

24. 供电收取电费应遵循的制度及用户的义务

根据《电力法》第三十二条的规定，供电企业收取电费应遵循如下制度：①供电企业应当按照国家核准的电价和用电计量装置的记录计收电费；②按期通知用户交纳电费；③供电抄表收费人员进入用户抄表收费时，应当出示有关证件。

用户应当按照国家核准的电价和用电计量装置的记录，按时交纳电费；对供电企业的抄表收费人员依法履行职责，应当提供方便。

25. 危害供用电安全和扰乱供用电秩序的行为

危害供用电安全和扰乱供用电秩序的行为有：①违章用电；②窃电；③超计划用电或违反合同规定用电；④违反安全规定用电；⑤损害供用电设施，冲击供电、变电设施所在地，扰乱供电工作秩序，干扰冲击电力调度机构，扰乱电力调度秩序，使电力供应无法正常进行的行为；⑥其他危害供电、用电秩序的行为。

26. 违章用电

下列行为属违章用电：①擅自改变用电类别；②擅自超过注册或合同约定的容量用电；③擅自使用已在电力企业办理暂停手续的电力设备，或启用已被电力企业查封的电力设备；④擅自迁移、或擅自操作电力企业的用电计量装置、电力负荷控制装置、供电设施以及约定由电力企业调度的用户受电设备；⑤未经电力企业许可，擅自引入、供出电源或将自备电源擅自并网等。

27. 对违章用电行为，电力企业可以采取的措施

电力企业对违章用电行为可以责令改正，根据违章事实和造成的后果追缴差额电费，并按照国家有关规定加收电费和其他费用，情节严重或者拒绝改正的可以中止供电。

28. 对危害供电、用电安全和扰乱供电、用电秩序的，电力企业有权制止的办法

制止的办法有：①警告；②通知改正；③追缴费用；④中止供电；⑤请求电力管理部门给予行政处罚；⑥请求司法机关依法处理；⑦其他有效措施。

29. 现行电价分类

现行电价主要分以下几种类别：①按生产和流通环节划分，分为上网电价、电网互供电价、销售电价；②按销售方式划分，分为趸售电价、直供电价；③按电力使用时段划分，分为高峰电价、低谷电价和平谷电价；④按用电类别划分，分为照明用电价、农业用电价、商业用电价和工业用电价等。

30. 电价管理原则

《电力法》第三十五条规定，电价管理实行统一政策、统一定价的原则，分级管理。①电价政策是国家制定和管理电价的行为准则，随着社会主义市场经济体制逐步建立和完善，同一地区、同一电网、同一类型的发电、供电、用电的电价政策应当相对统一，以利于公平竞争，调动各方面积极性；②统一定价原则，是国家制定电价的基本原则，有权制定核准电价的主管部门确定核准电价时，所依据的原则应当是统一的；③分级管理，由于电价调整关系到国计民生，所以《电力法》把电价管理权主要赋予国务院及其授权部门和省级物价部门，体现了国家对电价从严控制的原则。

31. 上网电价和同网同质同价的含义

同网同质同价，即按质论价，按电力商品和服务质量优劣分别制定不同的电价和收费标准。其含义是：①根据电能质量分等定价，优质优价、同质同价；②同质同价，是国家合理安排电能质量差价的基本原则，是国家物价政策的重要内容；③实行同网同质同价，是电力市场真正按照市场机制运作的必然要求，体现了市场经济公平竞争的一般原则，对促进发电提高电能质量，树立平等竞争意识有积极意义。但是，由于我国还缺电，电力市场还是卖方市场，以及我国经济体制正处于计划经济体制向市场经济体制过渡阶段之中，目前实行同网同质同价时机尚不成熟，所以《电力法》规定：“实行同网同质同价的具体办法和实施步骤由国务院规定。”

32. 农村电气化的含义及衡量的标准

农村电气化主要指农村通电率以及用电水平达到的一定程度。

由于各国经济基础不同，因此各国电气化标准也不一样，在我国，农村电气化主要从通电率、供电保证率、用电水平、电压合格率、县独立电网频率合

格率和设备完好率等六个方面来衡量。

33. 实行电力监督检查应当遵循的原则

实现电力监督检查应当依法进行，即遵循合法原则，包括：①实施监督检查的主体必须合法；②监督检查的内容必须合法；③监督检查人员必须具有法定权利能力和行为能力；④监督检查对象和范围要合法，对象只能是电力企业和用户，范围限于电力企业和用户执行电力法律、法规的情况；⑤监督检查要符合法定程序，如应当出示证件等。

34. 电力监督检查人员的权利和义务

电力监督检查人员的权利：①向电力企业或用户了解宣传有关执行电力法律、政策法规的情况；②查阅资料；③进入现场进行检查。电力监督检查人员的义务：①应当出示证件；②秉公执法，不得滥用职权、玩忽职守、徇私舞弊。

35. 电力企业在接受电力监督检查中的权利和义务

企业有权要求执行监督任务的电力监督检查出示证件，同时应当为监督检查提供方便，服从监督检查并给予积极的配合。

36. 电力运行事故赔偿原则

根据《电力法》第六十条规定，因电力运行事故给第三人或用户造成损害的，电力企业应当依法承担赔偿责任。

电力运行事故由下列原因之一造成的，电力企业不承担赔偿责任：①不可抗力；②用户自身的过错。

因用户或第三人的过错给电力或其他用户造成损害的，该用户或第三人应当依法承担赔偿责任。

37. 扰乱电力生产企业秩序，致使生产、工作不能正常进行的应承担法律责任

①由公安机关依照《治安管理处罚条例》的有关规定予以处罚，具体处罚形式包括警告、罚款、拘留；②构成犯罪的，依法追究刑事责任。

38. 殴打、公然侮辱履行职务的查电人员或抄表人员或抄表收费人员的，应承担的法律责任

①由公安机关依照《治安管理处罚条例》的有关规定予以处罚，具体处罚形式包括警告、罚款、拘留；②犯罪的，依法追究刑事责任。

39. 盗窃电能要承担的法律责任

盗窃电能的，由电力管理部门责令停止违法行为，追缴电费，并处应交电费5倍以下罚款；构成犯罪的，依照《刑法》第二百六十四条的规定，追究刑

事责任。

40. 破坏电力设施应承担的法律责任

盗窃电力设施或以其他方法破坏电力设施危害公共安全的，应依照《刑法》第一百一十八条或第一百一十九条的规定，追究刑事责任。

41. 电力管理部门的工作人员滥用职权、玩忽职守、徇私舞弊的，应承担的法律责任

构成犯罪的，依法追究刑事责任；尚不构成犯罪的依法给予行政处分。

42. 电力企业查电、抄表、管理人员勒索用电户，以电谋私要承担的责任

构成犯罪的，依法追究刑事责任；尚不构成犯罪的，依法给予行政处分。

第二节　《电力供应与使用条例》概述

1. 电力供应企业及其特点

电力供应企业，指具有电力供应权利能力和行为能力的单位。它是供用电法律关系的重要主体之一。按照《电力供应与使用条例》的规定，电力供应企业持有《供电营业许可证》和《营业执照》，具有供电营业区域并具有向社会可供电力商品的企业（简称供电企业）。它是供用电双方当事人之一，负有向用户供电的重要义务，享有收缴电费的权利。供电企业的主体资格是因供用电活动而产生，由法律、行政法规予以确定的。

2. 电力使用者

电力使用者，指电能消费者，即依法办理了用电手续的单位和个人（简称用户），是供用电法律关系的另一重要主体，享有依法用电的权利，承担交纳电费的义务。需要加以说明的是，依法取得了《供电营业许可证》和《营业执照》并在划定的供电营业区内供应电力商品的趸购转售的单位，具有供电企业和用户的双重身份。它对向其提供电力来源的供电企业来说，是用户，对由它供电的用户来说，是供电企业。

3.《电力供应与使用条例》的基本原则

《电力供应与使用条例》的基本原则是对供用电法律关系的各方面都具有普遍指导意义的准则，反映和体现国家对供用电管理的基本方针和政策。《电力供应与使用条例》的基本原则有：

（1）保护供用电双方合法权益和保护其他与供用电有关的单位、个人的合

法权益相结合的原则。

（2）供电营业许可原则。供电营业许可原则（又称专营原则），指供电营业必须经过电力管理部门许可，以指定的供电营业区域内供电。它包括：①供电专营许可，即由国家对电力供应经销单位的主体资格予以特定认可，体现国家从宏观上对电力供应经销活动的控制；②供电营业区许可，即供电单位的供电营业区域必须经过国家电力管理部门核准划定，在一个供电营业区域内，只许一个供电机构从事电力供应经销活动，以防止重复建设、交叉供电、造成浪费、造成电力事故，防止供电企业合法权益受他人侵害。一个供电营业区内实行电力统一经销，实行电力专营，可以保护营业区内正常的供用电秩序。

（3）供用电法律关系民事主体平等原则。供用电双方民事法律关系的确立基于供用电合同。供用电双方应当遵循平等互利、协商一致的原则签订供用电合同，一方当事人不能强迫另一方当事人接受自己的意志，把自己的意志强加于人，供电单位和用电户的民事法律地位是平等的。

（4）有偿使用电力的原则。电能是商品，商品的共性是具有价值和使用价值，就是要有偿使用，这是马克思主义商品价值论的法律体现，也是社会主义市场经济的客观要求。

（5）安全用电、节约用电、计划用电原则。这是我国用电管理的一项特殊的法律制度。它强调了供电企业和用户都应加强供用电的安全管理，以维护正常的供用电秩序；体现了我国实行的电力开发与节约并重的电力经营方针；运用经济的、法律的和行政的手段，有计划地、有秩序地进行优化、合理、有效的利用电能。

（6）法律责任对等原则。《电力供应与使用条例》对供用电法律关系主体所规定的权、责、利是对应的，即行为人享有的权利，承担的法律责任和义务是一致的。

4. 国家实行安全用电、节约用电、计划用电原则的原因

国家对电力供应与使用实行安全用电、节约用电、计划用电的管理原则。这是因为：

（1）安全用电原则。安全用电的目的是为了避免发生各种事故，减少或避免人身伤亡和财产损失。电力是基础产业，又是资金技术密集型产业，电网具有整体性和联动性的特点，发、供、用的各个环节直接关系到公民人身、用电设备、电网设备安全乃至社会公共安全。所以，供电企业、用电户和全社会都应加强供电、用电的安全管理，严格执行国家和电力管理部门的有关安全规定，

采取一系列安全措施，保证安全用电。

（2）节约用电原则。我国是一个人口众多而人均资源不足的国家，且能源管理及技术水平还比较落后，电力供需矛盾相当尖锐，同时由于种种原因，国有节能技术运用缓慢，高耗能企业仍在生产，先进的节能设备没有普遍采用等，致使能源消耗水平低，因此节约能源、减少浪费的任务十分艰巨，节约用电是我国经济发展中一项长期的战略措施。为了保持我国经济持续、快速、健康发展，并为子孙后代着想，我们必须从思想上树立“总量丰富、人均不足、厉行节约”的观念。能源矿产资源是有限的，不可再生的，用一点，少一点，因此，我们必须走资源节约型的道路，逐步建立起资源节约型的经济发展结构，在努力开展节能节电的基础上发展电力和能源工业。

（3）计划用电原则。目前我国电力还不能满足国民经济发展和人民生活需要，缺电的局面在短期内不可避免，因此计划用电对我国具有重要的现实意义。计划用电是缺电情况下采取的一种措施。计划用电的形式是多样的，可以通过经济的、技术的、法律的和必要的行政手段，把握有限的电力资源的使用方向，合理配置资源，引导加强用电管理，不断提高电能使用效率，推广分时电价，采用负荷控制效益和充分发挥电力资源的社会效益。在向社会主义市场经济转轨的时期，计划用电工作必须服务于人民生活用电和重要市政用电，重要政治用户用电，农业的季节性用电，按照产业政策合理安排工业用电，推动国家经济的增长和经济效益的提高。

5. 电力管理部门在供用电活动中的基本职责

电力管理部门在供用电活动中的基本职责是：加强供用电的监督管理，协调供用电各方关系，禁止危害供用电安全、非法侵占电能的行为。①加强供用电监督管理是各级电力管理部门的首要职责，包括依据法律、法规的规定，监督供电和用电户执行电力法律、行政法规、电力技术标准和国家有关电力供应与使用政策、方针的情况；负责每月用电计划审核和批准工作；负责进网作业电工和承装（修试）单位资格审查，并核发许可证等方面工作。②协调供用电各方关系，主要有：协调处理供用电纠纷，依法保护电力供应者与使用者的合法权益；及时正确协调供电企业与用电户之间、供电企业之间以及用电户之间的关系，维护供用电秩序。③禁止危害供用电安全和非法侵占电能的行为。电力管理部门有权依照《电力供应与使用条例》授予的禁止权，查处电力违法行为，并作出行政处罚。危害供用电安全的行为实质上是危害社会公共安全的行为。非法侵占电能的行为实质上是侵害他人合法权益的行为。禁止行为主体从事的这些行为，是电力管理部门行使国家行政管理权的体现，具有命令力、强制力和执行力。

6. 供电企业的主要权利

①对本供电营业区范围内需要新装用电、临时用电、增加用电容量、变更用电和终止用电的单位和个人，有依照规定和程序审核用电申请、办理用电手续、收取相应费用的权利。②按照国家关于确定供电方式的基本原则和有关规定，有权根据电网规划、用电需求和当地供电条件，与用户协商确定供电方式。③按照国家标准或电力行业标准，有对用户受电装置的设计图纸、隐蔽工程和工程竣工分别行使审核、监督和检查的权利。④有按国家核准的电价和用电计量装置的记录，向用户计收电费的权利。⑤有按供用电合同的约定，对用户违约逾期未交电费者加收违约金的权利，对逾期不交电费超过法定日期，经催交仍未交付电费的，有按规定程序停止供电的权利。⑥用户违章用电或窃电的，根据违章事实和造成的后果，有追缴电费、加收电费和收取国家规定的其他费用的权利；对情节严重者，有按规定程序停止供电的权利。⑦对公用供电设施未到达的地区，有权委托有供电能力的单位就近供电。

7. 供电企业的主要义务

(1) 对本供电营业区内申请用电的单位和个人，有按国家规定提供电力的义务。

(2) 有按合同规定的数量、质量、时间、方式，合理调度和安全供电的义务。

(3) 用户对供电质量有特殊要求的，根据其必要性和电网的可能性，有对其提供相应电力的义务。

(4) 在抢险救灾需要紧急供电时，有尽快供电的义务。

(5) 因故需要停电时，有按规定事先通知用户和进行公告的义务；引起停电或限电的原因消除后，有尽快恢复供电的义务。

有在其供电营业场所公告用电的程序、制度和收费标准的义务。

8. 用电户的主要权利

(1) 新装用电、临时用电、增加用电容量、变更用电和终止用电的权利。

(2) 按照安全、可靠、经济、合理和便于管理的原则，根据国家的有关规定以及电网规划、用电需求和当地供电条件，有与供电企业协商确定供电方式的权利。

(3) 有权获得符合国家标准的供电质量；根据用电的必要性，有对供电质量提出特殊要求的权利。

在当地电网发、供电系统正常的情况下，有得到连续供电的权利。

9. 用电户的主要义务

(1) 在行使各项用电权利之前，有到当地供电企业办理手续并按国家规定交付费用的义务。

(2) 对自身受送电装置，有义务接受供电企业对其图纸的审核、对隐蔽工程的施工监督和对工程竣工后的检验。

(3) 有按规定安装用电计量装置和保护用电计量装置的义务。

有按合同约定的数量、条件用电，交付电费和国家规定的其他费用的义务。

10. 设立供电营业区应当遵循的基本原则

设立供电营业区应当遵循以下两项基本原则：第一，在一个供电营业区域内，只准设立一个供电营业机构；第二，设立供电营业区应根据电网结构、供电能力和供电的经济合理性等因素划分确定。

11. 供电营业许可制度

指供电营业区的设立和变更必须经过电力管理部门许可，在核准的供电区域内供电的制度，即国家通过对供电企业进行资格认定，依法赋予该供电企业垄断经销电力的权利。供电营业许可制度的表现形式的《供电营业许可证》，没有领取《供电营业许可证》的电力企业，不得从事电力经销活动。发电企业按并网协议送入电网的电力、电量由供电营业机构统一经销。确立供电营业许可制度，体现了国家对电力经销市场的干预和控制。

12. 供电线路走廊、电缆通道、区域变电所和配电所、营业网点

供电线路走廊指在地面上架设输、配电线路的走径及基础防护区的位置。

电缆通道指在地面以下敷设输、配电电缆的沟道及防护区的位置。

区域变电所、区域配电所指为地区供电服务的各级电源引进后电压变换、送出线控制以及对区域变电所、配电线路进行运行维护的场所。

营业网点指供电营业机构设立的为用电户办理用电申请、变更用电、交付电费、检查用电和电能计量等提供服务和进行用电管理的场所。

13. 供电设施、公用供电设施、共用供电设施、专用供电设施及受电设施

供电设施指为把发电企业生产的电能输送给电力用户使用而投资建设的输电、变电、配电设施等。

供电设施按用途可分为三种类型：公用供电设施、共用供电设施、专用供电设施。

公用供电设施指供电企业向社会广大用户提供电能的输、配、变电设施，以及为保证电力安全、经济、合理运行所需要的调度、通信、运行维护、计量、收费等设施。

共用供电设施指两个以上用电户为了保证正常供用电，由其共同出资或筹资建设的供电设施，包括变电设施、输（送）电设施、配电设施以及相关的配套设施。

专用供电设施指某用户为了保证本单位正常用电，自己建设自用的供电设施，如变电设施、输（送）电设施等，但不包括用户内部的供电设施。

受电设施指用户内部为了达到使用电力的目的而建设的用于接受供电企业供给的电能的电气装置及其配套设施。

14. 在供电设施上发生事故引起的法律责任确定

在供电设施上发生事故引起的法律责任，按供电设施产权归属确定。产权归属于谁，谁就承担其拥有的供电设施上发生事故引起的法律责任。但产权所有者不承担受害者因违反安全或其他规章制度，擅自进入供电设施非安全区域内而发生事故引起的法律责任，以及在委托维护的供电设施，因代理方维护不当所发生事故引起的法律责任。

第三节 《电力设施保护条例》概述

1. 电力设施

电力设施是指发电设施、变电设施和电力线路设施及其有关的辅助设施的总称，包括发电厂、变电所（站）区域内的发电设施、变电设施、送电设施以及厂、所区域外的供电、输电设施和有关辅助设施等，从使用状态上可分为投入运行正常使用的电力设施、检修的电力设施和备用状态的电力设施。

2. 电力设施的主要特点

电力设施具有以下主要特点：

(1) 电力设施是属于社会公用性质的基础设施。由于电力是公用事业，所以确保电力安全、稳定、优质供应的物质载体，即电力设施，就具有社会公用性质。

(2) 电力设施是由发电、供电、用电等各部分组成的不可分割的整体设施。电力设施遍布城乡，发电、供电、用电设施是一体化的，缺少任何一部分都将使电力供应与使用发生中断。

（3）电力设施是现代化、自动化程度非常高的一种设施。由于电能无法大量储存，发电、供电、用电同步瞬间完成，这就决定了电力设施必须具有现代化的输电能力，并达到高度自动化程度，才能满足电力供应与使用的需要。

3. 保护电力设施的意义

电力既是发展国民经济的动力，又是为国民经济各部门和城乡广大人民群众服务的公用事业，电力设施保护工作关系到各行各业的生产、工作和亿万人民的生活，关系到维护公共安全，因此，国务院颁布《电力设施保护条例》，依法加强电力设施保护工作，对于发动全国人民自觉地用法律手段同破坏电力设施的违法犯罪行为作斗争，保证电力设施不受破坏，做到不间断地、安全地、稳定地发供电，具有十分重要的意义：

（1）保护电力设施具有重要的政治意义。电力工业是国民经济的基础产业和支柱产业，关系到各行各业，关系到中央和地方各级党、政、军首脑机关的工作和亿万人民的生活，一旦电力设施受到破坏，中断电源，就会严重影响社会稳定，危害安定团结的政治局面，干扰改革与发展。

（2）保护电力设施具有十分重要的经济意义。电力是现代工业生产的动力，工厂、矿山、机关、学校、医院、部队、农村、城镇都离不开电。电力设施一旦遭到破坏，将会危及电力生产和运行安全，毁坏生产设备，中断供电。而如果中断了供电，工农业生产就会停止，生产秩序就会混乱，国家经济发展就会受到严重影响。

（3）保护电力设施具有广泛的社会意义。电力设施是社会公用设施，与社会各部门和城乡人民群众生产生活紧密相连，一旦发生断电，就会影响社会秩序、生产秩序、工作秩序、教学秩序、科研秩序和人民群众的生活秩序，危及社会公共安全。

4. 电力设施保护实行的原则

根据《电力设施保护条例》第三条的规定："电力设施的保护，实行电力主管部门（即电力管理部门）、公安部门和人民群众相结合的原则"。从这条规定可以看出，电力设施的保护实行两条原则：

（1）电力管理部门和公安部门相结合的原则。

电力管理部门作为电力设施的管理者，有责任和义务对其管理的电力设施进行管理和保护，防止人为损害案件的发生。但是，在某些情况下，或者案件发生以后，电力部门受技术条件、侦察手段以及执法权力的限制，对有些问题是无法解决的，只有国家专门机关运用国家强制力，对不法犯罪分子进行应有的惩罚，才能震慑不法分子，为电网创造一个较好的运行环境。也就是说，只有依靠公安部门的帮助、支持和指导，使电力管理部门和公安部门很好地结合起来，才能有效地打击各种违法犯罪分子对电力设施的侵害。

(2) 电力管理部门、公安部门、电力企业和人民群众相结合的原则。

电力设施分布点多面广，有些甚至跨越偏僻的山区、林区，仅靠电力管理部门、公安部门的力量难以面面俱到，达到治本的目的，必须贯彻“打防结合、以防为主、综合治理”的方针，在全社会树立起自觉维护电力设施的公民意识，发动和动员广大群众，把保护电力设施安全的义务层层落实到各部门、各单位、各乡村和每一个人，以达到标本兼治、长治久安的目的。因此，必须依靠电力企业和发动沿线广大群众，而电力企业和群众又没有执法的权力，只有实行电力管理部门、公安部门、电力企业和广大人民群众相结合的原则，才能加强电力设施的保护，更加有效地打击破坏电力设施的违法犯罪分子。

5. 关于建立电力设施保护领导组织

县以上地方人民政府可以根据本地的实际需要，设立相应的电力设施保护领导组织，由同级人民政府及所属电力（发电、供电、电力建设）、公安、工商等部门负责人组成，负责领导所辖行政区域内电力设施的保护工作。

电力设施保护领导组织的办事机构设在同级电力管理部门，也可以设在电网管理企业，负责电力设施保护的日常工作。

6. 电力管理部门要发动群众保护电力设施

电力管理部门在发动群众保护电力设施方面，应着重做好以下两方面的工作。

(1) 要贯彻预防为主的方针，在群众中进行广泛的电力法制宣传教育，让群众了解自己在电力设施周围该做些什么，不该做些什么，在电力设施保护范围和保护区能够做什么，不能做什么，并通过典型案例，使大家都明白，电力设施遭到非法侵害，不但国家和公共利益会受到损害，而且公民个人的利益也将受到损害。

(2) 在广泛宣传保护电力设施的基础上，要在当地电力设施保护领导组织的领导下，在电力线路设施沿线组织群众护线，建立群众护线组织，建立健全保护电力设施安全责任制，对作出突出贡献的群众护线员给予奖励，充分发挥护线组织的骨干作用，调动广大群众的护线积极性，努力造就和形成保护电力设施安全人人有责，危害电力设施就要受到惩罚的良好社会风气和局面，对非法侵害电力设施的人和事，每个公民都敢于斗争。

7. 破坏电力设施的行为及其特点

破坏电力设施的行为，是指故意或过失地对已建、在建的，投入使用运行或检修、备用状态的发电、变电、输电、配电、电力调度通信设备，实施拆盗、毁坏、放置异物、放火、爆炸、制造事故及其他影响电力生产运行和安全的行为。

破坏电力设施的行为，具有以下特点：

（1）在主观方面，破坏电力设施行为人的心理状态，是故意或过失。因意外事故或不可抗力引起的，则不构成破坏电力设施的行为。

（2）行为人破坏的对象是已建、在建的，投入使用运行或检修、备用状态的电力设施，侵犯的客体是公共安全。如果行为人破坏的是电力部门的生活设施和文体设施以及非工程用车等，就不属于破坏电力设施的行为。

（3）在客观方面，是实施了破坏电力设施的行为，常见的有拆盗电力杆塔器材，在电力设施保护范围和保护区进行开山炸石、烧窑、施工挖渠和种树开荒等足以危害或可能危害电力设施的行为。

实践中破坏电力设施的行为虽多种多样，但只要是具备上述特点的行为，都是破坏电力设施的行为。

8. 架空电力线路保护区及其划定

架空电力线路保护区是指架空电力导线边线向外延伸所形成的两平行线内的区域。这个区域是为了保证已建架空电力线路的安全运行和保障人民生活的正常供电而必须确定的安全区域。

架空电力线路保护区是根据架空电力线路的不同电压等级而确定的，分两种情况：

（1）在一般地区，各级电压导线的边线延伸距离如下：

1～10千伏	5米
35～110千伏	10米
154～330千伏	15米
500千伏	20米

（2）在厂矿、城镇等人口密集地区，架空电力线路的保护区是指导线边线在最大计算弧垂及最大计算风偏后的水平距离和风偏后距建筑物的水平安全距离之和所形成的两平行线内的区域。各级电压导线边线在计算导线最大风偏情况下，距建筑物的水平安全距离如下：

1 千伏以下	1.0 米
1～10 千伏	1.5 米
35 千伏	3.0 米
66～110 千伏	4.0 米
154～220 千伏	5.0 米
330 千伏	6.0 米
500 千伏	8.5 米

9. 在架空电力线路保护区内必须遵守的规定

在架空电力线路保护区内，必须遵守下列规定：

(1) 不得堆放谷物、草料、垃圾、矿渣、易燃物、易爆物及其他影响安全供电的物品。

(2) 不得烧窑、烧荒。

(3) 不得兴建建筑物、构筑物。

(4) 不得种植竹子、树木及其他可能影响电力线路安全的植物。

(5) 经当地电力管理部门同意，可以保留或种植自然生长最终高度与导线之间符合安全距离的树木。

在架空电力线路保护区堆放谷物、草料、垃圾、矿渣、易燃物、易爆物、烧窑、烧荒，都可能引起火灾，危及架空电力线路安全，造成恶性电力事故或电力事故的扩大。在架空电力线路保护区内兴建建筑物，种植竹子或自然生长高度超出安全距离的树木，都有可能造成电力线路放电而发生短路或者造成电力事故的抢修受阻而导致事故扩大，危害电力供应安全。

10. 危害电力线路设施安全的违法行为

电力线路设施大多在野外，易于遭到故意或过失的破坏，尤其是许多人不知道哪些行为能够危害电力线路设施的安全，为此，法律规定，危害电力线路设施安全的行为有：

(1) 向电力线路设施射击。

(2) 向导线抛掷物体。

(3) 在架空电力线路导线两侧各 300 米的区域放风筝。

(4) 擅自在导线上接用电气设备。

(5) 擅自攀登杆塔或在杆塔上架设电力线、通信线、广播线，安装广播喇叭。

(6) 利用杆塔、拉线作起重牵引地锚。

（7）在杆塔、拉线上拴牲畜、悬挂物体、攀附农作物。

（8）在杆塔、拉线基础的规定范围内取土、打桩、钻探、开挖或倾倒酸、碱、盐及其他有害化学物品。

（9）在杆塔内（不含杆塔与杆塔之间）或杆塔与拉线之间修筑道路。

（10）拆卸杆塔或拉线上的器材，移动、损坏永久性标志或标志牌。

上述行为，不但直接危害电力设施安全，造成断路、断线、倒杆、倒塔等严重后果，而且具有社会危害性，所以法律明令禁止任何单位和个人从事这些行为。

11. 危害发电厂、变电所设施的行为

法律禁止的危害发电厂、变电所安全的行为有：

（1）闯入发电厂、变电所内扰乱生产和工作秩序，移动、损害标志物。

闯入，是指未经许可有意进入发电厂和变电所的行为。发电厂、变电所以比较先进的现代化仪表控制为主，要求工作人员必须集中精力，严密监视控制仪表，随时执行调度命令，及时果断处理情况，不允许有任何分散精力或不坚守岗位的行为出现。而擅自闯入发电厂、变电所扰乱生产和工作秩序，必然会分散工作人员的精力，严重危害电力设施的安全，造成危害公共安全的后果。

（2）危及输水、输油、输煤、排灰管道（沟）的安全运行。

（3）影响专用铁路、公路、桥梁、码头的使用。

（4）在用于水力发电的水库内，进入距水工建筑物300米区域内炸鱼、捕鱼、游泳、划船及其他危及水工建筑物安全的行为。

12. 危害电力设施建设的行为

电力设施建设是发展电力工业、解决电力供应不足、发挥全社会生产潜力、加速四化建设、满足国民经济和社会发展及人民需要的根本途径。危害电力设施建设实质上是破坏国家电力建设和国家经济建设，危害国计民生的行为，因此，是法律禁止的。

危害电力设施建设的行为有：

（1）非法侵占电力设施建设项目依法征用的土地。

（2）涂改、移动、损害、拔除电力设施建设的测量标桩和标记。

（3）破坏、封堵施工道路，截断施工水源或电源。

13. 架空电力线路建设穿越林区时应办理砍伐树木的手续

（1）根据《森林法》和国家其他有关规定，由电力线路建设单位到林业行政管理部门办理树木砍伐手续，核定砍伐树种、面积、通道宽度、性质、期限，并持林木砍伐证在批准和允许的范围内进行砍伐。

(2) 电力线路建设单位应根据国家有关规定，确定被砍伐树木所有者所受的经济损失，按规定的标准和限额标准付给树木所有者一次性补偿费用后，不再付给任何补偿费用。

(3) 支付一次性补偿费用后，在架空电力线路通道内不允许再种植高杆树木、竹子。对违法种植竹木的，不但要强制砍伐并依法可予以行政处罚。

(4) 按照架空电力线路通道宽度应满足拟建架空电力线路两边线间距离和林区主要树种自然生长最终高度 2 倍之和的要求，在其限定的宽度内砍伐出通道。

14. 架空电力线路通道内树木所有者要求保留通道内树木必须具备的条件

树木所有者要求保留架空电力线路通道内的树木必须具备下列条件：

(1) 必须是树木所有者自己提出要求，而不是其他主体提出要求，要求的内容仅限于保留在通道内原有已经种植的树木，而不是保留新种植的树木和自然生长的树木。

(2) 树木所有者提出要求后，必须经输电线路管理部门认定其是否影响电力设施安全。一是架空电力线路建成后保留的树木不影响电力线路的安全运行；二是保留的树木不妨碍对电力线路的巡视、检修。如果不影响电力设施安全，可不砍伐予以保留。

(3) 树木所有者必须与电力管理部门签订架空电力线路通道保护协议，明确双方的权利、义务和责任。

(4) 树木所有者必须保证树木自然生长最终高度与电力线路导线之间的距离符合安全距离的要求，并主动、及时、自觉地进行修剪或砍伐。

15. 保护电力设施安全应做好的工作

为了维护电力建设、生产、供应的正常秩序，保证安全、可靠地发供电，除电力管理部门、电力企业搞好管理，努力提高设备完好率外，更重要的一点就是要保护电力设施的安全。保护电力设施安全应加强以下几方面工作：

(1) 电力管理部门、电力企业要加强对电力设施的管理，做好保护电力设施安全的宣传，提高人们保护电力设施的自觉性。

(2) 积极配合公安机关加大打击破坏电力设施的力度，防止外力对电力设施的破坏。

(3) 制定相应的标准，包括生产、运行、维护、电力设施保护区的划定及安全距离等标准，以保护电力设施的安全。

16. 关于电力管理部门对保护电力设施行为给予表彰或物质奖励

电力管理部门应对下列行为给予表彰或物质奖励：

（1）对破坏电力设施或哄抢、盗窃电力设施器材的行为检举、揭发有功。

（2）对破坏电力设施或哄抢、盗窃电力设施器材的行为进行斗争，有效地防止事故发生。

（3）为保护电力设施而同自然灾害作斗争，成绩突出。

（4）为维护电力设施安全，做出显著成绩。

对有以上行为之一的任何单位或个人，电力管理部门、公安部门或当地人民政府，可根据其贡献大小分别给予以下奖励：

（1）给予 10～1000 元的奖励。

（2）对作出重大贡献的，可给予 1000 元以上的奖励，但对个人奖励一般不得超过 1000 元。

（3）对维护、保护电力设施作出重大贡献的，除按上述规定给予物质奖励外，还可由电力管理部门、公安部门或当地人民政府根据各自的权限给予表彰。

17. 电力管理部门依法实施强行伐剪树木、竹子所需费用

违反架空电力线保护区的保护规定而种植树木、竹子危害电力线路运行安全的，电力管理部门有权采取强行伐剪的措施。电力管理部门强行伐剪树木、竹子，所需费用由树木、竹子所有者负担。

18. 认定和处理破坏电力设备罪

认定破坏电力设备罪，应注意参照最高人民检察院《关于破坏电力设备罪几个问题的批复》的规定：

（1）尚未安装完毕的农用低压照明线路和安装完毕、但还未正式交付电力管理部门使用的线路，均不属于正在使用中的电力设备。行为人盗窃这类线路设施，应以盗窃定性。

（2）已经通电使用，只是由于枯水季节或电力不足等原因，而暂停供电的线路，仍认为事实上正在使用的线路。行为人偷割这类线路的电线，如果构成犯罪，应按破坏电力设备罪追究其刑事责任。

（3）行为人明知线路已交付电力管理部门使用而偷割电线的，应定为破坏电力设备罪。

处理破坏电力设备罪应依照《刑法》有关规定：

（1）第一百一十八条，破坏电力、燃气或者其他易燃易爆设备，危害公共安全，尚未造成严重后果的，处三年以上十年以下有期徒刑。

(2) 第一百一十九条，破坏交通工具、交通设施、电力设备、燃气设备、易燃易爆设备，造成严重后果的，处十年以上有期徒刑、无期徒刑或者死刑。

过失犯前款罪的，处三年以上七年以下有期徒刑；情节较轻的，处三年以下有期徒刑或者拘役。

第四节 《电网调度管理条例》概述

1.《电网调度管理条例》的主要特点

①《电网调度管理条例》是电网实行统一调度、分级管理，保证电网安全、优质、经济运行的专业电力法规；②《电网调度管理条例》属于行政管理法律规范，带有明显的行政管理色彩，重点调整管理人与相对人之间的管理关系；③《电网调度管理条例》调整的社会关系具有内外、纵向、横向关系的统一性；④《电网调度管理条例》具有明显的科学技术属性，反映了电网调度管理的内在科学规律。

2.《电网调度管理条例》体现的基本原则

①统一调度、分级管理的原则；②按照计划用电的原则；③维护电网整体利益，保护有关单位和电力用户合法权益相结合的原则；④值班调度人员履行职责受法律保护和接受法律约束的原则；⑤调度指令具有强制力的原则；⑥电网调度应当符合社会主义市场经济的要求和电网运行的客观规律的原则。

3. 电力商品的特点

电是商品，具有价值和使用价值，但又不同于其他商品，其特点是：①电力商品的生产、供应、使用几乎是瞬间同时完成的；②不能大量储存，没有中间环节；③电力商品使用数量是通过电能计量装置确定的；④发电厂和电力用户是通过电力线路和变电所互相连接组成电网，通过电网交换电力商品的；⑤电力商品质量是以电压、频率和供电可靠性来衡量的。

4. 大电网的优越性

①发展大电网可以合理利用能源，加强环境保护，有利于电力工业的可持续发展。②发展大电网可安装大容量、高效能火电机组、水电机组和核电机组，有利于降低造价，节约能源，加快电力建设速度。③大电网可以利用时差，错开用电高峰，利用各地区用电的非同时性进行负荷调整，减少备用容量，从而减少全网不必要的装机容量。④大电网可以在各地区之间互供电力、互通有无、

互为备用，可减少事故备用容量，增强抵抗事故能力，提高电网安全水平和供电可靠性。⑤大电网能承受较大的冲击负荷，有利于改善电能质量。⑥可以跨流域调节水电，并在更大范围内进行水火电经济调度，取得更大的经济效益。

5. 电网调度的含义

电网调度指电网调度机构为保障电网安全、优质、经济运行，对电网运行进行的组织、指挥、指导和协调。

电网调度的基本原则要求是：应当符合社会主义市场经济的要求和电网运行的客观规律。

6. 电网调度要适应社会主义市场经济的要求

电网调度应当符合社会主义市场经济的要求，这是与我国要建立社会主义市场经济体制的目标相一致的。为适应社会主义市场经济的要求，电网调度要做到：①电网调度工作要依据国家法律和法规进行；②电能要作为商品进入市场，以满足社会的用电需要，并应遵循价值规律；③按照有关合同或者协议，保证发电、供电、用电等各有关方面的利益，使电力生产、输送、使用各环节直接或间接地纳入市场经济的体系之中。

7. 电网调度机构分级

电网调度机构分为五级，依次为：国家电网调度机构（简称国调）；跨省、自治区、直辖市电网调度机构（简称网调）；省、自治区、直辖市电网调度机构（简称省调）；省辖市级电网调度机构（简称地调）；县级电网调度机构（简称县调）。

8. 各级电网调度机构之间的关系

各级调度机构在电网调度业务活动中是上、下级关系，下级调度机构必须服从上级调度机构的调度。国调是全国电网最高调度机构；跨省、自治区、直辖市电网（以下简称跨省电网或者大区电网）范围内的调度机构可设置四级，依次为网调、省调、地调和县调；省、自治区、直辖市级电网范围内的调度机构可设置三级，依次为省调、地调和县调；不与省、自治区、直辖市级电网相联的电网的调度机构可设置一级或两级。

同一个电网内，最高一级调度机构只能设置一个。

9. 调度机构可调度的发电厂

调度机构可以调度一切并入电网的发电厂，包括国有电厂，中外合资、合作和外商独资电厂，集资电厂，股份制电厂等，不论其产权归属和管理形式，也不论其所在地域或接入何级电网，均必须划归电网调度机构调度管辖并无条件接受和服从调度。

10. 电网的含义

电网指由发电、供电（输电、变电、配电）、受电设施和为保证这些设施正常运行所需的保护和安全自动装置、计量装置、电力通信设施、电网调度自动化设施等构成的整体。

11. “电网运行”的含义

指在统一指挥下进行的电能的生产、输送和使用活动。

12. 电网运行的客观规律

指电能生产、输送、使用过程中的内在规律性，包括：①同时性，即电能的生产、输送、使用是同时完成的；②平衡性，即发电和用电任何时候都要平衡，这样才能保证电网的频率和电压在正常范围之内；③电网事故发生突然，发展迅速，涉及面广，影响严重；④电网发展的趋势是规模越来越大，技术越来越先进，管理越来越严密，电网内各方的关系越来越复杂。

13. “电网安全运行”的含义

指电网按照有关规定连续、稳定、正常运行。

14. “电网优质运行”的含义指电网的频率、电压和谐波分量等质量指标符合国家规定的标准。

15. “电网经济运行”的含义

指电网在供电成本率最低或发电能源消耗率及网损率最小的条件下运行。

16. 电网运行实行什么原则

实行统一调度、分级管理的原则。

17. “统一调度”主要包括的内容

①由电网调度机构统一组织全网调度计划（或称电网运行方式）的编制和执行，其中包括统一平衡和实施全网发电、供电调度计划，统一平衡和安排全网主要发电、供电设备的检修进度，统一安排全网的主接线方式，统一布置和落实全网安全稳定措施等；②统一指挥全网的运行操作和事故处理；③统一布置和指挥全网调峰、调频和调压；④统一协调和规定全网继电保护、安全自动装置、调度自动化系统和调度通信系统的运行；⑤统一协调水电厂水库的合理运用；⑥按照规章制度统一协调有关电网运行的各种关系。

18. “分级管理”与“统一调度”的关系

电网运行的统一调度、分级管理是一个整体，统一调度以分级管理为基础，分级管理是为了有效地实施统一调度。统一调度、分级管理的目的都是为了有效地保证电网的安全、优质、经济运行，最终目的是为了维护社会的公共利益。

19. 电网调度系统值班人员上岗的法定条件

电网调度系统值班人员和备用值班人员应当由专业技术素质较高，工作能力较强，道德高尚的人员担任。这些人员在上岗前必须经培训、考核，取得相应主管部门颁发的电力工业部统一监制的合格证书，即取得上岗值班资格。只有具备了法定资格，才能上岗值班，履行法定职责，发布和执行调度命令。

20. 电网运行中的"紧急情况"及其种类

紧急情况指出现威胁电网安全，不采取紧急措施就会造成严重后果的情况。

电网运行中的紧急情况主要有五种：①发电、供电设备发生重大事故或电网发生事故；②电网频率或者电压超过规定范围；③输变电设备负载超过规定范围；④主干线路功率值超过规定的稳定限额；⑤其他威胁电网安全运行的紧急情况，如遇有台风、洪水、大雾、大雪、冰凌、冰雹等使发、供电设备不能正常运行或输电线路断线、倒杆等情况。

21. 超计划使用电力、电量的危害

在电力短缺的情况下，计划用电可将无序的用电需求引导为有序的电力消费，可将无序的拉闸限电引导为有序的自行限电。计划用电的执行情况，直接影响到电网的安全、优质和经济运行，直接关系到正常的生产和生活用电秩序能否得到保障。超计划使用电力、电量不但侵害到别的按计划用电者的权利，而且容易诱发其他用电户超计划用电，形成恶性循环，导致电网低频率运行和电能质量下降，严重时会危及电网安全，影响大多数用电者的利益。

22. 调度指令

调度指令指上级值班调度人员对调度系统下级值班人员发布的必须强制执行的决定，电网调度系统惯例称之为调度命令。

23. 调度指令的性质

发布调度指令，是法律赋予电网调度系统值班调度人员的特殊权力。值班调度人员发布调度指令是为了维护电网安全、优质、经济运行。发布调度指令是值班调度人员履行职务的重要方式，既是一项权利，更多的意义上又是一种义务和责任，是以国家名义实施的具体的电网调度管理活动。值班调度人员依法发布的调度指令，是以国家强制力作后盾的，受法律保障，是国家管理电网权力的充分体现，代表了国家意志。

24. "超计划用电"的含义

指超过调度机构下达的调度计划指标使用电力、电量的行为。

25. 对超计划用电的用户采取处罚措施的目的及其与“人民电业为人民”的宗旨的关系

对超计划用电用户采取处罚措施的目的是为了保证电网安全、优质、经济运行，维护电网整体利益和其他用电单位的合法权益。惩罚超计划用电的用户，促使其按正常的计划指标用电，与“人民电业为人民”的宗旨并不矛盾。因为超计划指标用电的用户侵害了其他电力用户的合法权益，如不采取一定的措施，势必影响其他用户都争先恐后地超计划用电，必然造成电网低频率运行，影响电能质量，危及电网的安全，电网内按计划用电的用户的利益得不到保证，也就谈不上人民电业为人民。

第五节 《电力监管条例》概述

1. 制定电力监管条例的目的

制定电力监管条例的目的为了加强电力监管，规范电力监管行为，完善电力监管制度。电力监管是指政府设立的电力监管机构对企业及企业在电力市场中的交易行为进行间接调控和直接控制，实现市场资源优化配置的行政管理行为。电力监管必须依法进行，电力监管机构应当在政监分离基础上依法独立监管。电力监管机构作用充分发挥的一个重要条件就是要建立完善的监管机制。

2. 电力监管的任务与原则

电力监管的任务是维护电力市场秩序，依法保护电力投资者、经营者、使用者的合法权益和社会公共利益，保障电力系统安全稳定运行，促进电力事业健康发展。

电力监管应当依法进行，并遵循公开、公正和效率的原则。

3. 国务院电力监管机构或国务院有关部门行使电力监管与行政执法职能的依据

国务院电力监管机构依照《电力监管条例》和国务院有关规定，履行电力监管和行政执法职能；国务院有关部门依照有关法律、行政法规和国务院有关规定，履行相关的监管职能和行政执法职能。

4. 国务院电力监管机构对派出机构的领导、管理及其职责

国务院电力监管机构根据履行职责的需要，经国务院批准，设立派出机构。国务院电力监管机构对派出机构实行统一领导和管理。

国务院电力监管机构的派出机构在国务院电力监管机构的授权范围内，履行电力监管职责。

5. 电力监管机构从事监管工作人员的条件及其工作要求

电力监管机构从事监管工作的人员，应当具备与电力监管工作相适应的专业知识和业务工作经验。电力监管机构从事监管工作的人员，应当忠于职守，依法办事，公正廉洁，不得利用职务便利谋取不正当利益，不得在电力企业、电力调度交易机构兼任职务。

6. 电力监管机构的管理与监督

电力监管机构应当建立监管责任制度和监管信息公开制度。电力监管机构及其从事监管工作的人员依法履行电力监管职责，有关单位和人员应当予以配合和协助。电力监管机构应当接受国务院财政、监察、审计等部门依法实施的监督。

7. 电力监管机构的具体监管职责

(1) 国务院电力监管机构依照有关法律、行政法规和本条例的规定，在其职责范围内制定并发布电力监管规章、规则。

(2) 电力监管机构依照有关法律和国务院有关规定，颁发和管理电力业务许可证。

(3) 电力监管机构按照国家有关规定，对发电企业在各电力市场中所占份额的比例实施监管。

(4) 电力监管机构对发电厂并网、电网互联以及发电厂与电网协调运行中执行有关规章、规则的情况实施监管。

(5) 电力监管机构对电力市场向从事电力交易的主体公平、无歧视开放的情况以及输电企业公平开放电网的情况依法实施监管。

(6) 电力监管机构对电力企业、电力调度交易机构执行电力市场运行规则的情况，以及电力调度交易机构执行电力调度规则的情况实施监管。

(7) 电力监管机构对供电企业按照国家规定的电能质量和供电服务质量标准向用户提供供电服务的情况实施监管。

(8) 电力监管机构具体负责电力安全监督管理工作。

国务院电力监管机构经商国务院发展改革部门、国务院安全生产监督管理部门等有关部门后，制订重大电力生产安全事故处置预案，建立重大电力生产安全事故应急处置制度。

(9) 国务院价格主管部门、国务院电力监管机构依照法律、行政法规和国务院的规定，对电价实施监管。

8. 电力监管机构的监管措施

（1）电力监管机构根据履行监管职责的需要，有权要求电力企业、电力调度交易机构报送与监管事项相关的文件、资料。电力企业、电力调度交易机构应当如实提供有关文件、资料。

（2）国务院电力监管机构应当建立电力监管信息系统。电力企业、电力调度交易机构应当按照国务院电力监管机构的规定将与监管相关的信息系统接入电力监管信息系统。

（3）电力监管机构有权责令电力企业、电力调度交易机构按照国家有关电力监管规章、规则的规定如实披露有关信息。

9. 电力监管机构依法履行职责的方式与措施

电力监管机构依法履行职责，可以采取下列措施，进行现场检查：

（1）进入电力企业、电力调度交易机构进行检查。

（2）询问电力企业、电力调度交易机构的工作人员，要求其对有关检查事项作出说明。

（3）查阅、复制与检查事项有关的文件、资料，对可能被转移、隐匿、损毁的文件、资料予以封存。

（4）对检查中发现的违法行为，有权当场予以纠正或者要求限期改正。

（5）依法从事电力监管工作的人员在进行现场检查时，应当出示有效执法证件；未出示有效执法证件的，电力企业、电力调度交易机构有权拒绝检查。

10. 电力监管机构的其他管理责任

电力监管机构对发电厂与电网并网、电网与电网互联，并网双方或者互联双方达不成协议，影响电力交易正常进行的，负有进行协调的责任；经协调仍不能达成协议的，由电力监管机构作出裁决。

电力监管机构接到电力企业发生重大电力生产安全事故报告后，应当按照重大电力生产安全事故处置预案，及时采取处置措施。电力监管机构按照国家有关规定组织或者参加电力生产安全事故的调查处理。

电力监管机构对电力企业、电力调度交易机构违反有关电力监管的法律、行政法规或者有关电力监管规章、规则，损害社会公共利益的行为及其处理情况，可以向社会公布。

11. 电力监管机构与人员的法律责任

A. 电力监管人员的法律责任

（1）电力监管机构从事监管工作的人员有下列情形之一的，依法给予行政处分；构成犯罪的，依法追究刑事责任：

1）违反有关法律和国务院有关规定颁发电力业务许可证的。

2）发现未经许可擅自经营电力业务的行为，不依法进行处理的。

3）发现违法行为或者接到对违法行为的举报后，不及时进行处理的。

4）利用职务便利谋取不正当利益的。

（2）电力监管机构从事监管工作的人员在电力企业、电力调度交易机构兼任职务的，由电力监管机构责令改正，没收兼职所得；拒不改正的，予以辞退或者开除。

B. 电力监管机构的法律责任

（1）违反规定未取得电力业务许可证擅自经营电力业务的，由电力监管机构责令改正，没收违法所得，可以并处违法所得5倍以下的罚款；构成犯罪的，依法追究刑事责任。

（2）电力企业违反本条例规定，有下列情形之一的，由电力监管机构责令改正；拒不改正的，处10万元以上100万元以下的罚款；对直接负责的主管人员和其他直接责任人员，依法给予处分；情节严重的，可以吊销电力业务许可证：

1）不遵守电力市场运行规则的。

2）发电厂并网、电网互联不遵守有关规章、规则的。

3）不向从事电力交易的主体公平、无歧视开放电力市场或者不按照规定公平开放电网的。

（3）供电企业未按照国家规定的电能质量和供电服务质量标准向用户提供供电服务的，由电力监管机构责令改正，给予警告；情节严重的，对直接负责的主管人员和其他直接责任人员，依法给予处分。

（4）电力调度交易机构违反本条例规定，不按照电力市场运行规则组织交易的，由电力监管机构责令改正；拒不改正的，处10万元以上100万元以下的罚款；对直接负责的主管人员和其他直接责任人员，依法给予处分。

（5）电力调度交易机构工作人员泄露电力交易内幕信息的，由电力监管机构责令改正，并依法给予处分。

（6）电力企业、电力调度交易机构有下列情形之一的，由电力监管机构责令改正；拒不改正的，处5万元以上50万元以下的罚款，对直接负责的主管人员和其他直接责任人员，依法给予处分；构成犯罪的，依法追究刑事责任：

1）拒绝或者阻碍电力监管机构及其从事监管工作的人员依法履行监管职责的。

2）提供虚假或者隐瞒重要事实的文件、资料的。

3）未按照国家有关电力监管规章、规则的规定披露有关信息的。

附录：关于汉字及标点、数字、词语使用的有关规定

附一 出版物汉字使用管理规定

（新闻出版署 国家语言文字工作委员会新出联〔1992〕4号）

第一条 为使报纸、期刊、图书、音像制品等出版物使用汉字规范化，消除用字不规范现象，根据国家有关新闻出版的法律、法规和关于汉字使用的有关规定，根据我国的实际情况，制定本规定。

第二条 本规定适用于经国家新闻出版行政管理机关批准出版发行的报纸、期刊、图书、音像制品等出版物。

第三条 本规定所称的规范汉字，主要是指1986年10月根据国务院批示由国家语言文字工作委员会重新发表的《简化字总表》所收录的简化字；1988年3月由国家语言文字工作委员会和新闻出版署发布的《现代汉语通用字表》中收录的汉字。

本规定所称不规范汉字，是指在《简化字总表》中被简化的繁体字；1986年国家宣布废止的《第二次汉字简化方案（草案）》中的简化字；在1955年淘汰的异体字（其中1986年收入《简化字总表》中的11个类推简化字和1988年收入《现代汉语通用字表》中的15个字不作为淘汰的异体字）；1977年淘汰的计量单位旧译名用字；社会上出现的自造简体字及1965年淘汰的旧字形。

第四条 新闻出版署和国家语言文字工作委员会主管全国出版物汉字使用的规范工作。

各省、自治区、直辖市新闻出版行政管理机关和语言文字工作机关，主管本行政区域内出版物汉字使用的规范工作。

第五条 报纸、期刊、图书、音像制品等出版物的报头（名）、刊名、封皮（包括封面、封底、书脊等）、包装装饰物、广告宣传品等用字，必须使用规范汉字，禁止使用不规范汉字。

出版物的内文（包括正文、内容提要、目录以及版权记录项目等辅文），必须使用规范汉字，禁止使用不规范汉字。

第六条 向台湾、香港、澳门地区及海外发行的报纸、期刊、图书、音像

制品等出版物，可以用简化字的一律用简化字，如需发行繁体字版本的，须报新闻出版署批准。

第七条 下列情形可以不适用第五条、第六条的规定：

（一）整理、出版古代典籍；

（二）书法艺术作品；

（三）古代历史文化学术研究著述和语文工具书中必须使用繁体字、异体字的部分；

（四）经国家有关部门批准，依法影印、拷贝的台湾、香港、澳门地区及海外其他地区出版的中文报刊、图书、音像制品等出版物。

第八条 报纸、期刊、图书、音像制品出版单位在申请创办时，必须向批准机关提交出版社名称、报名、刊名字样，经审定符合规范获得批准后方可使用。

第九条 印刷通用汉字字模的设计、计算机编排系统和文字信息处理系统使用文字，必须符合国家标准和有关规定。需要使用繁体字的，须经新闻出版署批准。

第十条 新闻出版行政管理机关和语言文字工作机关负责对出版物汉字使用情况进行监督检查。

被检查单位不得拒绝提供检查需用的出版物样本。

第十一条 违反本规定，有下列情形之一的，由省级以上（包括省级）新闻出版行政管理机关根据情节轻重分别处以责令改正、警告、500 元以上 5000 元以下罚款、停业整顿和行政处罚。

（一）违反第五条第一款，报纸报头（名）使用不规范汉字 1 个字以上（含 1 个字），日报连续 6 期以上，周报连续 3 期以上，半月报连续 2 期以上的；

（二）违反第五条第一款，期刊刊名及封皮、包装饰物、千字以内的广告宣传品使用不规范汉字 1 个字以上（含 1 个字），半月刊连续 2 期以上，月刊、双月刊、季刊 1 期以上的；

（三）违反第五条第二款，在 1 期（1 册、1 盒）内，报纸、期刊、图书、音像制品等出版物内文使用不规范汉字占总字数千分之一以上的；

（四）违反第六条规定的。

第十二条 出版单位和印刷单位，对行政处罚决定不服的，可以在接到处罚决定书之日起 15 日内，依法申请行政复议；对行政复议决定不服的，可以在接到复议决定书之日起 15 日内向人民法院提起诉讼。

逾期不申请复议也不提起诉讼，又不履行处罚决定的，由作出处罚决定的机关申请人民法院强制执行。

第十三条 各省、自治区、直辖市新闻出版行政管理机关和语言文字工作机关，可根据本规定制定实施办法。

第十四条 本规定由新闻出版署和国家语言文字工作委员会负责解释。

第十五条 本规定自1992年8月1日起施行。

本规定生效前，报头（名）、刊名、封皮中已经使用不规范汉字的，要加以纠正。

（新闻出版署和国家语言文字工作委员会制订，1992年7月7日公布）

附二　标点符号用法

GB/T 15834—2011

1　范围

本标准规定了现代汉语标点符号的用法。

本标准适用于汉语的书面语（包括汉语和外语混合排版时的汉语部分）。

2　术语和定义

下列术语和定义适用于本文件。

2.1

标点符号　punctuation

辅助文字记录语言的符号，是书面语的有机组成部分，用来表示语句的停顿、语气以及标示某些成分（主要是词语）的特定性质和作用。

注：数学符号、货币符号、校勘符号、辞书符号、注音符号等特殊领域的专门符号不属于标点符号。

2.2

句子　sentence

前后都有较大停顿、带有一定的语气和语调、表达相对完整意义的语言单位。

2.3

复句　complex sentence

由两个或多个在意义上有密切关系的分句组成的语言单位，包括简单复句（内部只有一层语义关系）和 多重复句（内部包含多层语义关系）。

2.4

分句　clause

复句内两个或多个前后有停顿、表达相对完整意义、不带有句末语气和语调、有的前面可添加关联词语的语言单位。

2.5

语段　expression

指语言片段，是对各种语言单位（如词、短语、句子、复句等）不做特别区分时的统称。

3 标点符号的种类

3.1 点号

点号的作用是点断，主要表示停顿和语气。分为句末点号和句内点号。

3.1.1 句末点号

用于句末的点号，表示句末停顿和句子的语气。包括句号、问号、叹号。

3.1.2 句内点号

用于句内的点号，表示句内各种不同性质的停顿。包括逗号、顿号、分号、冒号。

3.2 标号

标号的作用是标明，主要标示某些成分（主要是词语）的特定性质和作用。包括引号、括号、破折号、省略号、着重号、连接号、间隔号、书名号、专名号、分隔号。

4 标点符号的定义、形式和用法

4.1 句号

4.1.1 定义

句末点号的一种，主要表示句子的陈述语气。

4.1.2 形式

句号的形式是“。”。

4.1.3 基本用法

4.1.3.1 用于句子末尾，表示陈述语气。使用句号主要是根据语段前后有较大停顿、带有陈述语气和语调，并不取决于句子的长短。

示例1：北京是中华人民共和国的首都。

示例2：（甲：咱们走着去吧？）乙：好。

4.1.3.2 有时也可表示较缓和的祈使语气和感叹语气。

示例1：请您稍等一下。

示例2：我不由地感到，这些普通劳动者也是同样很值得尊敬的。

4.2 问号

4.2.1 定义

句末点号的一种，主要表示句子的疑问语气。

4.2.2 形式

问号的形式是“？”。

4.2.3 基本用法

4.2.3.1 用于句子末尾，表示疑问语气（包括反问、设问等疑问类型）。使用问号主要根据语段前后有较大停顿、带有疑问语气和语调，并不取决于句子的长短。

示例1：你怎么还不回家去呢？

示例2：难道这些普通的战士不值得歌颂吗？

示例3：（一个外国人，不远万里来到中国，帮助中国的抗日战争。）这是什么精神？这是国际主义的精神。

4.2.3.2 选择问句中，通常只在最后一个选项的末尾用问号，各个选项之间一般用逗号隔开。当选项较短且选项之间几乎没有停顿时，选项之间可不用逗号。当选项较多或较长，或有意突出每个选项的独立性时，也可每个选项之后都用问号。

示例1：诗中记述的这场战争究竟是真实的历史描述，还是诗人的虚构？

示例2：这是巧合还是有意安排？

示例3：要一个什么样的结尾：现实主义的？传统的？大团圆的？荒诞的？民族形式的？有象征意义的？

示例4：（他看着我的作品称赞了我。）但到底是称赞我什么：是有几处画得好？还是什么都敢画？抑或只是一种对于失败者的无可奈何的安慰？我不得而知。

示例5：这一切都是由客观的条件造成的？还是由行为的惯性造成的？

4.2.3.3 在多个问句连用或表达疑问语气加重时，可叠用问号。通常应先单用，再叠用，最多叠用三个问号。在没有异常强烈的情感表达需要时不宜叠用问号。

示例：这就是你的做法吗？你这个总经理是怎么当的？？你怎么竟敢这样欺骗消费者？？？

4.2.3.4 问号也有标号的用法，即用于句内，表示存疑或不详。

示例1：马致远（1250？—1321），大都人，元代戏曲家、散曲家。

示例2：钟嵘（？—518），颍川长社人，南朝梁代文学批评家。

示例3：出现这样的文字错误，说明作者（编者？校者？）很不认真。

4.3 叹号

4.3.1 定义

句末点号的一种，主要表示句子的感叹语气。

4.3.2 形式

叹号的形式是“!”。

4.3.3 基本用法

4.3.3.1 用于句子末尾，主要表示感叹语气，有时也可表示强烈的祈使语气、反问语气等。使用叹号主要根据语段前后有较大停顿、带有感叹语气和语调或带有强烈的祈使、反问语气和语调，并不取决于句子的长短。

示例1：才一年不见，这孩子都长这么高啦!

示例2：你给我住嘴!

示例3：谁知道他今天是怎么搞的!

4.3.3.2 用于拟声词后，表示声音短促或突然。

示例1：咔嚓！一道闪电划破了夜空。

示例2：咚！咚咚！突然传来一阵急促的敲门声。

4.3.3.3 表示声音巨大或声音不断加大时，可叠用叹号；表达强烈语气时，也可叠用叹号，最多叠用三个叹号。在没有异常强烈的情感表达需要时不宜叠用叹号。

示例1：轰!! 在这天崩地塌的声音中，女娲猛然醒来。

示例2：我要揭露！我要控诉!! 我要以死抗争!!!

4.3.3.4 当句子包含疑问、感叹两种语气且都比较强烈时（如带有强烈感情的反问句和带有惊愕语气的疑问句），可在问号后再加叹号（问号、叹号各一）。

示例1：这么点困难就能把我们吓倒吗?!

示例2：他连这些最起码的常识都不懂，还敢说自己是高科技人才?!

4.4 逗号

4.4.1 定义

句内点号的一种，表示句子或语段内部的一般性停顿。

4.4.2 形式

逗号的形式是“,”。

4.4.3 基本用法

4.4.3.1 复句内各分句之间的停顿，除了有时用分号（见4.6.3.1），一般都用逗号。

示例1：不是人们的意识决定人们的存在，而是人们的社会存在决定人们的意识。

示例 2：学历史使人更明智，学文学使人更聪慧，学数学使人更精细，学考古使人更深沉。

示例 3：要是不相信我们的理论能反映现实，要是不相信我们的世界有内在和谐，那就不可能有科学。

4.4.3.2 用于下列各种语法位置：

a）较长的主语之后。

示例 1：苏州园林建筑各种门窗的精美设计和雕镂功夫，都令人叹为观止。

b）句首的状语之后。

示例 2：在苍茫的大海上，狂风卷集着乌云。

c）较长的宾语之前。

示例 3：有的考古工作者认为，南方古猿生存于上新世至更新世的初期和中期。

d）带句内语气词的主语（或其他成分）之后，或带句内语气词的并列成分之间。

示例 4：他呢，倒是很乐意地、全神贯注地干起来了。

示例 5：（那是个没有月亮的夜晚。）可是整个村子——白房顶啦，白桦木啦，雪堆啦，全都看得见。

e）较长的主语中间、谓语中间或宾语中间。

示例 6：母亲沉痛的诉说，以及亲眼见到的事实，都启发了我幼年时期追求真理的思想。

示例 7：那姑娘头戴一顶草帽，身穿一条绿色的裙子，腰间还系着一根橙色的腰带。

示例 8：必须懂得，对于文化传统，既不能不分青红皂白统统抛弃，也不能不管精华糟粕全盘继承。

f）前置的谓语之后或后置的状语、定语之前。

示例 9：真美啊，这条蜿蜒的林间小路。

示例 10：她吃力地站了起来，慢慢地。

示例 11：我只是一个人，孤孤单单的。

4.4.3.3 用于下列各种停顿处：

a）复指成分或插说成分前后。

示例 1：老张，就是原来的办公室主任，上星期已经调走了。

示例 2：车，不用说，当然是头等。

b）语气缓和的感叹语、称谓语或呼唤语之后。

示例 3：哎哟，这儿，快给我揉揉。

示例 4：大娘，您到哪儿去啊？

示例 5：喂，你是哪个单位的？

c）某些序次语（“第”字头、“其”字头及“首先”类序次语）之后。

示例 6：为什么许多人都有长不大的感觉呢？原因有三：第一，父母总认为自己比孩子成熟；第二，父母总要以自己的标准来衡量孩子；第三，父母出于爱心而总不想让孩子在成长的过程中走弯路。

示例 7：《玄秘塔碑》所以成为书法的范本，不外乎以下几方面的因素：其一，具有楷书点画、构体的典范性；其二，承上启下，成为唐楷的极致；其三，字如其人，爱人及字，柳公权高尚的书品、人 品为后人所崇仰。

示例 8：下面从三个方面讲讲语言的污染问题：首先，是特殊语言环境中的语言污染问题；其次，是滥用缩略语引起的语言污染问题；再次，是空话和废话引起的语言污染问题。

4.5 顿号

4.5.1 定义

句内点号的一种，表示语段中并列词语之间或某些序次语之后的停顿。

4.5.2 形式

顿号的形式是“、”。

4.5.3 基本用法

4.5.3.1 用于并列词语之间。

示例 1：这里有自由、民主、平等、开放的风气和氛围。

示例 2：造型科学、技艺精湛、气韵生动，是盛唐石雕的特色。

4.5.3.2 用于需要停顿的重复词语之间。

示例：他几次三番、几次三番地辩解着。

4.5.3.3 用于某些序次语（不带括号的汉字数字或“天干地支”类序次语）之后。

示例 1：我准备讲两个问题：一、逻辑学是什么？二、怎样学好逻辑学？

示例 2：风格的具体内容主要有以下四点：甲、题材；乙、用字；丙、表达；丁、色彩。

4.5.3.4 相邻或相近两数字连用表示概数通常不用顿号。若相邻两数字连用为缩略形式，宜用顿号。

示例 1：飞机在 6000 米高空水平飞行时，只能看到两侧八九公里和前方一二十公里范围内的地面。

示例 2：这种凶猛的动物常常三五成群地外出觅食和活动。

示例 3：农业是国民经济的基础，也是二、三产业的基础。

4.5.3.5 标有引号的并列成分之间、标有书名号的并列成分之间通常不用顿号。若有其他成分插在并列的引号之间或并列的书名号之间（如引语或书名号之后还有括注），宜用顿号。

示例 1：“日”“月”构成“明”字。

示例 2：店里挂着“顾客就是上帝”“质量就是生命”等横幅。

示例 3：《红楼梦》《三国演义》《西游记》《水浒传》，是我国长篇小说的四大名著。

示例 4：李白的“白发三千丈”（《秋浦歌》）、“朝如青丝暮成雪”（《将进酒》）都是脍炙人口的诗句。

示例 5：办公室里订有《人民日报》（海外版）、《光明日报》和《时代周刊》等报刊。

4.6 分号

4.6.1 定义

句内点号的一种，表示复句内部并列关系分句之间的停顿，以及非并列关系的多重复句中第一层分句之间的停顿。

4.6.2 形式

分号的形式是“；”。

4.6.3 基本用法

4.6.3.1 表示复句内部并列关系的分句（尤其当分句内部还有逗号时）之间的停顿。

示例 1：语言文字的学习，就理解方面说，是得到一种知识；就运用方面说，是养成一种习惯。

示例 2：内容有分量，尽管文章短小，也是有分量的；内容没有分量，即使写得再长也没有用。

4.6.3.2 表示非并列关系的多重复句中第一层分句（主要是选择、转折等关系）之间的停顿。

示例 1：人还没看见，已经先听见歌声了；或者人已经转过山头望不见了，歌声还余音袅袅。

示例2：尽管人民革命的力量在开始时总是弱小的，所以总是受压的；但是由于革命的力量代表历史发展的方向，因此本质上又是不可战胜的。

示例3：不管一个人如何伟大，也总是生活在一定的环境和条件下；因此，个人的见解总难免带有某种局限性。

示例4：昨天夜里下了一场雨，以为可以凉快些；谁知没有凉快下来，反而更热了。

4.6.3.3 用于分项列举的各项之间。

示例：特聘教授的岗位职责为：一、讲授本学科的主干基础课程；二、主持本学科的重大科研项目；三、领导本学科的学术队伍建设；四、带领本学科赶超或保持世界先进水平。

4.7 冒号

4.7.1 定义

句内点号的一种，表示语段中提示下文或总结上文的停顿。

4.7.2 形式

冒号的形式是“：”。

4.7.3 基本用法

4.7.3.1 用于总说性或提示性词语（如“说”“例如”“证明”等）之后，表示提示下文。

示例1：北京紫禁城有四座城门：午门、神武门、东华门和西华门。

示例2：她高兴地说：“咱们去好好庆祝一下吧!”

示例3：小王笑着点了点头：“我就是这么想的。”

示例4：这一事实证明：人能创造环境，环境同样也能创造人。

4.7.3.2 表示总结上文

示例：张华上了大学，李萍进了技校，我当了工人：我们都有美好的前途。

4.7.3.3 用在需要说明的词语之后，表示注释和说明。

示例1：（本市将举办首届大型书市。）主办单位：市文化局；承办单位：市图书进出口公司；时间：8月15日-20日；地点：市体育馆观众休息厅。

示例2：（做阅读理解题有两个办法。）办法之一：先读题干，再读原文，带着问题有针对性地读课文。办法之二：直接读原文，读完再做题，减少先入为主的干扰。

4.7.3.4 用于书信、讲话稿中称谓语或称呼语之后。

示例1：广平先生：……

示例 2：同志们、朋友们：……

4.7.3.5 一个句子内部一般不应套用冒号。在列举式或条文式表述中，如不得不套用冒号时，宜另起段落来显示各个层次。

示例：第十条 遗产按照下列顺序继承：

第一顺序：配偶、子女、父母。

第二顺序：兄弟姐妹、祖父母、外祖父母。

4.8 引号

4.8.1 定义

标号的一种，标示语段中直接引用的内容或需要特别指出的成分。

4.8.2 形式

引号的形式有双引号"“”"和单引号"‘’"两种。左侧的为前引号，右侧的为后引号。

4.8.3 基本用法

4.8.3.1 标示语段中直接引用的内容。

示例：李白诗中就有“白发三千丈”这样极尽夸张的语句。

4.8.3.2 标示需要着重论述或强调的内容。

示例：这里所谓的“文”，并不是指文字，而是指文采。

4.8.3.3 标示语段中具有特殊含义而需要特别指出的成分，如别称、简称、反语等。

示例 1：电视被称作“第九艺术”。

示例 2：人类学上常把古人化石统称为尼安德特人，简称“尼人”。

示例 3：有几个“慈祥”的老板把捡来的菜叶用盐浸浸就算作工友的菜肴。

4.8.3.4 当引号中还需要使用引号时，外面一层用双引号，里面一层用单引号。

示例：他问：“老师，‘七月流火’是什么意思？”

4.8.3.5 独立成段的引文如果只有一段，段首和段尾都用引号；不止一段时，每段开头仅用前引号，只在最后一段末尾用后引号。

示例：我曾在报纸上看到有人这样谈幸福：

“幸福是知道自己喜欢什么和不喜欢什么。……

“幸福是知道自己擅长什么和不擅长什么。……

“幸福是在正确的时间做了正确的选择。……”

4.8.3.6 在书写带月、日的事件、节日或其他特定意义的短语（含简称）时，通常只标引其中的月和日；需要突出和强调该事件或节日本身时，也可连同事件或节日一起标引。

示例1：“5·12”汶川大地震

示例2：“五四”以来的话剧，是我国戏剧中的新形式。

示例3：纪念“五四运动”90周年

4.9 括号

4.9.1 定义

标号的一种，标示语段中的注释内容、补充说明或其他特定意义的语句。

4.9.2 形式

括号的主要形式是圆括号“（）”，其他形式还有方括号“［ ］”、六角括号“〔 〕”和方头括号“【 】”等。

4.9.3 基本用法

4.9.3.1 标示下列各种情况，均用圆括号：

a）标示注释内容或补充说明。

示例1：我校拥有特级教师（含已退休的）17人。

示例2：我们不但善于破坏一个旧世界，我们还将善于建设一个新世界！（热烈鼓掌）

b）标示订正或补加的文字。

示例3：信纸上用稚嫩的字体写着：“阿夷（姨），你好！”。

示例4：该建筑公司负责的建设工程全部达到优良工程（的标准）。

c）标示序次语。

示例5：语言有三个要素：（1）声音；（2）结构；（3）意义。

示例6：思想有三个条件：（一）事理；（二）心理；（三）伦理。

d）标示引语的出处。

示例7：他说得好：“未画之前，不立一格；既画之后，不留一格。”（《板桥集·题画》）

e）标示汉语拼音注音。

示例8：“的（de）”这个字在现代汉语中最常用。

4.9.3.2 标示作者国籍或所属朝代时，可用方括号或六角括号。

示例1：［英］赫胥黎《进化论与伦理学》

示例2：［唐］杜甫著

4.9.3.3 报刊标示电讯、报道的开头，可用方头括号。

示例：【新华社南京消息】

4.9.3.4 标示公文发文字号中的发文年份时，可用六角括号。

示例：国发〔2011〕3号文件

4.9.3.5 标示被注释的词语时，可用六角括号或方头括号。

示例1：〔奇观〕奇伟的景象。

示例2：【爱因斯坦】物理学家。生于德国，1933年因受纳粹政权迫害，移居美国。

4.9.3.6 除科技书刊中的数学、逻辑公式外，所有括号（特别是同一形式的括号）应尽量避免套用。必须套用括号时，宜采用不同的括号形式配合使用。

示例：〔茸（róng）毛〕很细很细的毛。

4.10 破折号

4.10.1 定义

标号的一种，标示语段中某些成分的注释、补充说明或语音、意义的变化。

4.10.2 形式

破折号的形式是"——"。

4.10.3 基本用法

4.10.3.1 标示注释内容或补充说明（也可用括号，见4.9.3.1；二者的区别另见B.1.7）。

示例1：一个矮小而结实的日本中年人——内山老板走了过来。

示例2：我一直坚持读书，想借此唤起弟妹对生活的希望——无论环境多么困难。

4.10.3.2 标示插入语（也可用逗号，见4.4.3.3）。

示例：这简直就是——说得不客气点——无耻的勾当！

4.10.3.3 标示总结上文或提示下文（也可用冒号，见4.7.3.1、4.7.3.2）。

示例1：坚强，纯洁，严于律己，客观公正——这一切都难得地集中在一个人身上。

示例2：画家开始娓娓道来——

数年前的一个寒冬，……

4.10.3.4 标示话题的转换。

示例："好香的干菜，——听到风声了吗？"赵七爷低声说道。

4.10.3.5 标示声音的延长。

示例："嘎——"传过来一声水禽被惊动的鸣叫。

4.10.3.6 标示话语的中断或间隔。

示例1：“班长他牺——”小马话没说完就大哭起来。

示例2：“亲爱的妈妈，你不知道我多爱您。——还有你，我的孩子！”

4.10.3.7 标示引出对话。

示例：——你长大后想成为科学家吗？

——当然想了！

4.10.3.8 标示事项列举分承。

示例：根据研究对象的不同，环境物理学分为以下五个分支学科：

——环境声学；

——环境光学；

——环境热学；

——环境电磁学；

——环境空气动力学。

4.10.3.9 用于副标题之前。

示例：飞向太平洋

——我国新型号运载火箭发射目击记

4.10.3.10 用于引文、注文后，标示作者、出处或注释者。

示例1：先天下之忧而忧，后天下之乐而乐。

——范仲淹

示例2：乐浪海中有倭人，分为百余国。

——《汉书》

示例3：很多人写好信后把信笺折成方胜形，我看大可不必。（方胜，指古代妇女戴的方形首饰，用彩绸等制作，由两个斜方部分叠合而成。——编者注）

4.11 省略号

4.11.1 定义

标号的一种，标示语段中某些内容的省略及意义的断续等。

4.11.2 形式

省略号的形式是“……”。

4.11.3 基本用法

4.11.3.1 标示引文的省略。

示例：我们齐声朗诵起来：“……俱往矣，数风流人物，还看今朝。”

4.11.3.2 标示列举或重复词语的省略。

示例1：对政治的敏感，对生活的敏感，对性格的敏感，……这都是作家必须要有的素质。

示例2：他气得连声说："好，好……算我没说。"

4.11.3.3 标示语意未尽。

示例1：在人迹罕至的深山密林里，假如突然看见一缕炊烟，……

示例2：你这样干，未免太……！

4.11.3.4 标示说话时断断续续。

示例：她磕磕巴巴地说："可是……太太……我不知道……你一定是认错了。"

4.11.3.5 标示对话中的沉默不语。

示例："还没结婚吧？"

"……"他飞红了脸，更加忸怩起来。

4.11.3.6 标示特定的成分虚缺。

示例：只要……就……

4.11.3.7 在标示诗行、段落的省略时，可连用两个省略号(即相当于十二连点)。

示例1：从隔壁房间传来缓缓而抑扬顿挫的吟咏声——

床前明月光，疑是地上霜。

…………

示例2：该刊根据工作质量、上稿数量、参与程度等方面的表现，评选出了高校十佳记者站。还根据发稿数量、提供新闻线索情况以及对刊物的关注度等，评选出了十佳通讯员。

…………

4.12 着重号

4.12.1 定义

标号的一种，标示语段中某些重要的或需要指明的文字。

4.12.2 形式

着重号的形式是"·"，标注在相应的文字下方。

4.12.3 基本用法

4.12.3.1 标示语段中重要的文字。

示例1：诗人需要表现，而不是证明。

示例2：下面对本文的理解，不正确的一项是：……

4.12.3.2 标示语段中需要指明的文字。

示例：下边加点的字，除了在词中的读法外，还有哪些读法？

着急　子弹　强调

4.13　连接号

4.13.1　定义

标号的一种，标示某些相关联成分之间的连接。

4.13.2　形式

连接号的形式有短横线“-”、一字线“—”和浪纹线“～”三种。

4.13.3　基本用法

4.13.3.1　标示下列各种情况，均用短横线：

a）化合物的名称或表格、插图的编号。

示例1：3—戊酮为无色液体，对眼及皮肤有强烈刺激性。

示例2：参见下页表2-8、表2-9。

b）连接号码，包括门牌号码、电话号码，以及用阿拉伯数字表示年月日等。

示例3：安宁里东路26号院3-2-11室

示例4：联系电话：010—88842603

示例5：2011—02—15

c）在复合名词中起连接作用。

示例6：吐鲁番—哈密盆地

d）某些产品的名称和型号。

示例7：WZ-10直升机具有复杂天气和夜间作战的能力。

e）汉语拼音、外来语内部的分合。

示例8：shuōshuō—xiàoxiào（说说笑笑）

示例9：盎格鲁—撒克逊人

示例10：让—雅克·卢梭（“让—雅克”为双名）

示例11：皮埃尔·孟戴斯—弗朗斯（“孟戴斯—弗朗斯”为复姓）

4.13.3.2　标示下列各种情况，一般用一字线，有时也可用浪纹线：

a）标示相关项目（如时间、地域等）的起止。

示例1：沈括（1031—1095），宋朝人。

示例2：2011年2月3日—10日

示例3：北京—上海特别旅客快车

b）标示数值范围（由阿拉伯数字或汉字数字构成）的起止。

示例4：25～30g

示例5：第五～八课

4.14 间隔号

4.14.1 定义

标号的一种，标示某些相关联成分之间的分界。

4.14.2 形式

间隔号的形式是“·”。

4.14.3 基本用法

4.14.3.1 标示外国人名或少数民族人名内部的分界。

示例1：克里丝蒂娜·罗塞蒂

示例2：阿依古丽·买买提

4.14.3.2 标示书名与篇（章、卷）名之间的分界。

示例：《淮南子·本经训》

4.14.3.3 标示词牌、曲牌、诗体名等和题名之间的分界。

示例1：《沁园春·雪》

示例2：《天净沙·秋思》

示例3：《七律·冬云》

4.14.3.4 用在构成标题或栏目名称的并列词语之间。

示例：《天·地·人》

4.14.3.5 以月、日为标志的事件或节日，用汉字数字表示时，只在一、十一和十二月后用间隔号；当直接用阿拉伯数字表示时，月、日之间均用间隔号（半角字符）。

示例1：“九一八”事变　“五四”运动

示例2：“一·二八”事变　“一二·九”运动

示例3：“3·15”消费者权益日　“9·11”恐怖袭击事件

4.15 书名号

4.15.1 定义

标号的一种，标示语段中出现的各种作品的名称。

4.15.2 形式

书名号的形式有双书名号“《 》”和单书名号“〈 〉”两种。

4.15.3 基本用法

4.15.3.1 标示书名、卷名、篇名、刊物名、报纸名、文件名等。

示例1：《红楼梦》（书名）

示例2：《史记·项羽本记》（卷名）

示例3：《论雷峰塔的倒掉》（篇名）

示例4：《每周关注》（刊物名）

示例5：《人民日报》（报纸名）

示例6：《全国农村工作会议纪要》（文件名）

4.15.3.2 标示电影、电视、音乐、诗歌、雕塑等各类用文字、声音、图像等表现的作品的名称。

示例1：《渔光曲》（电影名）

示例2：《追梦录》（电视剧名）

示例3：《勿忘我》（歌曲名）

示例4：《沁园春·雪》（诗词名）

示例5：《东方欲晓》（雕塑名）

示例6：《光与影》（电视节目名）

示例7：《社会广角镜》（栏目名）

示例8：《庄子研究文献数据库》（光盘名）

示例9：《植物生理学系列挂图》（图片名）

4.15.3.3 标示全中文或中文在名称中占主导地位的软件名。

示例：科研人员正在研制《电脑卫士》杀毒软件。

4.15.3.4 标示作品名的简称。

示例：我读了《念青唐古拉山脉纪行》一文（以下简称《念》），收获很大。

4.15.3.5 当书名号中还需要书名号时，里面一层用单书名号，外面一层用双书名号。

示例：《教育部关于提请审议〈高等教育自学考试试行办法〉的报告》

4.16 专名号

4.16.1 定义

标号的一种，标示古籍和某些文史类著作中出现的特定类专有名词。

4.16.2 形式

专名号的形式是一条直线，标注在相应文字的下方。

4.16.3 基本用法

4.16.3.1 标示古籍、古籍引文或某些文史类著作中出现的专有名词，主要包括人名、地名、国名、民族名、朝代名、年号、宗教名、官署名、组织名等。

示例1：孙坚人马被刘表率军围得水泄不通。（人名）

示例2：于是聚集冀、青、幽、并四州兵马七十多万准备决一死战。（地名）

示例3：当时乌孙及西域各国都向汉派遣了使节。（国名、朝代名）

示例4：从咸宁二年到太康十年，匈奴、鲜卑、乌桓等族人徙居塞内。（年号、民族名）

4.16.3.2 现代汉语文本中的上述专有名词，以及古籍和现代文本中的单位名、官职名、事件名、会议名、书名等不应使用专名号。必须使用标号标示时，宜使用其他相应标号（如引号、书名号等）。

4.17 分隔号

4.17.1 定义

标号的一种，标示诗行、节拍及某些相关文字的分隔。

4.17.2 形式

分隔号的形式是“/ ”。

4.17.3 基本用法

4.17.3.1 诗歌接排时分隔诗行（也可使用逗号和分号，见4.4.3.1/4.6.3.1。

示例：春眠不觉晓/处处闻啼鸟/夜来风雨声/花落知多少。

4.17.3.2 标示诗文中的音节节拍。

示例：横眉/冷对/千夫指，俯首/甘为/孺子牛。

4.17.3.3 分隔供选择或可转换的两项，表示“或”。

示例：动词短语中除了作为主体成分的述语动词之外，还包括述语动词所带的宾语和/或补语。

4.17.3.4 分隔组成一对的两项，表示“和”。

示例1：13/14次特别快车

示例2：羽毛球女双决赛中国组合杜婧/于洋两局完胜韩国名将李孝贞/李敬元。

4.17.3.5 分隔层级或类别。

示例：我国的行政区划分为：省（直辖市、自治区）/省辖市（地级市）/县（县级市、区、自治州）/乡（镇）/村（居委会）。

5 标点符号的位置和书写形式

5.1 横排文稿标点符号的位置和书写形式

5.1.1 句号、逗号、顿号、分号、冒号均置于相应文字之后，占一个字位置，居左下，不出现在一行之首。

5.1.2 问号、叹号均置于相应文字之后，占一个字位置，居左，不出现在一行之首。两个问号（或叹号）叠用时，占一个字位置；三个问号（或叹号）叠用时，占两个字位置；问号和叹号连用时，占一个字位置。

5.1.3 引号、括号、书名号中的两部分标在相应项目的两端，各占一个字位置。其中前一半不出现在一行之末，后一半不出现在一行之首。

5.1.4 破折号标在相应项目之间，占两个字位置，上下居中，不能中间断开分处上行之末和下行之首。

5.1.5 省略号占两个字位置，两个省略号连用时占四个字位置并须单独占一行。省略号不能中间断开分处上行之末和下行之首。

5.1.6 连接号中的短横线比汉字“一”略短，占半个字位置；一字线比汉字“一”略长，占一个字位置；浪纹线占一个字位置。连接号上下居中，不出现在一行之首。

5.1.7 间隔号标在需要隔开的项目之间，占半个字位置，上下居中，不出现在一行之首。

5.1.8 着重号和专名号标在相应文字的下边。

5.1.9 分隔号占半个字位置，不出现在一行之首或一行之末。

5.1.10 标点符号排在一行末尾时，若为全角字符则应占半角字符的宽度（即半个字位置），以使视觉效果更美观。

5.1.11 在实际编辑出版工作中，为排版美观、方便阅读等需要，或为避免某一小节最后一个汉字转行或出现在另外一页开头等情况（浪费版面及视觉效果差），可适当压缩标点符号所占用的空间。

5.2 竖排文稿标点符号的位置和书写形式

5.2.1 句号、问号、叹号、逗号、顿号、分号和冒号均置于相应文字之下偏右。

5.2.2 破折号、省略号、连接号、间隔号和分隔号置于相应文字之下居中，上下方向排列。

5.2.3 引号改用双引号“﹃”“﹄”和单引号“﹁”“﹂”，括号改用“︵”“︶”，标在相应文字的上下。

5.2.4 竖排文稿中使用浪线式书名号“﹏﹏”，标在相应文字的左侧。

5.2.5 着重号标在相应文字的右侧，专名号标在相应文字的左侧。

5.2.6 横排文稿中关于某些标点不能居行首或行末的要求，同样适用于竖排文稿。

附录（略）

附三　出版物上数字用法

GB/T 15835—2011

1　范围

本标准规定了出版物上汉字数字和阿拉伯数字的用法。

本标准适用于各类出版物（文艺类出版物和重排古籍除外）。政府和企事业单位公文，以及教育、媒体和公共服务领域的数字用法，也可参照本标准执行。

2　规范性引用文件

下列文件对于本文件的应用是必不可少的。凡是注日期的引用文件，仅注日期的版本适用于本文件。凡是不注日期的引用文件，其最新版本（包括所有的修改单）适用于本文件。

GB/T 7408—2005 数据元和交换格式　信息交换　日期和时间表示法

3　术语和定义

下列术语和定义适用于本文件。

3.1

计量　measuring

将数字用于加、减、乘、除等数学运算。

3.2

编号　numbering

将数字用于为事物命名或排序，但不用于数学运算。

3.3

概数　approximate number

用于模糊计量的数字。

4　数字形式的选用

4.1　选用阿拉伯数字

4.1.1　用于计量的数字

在使用数字进行计量的场合，为达到醒目、易于辨识的效果，应采用阿拉伯数字。

示例 1：－125.03　34.05％　63％～68％　1：500　97/108

当数值伴随有计量单位时，如：长度、容积、面积、体积、质量、温度、经纬度、音量、频率等等，特别是当计量单位以字母表达时，应采用阿拉伯数字。

示例 2：523.56km（523.56 千米）　346.87 L（346.87 升）
$5.34m^2$（5.34 平方米）　$567mm^3$（567 立方毫米）
605g（605 克）　100～150 kg（100～150 千克）
34～39 ℃（34～39 摄氏度）　北纬 40°（40 度）
120dB（120 分贝）

4.1.2　用于编号的数字

在使用数字进行编号的场合，为达到醒目，易于辨识的效果，应采用阿拉伯数字。

示例：电话号码：98888
邮政编码：100871
通信地址：北京市海淀区复兴路 11 号
电子邮件地址：x186@186.net
网页地址：http：//127.0.0.1
汽车号牌：京 A00001
公交车号：302 路公交车
道路编号：101 国道
公文编号：国办发〔1987〕9 号
图书编号：ISBN 978-7-80184-224-4
刊物编号：CN11－1399
章节编号：4.1.2
产品型号：PH—3000 型计算机
产品序列号：C84XB—JYVFD—P7HC4—6XKRJ—7M6XH
单位注册号：02050214
行政许可登记编号：0684D10004—828

4.1.3　已定型的含阿拉伯数字的词语

现代社会生活中出现的事物、现象、事件，其名称的书写形式中包含阿拉伯数字，已经广泛使用而稳定下来，应采用阿拉伯数字。

示例：3G 手机　MP3 播放器　G8 峰会　维生素 B_{12}　97 号汽油

"5·27"事件　"12·5"枪击案

4.2　选用汉字数字

4.2.1　非公历纪年

干支纪年、农历月日、历史朝代纪年及其他传统上采用汉字形式的非公历纪年等等，应采用汉字数字。

示例：丙寅年十月十五日　庚辰年八月五日　腊月二十三　正月初五　八月十五中秋　秦文公四十四年　太平天国庚申十年九月二十四日　清咸丰十年九月二十日　藏历阳木龙年八月二十六日　日本庆应三年

4.2.2　概数

数字连用表示的概数、含"几"的概数，应采用汉字数字。

示例：三四个月　一二十个　四十五六岁　五六万套　五六十年前

几千　二十几　一百几十　几万分之一

4.2.3　已定型的含汉字数字的词语

汉语中长期使用已经稳定下来的包含汉字数字形式的词语，应采用汉字数字。

示例：万一　一律　一旦　三叶虫　四书五经　星期五　四氧化三铁　八国联军　七上八下　一心一意　不管三七二十一　一方面　二百五　半斤八两　五省一市　五讲四美　相差十万八千里　八九不离十　白发三千丈　不二法门　二八年华　五四运动　"一·二八"事变　"一二·九"运动

4.3　选用阿拉伯数字与汉字数字均可

如果表达计量或编号所需要用到的数字个数不多，选择汉字数字还是阿拉伯数字在书写的简洁性和辨识的清晰性两方面没有明显差异时，两种形式均可使用。

示例1：17号楼（十七号楼）　3倍（三倍）

第5个工作日（第五个工作日）　100多件（一百多件）

20余次（二十余次）　约300人（约三百人）

40左右（四十左右）　50上下（五十上下）

50多人（五十多人）　第25页（第二十五页）

第8天（第八天）　第4季度（第四季度）

第45份（第四十五份）　共235位同学（共二百三十五位同学）

0.5（零点五）　　　　　　　76 岁（七十六岁）
120 周年（一百二十周年）　1/3（三分之一）
公元前 8 世纪（公元前八世纪）20 世纪 80 年代（二十世纪八十年代）
公元 253 年（公元二五三年）　1997 年 7 月 1 日(一九九七年七月一日)
下午 4 点 40 分(下午四点四十分) 4 个月（四个月）
12 天（十二天）

如果要突出简洁醒目的表达效果，应使用阿拉伯数字；如果要突出庄重典雅的表达效果，应使用汉字数字。

示例 2：北京时间 2008 年 5 月 12 日 14 时 28 分
十一届全国人大一次会议（不写为“11 届全国人大 1 次会议”）
六方会谈（不写为“6 方会谈”）

在同一场合出现的数字，应遵循“同类别同形式”原则来选择数字的书写形式。如果两数字的表达功能类别相同（比如都是表达年月日时间的数字），或者两数字在上下文中所处的层级相同（比如文章目录中同级标题的编号），应选用相同的形式。反之，如果两数字的表达功能不同．或所处层级不同，可以选用不同的形式。

示例 3：2008 年 8 月 8 日 二〇〇八年八月八日(不写为“二〇〇八年 8 月 8 日”)
第一章　第二章……第十二章(不写为“第一章　第二章……第 12 章”)
第二章的下一级标题可以用阿拉伯数字编号：2.1，2.2，……

应避免相邻的两个阿拉伯数字造成歧义的情况。

示例 4：高三 3 个班　高三三个班（不写为“高 33 个班”）
高三 2 班　　高三（2）班（不写为“高 32 班”）

有法律效力的文件、公告文件或财务文件中可同时采用汉字数字和阿拉伯数字。

示例 5：2008 年 4 月保险账户结算日利率为万分之一点五七五零（0.015750%）
35.5 元（35 元 5 角　三十五元五角 叁拾伍圆伍角）

5　数字形式的使用

5.1　阿拉伯数字的使用

5.1.1　多位数

为便于阅读，四位以上的整数或小数，可采用以下两种方式分节：

——第一种方式：千分撇

整数部分每三位一组，以“,”分节。小数部分不分节。四位以内的整数可以不分节。

示例 1：624,000　92,300,000　19,351,235.235767　1256

——第二种方式：千分空

从小数点起，向左和向右每三位数字一组，组间空四分之一个汉字，即二分之一个阿拉伯数字的位置。四位以内的整数可以不加千分空。

示例 2：55 235 367.346 23　98 235 358.238 368

注：各科学技术领域的多位数分节方式参照 GB 3101—1993 的规定执行。

5.1.2 纯小数

纯小数必须写出小数点前定位的“0”，小数点是齐阿拉伯数字底线的实心点“.”。

示例：0.46 不写为 .46 或 0。46

5.1.3 数值范围

在表示数值的范围时，可采用浪纹式连接号“～”或一字线连接号“—”。前后两个数值的附加符号或计量单位相同时，在不造成歧义的情况下，前一个数值的附加符号或计量单位可省略，如果省略数值的附加符号或计量单位会造成歧义，则不应省略。

示例：－36～－8℃　400－429 页　100－100kg　12 500～20 000 元

9 亿～16 亿(不写为 9～16 亿)

13 万元～17 万元(不写为 13～17 万元)

15％～30％(不写为 15～30％)

4.3×106～5.7×106(不写为 4.3～5.7×106)

5.1.4 年月日

年月日的表达顺序应按照口语中年月日的自然顺序书写。

示例 1：2008 年 8 月 8 日　1997 年 7 月 1 日

“年”“月”可按照 GB/T 7408—2005 的 5.2.1.1 中的扩展格式，用“—”替代，但年月日不完整时不能替代。

示例 2：2008-8-8　1997-7-1　8 月 8 日（不写为 8-8）　2008 年 8 月(不写为 2008-8)

四位数字表示的年份不应简写为两位数字。

示例 3：“1990 年”不写为“90 年”

月和日是一位数时，可在数字前补“0”。

示例4：2008-08-08　　1997-07-01

5.1.5　时分秒

计时方式既可采用12小时制，也可采用24小时制。

示例1：11时40分（上午11时40分）　21时12分36秒（晚上9时12分36秒）

时分秒的表达顺序应按照口语中时、分、秒的自然顺序书写。

示例2：15时40分　　14时12分36秒

“时”“分”也可按照GB/T 7408—2005的5.3.1.1和5.3.1.2中的扩展格式，用“:”替代。

示例3：15：40 14：12：36

5.1.6　含有月日的专名

含有月日的专名采用阿拉伯数字表示时，应采用间隔号“·”将月、日分开，并在数字前后加引号。

示例：“3·15”消费者权益日

5.1.7　书写格式

5.1.7.1　字体

出版物中的阿拉伯数字，一般应使用正体二分字身，即占半个汉字位置。

示例：234　　57.236

5.1.7.2　换行

一个用阿拉伯数字书写的数值应在同一行中，避免被断开。

5.1.7.3　竖排文本中的数字方向

竖排文字中的阿拉伯数字按顺时针方向转90度。旋转后要保证同一个词语单位的文字方向相同。

示例：

示例一

雪花牌BCD188型家用电冰箱容量是一百八十八升，功率为一百二十五瓦，市场售价两千零五十元，返修率仅为百分之零点一五。

示例二

海军J12号打捞救生船在太平洋上航行了十三天，于一九九 年八月六日零时三十分返回基地。

5.2 汉字数字的使用

5.2.1 概数

两个数字连用表示概数时，两数之间不用顿号“、”隔开。

示例：二三米 一两个小时 三五天 一二十个 四十五六岁

5.2.2 年份

年份简写后的数字可以理解为概数时，一般不简写。

示例：“一九七八年”不写为“七八年”

5.2.3 含有月日的专名

含有月日的专名采用汉字数字表示时，如果涉及一月、十一月、十二月，应用间隔号“·”将表示月和日的数字隔开，涉及其他月份时，不用间隔号。

示例：“一·二八”事变“一二·九”运动　五一国际劳动节

5.2.4 大写汉字数字

——大写汉字数字的书写形式

零、壹、贰、叁、肆、伍、陆、柒、捌、玖、拾、佰、仟、万、亿

——大写汉字数字的适用场合

法律文书和财务票据上，应采用大写汉字数字形式记数。

示例：3,504元（叁仟伍佰零肆圆）39，148元（叁万玖仟壹佰肆拾捌圆）

5.2.5 “零”和“〇”

阿拉伯数字“0”有“零”和“〇”两种汉字书写形式。一个数字用作计量时，其中“0”的汉字书写形式为“零”，用作编号时，“0”的汉字书写形式为“〇”。

示例：“3052（个）”的汉字数字形式为“三千零五十二”（不写为“三千〇五十二”）

“95.06”的汉字数字形式为“九十五点零六”（不写为“九十五点〇六”）

“公元2012（年）”的汉字数字形式为“二〇一二”（不写为“二零一二”）

5.3 阿拉伯数字与汉字数字同时使用

如果一个数值很大，数值中的“万”“亿”单位可以采用汉字数字，其余部分采用阿拉伯数字。

示例1：我国1982年人口普查人数为10亿零817万5 288人

除上面情况之外的一般数值，不能同时采用阿拉伯数字与汉字数字。

示例 2：108 可以写作“一百零八”，但不应写作“1 百零 8”“一百 08”

4 000 可以写作“四千”，但不应写作“4 千”

附四　容易用错的字和词

一、容易用错的字

（一）同音字部分

蔼　和蔼，和气，和善。如：对人和蔼可亲。

霭　云气。如：云霭；暮霭。

暗　没有光，跟“明”相反。如：暗淡。

黯　昏黑。如：黯然。有时也比喻心神沮丧。

班　工作或学习的组织。如：作业班，进修班。也指一天之内的一段工作时间。如：值班，日夜三班。

斑　斑点或斑纹。如：黑斑；雀斑；斑竹；斑马。

拌　搅和。如：搅拌；拌种子。

绊　行走时被别的东西挡住或缠住。如：绊马索；绊倒。

邦　国。如：友邦；盟邦；邦交。

帮　帮助。如：帮助；帮忙。

趵　跳。如：趵突泉（在山东省济南市）。

豹　野兽名。

备　具备。如：备用；德才兼备。防备。如：备荒。

惫　极度疲乏。如：疲惫。

蓖　植物名。如：蓖麻。

篦　齿很密的梳头用具。如：篦子。

敝　破，坏。如：敝衣。谦词。如：敝姓；敝处。

弊　欺蒙人的坏事。如：作弊；营私舞弊。

壁　墙。如：墙壁；壁报；四壁。

璧　古代玉器，平圆形中间有孔。如：璧玉；完璧归赵。

辨　分别，分析。如：辨别；分辨；明辨是非。

辩　说明是非或真假，争论。如：辩论；辩证法。

骠　一种黄毛夹杂着白点子的马。如：黄骠马。

膘　肥肉（多指牲畜）。如：膘满肉肥；上膘。

博　多，广。如：博学；博览；地大物博。

搏　对打。如：搏斗。跳动。如：脉搏。

才　能力。如：才能；口才；才干。

材　木料。如：良材。引申为材料，原料或资料，如：器材；教材。

采　摘取，选取。如：采茶；采用。神色，精神。如：神采；兴高采烈。

彩　各种颜色。如：彩色影片；彩排。

仓　收藏谷物的建筑物。如：米仓；谷仓。

苍　颜色。如：苍（青色）天；苍（深绿色）松；苍（灰白色）白。

谗　在别人面前说某人的坏话。如：谗言。

馋　贪吃，专爱吃好的。如：馋嘴；馋涎欲滴。

嗔　生气。如：嗔怒。

瞋　睁大眼睛瞪人。如：瞋目叱之。

弛　放松，松懈，解除。如：一张一弛；废弛。

驰　快跑。如：驰骋；风驰电掣。

厨　做饭做菜的地方。如：厨房；厨灶。

橱　一种收藏东西的家具。如：衣橱；碗橱。

绌　不足，不够。如：相形见绌。

黜　降职或罢免。如：黜职。

瓷　用高岭土烧成的一种质料，所做器物比陶器细致而坚硬。如：瓷器。

磁　磁性。能吸引铁、镍等的性质。如：磁铁；磁石。

催　使赶快行动。如：催促；催办。

摧　破坏；折断。如：摧残；无坚不摧。

瘁　过度劳累。如：鞠躬尽瘁；心力交瘁。

粹　不杂，精华。如：纯粹；国粹。

眈　看，视。如：虎视眈眈。

耽　迟延。如：耽搁；耽误。

凋　衰落。如：凋谢；凋零。

雕　鹫的别名，老雕。用刀刻竹、木、玉、石、金属。如：木雕；浮雕。

谍　谍报活动。从事谍报活动的人。如：防谍；间谍。

牒　文书，证件。如：通牒。

订　改正，修改，立（契约），约定。如：校订；订婚。

定　不可变更的，规定的，不动的。如：定律：定期；定论。预先约妥。

如：定单。

防　戒备。如：防备，防守，预防。

妨　阻碍。如：妨碍；妨害。

奋　振作，鼓劲。如：奋斗；兴奋；奋不顾身。

愤　因为不满意而感情激动。如：气愤。自己感觉不满足，努力地做。如：发愤。

佛　一种宗教。如佛教；佛学。

拂　拂面；拂晓；拂袖。

付　交，给。如：付款；付印；付诸实施。

副　居第二位的，辅助的。如：副主席；副手。附带的或次要的。如：副业；副食；副作用。量词。如：一副对联；全副武装；一副笑容。

个　量词。如：洗个澡；两个梨。单独的。如：个体；个人。

各　每个，彼此不同的。如：各种；各处；各不相同。

供　供奉。如：供佛；上供。被审问时在法庭上述说事实。如：供状；供认；口供。

贡　贡献；贡品。

诟　辱骂。如：诟骂。

垢　污秽，脏东西。如：藏污纳垢。

捍　保卫，抵御。如：捍卫祖国。

悍　勇敢。如：强悍。凶狠。如：凶悍。

撼　摇动。如：震撼天地。

憾　悔恨，心中感到不美满。如：憾事；遗憾。

彗　彗星。

慧　聪明，有才智。如：智慧。

藉　杯盘狼藉（jí）。

籍　书籍；户籍；国籍；籍贯。

嘉　美好，赞美。如：嘉宾；嘉许；嘉奖。

佳　美。好的。如：佳音；佳句；佳作。

娇　美好可爱，过分珍惜。如：娇娆；娇生惯养。

骄　骄傲。如：戒骄戒躁。

佼　美好。如：佼佼者。

皎　洁白，明亮。如：皎洁的月光。

阱　陷阱，捕兽用的陷坑；比喻害人的圈套。

肼　有机化合物的一类。

竞　竞赛，竞争。如：竞走；竞技。

竟　终了，居然。如：未竟的事业；竟然。

迥　远。如：迥异。

炯　光明，明亮。如：目光炯炯。

具　器物。如：工具；家具；文具。备，备有。如：具备；具有；略具规模；具体。

俱　全，都。如：面面俱到。

棵　量词，指植物。如：一棵树；一棵白菜。

颗　量词，指圆形或粒状的东西。如：一颗珠子；一颗心。

恳　诚恳，真诚。如：恳求；恳托。

垦　开垦，开辟荒地。如：垦荒；垦区。

腊　腊月；腊八；腊肉。

蜡　蜡烛；石蜡；白蜡。

兰　植物名。如：兰花；兰草；草兰；建兰。

蓝　一种颜色。如：蓝天；蓝本。

篮　篮球；提篮；网篮；菜篮。

历　经过。如：历史；历代；经历。

厉　严格，切实，严肃。如：厉行节约；正言厉色；厉害。

梁　房梁；桥梁。

粱　高粱；高粱酒；黄粱美梦。

琉　琉璃瓦。

硫　硫黄。

曚　日光不明。

朦　月光不明。如：朦胧。

矇　目不明。如：睡眼矇眬。

芦　芦苇。

庐　房舍。如：茅庐。庐山（地名，在江西省）。

玫　玫瑰。

枚　量词，相当于“个”。如：一枚；不胜枚举。

糜　烂。如：糜烂。浪费。如：糜费。

靡　浪费。如：奢靡；靡费。

秘　不公开的，不让大家知道的。如：秘方；秘诀；秘史。

密　秘密。如：密谋；密码；密令。

暝　日落，天黑。

瞑　闭眼。如：瞑目。

恼　发怒，愤恨，烦闷。如：恼恨；烦恼；苦恼。

脑　头脑；脑子。

欧　欧洲。姓。

殴　殴打；殴伤。

陪　跟随在一块，在旁边做伴。如：陪伴。

赔　补还损失。如：赔款；赔偿；赔礼。

蓬　蓬勃；蓬松。

篷　遮挡日光、风、雨的设备。如：篷子；船篷。

岐　岐山（山名，在陕西省）。

歧　岔道。如：歧路；误入歧途。

恰　正好，合适。如：恰巧；恰如其分。

洽　跟人联系，商量（事情）。如：接洽；商洽。

俏　漂亮。如：俊俏。

诮　责备。如：讥诮。

磬　古代打击乐器或和尚敲的铜铁铸的钵状物。

罄　尽，用尽，器皿已空。如：罄竹难书；告罄；售罄。

驱　赶走。如：驱逐。快跑。如：长驱直入。

躯　身体。如：身躯；捐躯。

洒　把水散布在地上。如：洒水。

撒　散播，散布。如：撒种。

姗　形容走路缓慢从容。如：姗姗来迟。

珊　珊瑚。

梢　树枝的末端。如：树梢；柳梢。

稍　略微。如：稍微；稍有不同。

暑　热。如：暑天；中暑。

署　署名；部署；行署；签署。

廷　朝廷；宫廷。

庭　庭院；家庭；法庭。

凸　高出，跟“凹”相反。如：凸出；凸透镜。

突　超出，冲破。如：突出；突破；突围。

须　须要，应该。如：务须；必须；须知。

需　欲望的要求。如：需要；军需；按需分配。

炫　光明照耀，夸耀。如：炫目；炫耀。

眩　眼睛昏花看不清楚。如：头晕目眩。

鸦　乌鸦；鸦片；鸦雀无声。

鸭　鸭子；鸭蛋；鸭梨。

扬　高举，向上；在空中飘动。如：扬帆；扬手；飞扬；飘扬。

杨　杨树；杨柳；杨梅。姓。

猗　助词，相当于“啊”。如：河水清且涟猗。

漪　水波纹。如：清漪；漪澜。

饴　糖浆，糖果。如：甘之如饴；高粱饴。

怡　和悦，愉快。如：心旷神怡；怡然自得。

译　把一种语言文字依照原义改变成另一种语言文字。如：翻译；译文。

绎　抽出，理出头绪。如：寻绎；络绎不绝。

茔　坟地。如：茔地；坟茔。

荧　荧光屏。

莹　光洁，透明。如：晶莹。

萤　萤火虫。

萦　缠绕。如：萦绕；萦怀。

嬴　姓。如：嬴政（即秦始皇）。

赢　胜。如：赢了三个球。获得。如：赢利；赢余。

颍　颍河（水名，发源于河南省）。

颖　东西末端的尖锐部分。如：脱颖而出。也比喻才能出众。如：聪颖；颖悟。

应　回答。如：呼应；应和。反应：如化学反应。应付，对待。如：应战，随机应变；应接不暇。适合，配合。如：适应；应时；应用；得心应手。

映　因光线照射而显出物体形象。如：放映；映得通红。也引申为把客观事物实质表现出来和向上级转达。如：反映现实生活；反映群众意见。

佑　帮助，保护。如：辅佑；保佑　：迷信说法，指求天神的帮助。

园　园子，园地。如：菜园；果园；公园；幼儿园。

圆　圆形。如：圆心；椭圆形。圆满。如：圆场；团圆。

陨　坠落。如：陨石。

殒　死亡。如：殒命。

赃　贪污受贿或偷盗所得的财物。如：赃物；退赃；追赃。

脏　不干净。如：肮脏；衣服脏了。

噪　声音杂乱。如：噪音；鼓噪。

燥　干燥；燥热。

躁　急躁；戒骄戒躁。

沾　浸湿，因接触而附着上。如：沾水；沾光。

粘　粘(zhān)是指黏的东西互相连接或附着在别的东西上。如：粘牙，粘贴。

振　摇动，挥动，奋起。如：振臂高呼；精神一振。

赈　救济。如：赈济；赈灾。

支　量词。如：一支军队；一支乐曲。

只　量词。如：一只鸡；一只手。

州　旧时的一种行政区划，多用于地名。如：杭州；柳州；苏州。

洲　水中的陆地，大陆。如：沙洲；欧洲；亚洲；七大洲。

绉　丝织物。如：绉纱。

皱　褶纹。如：皱纹。

尊　地位或辈分高；敬重。如：尊长；令尊；尊敬；尊师爱生。

遵　依照，按照。如：遵守；遵循。

坐　乘、搭。如：坐车；坐船。坐下。如：请坐。

座　座位。如：座位；入座。托底。如：石碑座儿；茶碗座儿。量词。如：一座山。

（二）形近字部分

隘(ài)　险要的地方。如：要隘；隘口。

溢(yì)　满，流出来。如；河水四溢；洋溢。

谙(ān)　熟悉。如：谙练。

喑(yīn)　不说话。如：万马齐喑。

拔(bá)　拔草；拔牙；拔河；出类拔萃。

拨(bō)　拨动；拨款；挑拨离间。

浜(bāng)　小河沟。如：沙家浜(地名)。

滨(bīn)　水边。如：海滨；湖滨。

杯(bēi)　盛水、茶、酒等的器皿。如：水杯；茶杯；酒杯。

抔(póu)　用双手捧东西。如：一抔黄土。

苯(běn)　一种有机化合物。

笨(bèn)　不聪明，不灵巧。如：愚笨；笨手笨脚。

亳(bó)　亳县(地名，在安徽省)。

毫(háo)　长而尖锐的毛。如，狼毫笔。也指鸟兽身上新长的细毛。如：明察秋毫。

薄(báo)　厚度小的。用于合成词或词语，如：薄饼；薄纸。又读(bó)，如：薄田；单薄；厚薄；淡薄；浅薄。也读(bò)，如：薄荷。

簿(bù)　本子。账簿；发文簿；笔记簿。

茶(chá)　茶树，嫩叶经过加工就是茶叶。饮料的名称。如：面茶；杏仁茶；奶茶。

荼(tú)　古书上说的一种苦菜。如：荼毒。又古书上指茅草的白花。如：如火如荼。

场(cháng)　平坦的空地。如：场院；打场；又读chǎng，如：操场；剧场。

扬(yáng)　高举。如：飘扬。往上撒。如：扬场。

怅(chàng)　失意，不痛快。如：怅然；惆怅。

伥(chāng)　伥鬼，古时迷信传说被老虎咬死的人变成鬼又助虎伤人。如：为虎作伥。

析(xī)　分开，散开。如：分崩离析。

柝(tuò)　报更的用具。

折(zhé)　断。如：折断。

拆(chāi)　分开。如：拆散。

郴(chēn)　郴县(地名，在湖南省)。

彬(bīn)　形容文雅。如：彬彬有礼。

炽(chì)　热烈旺盛。如：炽热；炽烈。

帜(zhì)　旗子。如：旗帜；独树一帜。

崇(chóng)　高，重视，尊敬。如：崇山峻岭；崇拜；崇高；崇敬。

祟(suì)　指不正当的行动。如：鬼鬼祟祟；作祟。

宠(chǒng)　宠爱；得宠。

庞(páng)　庞大；庞然大物。

揣(chuǎi)　估计，忖度。如：揣测；揣度；不揣冒昧。

惴(zhuì)　发愁害怕的样子。如：惴惴不安。

淳(chún)　淳朴；淳厚。

谆(zhūn)　恳切。如：谆嘱；谆谆教导。

绌(chù)　不足，不够。如：相形见绌。

拙(zhuō)　笨，不灵巧。如：拙笨；拙嘴笨舌；弄巧成拙。

畜(chù)　牲畜；家畜。

蓄(xù)　积聚，储藏。如：储蓄。

捶(chuí)　敲打。如：捶衣服。

棰(chuí)　短棍子。

戳(chuō)　用尖端触击。如：戳穿。

戮(lù)　杀。如：杀戮。并力。如：戮力同心。

刺(cì)　用有尖的东西穿进或杀伤。如：刺绣；刺杀；被刺。

剌(là)　违背常情、事理。如：乖剌；剌谬。

汆(cuān)　把食物放到开水里稍微一煮。如：汆丸子；汆汤。

氽(tǔn)　用油炸。如：油氽花生米。

翟(zhái)　姓。

瞿(qú)　姓。如：瞿秋白。

皴(cūn)　因受冻而裂开。如：手皴了。

皲(jūn)　皮肤因寒冷干燥而破裂。如：皲裂。

待(dài)　对待，招待。如：优待；待客。

侍(shì)　陪伴侍候。如：侍奉；服侍；侍从。

殚(dān)　尽，竭尽。如：殚心；殚力；殚精竭虑。

惮(dàn)　怕。如：肆无忌惮。

涤(dí)　洗。如：涤荡；洗涤。

绦(tāo)　绦子；绦虫。

淀(diàn)　淀粉；沉淀；白洋淀(在河北省)。

绽(zhàn)　裂开。如：破绽；皮开肉绽。

玷(diàn)　使有污点。如：玷污；玷辱。

沾(zhān)　沾边儿；沾光；沾染；沾沾自喜。

钓(diào)　钓鱼；钓饵；钓竿。

钩(gōu) 钩子。如：鱼钩儿；钩心斗角。

陡(dǒu) 坡度很大。如：陡峻；陡立；陡峭。

徙(xǐ) 迁移。如：迁徙。

砝(fǎ) 砝码。

珐(fà) 珐琅质。

妨(fáng) 妨碍；妨害。

仿(fǎng) 仿效；仿办；仿造。

分(fēn) 分开。如：分裂；分散；分离。

份(fèn) 整体里的一部分。如：股份。

讣(fù) 报丧的信。如：讣告；讣闻。

仆(pú) 仆人；仆从；男仆。

复(fù) 又，再。如：反复；重复。

愎(bì) 乖戾，固执。如；刚愎自用。

概(gài) 神气。如：气概。

慨(kǎi) 慨叹；愤慨；感慨。

龚(gāng) 姓。

垄(lǒng) 垄沟；垄断；田垄。

估(gū) 揣测。如：估计；估价；估量。

怙(hù) 依靠。如：失怙；怙恶不悛。

孤(gū) 孤儿；孤单；孤独。

弧(hú) 圆周的任意一段。如：弧度。

汩(gǔ) 水流的样子。如：汩汩。

汨(mì) 汨罗江(江名，湖南汨水下游，流经汨罗县北)。

官(guān) 官员；外交官。

宦(huàn) 宦官；宦海；宦途。

管(guǎn) 管理；管教；管辖。

菅(jiān) 多年生草本植物。如：草菅人命。

冠(guàn) 第一位。如：冠军。

寇(kòu) 外来的侵略者。如：海寇；敌寇。

壶(hú) 容器名。如：茶壶；暖壶。

壸(kǔn) 古时皇宫里面的道路。

淮(huái) 淮河(水名，发源于河南省)。

准(zhǔn) 标准。如：水准；准绳。

肓(huāng) 心脏和隔膜之间叫肓。如：病入膏肓。

盲(máng) 看不见东西。如：夜盲；色盲；文盲。

幻(huàn) 没现实根据的，不真实的。如：幻想；虚幻；梦幻。

幼(yòu) 幼小；幼苗；幼稚。

徽(huī) 标志，符号。如：徽章；国徽。

微(wēi) 小。如：微小；稍微；谨小慎微。

悔(huǐ) 后悔。如：悔改；悔恨；悔不当初。

诲(huì) 教导。如：教诲；诲人不倦。

汲(jī) 从下往上打水。如：汲水；汲取；汲引。

吸(xī) 吸收；吸烟；吸引；呼吸。

籍(jí) 书籍，册子，或籍贯。如：古籍；原籍。

藉(jiè) 同“借”，或垫，衬。如：枕藉。

即(jí) 就是,就,便。如:即便;即或;即将;即使;即日;即兴;即位。

既 (jì) 已经，完了或做连词。如：既成事实；既往不咎；既而；既高且大；既聪明又用功。

浆 (jiāng) 较浓的液体。如：豆浆；泥浆；纸浆。

桨 (jiǎng) 划船的用具。如：船桨；木桨。

骄 (jiāo) 骄傲；骄横；骄气。

矫 (jiǎo) 矫健；矫正；矫揉造作。

届 (jiè) 到（时候）。如：届时光临；届期。

屈 (qū) 弯曲。如：屈指；屈膝；屈服；屈从。

灸 (jiǔ) 针灸。

炙 (zhì) 烤。如：炙手可热；脍炙人口。

卷 (juàn) 书本。如：手不释卷；卷宗；卷子。

券 (quàn) 票据或作为凭证的纸片。如：公债券；入场券。

炕 (kàng) 北方人用土坯或砖砌成的睡觉用的长方台。如:土炕;火炕;炕头。

坑 (kēng) 洼下去的地方。如：泥坑；土坑。

窠 (kē) 现成的格式，老套子。如：窠臼。

巢 (cháo) 鸟的窝，也称蜂、蚁的窝。如：鸟巢；蜂巢。也组成匪巢。

羸 (léi) 瘦。如：羸弱；疲夫羸老。

赢 (yíng) 胜。赢得胜利。

恋（liàn） 爱，想念不忘。如：恋爱；留恋。

峦（luán） 山。如：峰峦；重峦叠嶂。

冷（lěng） 温度低。如：冷水；冰冷。

泠（líng） 清凉。如：泠风。

牤（māng） 公牛，如：牤牛。

虻（méng） 昆虫名。如：牛虻。

昴（mǎo） 二十八宿之一。

昂（áng） 仰着头。如：昂首挺胸；昂扬。

幂（mì） 覆盖东西的巾。

幕（mù） 幕布；帐幕；幕后。

丏（miǎn） 遮蔽，看不见。

丐（gài） 求乞。如：乞丐。

缪（miào） 姓。

谬（miù） 错误；差错。如：谬论；荒谬。

鸣（míng） 叫。如：鸣笛；鸟鸣；蝉鸣。

呜（wū） 象声词。如：呜呜叫。

末（mò） 最后，终了。如：末尾；春末。

未（wèi） 副词。没(跟已相对)。如:未成年。不。如:未便;未可厚非。

馁（něi） 失掉勇气。如：气馁；自馁。

绥（suí） 安抚。如：绥靖。

乒（pīng） 象声词。如：乒乓。

乓（pāng） 形容枪声、关门声。

屁（pì） 屁股。

庇（bì） 包庇；庇护。

贫（pín） 穷。如：贫穷；贫困。

贪（tān） 爱财，引申为不知足。如：贪污；贪得无厌。

讫（qì） 完结。如：收讫；付讫；验讫。

屹（yì） 山峰高耸的样子。如：屹然；屹立。

倾（qīng） 歪，斜。如：倾斜；倾向。

顷（qǐng） 时间很短。如：顷刻；少顷。

扰（rǎo） 扰乱；扰动；打扰。

忧（yōu） 忧虑；忧愁；忧患。

荏（rěn） 软弱。如：色厉内荏；荏苒。

茌（chí） 茌平，县名，在山东。

戎（róng） 军事，军队。如：戎马；戎装。

戍（shù） 防守。如：戍守；戍边。

戌（xū） 地支第十一位。

戊（wù） 天干第五位。

闰（rùn） 闰月；闰年。

闺（guī） 闺女；闺房。

撒（sǎ） 分散开。如：撒种；撒上白糖。

撤（chè） 退，除去。如：撤退；撤换；撤销。

赡（shàn） 赡养。

瞻（zhān） 往前或往上看。如：瞻前顾后；高瞻远瞩。

佘（shé） 姓。如：佘太君。

余（yú） 剩下。如：余粮；余存。

室（shì） 屋子。如：教室；卧室；资料室。

窒（zhì） 孔洞或通道阻塞不通。如：窒息，窒碍。

释（shì） 解释；释义；注释。

译（yì） 翻译；译文。

瘦（shòu） 脂肪少，跟“胖”或“肥”相对。如：瘦小；瘦肉。

廋（sōu） 隐蔽，藏匿。

姝（shū） 美好，美女。

妹（mèi） 妹妹；姐妹。

衰（shuāi） 衰弱；衰败；衰老；衰亡。

哀（āi） 哀伤；哀痛。

衷（zhōng） 衷心；苦衷；由衷。

肆（sì） 放肆；肆无忌惮。

肄（yì） 学习。如：肄业。

夙（sù） 早。如：夙兴夜寐。

凤（fèng） 凤凰。

穗（suì） 麦穗；谷穗。

稳（wěn） 稳当；稳妥。

损（sǔn） 减少，损害。如：损耗；损人利己。

捐（juān） 舍弃或捐助。如：捐躯；捐献；捐赠。

棠（táng） 棠梨；海棠。

裳（shang） 衣裳。

倭（wō） 倭瓜。又我国古代称日本。

矮（ǎi） 身材短小。如：矮小；矮子。

洗（xǐ） 洗脸；洗衣服。

冼（xiǎn） 姓。如：冼星海。

享（xiǎng） 享受。如：享福；享用。

亨（hēng） 顺利。如：万事亨通。

絜（xié） 量度物体周围的长度。

挈（qiè） 举，提。如：提纲挈领。带领。如：扶老挈幼。

喧（xuān） 声音大而杂乱。如：喧闹。

暄（xuān） 温暖。如：寒暄。

驯（xùn） 顺服的，善良。如：驯良；驯化。

训（xùn） 教导；训诫。如：教训；训斥；训练。

赝（yàn） 伪造的。如：赝品。

膺（yīng） 胸。如：义愤填膺。

弋（yì） 带有绳子的箭，用来射鸟。

戈（gē） 古代兵器。横刃，装有长柄。如：反戈一击；枕戈待旦。

垣（yuán） 墙。如：城垣；颓垣断壁。

恒（héng） 永久。如：永恒；恒心；持之以恒。

栽（zāi） 栽种；栽培。

裁（cái） 裁剪；裁衣。

隹（zhuī） 古书上指短尾巴的鸟。

佳（jiā） 美，好。如：佳话，佳句；佳人。

二、容易用错的词

爱戴 尊敬、热爱并拥护。对象多是领袖、师长等。

敬爱 尊敬热爱。可用于平辈。

颁布 指向下颁发法令等。

公布 指向公众发布。

宝贵 形容抽象事物极有价值。如生命、经验、意见等。

珍贵　指宝贵、稀少、珍奇。常用来形容具体的东西。

标记　标明某种东西的记号。

标志　①表明；显示。②同“标识”。

标明　用文字或符号标出来，使大家明白。

表明　清楚地表示出来。

表现　显示出来。

表演　①文艺节目的演出。②做示范性的动作。

哺育　喂养。

抚育　爱护，养育。

不屑　轻视；认为不值得。

不惜　舍得；不顾惜。

吃紧　紧张。

吃劲　费劲、吃力。

诞辰　人出生的日子或每年满周岁的那一天（多用于所尊敬的人）。

诞生　出生。

遏止　阻止。

遏制　控制。

繁复　多而复杂。

反复　①多次重复。②变动，改变。

妨碍　阻碍。

妨害　有害。

防痨　预防痨病。

防涝　防御涝灾。

仿造　照样子制造。

仿照　模仿，参照。

扶养　扶助，供养。

抚养　爱护，教养。

割断　用刀切断。

隔断　阻隔断绝。

工事　用于攻击或防卫的军事建筑。

公事　公家的事务。

公正　公平正直。

公证　在争议中，为双方作证明。
固然　与“本来”、“虽然”的意思相近。
果然　事情同预料的相符合，含有“果真这样”的意思。
顾问　有某方面专门知识，供个人或团体咨询的人。
过问　理睬，管，关心的意思。
贯串　从头到尾穿过一个或一系列事物。
贯穿　穿过，连通。
灌注　浇进。
贯注　集中投入。用于精神或注意力。
合计　总共。
核计　①核对计算。②自己盘算或跟人商量。
合算　①上算。②合并计算。
核算　①企业经营中的考核计算。②算计。
恒心　长久不变的意志。
横心　决心不顾一切。
后辈　年轻、晚辈的人。
后备　作为补充的准备。
棘手　形容事情难办。
辣手　手段厉害。
简洁　简明扼要。
简捷　直截了当。
间隙　空隙。用于时间或空间。
间歇　每隔一定时间停止一会儿。
娇气　意志脆弱，不能吃苦。
骄气　自高自大，目中无人。
截止　到期停止。
截至　到……为止。
界限　事物性质的区别。
界线　分界的边线。
经心　在意，留心。
精心　用全部精力。
精致　精巧细致。

精制　精工制造。
聚积　一点一滴地累积。
聚集　集合在一起。
开展　推行，发展。
展开　①张开，伸展。②同“开展”。
克服　制伏，战胜。
克复　经过战斗而夺回被敌人占领的地方。
苦楚　痛苦。
苦处　苦恼的事情。
门帘　门上挂的布帘。
门联　门两旁贴的对联。
难堪　难以忍受，受窘。
难看　丑陋，不好看。
农时　适于农事活动的季节。
农事　农业生产中的各项工作。
破例　打破常规。
破裂　分裂开来。
溶化　物质在水里化开。
熔化　用火熔化。
融化　①冰、雪等变成水。②同“溶化”。
闪耀　闪烁照射。
闪烁　光亮忽明忽暗，动摇不定。
什物　泛指日常用的衣物及其他零碎用品。
实物　实际的东西。
实足　确实足够。
十足　达到顶点。
熟悉　很了解。
熟习　对某种技术和学问很熟练或了解很深刻。
树立　建立。
竖立　直立。
停止　停住不动。
停滞　不前进，或前进极慢。

通宵　整夜。
通晓　透彻了解。
推脱　推卸。
推托　借故拒绝。
违反　不遵照，反着方向做。
违犯　违背，触犯。
鲜明　①鲜艳明亮。②明朗，不含糊。
显明　明白清楚。
相通　事物之间连贯沟通。
相同　两种以上的事物，内容或形式一致。
相像　相似。
想像　设想未来的事情。
相应　相适应，相符合。
响应　赞同、支持某种号召或倡议。
效力　①功用。②出力，效劳。
效率　功效的比率。
压制　用威力使人屈服。
抑制　按住，控制。
一班　一群。
一斑　一小部分。
一齐　同时，全都。
一起　①一处。②一同。
以至　到，直到。用于时间、数量、范围的延伸或扩大。
以致　弄得，由此而造成。用于下半句的开头，表示结果。
用度　费用，开支。
用途　用处。
珍重　爱惜，珍爱。
尊重　尊敬，重视。
正确　对。
准确　丝毫不差。
志愿　志向，意愿。
自愿　自己愿意。

参 考 文 献

汤世英，薄绀培，劳沫之著. 新闻通讯写作. 北京：中国人民大学出版社，1986.

孙春昊编著. 新闻写作. 珠海：珠海出版社，2000.

王春泉编著. 实用新闻写作. 西安：西北大学出版社，1995.

吴晓编著. 新闻写作实用手册. 合肥：安徽人民出版社，1993.

沈良桂著. 新闻开拓规律探. 北京：新华出版社，1991.

秦珪，胡文龙著. 新闻评论学. 北京：中国人民大学出版社，1987.

陈礼章著. 实用新闻写作经. 天津：天津大学出版社，1989.

杜永进，王泽元等著. 中外新闻采写借鉴集成. 杭州：浙江教育出版社，1990.

程世寿著. 深度报道与新闻思维. 北京：新华出版社，1991.

天津电力公司编. 用电工作导读. 北京：中国电力出版社，1999.

梁衡著. 新闻绿叶的脉络. 北京：人民出版社，1997.

梁衡著. 没有新闻的角落. 太原：书海出版社，1990.

赵文图编著. 行文悟道. 北京：新华出版社，2004.

曾璜，任悦编著. 图片编辑手册. 北京：中国摄影出版社，2006.

康大荃著. 摄影图片编辑学. 沈阳：辽宁美术出版社，1997.

延百亮著. 新闻摄影. 长春：吉林摄影出版社，2002.

刘善兴著. 新闻写作 36 术. 北京：解放军出版社，2001.

程世寿，王化容著. 通讯员修养与写作. 北京：新华出版社，1988.

徐培汀，谭启泰著. 新闻心理学漫谈. 北京：新华出版社，1988.

邵华泽著. 新闻评论概要. 北京：人民日报出版社，1996.

程世寿著. 新闻评论写作教程. 武汉：华中理工大学出版社，1987.

林永年著. 新闻报道形式大全. 杭州：浙江大学出版社，1991.

孙世恺著. 漫谈新闻写作. 北京：新华出版社，1998.

孙世恺著. 新闻写作系列谈. 北京：北京出版社，1993.

叶春华，连金禾著. 新闻采写编评. 上海：复旦大学出版社，1996.

[美] 沃尔特. 福克斯著. 新闻写作——报刊记者指南. 李彬译. 北京：新华出版社，1999.

沈风仪主编. 讲述农电同行自己的故事. 北京：新华出版社，1998.

[美] 威廉. E. 布隆代尔著. 《华尔街日报》是如何讲故事的. 徐扬译. 北京：华夏出版社，2006.

中国电机工程学会. 电力科普知识. 北京：中国电力出版社，1995.

吕振勇主编. 电力法律法规知识问答. 北京：中国电力出版社，1997.

李安主编. 电力监管条例释义. 北京：中国法制出版社，2005.

后　　记

（一）

不知不觉自2001年开始写这本书至今已有十年了。只因琐事繁杂，再加上一直感觉不够成熟，致断断续续、写写停停，到2006年下半年才集中精力、加快速度，至2007年年中完稿。其间，曾不时地边写边作调整，尤其是发现了更合适一点的例文，就进行更换，并重写感受、评价；有了一些关于新闻写作的感悟，就作补充，力求保持与增强这本书的实用性与新鲜感，努力使其更适合广大电力通讯员的需要。借这次书籍再版的机会，我又认真对全书作了进一步的修订，增加了一些新的观点，调整充实的内容近3万字。

这本书杂糅了我近30年从事新闻写作实践的感悟与收获，融汇着我学习新闻理论的消化与思考，同时也是我向广大电力通讯员朋友们所作的一个较为系统的汇报。

在本书的写作过程中及此次再版修订，我参考了大量的新闻书籍、摘录了不少新闻作品，列举并借鉴了一些新闻观点，在此一并向这些书籍和文章的作者、老师与同道表示崇高的敬意与深深的谢意。同时，在本书的写作过程中，也得到了不少师长、领导与朋友的鼓励与帮助。他们或是恳切地给我以鼓励；或是热心地为我撰写评介，提出指导性、建设性的意见；或是提供资料以及给予各方面的大力帮助。他们的名字是：白俭成、王海啸、陈仁凤、于连魁、韩健、郝兴国、方彬、王树民、王永建、汪超英、陈乾、魏俊芝、谢毅、苏瑞、艾俊平、潘春英、贺焕峰、陆畅、程洪瑾、张健、赵鹏、方冠军、雷建德、李京蜀、李海生、任留通、阎胜所、翟俊生、高永利、严树清、郑爱军、魏金祥、魏学忠、蒋飞才、魏同占、高丙辰、杨印刚、张永立、梁彩仙、邱桂芳、杨志斌、赵淑先……

我还要感谢《河北电力报》的同仁、各记者站的同道，以及各基层单位的领导和通讯员朋友所给予的诸多有力帮助。

更让我感动并感谢的是年近七旬的老领导张林子两度为我审校书稿；《中国电力报》的原副总编辑赵文图老师为我撰写评介文章，订正再版修订文字，给予我诸多鼓励、指导，使我获益良多；未曾谋面的《华中电力报》总编李光满为我寄来参考资料、撰写评介；初次相识的《南方电网报》的常务副总编陈向阳，热心地从广州为我寄来一大箱的报纸书籍。

还要感谢我的妻子于秀英在我慵懒时给以督促，疲惫时给以关怀，并为我连夜打印文稿；也感谢我的儿子梁玮、儿媳王楠为我打印校对书稿，在书籍的装帧设计方面，给了我有力的支持。

没有他们的关怀与帮助，是不会有这本书的。

我将永远牢记他们的亲情与友情。

(二)

我还想将我从事电力新闻事业的经历和感受与广大通讯员们一起分享：

我十分庆幸命运对我的垂青，让我有幸与新闻写作牵手。

我永远感激上苍对我的垂怜，让我有缘与新闻摄影结伴。

新闻写作与摄影是我生命中的两个重要支柱，它们为我的生命注入了不息的动力与责任。正是因为有了它们，让我能不断地根植大地，亲近电力职工，汲取教益与营养，感受成功与收获，丰富学养与经验。

也正是因为有了它们的相伴，我有幸从基层走入电力报社，并在这个平台上接触到了更为广阔的世界，体会到了更为丰富的人生，感受到了更为强劲的挑战，肩负起了更为沉重的责任。

其实，让我始终怀着深深感激之情的是电力新闻事业。当我正式成为一名电力职业新闻人之后，是她赋予我神圣的职责与使命，让我奔走在太行深山电力扶贫的现场，感受光明照亮农家的欣喜；让我深入遥远北国的大漠，与燕赵送变电铁军一道，经受暴风与飞沙的洗礼；让我一次又一次攀爬上那高高的电厂锅炉、机房钢架，见证状元工程、超状元工程的壮美；让我与电力基建职工一起，共度一个个不眠之夜，共同为一台台发电机组欢快地轰鸣投产而欢呼；让我走入庄严雄伟的人民大会堂，亲历当时国内最大的国际融资发电项目——邯峰项目的中外合作签字仪式；让我见证并记录国家电网公司与河北省政府联手共谋河北“十一五”经济发展的历史性瞬间……

每一刻都令我那样的激动与陶醉！

每一刻都叫我铭刻在心，历久不忘！

我同样怀着深深的感激之情，感谢电力新闻事业，让我的心里依然充满激情；让我的身躯依旧健硕硬朗。

我由衷地、深切地体会是：电力新闻事业是一个可以叫人永远求知若渴的事业；是一个可以叫你不断面对挑战，不断享受成功的事业；是一个可以让你不断认识并实现人生价值的事业；是一个可以叫你永远着迷、永葆青春的事业！

现在，电力新闻写作虽然已经和我渐行渐远，但我仍会时刻关注她的发展，依然会为她的每一分进步而欣喜。她所给予我的厚重滋养，必定使我受惠终生。

我尊敬的从事电力新闻写作的同道，我广大的电力新闻通讯员朋友，热爱新闻写作吧，执著并无怨无悔地与她相伴，你将获益无穷。

梁　山

2007 年 3 月 28 日撰

2011 年 7 月 28 日修订于思齐斋